Felipe III y La Dorada

Felipe III y La Dorada
Cuba entre 1598 y 1608

Ernesto Aramis Álvarez Blanco

www.librosenred.com

Dirección General: Marcelo Perazolo
Diseño de cubierta: Stefanie Sancassano
Imagen de cubierta: Orlando Ramos (Orlandito)
Foto de autor: Pedro Santiago García
Diagramación de interiores: Flavia Dolce

Está prohibida la reproducción total o parcial de este libro, su tratamiento informático, la transmisión de cualquier forma o de cualquier medio, ya sea electrónico, mecánico, por fotocopia, registro u otros métodos, sin el permiso previo escrito de los titulares del Copyright.

Primera edición en español - Impresión bajo demanda

© LibrosEnRed, 2014
Una marca registrada de Amertown International S.A.

ISBN: 978-1-62915-027-7

Para encargar más copias de este libro o conocer otros libros de esta colección visite www.librosenred.com

Edición patrocinada y financiada por Praedium Desarrollos Urbanos S. L., de Barcelona, España, y por Theo Habana Collection

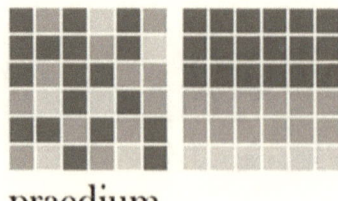

"El siglo XVII ha sido llamado la Edad Media cubana. La calificación parece basada en el clásico concepto, hoy superado, de que los tiempos medievales fueron de oscuridad y que de ellos quedaron dispersos y confusos recuerdos. En nuestro caso es un hecho que este período histórico ha permanecido en semipenumbra. Los documentos que podrían ilustrarlo permanecen inéditos en los archivos de Simancas o de Indias.

[...]

Creemos necesario llenar este vacío de la historia de Cuba [...]".

Dra. Hortensia Pichardo

"... el siglo XVII es el menos estudiado de nuestra historia, pues, considerándose resultar el de la decadencia de España, se presuponía que aquí había sucedido otro tanto y se le despachaba en unas pocas páginas".

Dr. César García del Pino

"El Nuevo Mundo y la administración de España en la inmensa parte que de él le pertenecía, habían perdido ya [en el siglo XVII] el aspecto romántico que les caracterizó en el siglo XVI, llegando a constituir un negocio, a veces bastante mezquino, en el cual la Corona atendía a su utilidad y provecho. En los documentos que se refieren a Cuba, archivados en Sevilla, poco se lee sobre cuestiones de Estado, nada de gobierno en sus aspectos magnos, sino mucho referente a «la plata», a los galeones que la transportaban, y a la necesidad de fortificar y defender a La Habana, como puerto principal donde estos se reunían para emprender el viaje de retorno a Sevilla".

Irene A. Wright

"El siglo XVII fue en toda Cuba el siglo del contrabando […]."
Dr. Fernando Ortiz

*A María Dolores Carrasco [Lola]
y a Vicente Pacheco, de Tomelloso,
Ciudad Real, España, por su afecto y
amistad incondicional y, sobre todo,
por haber hecho suyo este libro desde
que era solo un proyecto.*

Agradecimientos

Numerosos fueron los amigos e instituciones que cooperaron con nosotros durante tres años en la materialización de esta investigación.

Debo agradecer, en primer lugar y de manera muy especial, a mis amigos, los doctores Alfonso Cirera Santasusana, Presidente de Praedium Desarrollos Urbanos S.L., de Barcelona, y Jaume Aymar i Ragolta, Presidente de la Fundación Cataluña - América San Jerónimo de la Murtra, de Badalona, quienes facilitaron e hicieron posible que viajara a España en más de una ocasión; y que, sobre todo, consultara en el Archivo General de Indias de Sevilla y en otros archivos y bibliotecas españolas, cuantiosos e importantes textos y documentos, inéditos estos últimos en su gran mayoría, sin los cuales hubiera sido imposible reconstruir este período de la historia de Cuba.

También estoy en deuda con todo el personal de Praedium Desarrollos Urbanos S.L., que se convirtió en mi familia durante mis estadías en Barcelona en especial con Montse Figueras, Reyes Cirera, Juan Carlos Cobacho, María Giraldez y María de Jesús Fernández. Similar gratitud merecen mis amigos Melchor Úbeda y Victoria (Vicky) Larralde, Ramón Anglada y Carmen Roig, Aurora Góngora y Joan Solans, y María Clara Soler y familia, quienes me acogieron con cariño en Arenys de Mar.

De inestimable valor fue, además, el apoyo que obtuve en todo momento de Vicente Pacheco y su esposa María Dolores Carrasco (Lola), quienes creyeron desde siempre en el valor de este libro y adquirieron para contribuir a su terminación, con la ayuda de su hijo Vicente desde Tomelloso, Ciudad Real, España, varios libros y revistas que yo necesitaba, muchos de los cuales estaban agotados ya en el mercado editorial. Similar labor desempeñó, con acierto, desde La Habana, el desaparecido restaurador y fotógrafo cubano Roberto Echevarría Expósito.

Rafael Navarrete y esposa, así como el cubano radicado en Sevilla Antonio Ruesca, me brindaron durante mi estancia en esa ciudad española todo su afecto y apoyo solidario, haciéndome olvidar por momentos que estaba lejos de casa y de los míos.

El destacado caricaturista cubano Orlando Ramos (Orlandito) se apropió de los principales sitios, personalidades y acontecimientos reflejados en este libro y, con su habitual maestría, los recreó en sus dibujos para traerlos de vuelta al presente.

Mauro Far facilitó, con su oportuno apoyo, el proceso de corrección de este libro. También nos ayudaron en esta labor el bibliotecario Antonio Nores (Tony) y el ingeniero informático Julier García.

La pintora cubana Rachel Valdés, Marta González, Ivana Basset e Iván Moretti tendieron puentes entre Barcelona, Cuba y Argentina para agilizar la edición e impresión de esta obra.

Especial gratitud merece mi esposa, la Lic. Madelayne Fernández Vera, que no solo siguió con detenimiento desde Cuba mis hallazgos documentales en España, sino que me acompañó desde el inicio en esta aventura investigativa.

A todos ellos, más que a mí, pertenece por tanto el mérito que pueda llegar a tener este libro, con el que pretendemos contribuir a derrumbar el mito de que el período que estudiamos es uno de los oscuros y escasos de importancia del devenir histórico de La Dorada, sobrenombre dado a finales del siglo XVI a la Isla de Cuba por fray Alonso de Escobedo en un extenso poema titulado *La Florida*.

El autor

Prólogo

La obra del museólogo e historiador Ernesto Aramis Álvarez Blanco tiene un extraordinario valor histórico, ya que analiza la evolución de Cuba en un período poco conocido: el reinado de Felipe III, cuando la Isla estaba poco poblada, pero constituía una escala fundamental de la Flota de las Indias que se dirigía a Sevilla y era, además, un foco de contrabando.

El autor ha realizado una extensa investigación bibliográfica y archivística y aporta nueva documentación procedente de Cuba y de España, sobre todo del Archivo General de Indias (AGI) de Sevilla y del Archivo Histórico Nacional (AHN) de Madrid. La presente obra tiene un carácter marcadamente narrativo, sigue estrictamente el orden cronológico y presenta una gran abundancia de citas y de notas. A través la lectura de este documentadísimo trabajo de investigación, se pueden seguir el día a día y los múltiples problemas que afectan a la colonia española. Así, se detallan las dificultades de carácter defensivo, los asuntos internos de las diferentes autoridades, el funcionamiento de la iglesia, la utilización de mano de obra esclava procedente de África, el lento crecimiento de los pueblos y las pequeñas ciudades o la importancia de la exportación de cueros, por poner algunos ejemplos. También ahonda en la concepción imperial y colonial de la Monarquía Hispánica bajo el reinado de Felipe III.

Rigor histórico, abundancia de documentación, densidad narrativa, son algunos de los aspectos más positivos de este trabajo histórico. Su publicación es sin duda recomendable.

Antoni Marimon Riutort
Vicedecano de Estudios de Historia y Profesor Titular de Historia Contemporánea de la Universidad de las Islas Baleares

El 13 de septiembre de 1598 falleció en El Escorial el rey Felipe II

Proemio

La noche del 12 de septiembre de 1598, aunque hacía más de una hora que el rey Felipe II, El Prudente, dormía, todos sabían en El Escorial que el desenlace fatal sería inminente. Así lo habían pronosticado médicos, curanderos, sacerdotes y adivinos, empeñados todos en sacar el mayor provecho a la enfermedad del soberano del vasto Imperio en donde el sol nunca se ponía.

Las últimas noches del monarca habían sido terribles; por eso su alcoba, en un vano intento de conjurar la expiración, estaba repleta de reliquias de los más diversos santos, las cuales habían sido compradas con fervor inusitado ante el lento avance de la muerte. Fue ya muy entrada la madrugada del 13 de septiembre cuando la respiración del Rey se aceleró por un instante, mientras su corazón se detenía para siempre.

Poco tiempo después, a las cinco de la mañana, el cirujano real Victoriano Morgado firmó el acta de defunción e indicó como causa unas fiebres tercianas. Todo había ocurrido muy rápido para el Rey, al cual nunca se le vio enojado y que se mantenía aparentemente indiferente ante los problemas de este mundo; sin embargo, en lo más profundo de su ser, al soberano le angustiaba una secreta pena: llegar al final de sus días sin tener un verdadero sucesor, zozobra que expresó diciendo a uno de sus allegados: "Dios, que me ha dado tantos reinos, me ha negado un hijo que los sepa gobernar".

En otra ocasión, a pocos días de su muerte, había confesado al marqués de Castal - Rodrigo, con quien a la sazón hablaba de su hijo: *¡Ay, Don Cristóbal!, ¡qué me temo que le han de gobernar!* Y así fue; a pesar del esmero con que había procurado dar Felipe II a su futuro sucesor en el trono una educación correspondiente a la alta dignidad que llegaría a ocupar algún día y aunque lo había nombrado –tan pronto como llegó a la pubertad– Presidente del Consejo de Estado, nunca había logrado corregir el carácter indolente de su hijo, quien finalmente dejó las riendas del gobierno en manos de sus válidos.

Acogida la muerte de Felipe II con dolor oficial y hasta con alivio general por sus súbditos y ministros, su recuerdo padeció la consabida *damnatio memoriae* del pasado reciente, que resultó ser paralela a las esperanzas puestas en su sucesor, el cual fue proclamado como Felipe III el propio 13 de septiembre de 1598.

Mientras tanto, muy lejos de allí, a miles de kilómetros de El Escorial y con seis horas de diferencia, los habitantes de la isla de Cuba y sus autoridades eclesiásticas, civiles y militares, continuaban con sus actividades cotidianas, sin sospechar siquiera la infausta nueva.

Tuvieron que pasar varias semanas para que llegaran a la mayor de las Antillas las noticias de la muerte de Felipe II y de la subida al trono de su hijo. Las recibió –gracias a un barco de aviso que arribó al puerto de La Habana en los primeros días de enero de 1599 con una misiva del nuevo Rey, fechada el 28 de octubre del año anterior– el gobernador de la Isla, Juan Maldonado Barnuevo, quien había sido ex contador de la Flota de la Plata[1] y regía, desde 1594, los destinos de la bien llamada "… Llave de todas las Indias y donde se aseguran los tesoros de V. [Vuestra] Md. [Majestad] y de sus vasallos […]"[2].

Las autoridades de la ciudad de San Cristóbal de La Habana –le había sido concedido este Título por Real Cédula firmada por Felipe II el 20 de diciembre de 1592– y sus habitantes se aprestaron a vestirse de luto y a realizar, con la mayor suntuosidad y sentimiento de respeto al desaparecido monarca, las ceremonias fúnebres con que se acostumbraba a rendir póstumo homenaje, en las principales ciudades hispanoamericanas, a los reyes fallecidos del otro lado del Atlántico.

El 17 de febrero de 1599, según se hizo constar en el Acta Capitular correspondiente a la sesión efectuada este día, el gobernador de la Isla, Juan Maldonado Barnuevo, propuso al Cabildo de La Habana que los súbditos y naturales de la Ciudad –que ya había hecho las honras y exequias por la muerte del Rey Don Felipe II– alzaran pendones y estandartes en señal de alegría y que el domingo 21 de ese mismo mes y año todos se juntaran en las casas del Cabildo de la Ciudad para sacar el estandarte Real y traerlo por las calles de la urbe hasta la Fuerza Vieja[3] acompañado de los miembros de la mencionada Corporación, de la Justicia y del Regimiento así como de todos los vecinos[4] estantes[5] y habitantes[6], a pie y a caballo, tocando atabales, pífanos y tambores y haciendo todo lo que conviniera para que fuese reconocida la obediencia y alegría con que La Habana recibía a Felipe III como su Rey y Señor.

De esta manera se dispuso todo lo necesario para proclamar como nuevo soberano, al grito unánime de *¡El rey ha muerto! ¡Viva el Rey!*, a Felipe III. Lo mismo se hizo en las principales ciudades "… de la tierra adentro[7] […]"[8]; es decir, en Santiago de Cuba, Sancti Espíritus, Trinidad, Bayamo, Baracoa y Puerto Príncipe.

I

En 1598, la población de La Habana, que no llegaba a cinco mil habitantes, había levantado ya el Castillo de la Real Fuerza[9] y otras importantes edificaciones urbanas. Además, había ejecutado la Zanja Real[10] que abastecía de agua[11] a la Ciudad; era capaz de producir la mayor parte de los alimentos necesarios para abastecer a las flotas para el largo viaje de retorno a la península ibérica; daba comida y hospedaje a los pasajeros y tripulantes que viajaban en ellas –se contaba con asombro en la Península Ibérica que en septiembre de 1594 la Flota de Nueva España había bajado a tierra, en una invernada memorable, a unas cinco mil personas– y había construido y construiría, en los años subsiguientes, varias fragatas, naos, navíos y galeones.

Daba de este modo, al resto de las colonias hispanoamericanas un ejemplo de capacidad productiva y eficiencia empresarial difíciles de igualar. A este mundo, creado gracias a la actividad marítima, se agregaron muy pronto las obras militares terrestres emprendidas en este período las cuales al principio fueron trabajosamente aprobadas por Felipe II. Durante años este se había aferrado a la política tradicional de la corte española de seguir basando la defensa del mar Caribe en fuerzas navales que fueran capaces de protegerlo de los constantes acosos de los enemigos de la Corona.

Para pertrechar del armamento necesario a las nuevas fortalezas que se levantaban y a las ya existentes en Cuba y el

Caribe, se fundió, a inicios de 1598, en la Fábrica y Fundición de Artillería[12] establecida en La Habana con este fin, **el primer cañón**, el cual pesaba veintiséis quintales. La pieza, obra del fundidor genovés Juan Francisco Rosso, salió "... en extremo buena [...]"[13] y, aunque se le hicieron pruebas rigurosas, las pasó sin dificultad.

Detrás del éxito obtenido en esta **primera fundición**, se hallaba la labor desarrollada en este período por el fundidor Francisco de Ballesteros y muy en especial, por Francisco Sánchez de Moya, quien había sido nombrado en 1597 por la Corona como Capitán de Artillería de Cuba para que, entre otras obligaciones, fabricase cañones. Simultáneamente, el gobernador de la Isla Juan Maldonado Barnuevo, fabricó pólvora utilizando carbón de almácigo, la cual también resultó buena y a muy propósito para el fin a que estaba destinada.

En 1599, como el flujo del metal de cobre procedente de Santiago de Cuba era muy poco estable, los fundidores dedicaban su tiempo a los más disímiles trabajos de orfebrería con objeto de ganar unos reales de más. Así, por ejemplo, Francisco de Ballesteros y Juan de Bruselas[14] hicieron, en La Habana, una imagen de Santa Bárbara, patrona de los artilleros, trabajo por el que recibieron quinientos reales. Ballesteros era ya por entonces un renombrado y experto fundidor, a tal punto que inventó ciertas piezas que llamaron de alcance por tener un tercio mayor que las hasta entonces conocidas del mismo género y una traza de cureñas. Ambas innovaciones tuvieron una gran aceptación en esta época. Otras noticias dan cuenta de la labor que realizaba en este mismo año en La Habana el platero Juan Fernández.

Como consecuencia de los avisos que se tuvieron en 1598 de la pérdida de Puerto Rico y de que los ingleses se proponían atacar también La Habana, Gaspar de Zúñiga y Acevedo, Conde de Monterrey y Virrey de Nueva España, decidió enviar como socorro tres compañías de infantería a cargo del maese de campo Alonso de Guzmán. Estas compañías llegaron a La Habana, cuyo Alcalde Ordinario era Antonio de la Rivera, a principios de septiembre de ese mismo año, según comunicó al Rey el gobernador de la Isla Juan Maldonado Barnuevo, en carta[15] fechada en esa ciudad el 31 de diciembre de 1599.

Aunque Maldonado Barnuevo quiso enviar de vuelta las referidas compañías –cuando Luis de Fajardo salió poco después del puerto de La Habana conduciendo la Flota de la Plata– no quiso el Conde de Monterrey que lo hiciera, al no tener órdenes de Su Majestad al respecto. Maldonado Barnuevo dio cuenta al rey, en la carta citada, de este asunto y le comentó que como no le había comunicado lo que debía hacerse al respecto, el Virrey de Nueva España había enviado una orden en la que disponía que se marchasen las tres compañías de infantería. Ello se concretó alrededor del 21 de diciembre de 1599, cuando partieron hacia Nueva España bajo las órdenes del Capitán Toribio de Posada.

A pesar de que Maldonado Barnuevo decidió enviar a Nueva España las compañías de soldados que le habían sido remitidas por el Virrey de esa región, la escasez de fuerzas militares en esa ciudad y en toda la isla en general era alarmante. Lo anterior queda claramente evidenciado en un manuscrito fechado en 1599 y titulado *Relación sacada de las cartas informaciones / y pareceres que han enviado a su Md. [Majestad] el Gobernador y oficiales Reales de la Isla de Cuba / y el Alcaide y capn. [Capitán] de la fortaleza de la Habana / y de la instrucción que trajo / el Capn. Tomas Bernardo su Teniente de la gente, Artillería Armas municiones bastimentos y otras cosas de que dicen hay necesidad en la dicha fortaleza y de las fortificaciones que conviene se hagan*[16].

En el citado documento se comunicaba a la Metrópoli que, de los cien soldados que se habían enviado a Cuba con el fin de reforzar la guarnición de La Habana, solo quedaban 68, pues los demás habían huido o estaban muertos, enfermos o impedidos. Por tal motivo, convenía que se enviaran los que faltaban hasta llegar a la suma de doscientos, con objeto de que guarnecieran las fortalezas habaneras, especialmente el castillo de los Tres Santos Reyes Magos del Morro, así como otros sitios de interés.

También se pidieron treinta cañones de bronce y seis culebrinas reforzadas, de a ochenta quintales cada una. De estas últimas, cuatro estaban destinadas a la Fuerza Vieja y dos al baluarte del castillo de San Salvador de La Punta; porque desde la citada fortificación y hasta el otro extremo de la Bahía había "… mil pasos / y así es menester artillería de alcance [...]"[17]. En el caso de las culebrinas que debían colocarse en el baluarte de La Punta, estas tenían como principal fin el de batir los navíos enemigos que estuvieran a su alcance.

Además, se detalla en esta Relación la cantidad de balas por piezas de artillería y otros bastimentos que se requerían. Más adelante, se da cuenta también de la necesidad que había de cincuenta picas e igual número de rodelas así como de materiales para fuegos artificiales (azufre, aceite de linaza, alcanfor, etc.). Asimismo se reportó que resultaba imprescindible contar con una plancha de metal, con su clavazón, para las puertas de la Fuerza Vieja y con seis esquilones[18] para los cuartos y centinelas. Estos últimos debían servir para responder desde la referida fortificación y desde los fuertes de La Punta y el Morro, con objeto de que el enemigo entendiera que los guardias estaban vigilantes y en sus puestos.

Al final de esta larga Relación, que lista otras muchas necesidades, se indicó que se prosiguiera con la obra del fuerte que se ejecutaba, que se acabaran la Casamata[19] y los cobertizos de las fortalezas, que se techaran los aposentos del Alcaide y que se proveyera a la Fuerza Vieja de los abastos necesarios.

Asimismo se indicaba que, para la seguridad del puerto de La Habana y de sus fuerzas, convenía que se construyera una muralla alrededor de la Villa. Esta obra defensiva se pidió a la

Corona con mucha insistencia, antes, durante y después del período que estudiamos. Además se solicitó que se enviara a La Habana, para reforzar sus defensas, una galera y una galeota.

Como dato curioso anotamos que la paga de los soldados destacados en Cuba en esta época[20] e incluso durante casi todo el siglo XVII, era de ocho ducados al mes, cantidad que difícilmente alcanzaba para vivir, aunque solo fuera a base de cazabe[21] y agua, en uno de los lugares más caros del continente americano. A ello se sumaba el hecho de que a veces se le debía a los soldados meses y en ocasiones, hasta uno, dos y tres años de paga; por lo tanto había que acudir, para liquidar sus deudas e impedir que se insubordinaran, a préstamos facilitados a la Corona por los vecinos más pudientes de la Ciudad e, incluso, por algunos personajes de importancia que pasaban por La Habana.

Prueba de ello resulta el hecho de que, según una *Consulta del Consejo*[22] de Indias, fechada el 1.º de noviembre de 1598, se ordenó en Madrid que se le pagara a Juan Martínez de Jáuregui los dos mil pesos que había prestado a las autoridades de La Habana para pagar los salarios que se adeudaban a la guarnición de esa Ciudad.

En este sentido, existió:

> ... toda una historia negra en torno al no cobro, o al cobro en especies que entrega la tienda de un intermediario oculto del Gobernador, de préstamos en interés usurario, etc.
> Estos factores disolventes relajaron la disciplina militar, provocando en parte un proceso continuo de deserciones, tan numerosas que durante un siglo no se logró jamás completar las guarniciones de La Habana y Santiago [de Cuba] no obstante la incorporación periódica de nuevos hombres[23].

Para los soldados que no desertaban, existía solo otra posibilidad: dedicarse a oficios civiles sin abandonar el Ejército y pagarles a sus compañeros para les hicieran las inevitables guardias.

> Es obvio que una situación de este tipo generase problemas con la resistencia de pernoctar en los cuarteles ya que muchos soldados, además de ejercer oficios, se casaban o, sencillamente, se amancebaban lo mismo con blancas que con negras y mulatas, llevando una vida civil en abierta contradicción con las normas militares.
> La situación de los oficiales era relativamente mejor, pero de todos modos se detecta en ellos una fuerte tendencia a casarse en América y un interés igualmente grande de las familias criollas en casar a sus hijas con estos militares.
> [...]
> ... en las alianzas matrimoniales con la oficialidad española se busca la adquisición de una cuota de poder político (se vive en una colonia militar), se obtiene hidalguía y limpieza de sangre (para ser oficial era imprescindible el trámite de limpieza de sangre), y también, en muchos casos, se abren puertas para establecer o asegurar mecanismos económicos o vencer obstáculos. Y el oficial recibe a cambio una cuota de poder local y seguridad económica.
> En la base de la sociedad, cuando la alianza matrimonial es con soldado, los beneficios económicos no son tan ostensibles; pero de todos modos, en una sociedad drásticamente marcada por el prejuicio racial, los soldados, cabos y sargentos peninsulares entregaban una intachable sangre blanca, una tradición de raza trabajadora y un tratamiento oficial distinto del que recibiría un criollo de su mismo nivel [...][24].

Al subir al trono Felipe III, abundaban en la ciudad de La Habana las casas de yagua o de embarrado, aunque también las había construidas con paredes de tablas de cedro a las que se les añadía, en lo posible, las técnicas de construcción traídas de la Península. Estas viviendas estaban casi siempre techadas con guano[25], siguiendo el modelo aborigen del bohío a pesar de la existencia por entonces de un tejar en la ensenada de Marimelena, situada en la otra banda del puerto de La Habana, en una estancia que había sido concedida como merced a Nicolás Acosta.

En las calles nombradas Real[26], de las Redes, del Sumidero y del Basurero, las casas estaban situadas en línea. El resto de las viviendas estaba ubicado en distintos espacios, de manera independiente y según el gusto de sus propietarios, quienes con frecuencia las cercaban con una muralla doble de tunas bravas u otras plantas similares. En estos sitios se sembraban árboles frutales y arbustos de muy diverso tipo, los cuales atraían una gran cantidad de mosquitos sobre la población.

Estas primitivas construcciones habaneras fueron dibujadas por Cristóbal de Roda[27] en un plano[28] que tituló *Planta de las casas / Habana, hacia la marina, y el solar de Cristóbal de Roda, / con lo que le ha quitado el gober / nador de la Habana*[29], el cual fue remitido en 1598 a la Península acompañando un Memorial mediante el cual este ingeniero reclamaba justicia ante el Rey por una expropiación ordenada en su contra por el Gobernador de la Isla.

La fertilidad del suelo habanero propiciaba la existencia, en los alrededores de La Habana, de una abundante y variada vegetación, en la que predominaban especies como la majagua, el cedro, el jobo, la caoba, el ácana, el granadillo, el ébano, el guayacán, el rompe-hacha y la ceiba. También había gran profusión de árboles frutales, plantas de anón y de mamoncillo, tamarindos y cocoteros.

En la zona de la costa y sobre todo en los arenales crecían con profusión unos arbustos conocidos con el nombre de hicacos, los cuales compartían este hábitat con otra especie vegetal muy abundante llamada uva del mar o caleta. En las áreas cenagosas abundaban los manglares y unas matas extrañas conocidas como manzanillo, cuyo fruto es venenoso para los peces y enferma a los humanos.

La lluvia era copiosa en los meses de verano, lo cual facilitaba que los pastos crecieran de forma muy rápida; se lograban, sin muchas fatigas, hasta dos cosechas de ellos al año. Además habitaban, en las inmediaciones de la Ciudad, muchos cangrejos y tortugas. Los primeros la invadían durante la noche en busca de desperdicios, provocando en sus calles un ruido similar al que producía el paso por ellas de las tropas destacadas en la Plaza.

Varias especies de quelonios se pescaban fácilmente en una zona de la costa conocida como Playa de las tortugas, la cual se hallaba situada frente a la antigua Cortina Valdés[30]. El Cabildo de La Habana tuvo que prohibir que se sacrificaran las tortugas y caguamas capturadas en las zonas aledañas a la población o en el interior de esta, ya que eran tantos los desperdicios que su caza y matanza provocaban que infestaban de una insoportable fetidez la atmósfera y hacían que el aire se tornara en muchos lugares irrespirable. También había gran abundancia y variedad de peces. Entre las aves, se destacaba la existencia de numerosos guacamayos, tocororos[31], cotorras y flamencos.

En 1598, en la calle de las Redes, se hallaban bastante adelantadas —a pesar de la falta de operarios— las obras constructivas de las casas del Gobernador y del Cabildo, autoridad colonial y órgano de gobierno que, durante el siglo XVI, nunca tuvieron residencia propia.

Entre los vecinos de La Habana, eran alrededor de ochocientos en este período, se destacaban por entonces los nombrados Martín Calvo de la Puerta y Hernández, Juan de Rojas, Alonso Castaño, Diego de la Vega, el licenciado Bartolomé de Cárdenas y Vélez de Guevara, el capitán Francisco de Rojas e Isabel Nieto (viuda de Francisco Cepero), quienes probablemente asistieron en 1598 a la celebración con una representación teatral, la noche de San Juan, del onomástico del gobernador de la Isla Juan Maldonado Barnuevo.

Según una vieja crónica del suceso supuestamente[32] escrita por Hernando de Parra, criado de Maldonado Barnuevo, la puesta en escena se efectuó la noche del 23 de junio junto a los muros del castillo de la Real Fuerza y muy cerca de la Plaza Mayor o de Armas, la cual comenzó a adquirir en este año su fisonomía definitiva.

Allí, según Parra:

> … los mancebos de esta población […] hicieron construir una barraca en las cercanías de la fortaleza. Titulábase esta comedia *Los buenos en el cielo y los malos en el suelo*. Era el **primer espectáculo de esta clase que se hacía en La Habana**; y atrajo a todos los moradores. Hubo mucho alboroto durante la representación, porque la gente, no acostumbrada a comedias, charlaba en alta voz, y no quería callar; hasta que el Gobernador dirigió la palabra, amenazando con el cepo al que no guardase el debido orden. La comedia se acabó después de la una de la mañana y la gente, regustada, quedó tan complacida, que insistió en que volviera a principiar […][33].

El 23 de junio 1598, durante la primera función de teatro efectuada en La Habana, el Gobernador amenazó con el cepo a quienes no supieran comportarse

Recorría por esta época las calles de La Habana Sebastián de la Cruz, vistiendo el humilde hábito de la Orden Tercera de San Francisco. Considerado el **primer loco deambularte del cual se tiene noticias**, de la Cruz se radicó en un deteriorado colgadizo o barracón que estaba contiguo a la ermita de San Felipe y Santiago, y en el que se guardó, hasta 1593, la lancha perteneciente al castillo del Morro.

Guiado por un extraordinario y caritativo celo, Sebastián de la Cruz convirtió su pobre albergue en una especie de hospital, al que llevaba a los enfermos pobres que encontraba en su deambular por las calles de La Habana y en donde desempeñaba, él solo, los oficios de cocinero, enfermero y demandante. De la Cruz sostenía esta rudimentaria institución con las limosnas que recogía para asistir sus necesidades y las de los enfermos. Con esta obra de caridad, la cual practicó con constancia y honradez hasta su muerte, Sebastián dio una lección a las autoridades de la época y remedió, en parte, una de las más graves dificultades que confrontaban los habitantes de la Isla. Luego de su muerte, ocurrida en 1598, el Cabildo de La Habana lo sustituyó oficialmente en esta encomiable labor, la cual se considera el antecedente directo del Hospital habanero de *San Felipe el Real* o de *San Felipe y Santiago*, luego de *San Juan de Dios*.

Disfrutaban los habaneros de entonces de bailes y otras diversiones, calificadas por el ya citado Hernando de Parra como graciosas "… y extravagantes, conservan todavía en los primeros la rudeza y poca cultura de los indígenas y en las segundas la escasez y ningunos recursos de una población que comienza a levantarse […]"[34].

Amenizaban las fiestas y bailes habaneros, mediante convenio concertado de antemano, cuatro músicos: Pedro Almanza, natural de Málaga, quien tocaba el violín; Jácome Viera, de Lisboa, quien ejecutaba el clarinete; Pascual Ochoa, de Sevilla, quien se encargaba del violón, y la negra horra y vihuelista

Micaela Ginés, nacida en Santiago de los Caballeros; ellos llevaban a los saraos, según el criado del Gobernador Maldonado Barnuevo:

> ... sus acompañados para rascar el calabazo y tañer las castañuelas. Estos músicos siempre están comprometidos y para obligarlos a la preferencia es preciso pujarles la paga y además de ella que es exorbitante, llevarles cabalgadura, darles ración de vino y hacerles a cada uno, también a sus familiares, además de lo que comen y beben en la función, un plato de cuanto se pone en la mesa, el cual se lo llevan a sus casas, y a este obsequio lo llaman propina de la función. Estos mismos músicos concurren a las fiestas solemnes de la Parroquia que son las de San Cristóbal, San Marcial, Corpus [...][35].

Estos artistas actuaron de seguro más de una vez en las fiestas habaneras del Corpus Cristi. Por cierto, el 2 de julio de 1599, Juan Bautista Silicio o Silecio presentó al Cabildo de La Habana una petición –la cual aparece recogida en el Acta Capitular de ese día– para que se le pagase por el trabajo realizado por él en las dos comedias que se hicieron en las fiestas del Corpus, lo cual demuestra que las actividades teatrales, en las que también había cantos y bailes, persistieron en estos años como parte de las fiestas religiosas locales. Parece que la Corporación fue algo remisa al pago pues el 10 de diciembre del propio año Juan Bautista presentó nuevamente una petición a este órgano de gobierno para que le abonara el importe de su trabajo.

Al finalizar el siglo XVI, habían aparecido ya en el panorama urbano habanero las casas de esquina con una segunda planta incorporada, ocupada por una sola habitación. Un ejemplo de ellas que aún se conserva parece ser la vivienda situada en la calle Teniente Rey esquina a la de Bernaza[36] y también la existente en Sol esquina a Compostela. Estas casas, pertenecientes a los más prominentes vecinos de la Ciudad, sobresalían dentro del contexto local por ser de albañilería, es decir, construidas de cal y canto.

Ejercían en este período en la Ciudad como maestros constructores Bartolomé Sánchez, Francisco de Calona, Francisco Claros, Cristóbal de Roda y el ingeniero Juan Bautista Antonelli; como albañiles Hernando Esteban Gutiérrez, Jerónimo Ruiz y Bartolomé Chávez; como aparejador de cantería Juan de la Torre, y como carpintero Andrés Azaro.

En el caso de Juan Bautista Antonelli, quien había arribado a La Habana en 1589 y proyectado obras tan complejas como las del Castillo del Morro y la fortaleza de La Cabaña, conviene aclarar que su actividad en Cuba, bajo el reinado de Felipe III, fue muy escasa; pues en 1599 regresó a España luego de haber terminado los trabajos constructivos en el castillo de La Punta y haber dejado avanzados los del Morro. Al frente de estos últimos, dejó al experimentado ingeniero Cristóbal de Roda, quien era hijo de su hermana.

Los vecinos de La Habana de más posibilidades económicas mandaban a España, especialmente a Castilla, los troncos de ébano y de granadillo para que les construyeran con ellos las llamadas camas imperiales. La gente pobre, por su parte, utilizaba para dormir un mueble construido de forma rectangular, que se forraba con lona o con cuero crudo.

En la sala de las viviendas se lucía, por lo general, un cuadro (pintado sobre una tabla, cobre o lienzo) con la imagen de un santo o de una virgen, al que se le encendían luces y se le dedicaban plegarias. El mobiliario de los inmuebles más modestos estaba compuesto casi exclusivamente por mesas de cedro o caoba y por bancos sin espaldar.

El alumbrado de las moradas se reducía al encendido de velas de cera, traídas casi siempre de Sevilla, o de sebo, fabricadas en La Habana. Solo unas pocas viviendas poseían lámparas de cobre o de bronce, las cuales eran alimentadas con aceite de oliva.

El edificio de la Aduana, cuya construcción se concluyó en 1584, contaba en esta época con dos pisos y una longitud de setenta pies. La planta baja constaba de un zaguán, una oficina y un almacén espacioso; mientras que el piso alto servía de habitación a los funcionarios reales y, en algunas ocasiones, hasta al propio Gobernador de la Isla.

La cárcel y la carnicería, por su parte, eran de paja y en el período que nos ocupa (finales del siglo XVII) eran tan viejas que las autoridades estaban conscientes de que si no se reparaban o reconstruían, muy pronto caerían al suelo.

Casi nadie en La Habana, y mucho menos en las escasas poblaciones de la Isla, salía de noche y si lo hacía, era solo en caso de extrema necesidad. Para ello se hacía acompañar por dos personas o más, armadas y con faroles, por temor a ser agredido por los perros jíbaros o por los esclavos fugitivos (cimarrones) que deambulaban por la Ciudad en busca de alimento.

Para cocinar se empleaban utensilios de hierro, aunque no faltaban en las casas habaneras los cacharros de barro fabricados por los aborígenes o sus descendientes. El servicio de mesa, en las viviendas de los vecinos con mayores posibilidades económicas, estaba compuesto por vajillas de loza procedentes casi siempre de Sevilla. En la mayor parte de las moradas de la Ciudad y de la Isla, se empleaban las llamadas bateas y los platos de madera. Los vasos se hacían de guayacán, árbol cuya madera era muy apreciada por sus abundantes y hermosas vetas.

El menú de la época no era muy variado y la mayoría de los platos se preparaban con un aliño de sabor un tanto repugnante al principio pero estimulante después. Se comían carnes frescas o saladas de res, cerdo o pollo, divididas en pequeñas porciones, cocinadas con diversas raíces y tubérculos –probablemente malanga, yuca o ñame– y sazonadas con un pequeño pimiento muy picante, al cual llamaban ají-jijí. A los alimentos se le daba color con bija, una semilla de color amarillo-rojizo que provenía de una planta silvestre que abunda en los montes y patios de la Isla.

El maíz formaba parte importante de la dieta de los vecinos y habitantes de La Habana de finales del siglo XVI y de toda la Isla en general. Se preparaba de varias formas y era muy apreciado tanto por las personas más pudientes como por las clases más humildes. También se consumía mucho el cazabe, sustituto del pan europeo, el cual se hacía en las estancias de las afueras de la ciudad.

Hacia 1598 trabajaba en La Habana el platero Antonio Báez, mientras que el maestro Aguilera tenía una sastrería en la que cobraba veinte escudos de oro por hacer una muda completa de ropa de raso. El establecimiento estaba situado muy próximo al lugar en donde se estaba edificando por entonces el convento de los Padres Agustinos.

Existían en la Ciudad dos boticas o farmacias: la de Sebastián Milanés, situada en la calle Real, y la de López Alfaro, cercana al Desagüe[37]. Ambos establecimientos se hallaban carentes siempre de medicamentos y cuando los había, estaban en muchas ocasiones vencidos y por tanto carentes de valor curativo. Según Hernando de Parra no había por entonces:

> … en cada una de ellas cincuenta envases y las drogas tan desvirtuadas que el otro día presenciamos su ineficacia en unos cáusticos que dispusieron al escribano de mi amo[38]. Las moscas operantes estaban pasadas y hechas polvo. Las medicinas que se consumen en el país vienen de Castilla y hasta que no se acaben no se hace nuevo pedido…[39].

Los artesanos y los artistas eran muy escasos en la Isla. Entre ellos sobresalía el orfebre Ambrosio de Urbino o Urbín, quien se dedicaba a la confección de sortijas y medallas de oro. También era muy considerada la labor del orfebre Pablo de Bruselas, a quien se le ordenó en 1598 la confección de una custodia de dieciséis y medio marcos de plata para la Parroquial Mayor.

La mano de obra disponible era poca y la que había reclamaba con frecuencia altos estipendios. Los esclavos tampoco eran muy abundantes; no obstante, el número de ellos existente por entonces en La Habana fue más que suficiente para que en 1598 se fundara en esa Ciudad la **primera sociedad de negros conocida hasta el momento en Cuba**[40], a la cual se le denominó cofradía de *Nuestra Señora de los Remedios*. Fue instituida por representantes de la etnia zape, procedente de Guinea, quienes eran portadores de un lenguaje común: el mel.

La fundación y el funcionamiento de esta cofradía en La Habana de finales del siglo XVI se corresponde con la fuerte presencia de negros zapes en la Ciudad, sobre todo en el período comprendido entre 1570 y 1594, en que constituían el 36,9 % de los africanos que vivían allí. Dicha asociación, que en realidad era un cabildo africano con fachada de sociedad religiosa católica, fue establecida en el Convento de San Francisco y se le llamó también *Humildad y Paciencia*. Por esta misma época, en 1599, los marinos de la ciudad de La Habana fundaron la cofradía de San Telmo en el Convento de Santo Domingo.

En coincidencia con el interés de la monarquía española de liberarse de la dependencia del cobre que se importaba de los países europeos del norte[41] (especialmente de Hungría), el capitán Francisco Sánchez de Moya, quien estaba al frente de la Fábrica y Fundición de Artillería de La Habana, "... empresa de formidable magnitud dentro de la escala económica de la época [...]"[42], cumpliendo las órdenes reales que le habían sido dadas por el fallecido Felipe II en 1597[43], partió el 30 de septiembre de 1598 de La Habana acompañado de dos fundidores y de algunos peones y maestros de hacer fuelles y hierro, con objeto de buscar veneros del preciado mineral.

Llevaba también el propósito de visitar y reconocer todas las minas de cobre conocidas en la Isla, pues había comprobado que los yacimientos cupríferos de Tarará, ubicados al este de La Habana y sobrevalorados en los informes de los gobernadores de la Isla a los reyes españoles, valían muy poco.

A unas ochenta leguas de La Habana, Sánchez de Moya halló, en el sitio nombrado Las Malezas[44], unas minas de muy buen cobre, las cuales se hallaban asentadas en una sabana llana y muy pequeña. En vista de lo poco que prometían, no quiso explotarlas de inmediato y continuó su labor de reconocimiento.

A veinte leguas de allí, cerca de Sancti Spíritus, encontró otro depósito en el sitio nombrado el Cerro de los Santos, que había sido descubierto por unos aborígenes que buscaban oro. Aunque dichas minas parecían prometedoras, se necesitaba de tiempo y trabajo para encontrar las vetas del mineral de cobre, por lo que tampoco decidió beneficiarlas. Francisco Sánchez de Moya basó su decisión en el hecho de que en las inmediaciones del sitio, la mano de obra era escasa, pues no había en esa comarca poblados aborígenes de importancia. Por esos días, según informó el propio Sánchez de Moya al Rey en carta fechada el 20 de diciembre de 1599, pasó a la villa de Santa María del Puerto del Príncipe y a diez leguas de la mar y a dos del referido pueblo[45], halló unas minas de cobre, las cuales –explicó al Monarca– eran muy trabajosas de labrar porque estaban situadas en una sabana que tenía abundante agua; por eso su explotación debería de causar muchos gastos a la hacienda de Su Majestad.

Según esta misma misiva, Sánchez de Moya reconoció a una legua de las referidas minas, otras de hierro "… de gran cantidad y bondad y muy poca disposición de tierra para carbón, leña e ingenios de agua […]"[46]. De estas últimas, envió una barreta a Su Majestad, "… que se sacó de hierro limpio por mano de Francisco Coloma […]"[47].

Coincidiendo con los descubrimientos realizados por los protagonistas del "… **primer reconocimiento minero de Cuba** […]"[48] del que se tienen noticias, el rey Felipe III dicta las primeras cédulas y órdenes reales de su Gobierno referidas a Cuba. Mediante una de ellas, la fechada el 20 de octubre de 1598, se nombró en San Gerónimo por Real Provisión[49] a Juan Álvarez como Regidor de la villa de Santa María del Puerto del Príncipe.

También es nombrado, por estos días, Andrés Guerra como Regidor del Cabildo de la villa de San Salvador de Bayamo mediante otra Real Provisión[50] fechada en Madrid el 16 de noviembre. Con anterioridad, el 7 de noviembre, se había conformado en la Península un Expediente[51] para confirmar en su persona el referido oficio.

El 28 de octubre de 1598, el Soberano emite en el Bosque de Segovia una Real Cédula[52] dirigida en esta ocasión a Juan Maldonado Barnuevo y a los gobernantes y virreyes de otros territorios españoles de América. El documento estaba relacionado con un préstamo de dinero que se había de pedir para Su Majestad. Con igual fecha y lugar, se dictó con idéntico fin otra Real Cédula[53] destinada a lograr la cooperación monetaria del Obispo de la Isla y de las dignidades eclesiásticas de otras regiones del continente americano.

Al parecer, Felipe III olvidó, al dictar esta Real Cédula, que Cuba carecía por entonces de Obispo; pues, aunque en 1597 había sido nombrado por su padre el fraile franciscano Bartolomé de la Plaza, se dice que este no aceptó el cargo y en consecuencia, nunca estuvo en Cuba[54]. En 1598 se nombró para asumir la dignidad de Prelado de la Isla, en sustitución de Bartolomé de la Plaza, al franciscano Esteban de Alzúa, el cual parece que tampoco ocupó la designación. No se ha hallado hasta el presente "… ninguna información que confirme o niegue tal afirmación y aún queda la duda de si renunció al ser propuesto y antes de haber sido nombrado […]"[55].

El 3 de octubre de 1598, se conoció en el Cabildo de La Habana una Real Provisión del 23 de enero de ese mismo año, a través de la cual sabemos que el juez eclesiástico prohibió que las mujeres llevaran, para protegerse de la humedad y el polvo, alfombra y cojín a la Iglesia. El Procurador General de La Habana, alentado de seguro por las esposas de los más prominentes vecinos de la Isla, realizó una reclamación a la Corona, la cual le fue negada. Por tal motivo, interpuso recurso de fuerza. La Real Audiencia de Santo Domingo[56] mandó a las autoridades de la época que no se innovase sobre este particular.

El 13 de enero de 1599, en carta fechada este día en La Habana, el Gobernador de la Isla dio respuesta al recién estrenado Rey –a punto de salir los galeones a cargo del general Luis Fajardo hacia España– de la petición de dinero contenida en la Real Orden dictada por él el 28 de octubre del año anterior. Antes de entrar en materia, Maldonado Barnuevo aprovechó para testimoniar al Monarca su más sentido pésame por la muerte de su padre, ya que:

> … además del sentimiento genl. [general] que todos sus vasallos deben tener le he tenido yo en particular como uno de sus más antiguos criados y que desde que nací comí su pan y el bien y honra que tengo me vino de su larguísima mano Dios le habrá dado el premio que mereció su santísima vida él se la dé a V. [Vuestra] Magd. [Majestad] tan larga y tan felices y prósperos sucesos y victorias contra sus enemigos como sus criados y vasallos deseamos y la cristiandad lo ha menester-[57].

En referencia a lo que el Rey le ordenaba en su ya citada Real Cédula –de que tratara que la Isla le hiciera a la Corona un gran servicio, donándole o prestándole una suma de dinero que le permitiera al Monarca hacer frente a sus necesidades y a las obligaciones contraídas en la defensa y amparo de los reinos a su cargo–, el Gobernador le recordó que: "… La pobreza y miseria de esta Isla y vecinos de ella es tanta que cuando sirvan a V. [Vuestra] Magd. [Majestad] con todo lo que tienen será muy poco […]"[58].

No obstante, Maldonado Barnuevo prometió a Su Majestad servirle en este asunto con mucho cuidado para poder reunir la mayor cantidad de dinero posible; se comprometió, además, a hacer: "… todo lo que con mis fuerzas y industria pudiere […]"[59] para cumplir la encomienda que le había confiado.

No serán las reales cédulas del 28 de octubre de 1598 las únicas relacionadas con Cuba que emite Felipe III en los primeros meses de su reinado. Prueba de ello es que el 2 de diciembre de 1598 dictó una en la que le ordenaba al gobernador de la Isla Juan Maldonado Barnuevo que no se hiciera "… composición[60] con los portugueses y extranjeros que no están araygados[61] en la tierra[62] […]"[63]. Al respecto, en carta fechada en La Habana el 31 de diciembre de 1599, Maldonado Barnuevo informó al Rey que había leído el contenido de la referida Real Cédula y daba razón de no haber recibido, ni él ni sus antecesores en el cargo de Gobernador de la Isla de Cuba, ninguna Real Orden en la que se mandara que se hicieran acuerdos o tratos con ellos, por lo que hasta el presente no se habían realizado.

Aprovechando la ocasión que abordaba en su misiva el tema de los portugueses y extranjeros avecindados en la Isla, el Gobernador informó al Soberano que en las armadas y flotas que pasaban por La Habana, venían con frecuencia muchos lusitanos que habían viajado a Cartagena de las Indias y a la Nueva España "… con sus cargazones y navíos de negros […] cargados de las mejores perlas que pueden haber y muchas joyas y esmeraldas y toda su hacienda en esto y barras de oro de que es muy poco lo que se registra […]"[64].

Maldonado Barnuevo alertó también al Monarca que los portugueses enrumbaban sus navíos hacia las costas de Algarbe,

Ventre, Duero y Mino, en donde con mucha facilidad encubrían sus mercaderías "... por ser de tan poco bulto [...]"[65]. Se veía defraudada de este modo la Real Hacienda pues el daño económico era, por este motivo, de mucha consideración, ya que "... la nata y lo mejor de lo que va de las Indias va a parar fuera de los reinos de Castilla [...]"[66].

El 23 de octubre de 1598, se hizo público en Cuba –bastante tardíamente, por cierto– el contenido de la Real Cédula dictada por Felipe II el 30 de diciembre de 1595. Mediante esta se establecía, a solicitud del Cabildo de La Habana, la exención de ejecuciones por deuda de los ingenios[67] azucareros[68] existentes en la Isla así como de sus tierras, maquinarias, esclavos y animales. Desde este momento, "[...] la industria azucarera pasó a ser la base de la economía cubana [...]"[69].

Con anterioridad, el 12 de agosto, el gobernador de la Isla Juan Maldonado Barnuevo había remitido al desaparecido Monarca –cumpliendo con lo ordenado por él en su Real Cédula de 30 de diciembre de 1595– un informe destinado a ilustrar a la Corona sobre la conveniencia que el desarrollo de la industria azucarera en Cuba brindaría a todos los implicados. En el documento, cuyo principal fin era solicitar un préstamo que permitiera a los dueños de ingenios hacer frente a las necesidades que esta industria demandaba, el gobernador Maldonado dio a conocer un antecedente muy digno de ser tenido en cuenta por el soberano y su Corte al informarle que cuando llegó a la Isla en 1593:

> ... había en esta ciudad algunos pequeños cañaverales de que no se hacía ningún género de azúcar sino algunas botijas de miel que se consumían entre los mismos vecinos y entonces se traía la azúcar de Sto. [Santo] Domingo y valía a seis reales la libra y a veces más después acá yendo reconociendo la fertilidad de la tierra que es grandísima y que de una vez que se planta la caña en muchos años no hay

que tocar a ella más que cortarla y sacar el fruto viendo como hay cañaverales de quince y veinte años y particularmente los de Matanzas que son de más de cuarenta sin que jamás hayan repuesto ni haya necesidad de hacerlo se han dado los vecinos de tres años a esta parte a hacer azúcar y con trapiches[70] y calderas pequeñas ha ido en tanto acrecimiento que pasan ya de tres mil arrobas las que han ido de cargazones a Castilla y a Cartagena [de las Indias] y Campeche [...][71].

Maldonado alertaba al Rey de que, a pesar de que se consumiera buena parte de la azúcar producida en Cuba "... en la tierra donde vale ya a real y medio la libra la gente de ella es tan pobre y de tan cortos caudales que no teniendo algun[72] ayuda y socorro particular que V. [Vuestra] Mag. [Majestad] le mande hacer en ninguna podrán pasar adelante ni poner esta contratación en el estado que convenga [...]"[73].

El Gobernador solicitó a Su Majestad que ordenara se repartieran, entre todos los que se dedicaban en la Isla a producir azúcar, un préstamo —realizado bajo fianzas seguras— de cuarenta mil ducados, pagaderos al término de ocho años; con esto ganaría la Corona alrededor de doce mil ducados de renta.

Maldonado explicó al Rey que:

> ... por lo mucho que crecerán los diezmos como en el acrecimiento que habrá de los derechos y rentas reales que será mucho que sin duda ninguna la fertilidad de la tierra y las muchas comodidades que tiene de agua y leña por lo que se ve cada día promete mucha grandeza y grosedad de trato y sobre todo será de grandísima consideración el aumento de esta ciudad y el ser ocasión que se pueble cada día más conque estará en mejor defensa además de que los diezmos vendrán en tanto crecimiento que pasándose aquí la Catedral como se ha tratado habrá competente renta para el sustento de prelado y canónigos [...][74].

El préstamo solicitado al Rey para el fomento de la industria azucarera en la Isla debía repartirse –en opinión del gobernador Maldonado– conforme a las posibilidades económicas de cada uno de los propietarios:

> … al que se obligare a hacer ingenio de agua que podrán haber dos y cuando mucho tres que lo hagan se les podrá con ocho mil ducados socorrer a los que hicieren ingenio de caballos de rueda grande voladora con cuatro mil y al que hubiere de hacer trapiches pequeños para ayuda a ver los negros y los cobres de las calderas se les socorrerá con dos o tres mil ducados con que habrá igualdad […][75].

El Gobernador dejó claro en su misiva que en toda la Isla no había sitio de:

> … donde pueda salir este dinero porque las rentas reales que V. [Vuestra] Mag. [Majestad] tiene en ella son muy cortas y no llegan al gasto ni sé de qué otra parte se pueda prober[76] sino de la Caja Real de México que aunque sea en ocasiones tan apretadas como a V. Mag. se le ofrecen se podrían sacar estando tan en la mano un gran aprovechamiento así de la Real Hacienda de V. Mag. como de sus vasallos […] que con tanta puntualidad, amor y cuidado acuden a su real servicio[77].

Informados por el Gobernador de las enormes posibilidades que tenían de obtener el dinero que los ayudaría a fomentar los ingenios o trapiches de su propiedad, Hernán Rodríguez, Diego de Ochoa de la Vega, Benito Rodríguez, Antonio de la Ribera, Pedro Suárez de Gamboa, Sebastián Fernández Pacheco, Baltasar de Rojas, Melchor Casas, Ginés de Orta, Sebastián de Aragón, Martín Calvo de la Puerta, Antonio de Matos de Agama, Alonso Jorge, Hernando Rodríguez Tabares y Hernando Salucio, vecinos todos de La Habana, enviaron a Felipe III una solicitud de préstamo.

Conscientes del contenido del "… aviso con información de testigos [...]"[78] que sobre la fertilidad de la tierra y otros asuntos relacionados con el cultivo de la caña de azúcar había enviado al Monarca el gobernador Maldonado en el mes de agosto de 1598 (el cual había sido remitido a su vez al Consejo de Indias, acompañado al pie del documento del parecer sobre este asunto del Soberano), los quince vecinos comunicaron al Rey que cada uno de ellos tenían ya fabricados, gracias a sus caudales y esfuerzos personales:

> … su ingenio y sembrada gran cantidad de caña de que como es notorio ya se va haciendo azúcar finísima y hay tanta que para el mes de enero próximo venidero[79] en adelante que será de la edad que se requiere para molerla se hará grandísima cantidad y no la beneficiando y moliendo a su tiempo se perderá de que recibiremos grandísimo daño y es así que para el dicho beneficio nos faltan dos cosas principales que son calderas de cobre y formas de barro porque en la Isla no hay ni quien las sepa hacer y el barro para las formas es tan ruin que todas se quiebran y el capitán Juan Rodríguez Quintero ha concertado con nosotros de traer a la ciudad y para nosotros dentro de ocho meses cincuenta mil formas de las de Abero del reino de Portugal que son las mejores que se hacen y de donde se proveen de ellas en las islas de Canarias y en la isla de la Madera y otras partes adonde se fabrican el dicho azúcar porque no las hay ni se hacen en Castilla ni en las dichas islas que sean de provecho y también se obliga a traer las calderas de cobre que fueren necesarias y esto todo con cargo de que su Majestad ser servido de dar licencia para que lo pueda cargar en un navío o dos en el dicho reino de Portugal sin obligación de ir a hacer registro a la ciudad de Sevilla porque de otra manera no se quiere obligar a traerlas [...][80].

Proclamación en La Habana el 21 de febrero de 1599 del rey Felipe III

Despachada esta comunicación, quedó La Habana entera pendiente del préstamo que debía hacer Su Majestad a los dueños de ingenios; pues como hizo notar en sus tantas veces citada crónica Hernando de Parra, criado del gobernador Maldonado, en 1598: "… Mucho, muchísimo progresan las siembras de caña de azúcar y del tabaco. Las cosas deben tomar en esta colonia un aspecto favorable con la consignación del situado de Méjico que le ha señalado la piedad soberana […]"[81].

El 23 de octubre de 1598, fecha en que se dio a conocer en el Cabildo de La Habana el contenido de la Real Cédula de Felipe II de 30 de diciembre de 1595, Hernán Manrique de Rojas reiteró la solicitud que había hecho a ese órgano de gobierno veinte días antes para que este le diera la autorización necesaria para construir un ingenio, por tener mucha caña sembrada, en la estancia de su propiedad nombrada *El Cerro*.

También fue agraciado por el Cabildo, en igual fecha, Diego de la Rivera Cepero[82], quien había sido Gobernador de La Habana como Teniente del adelantado Pedro Menéndez de Avilés, con el otorgamiento de la merced del Corral nombrado *Los Güines*[83], ubicado en una tierra realenga, perteneciente al actual poblado habanero de Güines.

Estimulado por las buenas nuevas referidas a la producción azucarera, el vecino Antón Recio fundó durante el transcurso del año 1598, en las profundidades de la Ensenada de Marimelena (al este de la Bahía de la Habana) el ingenio nombrado *San Pedro de Guaicanamar*[84], que estuvo situado en los terrenos donde, en 1690, se fundó la Ermita y el pueblo habanero de Regla[85]. Este ingenio, compuesto de cuatro caballerías de tierra, fue el **primero que utilizó en Cuba bueyes para impulsar sus maquinarias en lugar de esclavos y caballos**, como era usual en las fábricas de azúcar establecidas en la Isla.

Mientras los propietarios de ingenios azucareros de La Habana esperaban con impaciencia la concesión del préstamo que habían solicitado al monarca, uno de sus más fieles servidores, el capitán Francisco Sánchez de Moya, arribaba el 2 de enero de 1599 a Santiago de Cuba luego de haber recorrido buena parte de la Isla. De inmediato, se dirigió hacia las minas de cobre existentes en el Cerro de Cardenillo[86], en cuyas inmediaciones se había ido formando, sin permiso real ni acto fundacional, un pequeño caserío impulsado no tanto por la importancia económica del yacimiento, sino más bien por el deseo de los pobladores de la comarca de escapar del asedio constante de los piratas y del temor que en ellos desataban los movimientos telúricos que sacudían con frecuencia a Santiago de Cuba.

Sánchez de Moya procedió a efectuar el desahucio del empobrecido asentista portugués Rodrigo Manuel Núñez de Lobo[87], quien apenas disponía por entonces de medios para explotar las minas. Entre los bienes que se apropió el referido

Capitán, en nombre del Rey, se hallaban doce negros esclavos fundidores que el Cabildo de Santiago de Cuba tenía alquilados a Núñez de Lobo, para que trabajasen en las minas; seis o siete bohíos; una casa de fundición con su armazón de madera; dos ruedas para mover ingenios con fuelles; un bote para pescar y varios sembrados de yuca, maíz y calabaza.

El Capitán basó la expropiación de las minas en el hecho cierto de que los derechos adquiridos por el asentista portugués de manos de los herederos de Juan Velázquez habían vacado. Por tal motivo, el 8 de enero de 1599, tomó posesión con la erección de una cruz, en nombre del Rey, de las minas, cuyos terrenos delimitó "… por la parte de dicha ciudad de Santiago dos leguas y por la parte que sale al camino del Bayamo y en redondo tomando hacia la parte del norte y del sur tres desde las dichas minas a todas partes para que ninguna persona de hoy en adelante sea osado montar, portar leña, pescar, ni cortar guano ni plantar ni fundar […]"[88].

El 11 de enero de 1599 se habían completado ya todos los requisitos legales y el acto pregonado debidamente. Al tomar posesión del yacimiento Sánchez de Moya lo denominó Real de Minas de Santiago del Prado. Desde entonces, el mineral de cobre obtenido de la explotación intensiva de estas minas estuvo destinado a abastecer suficientemente a la Fábrica y Fundición de Artillería de La Habana, a pesar de que:

> Concebido en las mentes de altos funcionarios del imperio español el plan no contempló la distancia entre los yacimientos y el lugar donde se fabricaban los cañones; tampoco tuvo en cuenta el peligro que debía arrostrarse para trasladar, mediante cabotaje, el mineral desde Santiago de Cuba hasta Batabanó. Cualquier análisis económico racional y pertrechado de datos fidedignos podía detectar los problemas insolubles que se desprenderían de la puesta en práctica, a inicios del siglo XVII, de un proyecto como aquel, por el espacio que había que salvar entre el oriente y el occidente de

la isla de Cuba, constantemente amenazado por los filibusteros, corsarios y piratas, y porque nadie era tan absurdamente fiel a la Corona como para evitar el provechoso comercio de rescate[89] [...][90].

Cuba estuvo aprovisionada en este período de una manera irregular y escasa, y en ocasiones, hasta desabastecida, por medios legítimos, de lo que necesariamente había que importar por no producirse aquí: harina, vinagre, vino, sombreros, calzado, tejidos, etcétera. Aprovechando estas circunstancias, siempre se hallaban buques al acecho, fuera de la costa, para ofrecer mercaderías –vinos, sedas, esclavos, tejidos de lino, especias, artículos de ferretería, etc.– procedentes de Inglaterra, Holanda, Francia y aun de Italia a cambio de pieles y de sebo, de fácil obtención aquí; pues la Isla se hallaba poblada de grandes cantidades de cabezas de ganado en estado salvaje.

En correspondencia al interés de su Majestad –quien le escribió con Juan de Ibarra– por conocer detalles acerca del funcionamiento de la Fábrica y Fundición de Artillería de La Habana, el Gobernador de la Isla le indicó a Felipe III, en una carta fechada en La Habana el 31 de diciembre de 1599 que si el Capitán Francisco Sánchez de Moya hubiera traído consigo los negros esclavos necesarios para sacar el cobre de las minas de Santiago del Prado, ya habrían estado fundidas en esa fecha todas las piezas de artillería que necesitaban las fortalezas habaneras.

Como el equipo de maestros y oficiales mineros y fundidores que vinieron a la Isla en su compañía "... no era útil para sacarlo no ha hecho nada [...]"[91], no llegaban en esta fecha a ciento cincuenta los quintales de cobre que se habían podido sacar de la mina. Sin los esclavos necesarios para acometer la extracción del mineral, alertaba Maldonado al Rey, no podría Sánchez de Moya obtener jamás el cobre que demandaba la Corona; le manifestaba, además, su convencimiento de que:

> ... el día que los tenga sacara lo que quisiere porque él tiene industria particular para ello y muy continua asistencia en lo que toca a las minas como quien tantas experiencias ha hecho de ellas. Digo lo que siempre he dho. [dicho] a V. [Vuestra] Mag. [Majestad] que son abundantísimas y el cobre el mejor del mundo y que si antes había escrito a V. Mag. que saldría por seis ducados el quintal ahora digo que por cuatro que es la mayor riqueza que tiene el mundo [...][92].

Respondiendo a una pregunta que le había formulado Felipe III acerca de si la fundición de la artillería convenía hacerse en la Isla o en España, Maldonado explicó al Rey que, aunque era muy dificultoso traer a La Habana el cobre desde Santiago de Cuba, ya que las obras estaban tan adelantadas y se había gastado tanto en construir los hornos y otros aparejos de la Fábrica y Fundición de Artillería, "... justo será hacer la experiencia antes que mudanza que venidos que sean los negros se verá la salida de toda esta máquina y cuando parezca no convenir que se haga aquí también vendrá entonces el mudarlo como ahora [...]"[93].

A pesar de las dificultades que lo frenaban por todas partes, el previsor, enérgico y constante capitán Sánchez de Moya se consagró a la explotación del Real de Minas y al fomento del pueblo de Santiago del Prado, fundado por él en 1599, en las cercanías del cerro de Cardenillo y de una fuente de abasto de agua. Dicho poblado se hallaba compuesto de bohíos y de una iglesia "... como las que se usan en esta tierra, cubierta de guano; y para hacer una campana que se puso en ella a su servicio y para tocar a trabajar se sacaron 5 arrobas de cobre, con fuelles de hierro [...]"[94].

Sánchez de Moya colocó, en el altar mayor de la iglesia de Santiago del Prado, una imagen de Santiago Apóstol[95], quien se convirtió de este modo en el Santo Patrono del poblado.

Según el inventario que realizara el propio Sánchez de Moya como Administrador saliente del Real de Minas en 1620, en este año aún se hallaba colocada en el altar de la Iglesia la imagen de bulto de Santiago el Mayor, advocación que, como bien declaró en esta ocasión, había traído consigo de España en 1597 para colocarla en la Iglesia que hiciera erigir como resultado de la misión que le había confiado Felipe II. La imagen poseía una "… capa de terciopelo afallistada con sombrero de plata con el artículo de fe que compuso en la casa de él [...]"[96].

Sánchez de Moya intentó llevar a cabo numerosas mejoras en el Real de Minas de Santiago del Prado. Para lograrlo fabricó, en un corto período de tiempo, decenas de tejas para techar la casa de fundición y los hornos; hizo fabricar y quemar carbón vegetal; multiplicó las labranzas iniciadas por Rodrigo Manuel Núñez de Lobo y sembró más yuca para hacer cazabe, maíz, plátano y caña de azúcar; construyó nuevos hornos, curó pieles para fuelles, desmontó el sitio alrededor de los bohíos que conformaban el poblado y garantizó el sustento de los esclavos. Además, comenzó los trabajos a flor de tierra para extraer las piedras con el mineral y, con el cobre maleable resultante de una sola fundición, hizo las piezas necesarias para la confección de tres fuelles y de varios utensilios de cocina.

Se ordenó que los fondos ofrecidos por el Rey a Sánchez de Moya provinieran de México. Además, se prometió, por la Corona, el envío de doscientos negros esclavos para desenterrar y fundir el mineral. Anticipándose al arribo de los siervos prometidos, el Capitán adquirió un hato de ganado mayor —formaba parte del de Barajagua e incluía Puerto Pelado— y lo pobló con ochocientas reses así como con un corral de ganado menor, situado en las cercanías de Bayamo.

Mientras que en La Habana avanzaban los trabajos de mejoramiento y ampliación de la Fábrica y Fundición de

Artillería −los cuales estaban al cuidado de varios de sus subordinados− Sánchez de Moya desesperaba en el Real de Minas por la demora de los doscientos esclavos prometidos, los cuales nunca llegaron. Finalmente, el 5 de octubre de 1599, al conocer la noticia de que había arribado a Santiago de Cuba un barco portugués dedicado a la trata africana y cargado de esclavos destinados a la Nueva España, compró al maestre Antonio Correa[97], en nombre del Rey, 59 bozales entre hombres, mujeres y muchachos. A ellos sumó los trece que había traído de La Habana consigo y los doce que el Cabildo de Santiago de Cuba había alquilado a Núñez de Lobo.

El humanismo del capitán Sánchez de Moya, que distinguió toda su actuación en la Isla, se evidencia en un informe remitido por él en esos días a la Corona, en el cual expresó, refiriéndose a los esclavos que había comprado el 5 de octubre y que había llevado consigo tres días más tarde a las minas: "… Procuré con el cuidado posible que no se me muriese ninguno y así sucedió, habiéndose muerto a los cargadores más de 20 piezas… Hasta el 10 de dicho mes no les consentí trabajar y este día repartí los más recios a trabajos leves, y reservé de él a los flacos […]"[98].

La primera fundición del metal que se hizo, luego del arribo a las minas de Sánchez de Moya, se realizó el 22 de abril de 1599 bajo las órdenes de un fundidor alemán. Desde esta fecha y hasta el 23 de septiembre de este mismo año, se sacaron 109 quintales de cobre en catorce fundiciones. Los resultados, calculaban los fundidores, habrían podido ser mayores si no hubieran faltado brazos para acometer las labores.

Con el primer cobre extraído, se fundieron una culebrina de cien quintales y un pedrero de 55. Sánchez Moya aprovechó el éxito obtenido en esta fundición para notificar al Rey que no solo se había reactivado la mina, sino que también se había fundado por él, en el lugar, una Iglesia consagrada a Santiago Apóstol, Patrono de España.

Sánchez de Moya dejó constancia, con las debidas formalidades, del costo de la explotación del mineral: 76 arrobas y cinco libras de metal quemado producían diecisiete panes de cobre que pesaban veinticinco arrobas, dieciséis libras, neto la tara, a un costo que se calculaba en no menos de cuatro y medio reales la arroba.

El 19 de octubre de 1599, después de poco más de un año de ausencia, arribó a La Habana Francisco Sánchez de Moya. Ante los resultados obtenidos, la Corona y el Consejo de Indias:

> ... se hallaron perplejos, sin saber qué partido adoptar: si debían continuar la fundición de artillería en La Habana, o cerrarla; si debían operar las minas de Santiago, o arrendarlas bajo asiento. A esta última proposición se opuso enérgicamente el capitán Sánchez de Moya, porque —decía— ya se había realizado la obra costosa de comenzar su explotación, y las utilidades estaban a la vista. Arrendarlas bajo asiento en esos momentos era sacrificar una excelente perspectiva[99].

En los informes que se envían a la Corona a finales de 1599 y principios de 1600, se aprecian diversas opiniones relacionadas con lo que debía hacerse con el mineral de cobre una vez sacado. No obstante, se recomendaba que la Corona continuara el laboreo de las minas, dejando al capitán Sánchez de Moya como Administrador de estas en consideración a que este había realizado una encomiable labor en ellas, a pesar de haberlo hecho en las más difíciles circunstancias.

Es de suponer que durante todo este tiempo, los trabajos de fundición tuvieron un papel preponderante; además, fueron el problema central dentro de éste y otros esporádicos yacimientos de menor cuantía explotados en esta época, pero que no tuvieron esa gran relevancia.

Al conocerse la situación de los antiguos cuerpos, en cuanto a su forma aproximada, número y estructura, es de considerar que al principio la *técnica* aplicada, dada las grandes líneas de afloramiento de las vetas en el cerro de Cardenillo, los limitados conocimientos de los primeros vecinos, así como la fuerza de trabajo disponible (negros esclavos), consistió en zanjas con fortificación de los hastiales (ademado) en labores *semi abierto*, hasta que agotadas las extensas líneas de afloramientos por este sistema y quizás posteriormente, por los pequeños pocillos (pozos criollos), se inició el desarrollo de socavones para la explotación de las vetas que comenzaban a adentrarse en el cerro. Es decir, [...] los métodos empleados tuvieron posiblemente un nivel de desarrollo extraordinariamente rudimentario [...][100].

El mineral de cobre obtenido en el Real de Minas de Santiago del Prado se enviaba en barcos a La Habana y, junto con el estaño que se traía de la península, se destinaba a la producción de cañones de bronce de diversos tipos para las fortificaciones de esa Ciudad. Es de suponer que el gobernador Juan Maldonado Barnuevo, considerado con justicia el verdadero fundador de la industria azucarera en Cuba, facilitase —con relativa frecuencia y a muy poco costo— a los propietarios de los cachimbos y modestos ingenios que se fomentaban por entonces en la Isla el metal requerido para fabricar las pailas y otros utensilios que se usaban en ellos.

En este período se comienza a promover de nuevo la idea de mudar la Catedral de Santiago de Cuba a La Habana por ser, al decir de Juan de Eguiluz, Veedor de las fábricas de los castillos y Procurador General del Cabildo de esa Ciudad, "... la parte más autorizada y poblada que la Isla tiene adonde asisten el Gobernador y nobleza de toda aquella tierra y el presidio q. [que] Vra. [Vuestra] ala. [Alteza] tiene con lo cual y con los castillos está la dha [dicha] ciud. [Ciudad] defendida lo estará la dha Catedral por ser la dha ciudad de San Xpoblal [Cristóbal] de la Habana la llave trato y comercio de todas las Indias y el lugar más importante de ellas [...]"[101].

Para lograr el traslado, se confeccionó un expediente conformado por varios documentos. En uno de ellos, Eguiluz expresaba al Monarca que resultaba necesario que se autorizara la traslación solicitada, para que los vecinos más importantes de la Isla se determinaran a sustentar la ciudad de La Habana: "... con su población y trato y haya otros que se animen hacer lo mismo especialmte. [especialmente] teniendo aquí el Obispo y demás dignidades para administrar los sacramentos [...] y confirmaciones que son tan necesarios [...]"[102].

Con todo ello –aseguraba Eguiluz al Monarca– la Catedral, una vez trasladada a La Habana desde Santiago de Cuba, se engrandecería, pues habría en ella dignidades para asistirla; existirían, además, más posibilidades para que se pudieran sustentar el templo y sus sacerdotes y canónigos, "... con la limosna de la gente que va a la dha [dicha] Ciudad en las armadas y flotas y la que reside en ella que con esto y lo demás que tiene Vra. [Vuestra] Ala. [Alteza] señalado para la dha Igla. [Iglesia] se podrá entretener con las demás mrd. [mercedes] que Vra. Ala. la irá haciendo [...]".[103]

Las razones del traslado, esgrimidas en una carta sin fechar dirigida a Felipe III por el ya citado Juan de Eguiluz –quien se brindó incluso, si era necesario, a viajar a España para dar información sobre este particular en la Corte, por no haber ni Obispo ni Cabildo Eclesiástico en la Isla que pudiera hacerlo– eran claramente convincentes si se tiene en cuenta que la Iglesia Catedral no se hallaba en ese momento "... con el ornamento y decencia que conviene [...] sin que en ella se haga el asistencia de perlado¹⁰⁴ y dignidades ni oficios divinos como hacerse se debe [...]"¹⁰⁵.

Alegaba Eguiluz, a favor del traslado, la escasa defensa que poseía Santiago de Cuba, en donde entraban con frecuencia los enemigos de la Corona "... a saquearle como lo han hecho y quemado derribado la dha [dicha] Igla. [Iglesia] y al preste. [presente] que ha muchos años que no se celebran en ella los oficios divinos [...]¹⁰⁶".

En esta época, los obispos nunca residían en Santiago de Cuba, sino en Bayamo, por lo que el Templo se hallaba "... sin seguridad de poderse conservar ni el lugar tiene vecindad ni ornato para sustentar la dha [dicha] Igla. [Iglesia] Catedral y si se hubiese de volverla a reedificar de nuevo la volverán los enemigos a quemar todas las veces que quisieren por no tener aquel lugar defensa ninga. [ninguna] ni haber más que veinte y cinco o treinta vos. [vecinos] [...]"¹⁰⁷.

Entre las razones que esgrimió Eguiluz para convencer al Monarca de promover el traslado, se destacan la disposición de los vecinos de La Habana de hacer frente a las necesidades de la Iglesia Catedral a partir de los "... nuevos frutos de la labor de los azúcares que se van fabricando [...]"¹⁰⁸ y el hecho cierto de que se hallaba aún vacante el cargo de Obispo de la Isla; porque había en ese momento, en la sede del obispado en Santiago de Cuba, "... un canónigo que él solo asiste en la conservación de una poca de Hazda. [Hacienda] que allí tiene sin haber otra dignidad ni persona que asista en la dha [dicha] Igla. [Iglesia] [...]"¹⁰⁹.

La lectura hecha por el Rey, quien era un piadoso cristiano, y por sus ministros, de este y otros documentos similares causó alarma en la Corte; el 27 de agosto de 1599 se ordenó que el Obispo, el Gobernador y los cabildos Eclesiástico y Seglar de la Isla informaran de inmediato sobre este particular, según fue proveído por Real Cédula redactada el 6 de septiembre de este mismo año.

Se encargó de responder al Monarca el propio Juan de Eguiluz, quien le recordó al Rey, en primera instancia, que la sede del Obispado de la Isla continuaba vacante y que en la Catedral de Santiago de Cuba no había más "... que un canónigo el cual por ser solo no hace cuerpo de Cabildo [...]"[110].

Eguiluz no recomendaba que dicho eclesiástico fuese consultado por la Corona sobre la conveniencia o no de proceder al traslado de la Catedral a La Habana pues, por hallarse avecindado en Santiago de Cuba "... con su Hacienda [...] no informará lo q. [que] conviene por no salir de allí [...]"[111]. Además dio cuenta de que, por haberse solicitado al Gobernador de la Isla, por Real Cédula "... que informase de esto lo hizo con su parecer como consta de los autos con qe. [que] se verifica la causa bastante qe. [que] hay para lo qe. se pide [...]"[112].

Juan Eguiluz se limitó a dar al Soberano el parecer del Cabildo de La Habana, el cual insistía en la necesidad de que se trasladara el Templo a esa Ciudad:

> ... porqe. [porque] la dicha iglesia q. [que] está en Santiago de Cuba está ha muchos años qemda. [quemada] y derribada qe. [que] solo tiene el nombre y ha muchos años qe. por esta causa no se celebra en ella los oficios divinos por lo cual los obispos han siempre asistido en el Bayamo y no en su Iglesia // Lo otro porqe. el principal intento qe. se pide se mude la dicha catedral es porqe. en La Habana estará con la seguridad de qe. los enemigos no la vuelvan a quemar porqe. si se hubiese de tornar a reedificar donde ahora está corre mucho riesgo y en la dha [dicha] ciudad de la Habana no le tiene por haber de estar debajo del amparo de los castillos [...][113].

Convencidos de que tarde o temprano sería ejecutado por orden del Rey el traslado de la Catedral de Santiago de Cuba a La Habana, "... llave y seguridad de todas las Indias [...]"[114], los vecinos y pobladores de ella trabajaban desde hacía más de dos años en el mejoramiento, en todos los sentidos, de su Parroquial Mayor[115]. Prueba fehaciente de ello resulta el Acta de la sesión del Cabildo celebrada el 22 de marzo de 1599, que deja constancia de la ejecución, por el pintor Juan Camargo, del Retablo o Altar Mayor del referido Templo. En esta obra de arte, iniciada en 1597 con la colaboración de un carpintero y otros artesanos, se combinaban la talla, el modelado y la pintura. En dicha Acta se hizo constar que Camargo reclamaba los dos mil ducados que se le adeudaban por la construcción del Retablo, además de los cuatrocientos del alquiler de la casa en donde lo había elaborado, todo lo cual se le abonó poco después. Para aquilatar el valor de esta obra, debemos:

> [...] establecer algunas consideraciones: primero, su tiempo de construcción; para ello nos hemos auxiliado de los Índices y extractos del archivo de protocolos de La Habana, de los que extrajimos una relación de los alquileres pagados en la villa en 1588, que fluctúan de treinta a noventa y cinco ducados anuales por la renta de un inmueble como casos extremos, siendo el promedio aritmético de sesenta ducados anuales el alquiler. Esta cifra puede servirnos para tener una idea del tiempo empleado en la construcción del altar, que no pudo ser menos de dos años[116] si tenemos en cuenta que el Cabildo reconoce como válido el empleo de cuatrocientos ducados para el pago de la casa en la que se realizó este. Además, si comparamos los dos mil ducados que pide Camargo y que se le reconocen por parte del cabildo como justo precio por su trabajo, con el costo de las obras emprendidas y proyectos en la iglesia: como son: el techado de la misma que costó nueve mil ducados y fue realizado por Andrés de Azaro en 1571; el proyecto realizado por Francisco de Calona en 1575 de la torre campanario, la tribuna o coro alto y la ampliación de la sacristía, cuyo costo total no alcanza a mil doscientos ducados, indiscutiblemente debemos considerar este retablo como una obra plástica nada vulgar[117].

Felipe III y La Dorada

Felipe III

El 11 de febrero de 1599, se consultó con el Consejo de Indias[118] la propuesta de las personas que debían ocupar los cargos de Tesorero de Cuba y Nicaragua. En el caso de la Isla, se nombró en Vinaroz, el 10 de mayo de 1599, por Real Provisión[119], a Cristóbal Ruiz de Castro en sustitución del

53

capitán Pedro Álvarez de Ruesga. Con igual fecha y por Real Provisión[120], se le nombró, además, Regidor del Cabildo de La Habana, órgano de gobierno que otorgó el 12 de febrero a Gaspar Díaz Borroto el corral nombrado *Las Virtudes*, en terrenos pertenecientes a la actual provincia de Pinar del Río.

No fue esta la única merced concedida en 1599 por los cabildos de la Isla; pues el 27 de marzo, el cabildo de Sancti Spíritus le había concedido al escribano Francisco Juárez de Figueroa la merced de un terreno situado en una de las márgenes de río Taguasco[121] para la cría de ganado menor. También se merceda el hato de Cacocum, en territorio de la actual provincia de Holguín.

Según la escritura de este último, redactada el 9 de julio de 1599, este quedó establecido desde esa fecha como hato independiente puesto que, hasta ese momento, formaba parte de la hacienda Cauto-Saos-Cacocum. Esta propiedad fue repartida entre Gabriel de Salinas, quien adquirió los hatos nombrados Saos-Cauto, y Alonso Cepeda, el cual obtuvo los nombrados Cacocum-Saos.

En 1599, el llamado Hato de Holguín se divide entre las tres nietas de Francisco García de Holguín[122]: Ana María López de Mejía García de Holguín, quien se casa con Juan del Corral, natural de Córdoba, Andalucía; Juana Antonia López de Mejía García de Holguín, quien contrae nupcias con Miguel Batista-Bello de Castro-Almira, natural de Soria, Castilla la Vieja; y Elvira del Rosario López de Mejía García de Holguín, esposa de Diego de Ávila y Albadiana, natural de Villa de Pravia, Asturias. De esta forma se originaron los hatos de Holguín, Las Cuevas y Uñas.

En las sesiones del Cabildo de La Habana[123] del 2 y del 26 de junio de 1599[124], se acordó –a propuesta de varios vecinos y con motivo de andar muchos negros fugitivos y delinquiendo– ordenar la confección de un arca de tres llaves para custodiar en ella la escasa contribución que debían aportar los dueños de esclavos para costear la contratación de quienes se dedicaban a capturar a los cimarrones y para pagar a sus propietarios el precio de aquellos que, por sus actos, merecieran la pena de muerte.

Según se hizo constar en la sesión del Cabildo habanero[125] del 14 de agosto de 1598, el interior de la Isla se gobernaba a través de un Teniente Letrado, el cual era nombrado por los gobernadores de Cuba y debía residir en Bayamo. Dicha Villa y la de Puerto Príncipe eran el principal refugio de los vecinos de la zona oriental por estar ubicadas ambas más al interior, lo cual las protegía de los ataques de los enemigos de la Corona.

Durante el transcurso de 1599, el gobernador Juan Maldonado Barnuevo solicitó al Tribunal de México la designación, en La Habana, de comisarios, notarios, alguaciles y familiares del Tribunal del Santo Oficio, cuya primera Comisión había funcionado en Cuba entre 1576 y 1577 por gestiones del gobernador Gabriel Montalvo. En esta época, había pocos familiares y comisarios del Santo Oficio en la Isla. La Habana poseía dos, y había dos más en el resto del país.

El viernes 19 de febrero de 1599, dos lanchas inglesas abordaron, en las cercanías de la villa de Trinidad, una fragata que venía de La Habana rumbo a Bayamo. Luego de desembarcar la gente que iba en ella en un punto de la costa, dejando solo a bordo a un tal Manuel Fernández y a su hijo, pararon poco después, porque "… traían lengua[126] desde el Bayamo iban al Matabano[127] cuatro fragtas. [fragatas] cargadas de cueros y sebo y otros frutos de la tierra […]"[128].

Poco después, llevando por guía al citado Manuel Fernández, arribaron al Matabano, en donde hallaron las cuatro fragatas surtas y a sus tripulantes en tierra; de manera que, sin hallar defensa alguna, se apoderaron de las embarcaciones. El 22 de febrero, en horas de la tarde, llegó aviso de lo sucedido al Gobernador de la Isla, quien de inmediato despachó a Gaspar Menéndez, Teniente del Castillo de la Punta, con catorce soldados con objeto de que, si los enemigos se hallaban surtos en algún sitio del litoral, procurara acometerlos de noche.

Avisado el Teniente Menéndez de que una piragua y dos canoas se hallaban escondidas en un estero del litoral, lo cual "… no podía remediarse de otra manera por ser aquella costa muy yerma y donde no podía haber otra embarcación […]"[129], Menéndez se trasladó de inmediato al lugar, al cual llegó el 23 de febrero en horas de la tarde y encontró que un viento Norte había roto la piragua. Cuando la estaba reparando con sus hombres, llegó al lugar, el 26 de febrero, una fragata que venía de Puerto Príncipe cargada de cueros.

De inmediato, el Teniente Menéndez ordenó descargarla; se embarcó en ella con sus soldados esa misma noche, acompañado de los diez o doce marineros que "… tenía de las fragatas q. [que] fueron por todos 25 y los 18 arcabuceros y los demás con puntas y jarreteras […]"[130] con objeto de buscar a los ingleses que iban rumbo al cabo de San Antonio, en donde les aguardaba su navío. Este había ido:

> … Por fuera de la Isla de Pinos navegó todo el miércoles sin verlos y jueves al amanecer los descubrió cerca de los cayos de Guaniguanico q. [que] iban todos juntos y luego cargó vela cuanto pudo y les fue dando cerca el inglés no tendio[131] q. [que] podía ser gente de guerra pareciéndole demasiada presteza para q. le hubiese salido de la hava. [Habana] y así dándose a tender[132] q. era barca del trato q. se iba a meter con las demás por no saber lo q. pasaba los fue esperando alcánzalos el mismo día q. fue a los 25 a las cuatro de la tarde y lo primero q. vistio[133] con una barca de Frco. [Francisco] de Licona q. era la mayor y más bien armada y ganóla la gte. [gente] del enemigo iba repartida ganóla con facilidad en esto le abordaron las otras dos y arrojándose el sen. en una de Frco. Núñez le mataron de un picazo[134] Zeaste. lo hizo tan bien qe. [que] ganaron aquella fraga. [fragata] y otra qe. fueron tras la canija del enemigo se puso en huida y gánele a

una de las fragatas de la presa la menor no pudieron seguirlas porque a la fraga. en qe. iban la gte. le faltó el timón en resolución de las cuatro fragtas. perdidas se cobraron las tres en qe. habría más de 10 000 cueros matáronse hasta 20 ingleses qe. no dejaron ningo. [ninguno] vivo de nra. [nuestra] parte murió el Tene. [Teniente] qe. fue una gran pérdida por ser un valiente soldado como lo mostró este suceso y otro ssdo. [soldado] del castº [castillo] del Morro y hirieron cuatro retiráronse al Matabano con su fraga. y las tres q. ganaron donde se les ha reforzado la guardia hasta qe. se puedan traer a este puo. [puerto] aunque el enemigo fue tan maltratado q. no volverá tan presto a aquel puerto– [...][135].

El 14 de febrero de 1599, el Capitán Martín García de la Maza, a bordo de una de las pinazas que se hallaban destacadas en la bahía de Matanzas, "...topó con un navío inglés que con ser mucho mayor que el suyo pudiera no acometerlo en fin le bordoo[136] y pelearon balentisamamte. [valentísimamente] hasta que habiéndose muerto los unos y los otros se apartaron sin haber quien tirase un arcabuz murieron de ambas partes los cappnes. [capitanes] la pinaza vino con nueve hombres menos y el inglés salió de la misma manera [...]"[137].

El gobernador de la Isla, Juan Maldonado Barnuevo, le contó al Rey que el 8 de marzo de 1599 había recibido cartas de Francisco del Corral, al mando de la Flota[138] de Nueva España, quien había llegado a San Juan de Ulúa (Veracruz) el 3 de febrero de ese mismo año. Del Corral le comunica que había tomado, junto a un tal Matalino, un navío inglés de doscientas toneladas, el cual tenía sesenta personas a bordo; había peleado con él hasta que mató e hirió a casi la mitad de la tripulación. Después, en el cabo de Corrientes, se toparon con otras siete embarcaciones, las cuales lo fueron siguiendo toda una noche y la mayor parte del día, y se cañonearon con ellas hasta que, reconociendo que eran navíos de fuerza, los dejaron con alguna pérdida.

Los referidos navíos se trasladaron luego a las costas de Cuba, en donde hicieron varios daños y abordaron, en las cercanías del puerto de La Habana, uno de los dos navíos de aviso que Su Majestad había mandado despachar a Nueva España con importantes documentos. Antes de rendir la embarcación, el alférez Cárdenas, que llevaba a su cargo los documentos enviados por el Soberano, los echó al mar. Afortunadamente, los duplicados de estos pliegos, que eran portados por Antonio de Moya, llegaron a salvo a Nueva España.

Unos días después de haber remitido[139] a Su Majestad las informaciones que hemos citado, ocasión en que también le agradeció haberlo confirmado en su puesto, el Gobernador dio cuenta al Rey del "… estado en que esta Isla quedaba y de la poca seguridad que había en esta costa respeto[140] de siete u ocho navíos ingleses que nos la corrían estos desembocaron y se fueron con sus presas mas aguardamos por otra escuadra que tengo aviso del Bayamo que anda en la banda del sur de esta y. [isla] […]"[141].

Maldonado aprovechó para alertar al monarca de que los rescates que se realizaban en los pueblos de la banda del norte de La Española[142] se habían comenzado a consumar también en las costas de Cuba. Ello ocurría con más frecuencia, en su opinión, después que la Real Audiencia de Santo Domingo había quitado las prerrogativas que tenían los gobernadores de administrar justicia para dejarlas en poder de los alcaldes ordinarios "… que son los primeros y mayores rescatadores[143] como gente de más caudal yo he acudido al remedio con el cuidado que debo y espero en Dios que desarraigaré tan mala semilla […]"[144].

Además, el Gobernador informó a Felipe III en esta misiva, fechada en La Habana el 30 de marzo de 1599, que a principios de ese mismo año había enviado a Baracoa al sargento Juan Gutiérrez con ocho soldados, con objeto de que averiguasen en esa población todo lo relacionado con los rescates, prendiesen a los culpables y los trajesen a La Habana. Por entonces Baracoa era, según afirmó Maldonado al Rey, un poblado:

> ... pequeño y de poca gente y ninguna hay en el que no rescate y los alcaldes y el cura los primeros teniendo presos cinco o seis y hechas sus diligencias para venirse los que andaban huidos en el monte se concertaron con unos flamencos[145] y franceses que estaban en un puerto tres leguas de allí y una noche los metieron en el lugar y prendieron al Juan Gutiérrez soltaron los que él tenía presos según me escriben los que andaban en el monte hay dos de los franceses estaban ya para irse que me parece tenían ya cargados sus navíos y se volverían luego a Guanaibes[146], que es un puerto junto a la Yeguana[147] donde estaban siete u ocho navíos y han estado todo este invierno tan de asiento como en la Rochela enviando desde allí sus lanchas a cargar los cueros que les dan por todos aquellos hatos y puerto lo que sucedió entenderá V. [Vuestra] Mag. por la Rcn. [Relación] de Gonzalo Franco piloto que va con esta de lo que después hubiere sucedido enviaré en el primer aviso[148] que lo quedo aguardando por horas [...].
> Aquel lugarejo es muy pequeño y mal poblado porque no ha quedado allí sino el desecho de esta Isla que son hasta treinta hombres de diferentes naciones y algunos mestizos y acuden allí ingleses y franceses por el palo de ébano y de Brasil que hay y alguna comida es un paso de mucha consideración porque todos los navíos que vienen a las Indias de las islas de Canarias y los que vienen de esos reinos de aviso como es su camino por la Canal Vieja le vienen a reconocer y habiendo allí ladrones los han de tomar como haya sucedido dos veces en poco tiempo y creo cierto sería muy acertado despoblarlo porque V. Mag. no tiene de él ningún provecho ni Dios se sirve que como está tan otras manos y es tan pobre la gente por maravilla hay sacerdote que quiera estar allí sino algún fraile que anda medio huido de su orden como ahora había uno que es el mayor rescatador de todos aunque sirviéndose V. Mag. de mandar limpiar aquellos puertos de la Española

que hará con muy pocos navíos y costo cesará todo esto y esos corsarios no serán tan dueños como ahora lo son de toda aquella costa [...]¹⁴⁹.

Ante estos y otros desmanes cometidos por los enemigos de España y por los numerosos contrabandistas, piratas y corsarios criollos y extranjeros que pululaban por el archipiélago cubano y sus inmediaciones –como fue el apresamiento en 1599, por corsarios ingleses, de la fragata *San Francisco*, propiedad del vecino de La Habana Pedro Muñoz, la cual echaron a pique en Cayo Romano–, Maldonado decidió custodiar con treinta soldados las aguadas de Matanzas y armar a la gente que laboraba en los corrales de la zona. Como resultado de esta medida, muy pronto se capturó:

> ... una lancha grande de cubierta con seis ingleses y otro día se les dieron cuatro o cinco cargas de mosquetería y arcabucería a cuatro lanchas que habían entrado en el río de Canímar en que se les mató y hirió alguna ge. [gente] y no poca con que se han alargado de manera que no se llegan a hacer agua ni leña mas salidos a la mar son dueños de todo sin que haya quien pueda oponérseles y así temo han de hacer mucho daño en esta costa [...]¹⁵⁰.

Maldonado aseguró al Rey que, con muy poco costo y unos pocos navíos, que no tendrían por qué ser grandes, se evitarían estos daños, y las costas de la Isla estarían "... tan limpias y seguras que en todo tiempo se pudiesen navegar y que conviene mucho a su Rl. [Real] Servicio se trate del remedio poniéndolo de una vez en el buen estado que convenga [...]"¹⁵¹.

Por esta época, la villa de Santa María del Puerto del Príncipe, así como las de Sancti Spíritus y El Cayo (Remedios) habían intentado, desde finales del siglo XVI, edificar un convento franciscano con objeto de tener, según Fray Francisco

Pérez, Comisario de esa orden religiosa a quienes las autoridades de estos lugares dirigieron la petición, el "... consuelo, enseñanza y el Templo necesario y con quien comunicar y ajustar con todo acierto las cosas y casos de conciencia [...]"[152].

En los meses finales de 1599, quedó fundado en la Villa de Santa María del Puerto del Príncipe, gracias a las limosnas aportadas por los vecinos y muy en especial, por su fundador, fray Alonso Carrillo, el Convento de San Francisco de las Llagas en una antigua Ermita dedicada a Santa Ana[153], la cual estaba ubicada en el barrio de igual nombre. Este Convento prestó sus servicios a los principeños hasta 1621, año en que fue destruido por un incendio[154].

En la referida villa de Santa María del Puerto del Príncipe, se inició en 1599 un ruidoso pleito por una denuncia que había realizado el Capitán Cristóbal Porcallo de Figueroa[155], vecino de la referida población, a la Real Audiencia de Santo Domingo; a esta le solicitó que se mandara revocar o al menos suspender del cargo de Alférez Mayor a Juan de Miranda Herrera. Porcallo de Figueroa basaba su acusación en el hecho de que, al efectuar la venta del cargo, Francisco de Baraona, Juez de Comisión designado, había cobrado dos tercios de más del salario establecido por la Real Cédula emitida con fecha 7 de mayo de 1594[156].

El sueldo adeudado a Baraona, que demoró casi año y medio en cumplimentar sus funciones, debía ser pagado con los fondos del Cabildo de Puerto Príncipe, el cual no contaba en ese momento con el dinero suficiente para hacer frente a esos gastos porque "... la gente de la tierra[157] está afligida y a pique de dejarla [...]"[158]. Al pagarle el Cabildo de Puerto Príncipe a Francisco de Baraona más de lo que le correspondía por el desempeño de sus funciones, se incumplía una Real Orden redactada en 1564, en la que se ordenaba a los cabildos de la Isla que no se hicieran gastos extraordinarios que excedieran: "... de tres mil maravedís, ni sitúen salarios en ninguna cantidad, sin preceder licencia nuestra, o de la persona que por nos tuviere el gobierno de la provincia [...]"[159].

Como consecuencia de esta acusación, las autoridades de la Real Audiencia de Santo Domingo solicitaron al Consejo de Indias que fuese designado Francisco de la Coba y Machicao[160] como Juez de Comisión, con carácter temporal y para investigar el fraude cometido. La autorización fue concedida por el Rey el 2 de octubre de 1599, pero no fue conocida por el Cabildo de la villa de Santa María del Puerto Príncipe hasta el 28 de enero de 1600. En esta fecha, la autorización fue dada a conocer en presencia de los alcaldes ordinarios Julián de Miranda Argüelles y Diego Pérez de Villavicencio; Gonzalo Rodríguez, Alguacil Mayor, y los regidores Juan Rodríguez de Cifuentes, Salvador Suárez y Bartolomé López. Oficiaba Baltasar de la Coba como escribano del Cabildo principeño.

Por esta misma época, Fray Antonio Camargo, Padre Guardián del convento habanero de San Francisco de Asís[161], donó en nombre de los religiosos de esa Orden un solar ubicado dentro de los términos del referido Monasterio a Pedro Portierra y Antonio de Molina, mayordomos de la Cofradía de la Santísima Veracruz. De inmediato se acometió en este lugar la construcción de una Capilla[162] ubicada entre los dos claustros, separada de los edificios del Convento y con una puerta hacia la calle de los Oficios. Este espacio fue considerado por el historiador cubano José Martín Félix de Arrate como la **primera ubicación y como el antecedente directo del establecimiento, en La Habana, de la Orden Tercera franciscana**[163].

En 1599 se reinauguró en La Habana el hospital de *San Felipe el Real* o de *San Felipe y Santiago*[164]. Su construcción se había iniciado a finales del siglo XVII en la Plaza de Armas, con los cuatro o cinco mil pesos obtenidos de la venta de los almacenes en donde se guardaban los pertrechos de las galeras de resguardo hasta que se suprimió ese servicio. Fue su fundador el gobernador Juan Maldonado Barnuevo.

Debió su nombre quizás a Felipe II, quien era el monarca que regía los destinos de la Isla al comenzarse su construcción; o bien al hecho de haberse inaugurado un primero de mayo, día de la fiesta de San Felipe de Neri y de Santiago Apóstol. En 1597 el Gobernador lo trasladó, sin destruir la primitiva edificación, hacia un lugar más ventilado[165], apartado del centro de la población y cercano a la Zanja Real. Por varios años esta institución, que contaba con unas 150 camas, fue el único hospital general que existió en San Cristóbal de La Habana. Prestaba sus servicios a los enfermos civiles y militares y a los de las embarcaciones surtas en el puerto[166].

El último día del año 1599, en una extensa carta fechada en La Habana, Juan Maldonado Barnuevo le comunicó a Felipe III haber recibido, de manos del General Luis Fajardo, la misiva que el monarca le había escrito el 10 de abril de ese propio año. Asimismo le informó que el 27 de julio de 1599 —fecha en que el mencionado General y Francisco Coloma entraban en el puerto de La Habana con los galeones a su cargo— había entregado los pliegos que tenía para ellos, informándoles además lo que Su Majestad le mandaba a comunicar por su conducto sin que, hasta esa fecha, hubiera habido ningún tipo de disgusto o discrepancia en todo cuanto se les había ordenado.

Maldonado notificó al Monarca que el 16 de agosto había recibido otros despachos, en los que Su Majestad mandaba al General Luis Fajardo y a Francisco Coloma que no salieran de La Habana hasta tener órdenes sobre ello. Finalmente, dio cuenta de que el 22 de diciembre había llegado otra carta del Monarca en la que les mandaba a partir hacia España con el primer buen tiempo; por lo que se aprestaron de inmediato los galeones, los cuales se hallaban listos para salir el 1.º de enero de 1600[167].

Luis Fajardo fue portador de una *Planta de la Fuerza Vieja de La Habana*[168], fechada en 1599. Fue remitida al Rey acompañando una carta del propio General, en la que le informaba el estado en que se hallaban las fortificaciones de Cartagena de las Indias, Nombre de Dios (Portobelo) y La Habana, asunto para el cual había sido comisionado por el propio Monarca el 4 de marzo de 1599. En su informe, el General Fajardo sugirió, en el caso de La Habana, que se debía conservar la Fuerza Vieja y mejorarla; no así el Castillo de La Punta, el cual recomendó desmantelar.

Es muy probable que Fajardo llevara consigo también dos importantes documentos destinados a ilustrar al Rey sobre este y otros asuntos similares. Ambos fueron redactados por el gobernador de la Isla, Juan Maldonado Barnuevo. El primero se titulaba *Memoria de la artillería que tiene la fortaleza de La Habana*[169], mientras que, a través del segundo, redactado a manera de Instrucción[170], el Gobernador suplicaba al Monarca que dispusiera que los generales que fueran en las armadas de la Guardia de la Carrera de Indias no se entrometieran:

> ... en dar licencia a los navíos que no fueren de sus armadas para las salidas del puerto de la Habana, sino que la dé el Gobernador y en virtud de ella pueda salir libremente cualquier navío a [ilegible] partes de las Indias permitidas dando aviso a la salida para que se pueda visitar conforme a la Cédula de su Mgd. [Majestad] que habla en razón de ello: porque por haber don Franco. [Francisco] Coloma estorbado la salida de los navíos para Sto. [Santo] Domingo [...] han recibido aquellas islas notables daños quedándose con los frutos de la tierra por no tener navíos en que imbiarlos[171] a estos reinos: de que así mismo resultó perder su Mgd. sus reales disº [dineros] y si no se atajase y los dhos [dichos] generales tomasen la mano en los navíos que no fuesen de su Armada se siguirian[172] los dhos daños: y otros muchos – Que ningún navío de Armada ni flota que no saliere debajo del estandarte de su Capitana pueda salir del dho [dicho] puerto de la Habana sin que primero surja[173] delante [de] los castillos para q. [que] el Alcaide de la Punta le visite, y vea

los recaudos que llevan los pasajeros y las licencias pues de no hacerse resultan grandísimos daños así a la Real Hacienda como a los presidios: porque se van sin licencia muchos soldados, y algunos Vºs [vecinos] –

Que en los navíos q. van al dho puerto de la Habana con provisión y bastimentos así de la tierra adentro como de Nueva España, Campeche y las islas círcumvas. [circunvecinas] / q. son muchos y el puñal pal sustento de aquella Isla, no pongan guarda los dhos generales: porque es un abuso que violentissimamte. [violentísimamente] quiso introducir el dho don Franco., de que resultó escandalizarse los maestres viendo en sus navíos gente de guerra que les hizo mil molestias, y daños, y si no se atajase seria destruir de todo punto el trato y padecer la gente de hambre en la dha Isla y ocasión a gravísimos daños, y no es de exsencia[174] decir se hace para tomar vituallas para provion. [provisión] de las armadas que el proveedor puede ver los regos. [riesgos] y tomar con intervención del dho Gor. [Gobernador] lo que hubiere menester– [...][175].

Recibido en la Corte este documento, se ordenó de inmediato que: "... los generales de las flotas y armadas no se introметan[176] a dar estas licencias a navíos que no fueren de su Armada [...]"[177], y que los navíos que no salieran del puerto de La Habana debajo de la bandera de una Flota o Armada podían ser visitados "... por el Alcaide y Govor. [Gobernador] y oficiales reales [...] para que puedan ver los recaudos que llevan los pasajeros y las licencias que llevaban los mismos [...]"[178]. Asimismo se indicó que "... los generales de armadas y flotas no hagan más guarda a los navíos que vinieren a los puertos con bastimentos [...]"[179].

Como deseaba que el Rey tuviera claridad acerca del estado en que se hallaban las fortificaciones y otros asuntos relacionados con la defensa de La Habana, Maldonado le informó, en su misiva del 31 de diciembre de 1599, que había procurado que Antonio González, el General Luis Fajardo y Francisco

Coloma los vieran para que pudieran hacer una verídica relación de todo lo percibido a Su Majestad.

En este sentido, el Gobernador comentó a Felipe III que, en lo tocante al Castillo de La Punta:

> ... desde el año de 95 [1595] que una gran tormenta de mar derribó más de la tercia parte de ello no hice más que reparar muy bien lo caído sin haber ninguna obra en ella porque habiendo avisado a su Mag. [Majestad] el Rey nro. [nuestro] Sr. [señor] que está en el cielo del estado en que quedaba y lo que estaba edificado era tan flaco y falso que no se podía cargar sobre ello además de aquel repaso que se había hecho había estrechado mucho la plaza no se me respondió nada y así se estará en este estado hasta que V. [Vuestra] Mg. [Majestad] mande lo que fuere servido —[180].

En el castillo del Morro, por su parte, se había ido trabajando de acuerdo con el poco presupuesto que había para acometer las obras, por no haberse situado más dinero para continuarlas; sin embargo, la fortaleza se hallaba a finales de 1599 tan bien protegida que, según la autorizada opinión de Maldonado, haría falta "... más fuerza de la que los ingleses pueden traer a las Indias para que esta plaza corra riesgo de perderse teniendo dentro la gente bastimentos artillería y municiones necesaria [...]"[181].

Aunque se trabajaba todavía en la estrada cubierta del Morro, considerada "... la llave de toda la fortificación [...]"[182], se tenían cubiertas las doscientas plazas de soldados que el Rey había ordenado que se tuvieran de forma permanente en la fortaleza. Lo mismo ocurría con las cien designadas para guarnecer el castillo de la Punta. Protegía además a La Habana de posibles incursiones enemigas una Compañía Suelta formada por 150 soldados, los cuales estaban al mando del Gobernador, quien oficiaba como su Capitán.

Sumadas todas las fuerzas disponibles, Maldonado contaba con 450 efectivos, incluyendo entre ellos a los alcaides de las fortalezas, a los capitanes de las fuerzas disponibles, a los oficiales y a los artilleros. Esta cifra era muy superior a la que otras personas habían informado al Monarca y a sus ministros. Al respecto, el Gobernador aseguró a Felipe III que "… la verdad es la que digo a V. [Vuestra] Mag. [Majestad] y esta parecerá[183] siempre que sea servido mandarlo averiguar por qué aunque mueren algunos y se huyen como este lugar es el paso de todas las Indias España y islas Canarias el día que un soldado muere u se huye hay quien entre en su lugar […]"[184].

Afirma también Maldonado que, en el supuesto que hubiera una Armada enemiga a la vista de los castillos del Morro y la Punta, no se debería quitar ni un hombre de la guardia ordinaria de la Ciudad y sus castillos, sino que, por el contrario, se debían poner más de los que tenían. Además, era imprescindible que quedara siempre una Compañía de soldados disponible y bien preparada para acudir, con los vecinos de La Habana, al sitio por donde desembarcaran los enemigos, con objeto de hacerles frente, "… pues sin gente pagada se acude mal a estas cosas […]"[185].

Maldonado reportó la escasez de artillería y municiones que tenía para repeler un ataque enemigo, aunque le comentó al Soberano que siempre había sido: "… muy poca la que he tenido y tengo como lo he significado muchas veces a V. [Vuestra] Mag. [Majestad] y su Consejo […]"[186]. En este sentido, aseguró que lo que había podido hacer lo había hecho. En cuanto a los bastimentos, le recordó al Rey que, el día en que comenzó a servirle en el gobierno de la Isla su antecesor, el Maese de Campo Juan de Tejeda, este le había entregado las fortalezas habaneras:

> … sin una onza de pan ni vino ni carne ni en la Caja Real de esta ciudad había un real de que proveerlo y aunque muchos

veces he suppdo. [suplicado] se me provea no se ha hecho bien es verdad que por créditos de algunos mercaderes y vecinos en todas las ocasiones que se han ofrecido siempre he tenido muy bien avitualladas todas las plazas sin que a V. [Vuestra] Mag. [Majestad] le haya costado un real salvo alguna carne que se daría que como los calores de esta tierra son grandes siempre tiene correpción[187] [...][188].

La Fábrica y Fundición de Artillería de La Habana

El Gobernador informó al Rey que desde 1598, año en que los enemigos de España habían atacado Puerto Rico, había dispuesto en La Habana de más de mil quintales de bizcocho, de vino y de carne, que había enviado el Conde de Monterrey, Virrey de la Nueva España. Como el bizcocho se estaba dañando, decidió socorrer con él a las armadas que se hallaban surtas en el puerto de La Habana, las cuales tenían mucha falta de pan. Gracias a esta decisión, se había podido solucionar el problema y sacar el costo de los bastimentos, y se puso lo recaudado a disposición de la Nueva España.

Por tal motivo, al momento de redactar Maldonado su carta al Rey, La Habana se había quedado:

> ... sin pan ni con que comprarlo – Los días que ha estado aquí la armada importaba poco mas ida ella quedaríamos mal sin bastimentos y así yo tengo proveídas cien pipas de harina que se pondrán [ilegible] antes que la armada salga y lo demás que convenga la mitad hacemos biscocho y la otra mitad en especie que hornos hay para lo que se puede ofrecer y con esto se puede esperar cualquier encuentro [...][189].

El Gobernador informó al Monarca que había acudido, de conformidad con lo indicado por él, a Francisco Coloma cuando este estaba en La Habana con la Flota, con objeto de que le facilitara alguna artillería de la que le sobrara; pero él se limitó a darle dos medios cañones pequeños de 29 quintales y dos medias culebrinas de a 32, las cuales no le eran de mucha utilidad.

Respondiendo a una pregunta de Su Majestad sobre por qué el Alcaide de La Punta hacía que se detuvieran en la fortaleza a su cargo los navíos que llegaban al puerto de La Habana, el Gobernador le explicó que ello se debía a una costumbre que halló introducida en La Habana:

> ... desde que el Maese de Campo Juan de Tejeda comenzó aquel Castillo por ser justa y convenir así al servicio de V. [Vuestra] Mag. [Majestad] la he conservado porque no es justo que en un presidio como este se viva en tan poco recato que se entre un navío por entre dos castillos que le guardan sin que se sepa quiénes y de dónde viene si es de paso u de guerra además de que donde tantas novedades hay y pueden

> haber como en las Indias no conviene que las que trajesen los navíos se sepan en la plaza primero que lleguen a noticia del Gobernador pues habrá muchas que convenga que por algún tiempo se callen además de esto conviene se haga así por lo que toca a la Real Hacienda de V. Mag. porque ensabiendo[190] el Alcaide de donde viene el navío y lo que trae pone un soldado de guardia para que no entre nadie en él ni se saque nada hasta que los oficiales reales entren a visitar y esto es lo que rehúsan los que se quejan de que se haga esta diligencia y el riesgo que dicen que tienen de pasar allí bien se ve que no es ninguno pues en diez años no ha peligrado navío y se vive con cuidado cuando hay nortes o mucha mar de dejarlos entrar a donde con seguridad se puedan saber de ellos lo que se pretende [...][191].

Respondiendo a una inquietud de Su Majestad, referida a si era conveniente o no que se reformara la Compañía de soldados que estaba destacada en la Fuerza Vieja –ya que le habían hecho relación de que no era de provecho, pues tenía muchas plazas de más– Maldonado le contestó que dicha Compañía era imprescindible, pues:

> ... a cada nueva que tenemos de enemigos es menester [...] levantar conppas. [compañías] de la tierra adentro de esta Isla o traer gente de Nueva España con mucha costa de la Real Hacienda de V. [Vuestra] Mag. [Majestad] las comppas. del Morro y Punta son necesarias en sus castillos y no ha de salir hombre de ellos el día que llegare aquí Armada enemiga pues para defender dos leguas que hay de aquí a La Chorrera y una desde el Morro a Cojímar y toda la campanano[192] sé que pueda ser menester menos que una comppa. [compañía] [...] y así en esto no creo habrá quien ponga duda pues es hasta más cierto que convendría hubiese otra comppa. más que reformar esta. En lo que toca a haber pocas plazas en la comppa. y pasarse muchas es relación tan semestre[193] como

otras muchas que van de las Indias La verdad es que don Juan Maldonado que es Cappan. [Capitán] de ella tiene y ha tenido después que lo es la mejor comppa. que ha pasado a las Indias teniendo siempre su número lleno y de muy buenos arcabuceros y muy bien disciplinados que entran y salen todos los días de guardia sin haber una plaza inútil ni que deje de sirbir[194] efetibamente[195] y esto hallará V. Mag. cuando se sirva de mandarlo averiguar y no otra cosa – [...][196].

Como el Rey había recibido noticias de que, en el pago de la gente de guerra del Presidio de La Habana, no se cumplía la orden que él había dado por hacer el Contador también el oficio de Veedor, Maldonado, después de calificar de siniestra dicha relación, explicó al Monarca que nunca se le había dado el dinero a los alcaides de las fortalezas en vez de a los soldados, ya que:

> ... en todos los pagamentos que han hecho después que sirvo a V. [Vuestra] Mag. [Majestad] en este gobierno sin que haya faltado ninguno se les ha pagado a los soldados en mano propia y esto en las casas reales de la Aduana y en el aposento del Tesorero hallándose presentes los oficiales reales y yo personalmente sin haber faltado jamás y estando presentes todos los mercaderes y vecinos del lugar que tienen allí que cobrar y a todos se les satisface con la justificación posible que es fuerza que la haya en tanta publicidad interviniendo Gobernador y oficiales [...][197].

En cuanto a una Relación que el Rey mandó enviar, la cual había sido dada al Soberano por Juan de Aguirre y Vergara, el Gobernador le comentó al Monarca que, en el documento, su autor hablaba: "... no como hombre platico[198] de esta tierra y costas ni que tenga experiencia de ellas porque ni el Puerto del Príncipe ni Isla de Pinos están en parte de donde puedan hacernos daños [...] mande V. Mag. se nos provea la artillería y municiones necesarias que teniéndolas serán rotos cuantos designios los enemigos tuvieren que en el estado que está La Habana se le defenderá muy bien [...]"[199].

A punto de concluir su larga misiva, Maldonado informó a Felipe III que, en cuanto al proceso seguido contra Pedro de Arana, Contador de la Real Hacienda de la Isla, se iba procediendo de conformidad con lo que se mandaba por la Real Orden del 22 junio de 1599. En este sentido, aseguró que procedería hasta la conclusión de la causa y agregó que, si Arana apelaba, lo enviaría con el sumario hecho hasta entonces al Real Consejo de Indias. Le comunicó además que, como Gobernador de la Isla, había sido cauteloso con la causa y la había ido alargando y "... contemporizando porque no pueda quejarse en ninguna manera ni dar a entender que procedo con pasión concluiré con la brevedad posible [...]"[200].

Visto en 1600 el contenido de esta carta por el Rey y sus ministros, se indicó que se sacara el capítulo de esta misiva correspondiente al estado en que estaban los castillos y el Presidio de La Habana, y los tres acápites precedentes, para juntarlos "... con los papeles q. [que] tocan a las fortificaciones [...]"[201].

II

El 6 de enero de 1600, al partir la Flota de la Plata hacia España, volvió La Habana y la Isla toda a experimentar su rutina diaria, alterada solo por algún suceso de interés general (como ocurrió con el naufragio ocurrido ese año de tres embarcaciones[202]) o por la llegada a alguno de sus puertos de un algún navío procedente de la Península Ibérica o de los virreinatos americanos.

Así aconteció con el arribo al puerto de La Habana de la nave que trajo el aviso de que el Consejo de Indias había advertido, en el mes de marzo de este año, que el plazo de la comisión del gobernador de la Isla Juan Maldonado Barnuevo, quien disfrutaba de un sueldo de 2400 ducados por año, había expirado. El Consejo afirmó que el gobierno de La Habana era el más importante de las Indias y que el puesto de Gobernador de la Isla debía ser ocupado por una persona que poseyera experiencia y confianza, que fuera de la satisfacción de los miembros de ese órgano de gobierno y que cumpliera con sus obligaciones a cabalidad, valiéndose tanto de su reputación y destreza como de las fuerzas bajo su mando.

Entre los candidatos que ostentaban estos requisitos, el Rey escogió a Pedro de Valdés, marino asturiano valeroso y experto, Gentilhombre de Su Majestad, Caballero, Alférez Mayor o Comendador[203] de la orden de Santiago y General de Galeones, quien había mandado con acierto ocho embarcaciones en una de las dos secciones de la Armada Invencible. El 28 de noviembre de 1600, se expidió, en El Pardo[204], el nombramiento de Valdés como Gobernador y Capitán General de la Isla de Cuba y de la ciudad de San Cristóbal de La Habana. Sin embargo, este no embarcó hacia la Isla hasta 1602.

Al momento de su nombramiento, Valdés, quien era yerno de Pedro Menéndez de Avilés –con quien había servido en Cuba– gozaba de una merecida fama. En una de las ocasiones en que la Armada Invencible abordó las costas de Inglaterra, desarbolada su Capitana –el galeón nombrado *Nuestra Señora del Rosario*– y abandonado a su suerte, fue apresado por los ingleses. Tras padecer una larga prisión y pagar un fuerte rescate, de acuerdo con las costumbres de la época, fue puesto en libertad. Es de suponer entonces que:

> … se le concedió el gobierno de Cuba –aparte de sus innegables dotes y conocimiento de la Isla por su anterior estancia en ella– para que rehiciese su maltrecha fortuna. Era el único modo que tenía la arruinada Corona de retribuir al valeroso marino, que en Inglaterra *padeció grandes trabajos y perdió y gastó gran parte de su Hda [Hacienda] en el largo catiberio*[205] *[…]* según confesara al propio Rey. Por su parte, él debe haber estado en la mejor disposición de recuperar el importe de su rescate, para abonar el cual tuvo probablemente que endeudarse, por lo que llegó a Cuba celosamente dispuesto a poner fin al contrabando[…][206].

Poco después de haber sido nombrado como gobernador de Cuba, Pedro de Valdés escribió una carta a Felipe III solicitándole que no se repartieran los cuarenta mil ducados que la Corona prestaría a los propietarios de ingenios azucareros hasta que él llegara a La Habana. Vista esta comunicación en el seno de la Corte, se acordó indicar, el 6 de marzo de 1601, que se diese: "… Cédula para q. [que] este dinero se distribuya por don Po. [Pedro] de Valdés con intervon. [intervención] de los offles. [oficiales] reales […]"[207].

Un año antes, el 16 de marzo, ajeno aún a estas y otras noticias, el gobernador Juan Maldonado Barnuevo había remitido al Soberano una carta mediante la cual respondía a una Real Cédula en la que le ordenaba que vendiera: "… el oficio de rrecetor[208] de Penas de Cámara con voz y voto en Cabildo y le remate en la persona que más diere por él siendo tal cual conviene y que para el Tenedor de Bienes de Difuntos nombre tres o cuatro personas vecinos de esta ciudad honrados y convinientes[209] para él avisando a V. [Vuestra] Magd. [Majestad] qué oficio y si tiene salario derechos o aprovechamiento […]"[210].

El cargo de Receptor de Penas de Cámara, con voz y voto en Cabildo, se remató –según informó Maldonado al Rey– en Juan Pérez de Borroto, "… vecino de esta Ciudad antiguo en quien concurren las partes que para este oficio se requieren en quinientos ducados que fue el mayor precio en quien se puso habiéndose hecho todas las diligencias necesarias y pregones y el precio es el que justamente vale el oficio y el dinero entró luego en la Caja Real de V. Magd. –"[211]. El Gobernador aprovechó la ocasión para recordar al Monarca que el oficio de Bienes de Difunto, que por entonces se hallaba vacante, era:

> … de por sí […] de poquísimo valor por no tener salarios ni derechos y por maravilla entra dinero en su poder porque cuando acierta a morir algún pasajero las flotas traen Tenedor de Bienes de Difuntos en cuyo poder entran las haciendas y si por muerte de Vecino de esta Ciudad acierta a entrar alguna en su poder como todos los años hay flotas y galeones para ese reino para poco y si se le podía dar algún valor había de ser con voz y voto en Cabildo por tener el de suyo tan poco mas siendo V. [Vuestra] Magd. [Majestad] servido de proveerlo en algún vecino de esta Ciudad los que puedo nombrar más a propósito son Gonzalo Mejía Jorge Manrique que es quien ahora le sirve por nombramiento mío en el ínterin que V. Magd. manda otra cosa Diego Ochoa de la Vega que sirve ahora oficio de

> Contador y el cappan. [Capitán] franco. [Francisco] de Avalos que cualquiera de ellos acudirá muy bien a la legalidad del oficio y servicio de V. Magd. [...][212].

Correspondiendo a una solicitud que había hecho en 1599 el gobernador Maldonado al Tribunal de México de que se designaran en La Habana comisarios, notarios, alguaciles y familiares del Santo Oficio, fueron nombrados en 1601, con este fin, el Escribano Mayor del Cabildo, Francisco de Angulo, como Notario; Juan Bautista Guilizasti y de la Vega[213] como Escribano; el Maestro de las Fábricas, Juan de la Torre, como Familiar, así como García de Ávila y los capitanes Pedro Menéndez Flores y Jácome Justiniani como alguaciles.

El 18 de marzo, el Gobernador de la Isla volvió a escribir a Felipe III, esta vez para abordar temas relacionados con el estado en que se hallaba la Iglesia en Cuba, lo cual no había hecho antes en espera de fray Esteban de Alzúa, "... a quien V. [Vuestra] Magd. [Majestad] había elegido Obispo con cuya venida se remediará todo [...] aún está en duda si aceta[214] u no la med. [merced] que V. Magd. le ha hecho [...]"[215].

La ocasión fue propicia para que Maldonado expresara al Soberano que:

> ... faltaría yo de lo que debo al servicio de V. [Vuestra] Magd. [Majestad] y mi obligación sino le suplicase que con suma brevedad proveyese remedio donde tanta necesidad hay del porque de tres años a esta parte que le viniesen a don fray Antonio Díaz de Salcedo las bulas del obispo de Nicaragua aunque hasta ahora no ha ido ni aun trata de ir a él cesó su Juridicion[216] y quedamos sin Obispo y la sede vacante es toda un canónigo que no hay más beneficio ni dignidad en la iglesia de Santiago de Cuba y es nacido allí hombre mozo y de ninguna experiencia en materia de negocios y gobierno y lo peor es que como el Obispo pasados los años que fue perlado[217] tuvo en toda esta Isla muchas disensiones y pleitos

los más graves y pesados que lo fueron mucho en materias de honra fueron los que tuvo con este canónigo Estrada y sus deudos y teniéndolos en la memoria ha dado a entender públicamente en la posesión de su canonicato y que a esta causa no pudo nombrar provisor ni visitar y que todo lo que en lo eclesiástico ahora se hace es nulo y que como estamos sin Obispo tampoco hay sede vacante esta ha sido una materia escandalosísima [...][218].

Esta situación causaba más de un problema en las poblaciones de la Isla a tal punto que, en varias ocasiones, el Gobernador y sus funcionarios tuvieron que recurrir, para remediarlos, a "... personas muy graves y grandes teólogos [...]"[219] que habían venido:

> ... en las flotas por pasajeros que visto el caso procuraron meter por camino al Obispo y aunque no pudieron del todo a lo menos el pueblo se ha satisfecho y con su autoridad y las diligencias que yo he hecho autorizando y dando auxilio en los casos que se les debe dar al Provisor y Visitador con que esto queda en mejor estado mas todo necesitado en grande extremo de que V. [Vuestra] Magd. [Majestad] se sirva mandarlo remediar brebisimamte. [brevísimamente] mandando venir perlado[220] y que el que lo era pues su asistencia aquí aprovecha tan poco acuda a su Obispado que ha muchos años que está sin dueño y según las informaciones que tenemos de los que de allá vienen tan necesitados del como nosotros – [...][221].

Refiriéndose a la defensa de La Habana y a la labor realizada por él para reforzarla, Maldonado reiteró al Monarca:

> Muchas veces he significado a V. [Vuestra] Magd. [Majestad] que cuando entré en este gobierno se me entregaron los

> tres castillos de esta Ciudad sin una libra de bastimentos de ningún género que es el peor estado en que pueden estar pues estarían muy mejor desmantelados que desproveídos y aunque muchas veces se me ha mandado así por V. Magd. como por sus ministros que los tenga bien proveídos y amunicionados por avisos que ha habido de que se [ha] armado en Inglaterra para venir a tomar esta plaza nunca se me ha proveído dineros para ello y no es materia tan ligera que se pueda hacer sin ellos siendo precisamente necesarios por lo menos doce mil ducados para proveerlos de una vez como han de estar y teniendo buena traza y industria aunque sea esta tierra tan caliente y húmeda están todas las cosas sujetas a corrución[222] con muy poca costa se conservarán en el estado en que se pusiesen renovando las cosas a su tiempo en todas las ocasiones que hasta ahora se han ofrecido las he tenido proveídas más con maña e industria que con caudal que como materia en que va el servicio de V. Magd. y mi vida y honra he hecho en ello más diligencias de las ordinarias y todo ha sido sin que le haya costado a V. Magd. nada de su Real Hacienda mas como esto ha durado más de seis años falta ya el crédito y aun la industria [...][223].

Como Gaspar de Zúñiga y Acevedo, Conde de Monterrey y Virrey de Nueva España, había remitido orden para que cierta cantidad de bizcochos que había enviado a La Habana para proveer sus castillos en caso de ataque enemigo fuese vendida, y lo obtenido por ese concepto gastado por orden suya, las fortalezas habaneras quedaron desprovistas de bastimento. Esto importó poco durante los períodos en que las flotas y armadas se hallaron surtas en la rada habanera, ya que:

> ... con su sombra —como bien apuntó Maldonado al Rey— no podíamos ser acometidos mas había que temer más ahora que se van y quedamos solos con la gente ordinaria del Presidio y a la boca del verano no ha sido posible ni V. Magd. se podía

tener por bien servido de que se dejasen de abastecerse –dineros para ello no los tengo ni en la Caja de V. Magd. hay un real […] por tener las de esta Ciudad de ordinario muy poco caudal y así ha sido fuerza cargarlo sobre el situado de los soldados que no hemos tenido otra prenda ni los mercaderes lo dieran por otra vía y así he tomado bizcocho vino y carne librado en la Nueva España sobre el situado de lo que montare lo uno y lo otro enviaré a V. Magd. la razón para que sirva demandar que se pague pues no será justo se descuente de la paga de los soldados lo que ellos no han de comer sino que ha de estar siempre de manifiesto para que el día que se ofreciese venir una Armada de enemigos tengan los bastimentos necesarios como los tienen de ordinaria todos los castillos que V. Magd. tiene en Italia Flandes y esos reinos–

Rezamos para que V. Magd. no tenga gasto en esto ni costa ninguna sino que lo que una vez se metiere esté siempre en ser. [servicio] y conservado […][224].

Para lograr que el bizcocho estuviera siempre en óptimas condiciones, el Gobernador sugirió al Rey que despachara una Real Cédula:

… para que los galeones que pasan por aquí con la plata todos los años del bizcocho que ordinariamente se les trae de la Nueva España se trueque recibiendo el que hubiere en los castillos y dando otro tanto fresco y con esto se conservará muchos años sin daño de la Real Hacienda de V. Magd. y el que recibiere la Armada será bueno que un año se conserva muy bien en el Morro[225] –[226].

Con respecto a las provisiones de vinos y carne, estas últimas –en las que siempre había pérdidas, pues se corrompían con facilidad– se renovaban cada año con el dinero destinado a reponer el vino, el cual ganaba, por añejamiento, mayor calidad.

En resumen: en opinión de Maldonado, a pesar de que se registraban pérdidas monetarias con frecuencia en la renovación de los abastecimientos necesarios para que La Habana pudiera resistir un ataque enemigo, "... sería mayor el daño sin aventurarse a perder una plaza tan importante por falta de bastimentos [...]"[227].

En este período La Habana –ciudad que absorbió, entre 1538 y 1630, el 33 % de los recursos financieros de la Real Audiencia de Santo Domingo– experimentaba el inicio de un proceso que la llevó a poseer, en el siglo XVII, el índice más alto de crecimiento poblacional en Hispanoamérica: siete veces superior al del resto del continente americano. Prueba de ello resulta el hecho de que, hacia 1600, tenía una población establecida de ocho mil a diez mil habitantes[228], la mitad de los cuales vivía en la ciudad o en sus alrededores.

Bayamo y Santiago de Cuba, por su parte, debían agrupar, entre ambas, cerca de 1500 habitantes; Sancti Spíritus y Puerto Príncipe, menos de 800[229]; mientras que en Trinidad, Remedios y Baracoa, la población no excedía, en cada una de ellas, de unas pocas docenas de personas. En los bosques y las sabanas de la Isla, se movían alrededor de tres mil personas.

Estas cifras debieron de crecer en la primera década del siglo XVII; sobre todo, después que el Rey concedió en 1601 una nueva autorización para que se marcharan de Portugal, sin licencia previa, los que quisieran, incluso con sus familiares. En esta época había ya "[...] muchos judíos portugueses en Jamaica, [...] allí los llamaban *portugales* [...]"[230], quienes contrabandeaban con frecuencia con Cuba.

En el mes de marzo, el Hospital de San Felipe, que el rey Felipe II había ordenado construir en La Habana a Maldonado, no estaba acabado del todo; faltaba techar su Iglesia y concluir una enfermería. No obstante, según comunicó el Gobernador al Rey, tenía ya:

... dentro los enfermos en otra que ha algunos meses que se acabó con la oficina y casa de servicio necesaria la obra es tal y tan buena y las enfermerías tan grandes y capaces de muchos enfermos como era justo que se hiciese siendo V. [Vuestra] Magd. [Majestad] el dueño y patrón de ella suppco. [suplico] muy humildemente a V. Magd. se sirva de favorecerla con alguna limosna más con que se acabe debido punto asegurándole que la bondad de la Casa lo merece que en cualquiera ciudad grande de esos reinos fuera estimada [...][231].

La Fuerza Vieja

Vistas estas informaciones en la Corte, se ordenó que se sacara de ella el capítulo correspondiente a la falta de provisiones existentes en los tres castillos habaneros, con objeto de verse "... con lo demás q. [que] toca a las fortificaciones [...]"[232]. En cuanto a la necesidad de concluir el Hospital, nada se dijo en esta ocasión.

El 20 de marzo, Maldonado vuelve a escribir al Rey, esta vez de conjunto con el Contador Marcos de Valera Arceo, para comunicarle –cumpliendo lo que se les había ordenado por Real Cédula fechada en San Lorenzo el 20 de octubre de 1597[233]– que a ambos les parecía que:

> ... Las [...] obras de matadero y cárcel son urgentes y muy necesarias en esta Ciudad a donde concurre todo el comercio de estas Indias de manera que así la una obra como la otra el Matadero para que en él como lugar señalado para ello se beneficie la carne que en esta ciudad se consume por año que es más la cantidad por el crecimto. [crecimiento] de la Ciudad y de flotas y armadas q. [que] acuden a ella que como no le hay cada uno beneficia el ganado en su casa sin que se les pueda apremiar a otra cosa por no haber el dho [dicho] lugar señalado adonde lo hagan y el hacerlo así la ciuº. [Ciudad] padece mucho trabajo por las inmundicias q. forzsamte. [forzosamente] quedan de la dha [dicha] carne q. son causa de muchas enfermedades [...][234].

El gobernador Maldonado y el contador Valera Arceo aprovecharon la ocasión para abordar la imperiosa necesidad que tenía La Habana de contar con una cárcel. También indicó que, aunque la Ciudad había comprado el sitio en que esta debía construirse:

> ... como no tiene conq. [con qué] hacerla se está sin q. [que] se pueda hacer nada en ella por no haber con q. [qué] por cuya causa tiene arrendada una casa particular donde tiene los presos q. aun se le debe al dueño de ella los salarios del arrendamto. [arrendamiento] y a V. [Vuestra] Magd. [Majestad] para aquel ministerio es la mejor del pueblo no es la que conviene para que los presos estén con seguridad porque cada día suceden casos de quebrantar la carcelería por su mucha flaqueza que no conviene a la exon. [ejecución] de la Rº [Real] Zdula. [Cédula] = [...][235].

En opinión de Valera Arceo y de Maldonado, la carnicería, la casa del Cabildo, las fuentes y otras obras públicas que se habían construido utilizando los propios de la Ciudad eran:

> ... Una de las mejores obras de las Indias de manera q. [que] solo quedan estas dos obras públicas[236] tan necesarias de ornato en esta Ciudad y salud de ella y habiéndose tratado en q. se serviría V. [Vuestra] Magd. [Majestad] de hacer mrd. [merced] a esta ciuº. [Ciudad] pa. [para] estas dos obras y para q. hubiese algunos propios conq. [con qué] reparar las hechas no se ha hallado cosa conq. se pudiese hacer como V. Magd. lo manda si no es hazdo. [haciendo] la mrd. de la mitad de las penas de la mara q. cayeren u hubieren caído en esta Ciudad y estuvieren por distribuir como la Mgd. [Majestad] del Rey don Felipe[237] mchos. [muchos] ha que está en gloria le hizo mrd. como hizo por una su Rº. [Real] Zea. [Cédula] fa. [fechada] en el Pardo al de. [diez] y ocho de henº. [enero] de mil y quios. [quinientos] seta. [setenta] y ocho as. [años] por seis años los cuales son pasados que con esto la dha ciuº. tendría para poder comenzar estas dhas [dichas] obras y ponerlas en el estado q. conviene y la Ciudad recibiría grandísima mrd. como siempre la ha de recibir de V. Mgd. [...][238]

El 20 de mayo, según consta en el Códice 752 del fondo *Diversos y colecciones*, nombrado *Consultas y pareceres dados a S. M. en asuntos del gobierno de Indias. Siglos XVI, XVII y XVIII. Recopilado por D. Francisco Martínez Grimaldo. Tomo I*[239], se ordenó preparar y pagar cuarenta mil ducados[240] para repartirlos, cumpliendo la promesa hecha en este sentido por la Corona desde 1598 y mediante las fianzas correspondientes, entre los vecinos de La Habana que tuvieran ingenios azucareros.

El Monarca, por su parte, no accedió a la petición que se le había formulado de permitir la importación directa a Cuba, con destino a la industria azucarera, de instrumentos de producción manufacturados en Avero, Portugal; continuaron intactos los privilegios mediadores de la Casa de Contratación de Sevilla.

El 27 de mayo, luego que el gobernador Maldonado enviara al Rey varias cartas y documentos "… en la flota del cargo del genl. [General] Sancho Pardo y con otro barco que veinte días después se despachó de aquí para esos reinos […]"[241], entró en el puerto de La Habana el general Juan Gutiérrez de Garibay con la Flota de Nueva España a su cargo, dispuesto a continuar su viaje lo más rápido posible. En la mañana del 12 de junio, teniendo buen tiempo para ello, partió llevando consigo, entre otros pliegos, una carta del Gobernador al Rey, en la que este le comunicaba que:

> Respecto no tener orden de V. [Vuestra] Magd. [Majestad] para llevar la plata [que se almacenaba en La Habana] nos pareció al doctor Eugenio de Salazar y a los demás que tratamos de esta materia que no convenía al servicio de V. Magd. y bien de esos reinos que se aventurase a la flaqueza de una Flota en tiempo que se puede temer habrá mucha cantidad de enemigos en la mar y así queda aquí aguardando la que viniese de Tierra Firme en los galeones que V. Magd. fuere servido de enviar por la una y por la otra en el ínterin estará en el Morro[242] y las granas en la Fuerza Vieja como otras veces se ha hecho la una fuerza y la otra y así mismo la de la Punta[243] quedan avitualladas que aunque el día que salió de aquí el genl. [General] Sancho Pardo ni había en ellas una onza de pan por haber el Conde de Monterrey[244] enviado persona propia que vendiese mil quinientos quintales de bizcocho que por cuenta de aquel reino había enviado aquí desde el año de noventa y ocho[245] aunque habían estado proveidas hasta entonces […][246].

Maldonado aprovechó la ocasión para comentar a Su Majestad que:

> ... el día que la Flota salió viéndome sin más gente de la ordinaria y a boca de verano y que no era justo aventurar a tener los castillos sin comida [...] hice un grande esfuerzo y los proveí de ochocientos quintales de bizcocho y algún vino y voy metiendo carne para todo esto no había dineros en la caja de V. [Vuestra] Magd. [Majestad] ni situación de dónde sacarlos como nunca la ha habido entre otras partidas me valí de tres mil ducados de un favor de Pedro Gómez Reinel Suppco. [Suplico] a V. Magd. se sirva de mandar dar orden cómo se paguen – [...][247].

En el transcurso de los meses de abril, mayo y junio, continuaron las costas de Cuba siendo inseguras, sobre todo debido a la gran cantidad de enemigos de la Corona que traficaban por ellas en sus naves. A estas se sumaban las de los contrabandistas y rescatadores, los cuales hacían un activo negocio sobre todo en las cercanías de Bayamo, Baracoa y otras poblaciones de la Isla. A tal punto que el 31 de mayo se emitió una Real Cédula en San Lorenzo mediante la cual se pidió a la Real Audiencia de Santo Domingo que enviara una Relación con las posibles consecuencias que acarrearía el despoblamiento de la Ciudad Primada de Cuba, cuyos habitantes provocaban a las autoridades numerosos inconvenientes debido a la intensa actividad de rescate que desarrollaban.

Se hizo esta solicitud aunque la mayoría de las naves hostiles que navegaban por las cercanías de la Isla no eran en opinión del gobernador Maldonado de "... fuerza han bastado para hacer harto daño [...]"[248], y a pesar de que los vecinos de la tierra adentro solían repeler con frecuencia sus ataques, tal como ocurrió a unas treinta leguas de La Habana:

> ... en un corral de dos hermanos vecinos de esta Ciudad[249] [...] camino del Cabo[250] donde entraron once ingleses a tomarles el ganado y se dieron tan buena maña no siendo más que seis amos y criados que los mataron todos once y

> de allí a pocos días los mismos con otros seis u ocho monteros más toparon otra lancha grande viniendo navegando hacia este puerto y les mataron otros diez y siete el atreverse ahora los enemigos asaltar en esta costa nace de estar ya tan viejas las pinazas que no pueden navegar que ellas bastaban a tenerla limpia a lo menos de lo que era lanchas – [...][251].

Poco o casi nada alarmaron a Felipe III, y a sus ministros y consejeros, estas y otras noticias referidas a la amenaza constante que, para las costas y poblaciones de la Isla, representaba la presencia en sus alrededores de los enemigos de España. Prueba de ello resulta el hecho de que, al ponerse a consideración del Rey, el 3 de junio, una relación de cartas del Gobernador de la Isla contentivas de noticias de esta índole, este, dándoles escasa importancia, ordenó que: "[...] para que yo ocupe menos el tiempo que tanto he menester se me envíe relación de semejantes cartas cuando se ofreciese [...]"[252].

Por estos días, se ordena por el Cabildo de La Habana al Capitán Francisco de Rojas, Regidor de ese órgano de gobierno, y a Pedro de Carvajal, Mayordomo de la Ciudad, que se encarguen de la preparación[253] de las fiestas del Corpus Christi[254]. En esta ocasión, se les pide que "... concierten danzantes y hagan colgar [estandartes y pendones en] las calles por donde pase la procesión y se regocije esta Ciudad con que se paguen toros [...]"[255]. Es esta la primera ocasión "... que aparecen, en documentos cubanos, bailarines gratificados por sus actuaciones [...]"[256].

Este año se funda, en la actual provincia de Pinar del Río, el poblado de Guane. Por entonces ya se menciona al sitio de Pinal y no Pinar, como se conoce en la actualidad del Río en los manuscritos de la época. Estaba considerado el límite de la vega de San Mateo, con la cual comparte la designación de núcleo del curato que se estaba proponiendo crear en ese período y que sería aprobado poco después.

Cuando se produjo, el 12 de junio, la partida de la Flota de Nueva España del puerto de La Habana, aún no habían llegado allá las naos de Honduras, las cuales tardaron en esta ocasión más de lo debido. A pesar de que el Gobernador de la Isla había recibido varios avisos de su posible salida del "... Presidente de Guatemala y del Cappan. [Capitán] Alonso de Cuenca cabo de ellas habían ya de haber estado aquí muchos días ha –según comunicó Maldonado al Rey– he sabido que andaban algunos navíos ingleses por allí cerca que quemaron a Cozumel podrá esto haber sido causa de que no hayan osado salir – [...]"[257].

Los trabajos que se ejecutaban en la Fábrica y Fundición de Artillería de La Habana se hallaban, en el primer semestre de 1600, tan avanzados que el Gobernador pudo informar al Rey que, en presencia del Capitán de Artillería Francisco Sánchez de Moya, se había hecho, el 11 de mayo:

> ... día de la Ascensión[258] [...] **la primera fundición de Artillería** y aunque habían puesto tres moldes faltó metal para el uno salió muy buena una Culebrina de cien quintales que tira veinte libras de bola y un pedrero de hasta sesenta tira cuarenta libras – El Cappan. [Capitán] de la Artillería[259] es ido a Santiago de Cuba a asistir al beneficio de aquellas minas como fuere enviando cobre se irán fundiendo piezas de que hay aquí harta necesidad y así mismo la tengo de pólvora y cuerda arcabuces mosquetes y picas como muchas veces he significado Suppco. [Suplico] a V. [Vuestra] Magd. [Majestad] se sirva de mandarlo proveer pues para defensa de plazas tan importantes son tan necesarias las armas [...][260].

Con igual fin, escribió también al Monarca el Contador Marcos de Valera Arceo, quien fue más explícito al comentarle los resultados obtenidos ya que le indicó que se habían fundido:

> ... dos piezas[261] de arttia. [artillería] la una culebrina que pesará cien quintales y un pedrero de hasta cincuenta y cinco

> que puesto que estaba enterrado otro molde de pedrero no se ynchio[262] por haber faltado metal y el día siguiente se fue el cappan. [Capitán] franco. [Francisco] Sánchez de Moya al Batabanó que está de aquí doce leguas donde le aguardaba la fragata de V. [Vuestra] Magd. [Majestad] con las herramientas que llevó a las minas - dejándome a cargo las cosas tocantes a la dha [dicha] fábrica y han salido tan buenas que se han vencido las dudas y temores de fundidor y otras personas porque el cobre fue tan suave que en once horas se hizo la fundición y el barro sufrió a hacer moldes de tan grandes piezas y la Casa de Fundición tan espaciosa que los que elaboraban así dubieron[263] con mucho descanso y seguridad del fuego solo el pedrero levantó el ánima[264] un poco que con el barreno se remediará y se probarán para dar aviso a V. Magd. en el primero que de aquí saliere = y para que esta obra tenga el efecto que se pretende aguardamos los doscientos negros que están consignados para esta fábrica que con ellos en pocos días lucirá el trabajo y se verá si convie. [conviene] que pase adelante o no esta Fundición pues en ellos si se quisieren vender se ganará diº [dinero] […][265].

Valera Arceo hizo saber al Monarca que, para continuar los trabajos de fundición, había:

> … necesidad de estaño porque ha venido poco y es en platos y escudillas que la mayor parte es plomo después de haber llegado a esta tierra y empezado a trabajar en la Fábrica de la Artta. [Artillería] por la necesidad que de la experiencia se tuvo le pareció al Cappan. [Capitán] de la Arttia.[266] despedir algunas personas que venían con entretenimiento señalado por V. [Vuestra] Magd. [Majestad] por parecerle no ser necesarias y así mismo proveer y nombrar otras de nuevo que fuesen a propósito y servicio y por parecerme que en estas que se criaban[267] de nuevo en oficios que aunque son muy necesarios tenía alguna dificultad el pagarlas sin licencia de V. Magd. reparé en no hacerlo – no embargante esto me

ordenó el dho [dicho] Cappan. lo pagase expresamente porque así convenía al servicio de V. Magd. por lo cual y porque V. Magd. no me pone límite ninguno sino que pague todo lo que el dho Cappan. me librare lo he hecho y aviso a V. Magd. para que mande lo que fuere servido se haga en esto de manera que yo cumpla puntualmente la voluntad de V. Magd. y aunque se han mudado personas no se ha acrecentado más costa mas también se podrá ofrecer que las crecía nombrando más personas o creciendo en el salario y para esto y de lo demás Suppco. [Suplico] a V. Magd. mande lo que se debe hacer [...]"[268].

Recibidas el 1.º de septiembre estas noticias por Felipe III y su Consejo, fueron respondidas de inmediato las cartas del gobernador Maldonado y del contador Marcos de Valera Arceo. Asimismo se indicó que se trajera al Consejo todo lo que hubiera "... sobre el cobre y artillería y juntándolo q. [que] revise el Virrey de la Nueva España [...]" [269], lo que se hubiera proveído sobre este particular.

En este período, Francisco Sánchez de Moya se hallaba metido de lleno en el fomento de las minas de cobre de Santiago de Cuba, a donde —como ya hemos visto— había sido enviado por Maldonado "... a asistir al beneficio [...] [de ellas] como fuere [...]"[270], con objeto de abastecer del cobre necesario a la Fábrica y Fundición de Artillería de La Habana creada por él.

Para lograrlo el capitán Sánchez de Moya, quien inicialmente solo disponía en el asiento de las minas de una Casa de Fundición, había ampliado la capacidad productiva del lugar construyendo tres nuevas casas de fundición de gran tamaño, con sus ingenios de fuelles movidos por mulos y con dos hornos en cada una de ellas. No obstante, aunque desde el Real de Minas de Santiago del Prado se llegó a enviar una buena cantidad de cobre a la Fábrica y Fundición de Artillería habanera[271], el Gobernador se quejaba con frecuencia a la Corona de que el cobre suministrado era de mala calidad. Ello se debía a que el mineral era fundido una sola vez en las minas para obtener cobre metálico. Las planchas de metal conseguidas mediante este procedimiento eran enviadas cada vez que había ocasión, casi siempre vía Batabanó, a la Fábrica y Fundición de Artillería de La Habana, en donde, a juzgar por las quejas de Maldonado, tenía que ser refundido para limpiarlo de impurezas.

Ante los lamentos de Maldonado, Sánchez de Moya argumentaba que, si el cobre metálico debía ser purificado por sus operarios mediante una segunda fundición tal como demandaba el Gobernador apoyado por el fundidor principal de la fábrica habanera, la explotación de las minas a su cargo dejaría de ser rentable. Para sustentar su opinión, procedió unos años más tarde, en 1606, a realizar un experimento y demostró en presencia de testigos que, al realizarse la segunda fundición, se perdía alrededor del 10 % del peso del metal de cobre obtenido en la primera.

A pesar de estos resultados, Francisco Sánchez de Moya "… no tenía razón en cuanto a la improcedencia de más de una fundición, pues en las zonas cupríferas de Europa se hacían a veces hasta tres fundiciones para obtener un metal con la pureza adecuada […]"[272]. Finalmente, tuvo que ceder ante las demandas de Maldonado y, por ende, refundir el metal antes de embarcarlo hacia La Habana.

En el segundo semestre de ese año, bajo frecuentes inspecciones y visitas de funcionarios reales, continuó Sánchez de Moya el fomento del complejo minero-agrícola industrial que estaba creando en Santiago del Prado. Por entonces clamaba aún por los doscientos esclavos[273] que le habían sido prometidos al iniciar sus labores mediante un asiento[274] concertado por la Corona; en uno de los documentos redactados por él en estos días, afirmó: "… Los negros no han llegado y ya es lástima que no vengan, porque se pierde mucho. Dios los traiga […]"[275].

Un año más tarde, en 1601, como muestra del desarrollo que iba alcanzando el Real de Minas de Santiago del Prado gracias a la correcta administración del yacimiento por parte del capitán Sánchez de Moya, se edificó una nueva Iglesia sobre pilares de madera. Estaba cubierta de tejas y constaba de tres altares, cada uno con su lámpara de plata, ornamentos ordinarios viejos y dos buenas campanas. En el verano de este propio año, el Templo fue embellecido gracias a las limosnas y donativos realizados con este propósito por los mineros y sus familiares.

El 31 de mayo de 1600, se conformó un Expediente[276] para confirmar los oficios de Escribano de Número de La Habana y Escribano Mayor de Minas, Registros y Relaciones de Cuba a favor de Francisco del Poyo Vallejo, en sustitución de Gaspar Pérez de Borro. Finalmente, el 18 de junio, fue nombrado en Ávila por Real Provisión[277].

Poco antes, al amanecer del 13 de junio, para tranquilidad del Gobernador, aparecieron a la vista del puerto de La Habana las naos de Honduras al mando del Capitán Alonso de Cuenca. Cinco días más tarde, Maldonado comunicó al Rey que de las naves: "… venía maltratada la Cappna. [Capitana] de un tiempo[278] que le dio pocas leguas del cabo de San Antonio que le duró dos días reparóse con la brevedad posible y dejando aquí la plata y añil como había quedado la de Nueva España partirá en seguimiento de su viaje mañana lunes 19 lleva su Cappna. y Almiranta y un filibote grande y tres pataches – […]"[279].

Maldonado reiteró al Soberano su preocupación por la seguridad de la Isla y por la de quienes navegaban por sus costas, en donde andaban en ese momento: "… hasta diez navíos ingleses de poca fuerza que los más de ellos son presas todavía hacen daño en las fragatas del trato de esta Isla con que padecen mucho los vecinos de ella todo lo demás queda en este estado que estaba cuando salió de aquí la Flota – […]"[280].

Los temores del Gobernador no eran infundados, pues en 1600 llegó a Isla de Pinos el holandés Van Caerden al frente de veinticinco naves de guerra, después de haber atacado a la ciudad brasileña de Bahía. En este mismo año, según Manuel de Ventura, Alguacil Mayor de Santiago de Cuba, en unas *Informaciones de oficio y parte*[281] que promovió entre 1602 y 1604, arribó al puerto de la más calurosa de las ciudades cubanas: "… Un corsario inglés con dos navíos y pretendió entrar en la dha [dicha] Ciudad y llevarse del puerto una Carabela que allí tenía el dho [dicho] Manuel de Ventura el cual se embarcó en la dha Carabela con su gente y la defendió como buen soldado y hirió y mató gente del dho enemigo y le hizo retirar y quitó armas […]"[282].

El 11 de agosto de 1600 se dio cuenta a Su Majestad de la llegada a salvo a la península ibérica de la Flota de Nueva España, la cual había dejado en La Habana —tal como le había informado el Gobernador de la Isla— la plata, la cochinilla y el añil que transportaba. Ante esta noticia, el Rey expresó que se había alegrado con la noticia del arribo de la Flota, aunque era "… de gran daño haber dejado la plata, y lo demás en La Habana, que no sucediera sí el Consejo hubiera prevenido como fuera justo, lo que había de hacer llegado allí. Y para en adelante importando esto tanto se tenga más cuidado […]"[283].

El 31 de octubre se reunió el Cabildo de La Habana para tomar decisiones relacionadas con la Parroquial Mayor de esa Ciudad. En el Acta Capitular de este día, se dejó constancia de que por: "[…] petición el previsor Luis de Salas, sede vacante en nombre de la Santa Iglesia Mayor de esta Ciudad en razón […] de los propios y rentas de ella ayude con su limosna en cada un año a Marcos Diepa para que ayude con su voz a oficiar los oficios divinos […]. Así mismo se le ha dado salario por este Cabildo a Juan Berdejo cantante suficiente para el sustento de su persona

[...] su señoría está informada del dicho Marcos Diepa y de su buena vida y costumbres [...]"[284]. Diepa actuó, además, como maestro, pues se le otorgaron mil ducados de a once reales de salario cada año para que enseñara "... el canto y música a los hijos de los vecinos que quisieran aprender el dicho canto [...]"[285].

A finales de diciembre de 1600, falleció Alonso Sánchez de Torquemada, Alcaide del Castillo del Morro desde que la citada fortaleza comenzara a edificarse por nombramiento del gobernador de la Isla Juan de Tejeda y confirmación del rey Felipe II. Como le pareció al gobernador Maldonado que una plaza de tanta importancia "... no convenía [...] estuviese una hora sin dueño así para su guardia como para que asista en las fábricas y fortificación [...]"[286], nombró, para sustituirlo, a Antonio de Guzmán Armenteros:

> ... que lo era del castillo de la Punta –según informó al Rey– de cuyas buenas partes y muchos años de servicio habiendo sido informado el rey nro. [nuestro] Sr. [Señor] de gloriosa memoria padre de V. [Vuestra] Mgd. [Majestad] el año pasado de noventa y cinco le mandó confirmar el título que yo le había dado del Castillo de la Punta donde ha servido desde entonces con tanta puntualidad y cuidado que me ha obligado a ponerle en el puesto que queda suplicando a V. [Vuestra] m. [Majestad] como lo hago se sirva de mandarle confirmar en el que se le satisfarán los muchos años que ha servido y sirve y V. Mgd. podrá estar cierto que tiene en el Morro Alcaide que además de que le defenderá muy bien en las ocasiones de fábricas q. [que] ahora se ofrecen le servirá con grandísimo cuidado – [...][287].

Maldonado hizo saber al Monarca que, desde que había venido a la Isla, había procurado que su padre, el fallecido Felipe II, y su Consejo:

> ... entendiesen la flaqueza del Castillo de la Punta y cuán mal entendida había sido aquella fortificación y todo cuanto en ella se había hecho y particularmente dije esto en una carta que les escribí en veinte y tres de setiembre del año de noventa y cinco que fue cuando un huracán y gran temporal que había habido a los veinte y nueve de agosto del mismo año derribó la mitad de la fuerza sin dejar más señal de caballeros terraplenos ni murallas que si nunca la hubiera habido y entonces envié una información que hice con el ingeniero y maestros mayores y al alarife de esta Ciudad por ella entenderá V. [Vuestra] Magd. [Majestad] cuán mala obra es toda la que se había hecho que por serlo tanto y no se poder cargar nada sobre lo viejo desde que entré en la Habana pasé todas las maestranzas al Morro sin querer que se cargase una piedra más sobre cimientos y murallas tan flacas que no lo habían de poder sustentar y así lo escribí a su Magd. suplicándole me mandase lo que fuese servido se hiciese a que nunca se me respondió nada y así se ha estado en el estado que la hallé sin haber hecho más mudanza que reparar el daño que hizo la mar el año de noventa y cinco ame parecido dar cuenta ahora a. V. Mgd. de este negocio y traérselo a la memoria por ser en ocasión en que será justo que mande se tome resolución en materia de tanta importancia [...][288].

Asimismo el Gobernador expresó en su misiva que, si el Soberano decidía que el Castillo de la Punta quedara en pie a pesar de que todo cuanto se había hecho en esa fortaleza, no era:

> ... <u>provecho ninguno así por ser demasiadamente estrecha y corta sin poder haber en ella retirada ninguna</u> ni alojamiento para la gente ni reparo como porque las murallas son muy flacas y mal obradas sin contrafuerte ninguno y los terraplenos de arena [...] ha de ser fuerza nueva traza y nueva obra y quitarle una trinchea[289] que tiene que nace desde la misma fuerza

hasta el monte que la hace más flaca teniendo como tienen los enemigos que tuvieren la trinchea²⁹⁰ a caballero todos los que tuvieren a la defensa de las murallas y para haberse de gastar tanta cantidad de dinero como es necesario para comenzar tanta obra entiendo que sería lo más acertado y que V. [Vuestra] Magd. [Majestad] sería más servido excusar un castillo en que se gastan cada año más de quince mil ducados sin ningún provecho […]²⁹¹.

Primer reconocimiento geológico - minero de Cuba. Fue realizado entre 1598 y 1599

Por último, Maldonado recomendó al Rey que:

> ... para la guarda de la boca del puerto y para estorbar que desembarquen allí los enemigos es bastante una buena trinchea[292] que cierre desde el monte con la mar habiendo al remate un reducto en que estén una docena de piezas que las guarden otros tantos soldados y cuatro artilleros excusando todos los demás y alcaide y oficiales y crea V. [Vuestra] Magd. [Majestad] y tenga por cierto que haciéndose esto así no se enflaquece nada esta plaza ni queda en menos defensa de la que ahora tiene pues para la guarda del puerto es bastante el Morro y la Fuerza Vieja y para defender la Ciudad es de muy poca importancia La Punta y al fin lo uno y lo otro ha de guardar el Morro que es plaza de veras y es buena ocasión esta mudanza de Alcaide para la resolución que V. Magd. fuere servido más y pues Juan Baptista[293] Antolines[294] está en esa Corte podrá V. Magd. mandarle que aunque fue el que hizo este Castillo diga lo que siente de ellos y hallará que lo que aquí digo es una verdad muy llana y lo que más conviene al servicio de V. Magd. [...][295].

Ante la magnitud de estas evidencias, Felipe III ordenó, mediante Real Cédula[296] de 21 de septiembre de 1601, que se desmantelara el Castillo de la Punta y se reformaran las 450 plazas que tenía, a pesar de que la fortaleza había sido ampliada y reparada —aunque de manera muy accidental— entre 1595 y 1600. El objetivo era reducir la fortificación a una torre-plataforma con seis u ocho piezas de artillería, y a una guarnición de quince hombres.

Al final solo fue eliminado en 1604 el baluarte Quintanilla, tal como se muestra en la nueva planta del Castillo que había trazado en esta época, Cristóbal de Roda; pues se reconsideró el valor estratégico de la fortaleza, la cual defendía el camino que iba a La Chorrera por la ribera del mar. Alrededor de 1609, el baluarte Quintanilla fue reconstruido, con lo que La

Punta recuperó su estructura original, la cual era muy similar a la que posee en la actualidad.

El 27 de septiembre de 1601, le fueron dadas por Real Cédula a Pedro de Valdés, poco antes de su partida hacia Cuba, las instrucciones referidas a su mandato. Entre ellas se hallaban las relacionadas con la necesidad de solucionar el grave problema de las fortificaciones habaneras, especialmente la terminación cuanto antes del Castillo del Morro, cuya construcción venía dilatándose, por una u otra razón, desde la época en que Juan de Tejeda gobernaba la Isla. Sobre este mismo asunto, Valdés había recibido unos días antes otra Real Cédula, fechada el 7 de septiembre de este mismo año.

También por Real Cédula del 27 de septiembre de 1601, el Castillo de la Real Fuerza deviene almacén de las riquezas americanas que debían trasladarse a España. Ello evidencia, una vez más, la importancia del puerto habanero. En el documento se encomienda a Pedro de Valdés, futuro Gobernador de la Isla, que se ocupe de la reparación y puesta en condiciones de la referida fortaleza.

Poco antes, el 20 de junio, había arribado al puerto de La Habana un barco de aviso procedente de la Nueva España, portador de pésimas noticias acerca de la Flota de la Plata y tan mal aparejado, según informó Maldonado al Rey, que hubo:

> ... menester ocho días para dar carena y retirarse perdiéronse tres navíos de la Flota a la entrada del puerto de San Juº [Juan] de Ulúa en que se ahogó mucha gente y los navíos que entraron alijaron tanta ropa que según me dicen fue más de la mitad que ha sido grandísima pérdida como lo entenderá V. [Vuestra] Magd. [Majestad] por los despachos de aquel Reino mas doy la cuenta de eso por si aquel navío se perdiera tenga noticia de ello en el duplicado que va en un navío de Puerto de Plata que arribó aquí [...] y vuelve en seguimiento de su viaje – [...][297].

Por entonces, al decir de su Gobernador, las costas de Cuba se hallaban seguras, pues no había "... nueva de cosarios en ninguna parte de las con quien tenemos correspondencia mas como entre el verano y se acaben los nortes volverán a su costumbre antigua estaré siempre con el cuidado que conviene a la buena guardia de esta Isla y Plaza y al servicio de V. [Vuestra] Magd. [Majestad] [...]"[298].

Maldonado recalcó al Monarca en su misiva, la cual fue vista por Felipe III y su Consejo el 22 de agosto de 1602, el deplorable estado en que se hallaba la Isla y lo mucho que se padecía en ella:

> ... por falta de perlado[299] esto va cada día en mayor crecimiento porque como los beneficios son tan tenues no hay en toda ella clérigo que tenga letras ni los que gobiernan las tienen aumentase esto con la asistencia que hace aquí don fray Antonio Díaz de Salcedo que antes fue Obpo. [Obispo] y ahora es de Nicaragua que por enemistades que tiene con un canónigo solo que hay en la sede vacante y el provisor público que no son jueces de que resultan grandes escándalos en la República que por muchas diligencias que se hagan no todas veces se pueden atajar doy cuenta de ello a V. [Vuestra] Mgd. [Majestad] suplicándole se sirva de mandar que el perlado[300] que hubiere de ser venga con la brevedad posible que va ya para tres años que está esta plaza vaca y también convendría que no lo estuviese la de Nicaragua que se está el Obispo aquí todo este tiempo sin haber para qué haciendo allá falta y aquí muy poco provecho = [...][301].

En la noche del 8 de julio, apareció a la vista del puerto de La Habana la Flota de Nueva España, a cargo de Pedro de Escobar Melgarejo, la cual no pudo entrar a la bahía hasta el día 10 de ese mismo mes:

> ... por los sures y calmas que hubo –luego en entrando se puso en ejecución– según informó el Gobernado al Rey - lo

que V. [Vuestra] Magd. [Majestad] mandó por su Real Carta de veinte y uno de abril mandó el General con tanta prisa y cuidado que en cuatro días se descargó la plaza de particulares y granas y se metió agua y leña y los bastimentos que faltaban y así sale y a los catorce que es todo lo que ha sido posible la plata de V. Magd. va en Capitana y Almiranta que son muy buenos navíos y bien armados la de particulares queda en el Morro y las granas en la Fuerza Vieja conque está en la buena custodia que conviene hasta que lleguen los galeones a quien se ha de entregar [...][302].

El Consejo de Indias analizó, en el mes de agosto de 1601, las dificultades que afrontaba la Fábrica y Fundición de Artillería de La Habana con el suministro de cobre procedente del Real de Minas de Santiago del Prado. Al respecto, se ordenó que se fundieran en ella diez cañones de largo alcance para los castillos de esa Ciudad. Es muy probable que las piezas que se mandaran hacer fuesen de las de alcance, inventadas unos meses antes por el renombrado fundidor Francisco de Ballesteros.

Actuaba por entonces, como Alcalde Ordinario de La Habana, Martín Calvo de la Puerta y Hernández[303], personaje de alto prestigio en Cuba y en las cortes españolas. Calvo de la Puerta fue uno de los catorce vecinos que solicitaron a Felipe III el préstamo para fomentar el desarrollo de ingenios azucareros. Se casó en La Habana con Beatriz Pérez Borroto y Alfaro, descendiente de una conocida familia de escribanos de la Ciudad.

En 1601 visita La Habana y permanece en ella dieciocho días –pues debía partir hacia Cartagena de las Indias– Samuel Champlain, natural de Brouage, Francia, en donde había nacido alrededor de 1570. Este viajero, que navegaba en esa época por las Antillas y por América Central, sirvió primero a las órdenes del monarca francés Enrique IV, y luego a las de Felipe III. En una fecha no precisada, regresó a la Habana y permaneció en ella cuatro meses.

La visita de Champlain, quien fue el fundador, en 1608, del núcleo primigenio de la ciudad de Quebec, se considera **el primer vínculo que existió entre Canadá y Cuba.** Sobre su segunda visita a La Habana, Champlain escribió en su libro titulado *Narrative of a voyage to the West Indies and Mexico in the years 1599-1602*:

> Partiendo de [...] Cartagena [de las Indias], regresé a La Habana para encontrar a nuestro General, quien me acogió muy bien, por haber visto por orden suya los lugares donde había estado. Dicho puerto de La Habana es uno de los más bellos que he visto en todas las Indias. Tiene la entrada muy estrecha, entre dos castillos fortalezas, muy buenos y bien provistos de lo que es necesario para conservarlo, y de un fuerte a otro hay una cadena de hierro que cruza la entrada del puerto. La guarnición de dichas fortalezas es de seiscientos soldados; a saber, en una la llamada Morro, del lado Este, cuatrocientos, y en la otra fortaleza, que se llama Fuerte nuevo, y en la villa, doscientos. Dentro de dicho puerto hay una bahía que contiene en redondo más de seis leguas, teniendo una legua de ancho, donde se puede anclar en todos los lugares, a tres, cuatro, seis, ocho, diez, quince y dieciséis brazas de agua, y pueden estacionarse allí gran número de barcos. Hay allí una Ciudad muy buena y muy comercial [...][304].

Al referirse a la Isla, el viajero expresó:

> ... es muy montañosa. No hay allí ninguna mina de oro o de plata, pero hay varias de metal, del que hacen las piezas de artillería en la villa de La Habana. No crece ni trigo ni vid en dicha Isla; lo que comen viene de la Nueva España, de manera que a veces es muy caro.
> Hay en dicha Isla cantidad de frutas muy buenas, entre ellas unas que llaman piñas, que se asemejan perfectamente a los

pinos de por acá. Le quitan la cáscara, luego la cortan por la mitad, como manzanas, y tiene muy buen gusto, muy dulce, como azúcar.

Hay cantidades de ganado, vacas y puercos, que es la mejor carne de todas en ese país. En todas esas Indias, tienen gran cantidad de bueyes, más por utilizar los cueros que por la carne. Para cogerles tienen a negros que corren a caballo persiguiendo a esos bueyes y con lanzas que tienen una media luna muy cortante en la punta, cortan los jarretes de los bueyes, a los que quitan inmediatamente la piel, y consumen la carne tan rápidamente, que veinticuatro horas después no sé nada de ella, habiendo sido devorada por gran número de perros salvajes que hay en dicho país y otros animales carnívoros [...][305].

Por último, al dar por terminado su relato sobre su estancia en Cuba, Champlain afirmó:

> Estuvimos cuatro meses en La Habana, y partimos de allí con toda la flota de las Indias, que se había congregado de todas partes, fuimos a pasar por el Canal de Bahamas, que es un paso de consecuencia, por donde es preciso necesariamente pasar al regresar de las Indias. A uno de los lados de dicho paso, al norte, está la tierra de La Florida, y al sur La Habana, la mar corre por dicho canal con gran impetuosidad. Dicho Canal tiene ochenta leguas de largo y ocho de ancho, como está aquí representado, conjuntamente con dicha tierra de La Florida, por lo menos lo que se conoce de costa.
>
> Al salir de dicho Canal se descubre la Bermuda, que es una isla montañosa, a la cual es realmente peligroso acercarse, a causa de los peligros que hay a su alrededor [...][306].

En esta época, se puso de manifiesto la constitución de compañías para el laboreo agropecuario, una vieja fórmula que había aparecido en Cuba con la llegada de Diego Velázquez quien, al parecer, había sido el primero en aplicarla. Ejemplo de ellas fue la constituida el 12 de enero de 1601 en el actual territorio de la provincia de Matanzas, por Francisco Zapata y Cristóbal Sánchez, vecinos de La Habana, quienes poseían por mitad la propiedad de los sitios San Andrés y los Alacranes, y tuvieron "… por bien de los juntar todos /en/ un cuerpo como por la presente lo juntan y hacen compañía por tiempo y espacio de catorce años […]"[307].

El 5 de noviembre de 1601, Amador Hernández vendió a su hermano Luis el corral de Limones Grandes, ubicado también en Matanzas, operación en la que se incluye "… toda la tierra, pastos, abrevadores, bohíos y corrales que tuviere con ciento y sesenta cabezas de ganado de señal […] con más de tres yeguas […] una montería de perros con un hacha y un machete y un azadón y un herrón y con todo el demás conuco y platanal […] y monterías y con todas sus entradas y salidas por precio de 850 ducados de a once reales cada uno […]"[308].

A finales de 1601, la reparación de las casas del Cabildo y Gobernador de la Isla, que habían sido vendidas por la viuda de Francisco Moncayo, fue objeto de intensos debates en el máximo órgano de gobierno habanero. Finalmente el 8 de octubre, se decidió acometer las obras, pues dichas casas, "… por el mal edificio de ellas y ser de tierra con las aguas del mes pasado y este se van muy aprisa cayendo y sí con mucha puntualidad y presteza no se reparan puede suceder en muy breve se caigan o vengan en gran ruina […]"[309]. Por tal motivo, los Regidores habaneros acordaron que se llamara al alarife Gregorio López para que examinara los altos, bajos y corredores de los inmuebles.

De la información contenida en las actas capitulares del Cabildo de La Habana, se desprende que la Casa Capitular y la que ocupaba el gobernador Maldonado –cuya reparación no comenzó hasta la llegada de Pedro de Valdés, nuevo Gobernador de la Isla– eran de dos plantas, con muros de tapiales, techos de azotea de terrado, balcones hacia la calle y portales bajos. Además, estaba organizada en torno a un patio central con galerías construidas sobre horcones de madera.

La falta de prelado en la Isla no fue óbice para que se fundara, en 1601, en la villa de Santa María del Puerto del Príncipe, un Convento, lo cual coincidió con la llegada a esa población de los frailes mercedarios Gaspar de la Rocha y Luis Fernández, quienes solicitaron al Vicario Eclesiástico se les concediera con este propósito la Ermita[310] donada por el anciano Juan Griego. A esto accedió el Cabildo y les facilitó además una caballería de tierra en ese lugar.

La nueva institución abrió sus puertas en la referida Ermita, construida de madera y guano, y dedicada a Nuestra Señora de la Altagracia. Este Templo, conjuntamente con el de Santa Ana (sede del convento de San Francisco de las Llagas) y la Parroquial Mayor, conformaba un esquema triangular que tenía a estos edificios como vértices. Estos asentamientos religiosos constituyeron los focos alrededor de los cuales se fueron agrupando los vecinos de la incipiente población.

Aunque a finales de 1601 las costas de Cuba se hallaban libres de la presencia de rescatadores y enemigos de la Corona, el gobernador Maldonado se vio obligado a tomar ciertas precauciones defensivas de acuerdo con los informes recibidos de un espía español, que había salido de Bristol el 22 de noviembre y que afirmaba que ingleses y flamencos preparaban una expedición para tomar Santiago de Cuba. Esta población había sido atacada este mismo año por corsarios franceses, quienes habían reducido a cenizas la Catedral de la Isla.

III

El inicio del nuevo año de 1602 trajo, a La Habana y a la Isla en general, las noticias del nombramiento de un nuevo Obispo para Cuba y de la inminente llegada Pedro de Valdés, el nuevo Gobernador. Este debía repartir, entre los vecinos habaneros dispuestos a fomentar ingenios azucareros, los tan ansiados cuarenta mil ducados que habían sido concedidos, como préstamo real, dos años antes.

El Cabildo habanero, el gobernador Maldonado Barnuevo y otros funcionarios de la Isla se afanaban, por su parte, en convencer al Monarca de la necesidad de trasladar definitivamente a La Habana la Iglesia Catedral. Para lograrlo remitieron, con este propósito, varias cartas al Soberano.

La primera de las misivas fue redactada el 8 de enero por Juan Maldonado Barnuevo, Marcos de Valera Arceo, Antón Recio, Francisco de Rojas y otros miembros del Cabildo de La Habana. Ellos hicieron saber a Felipe III, en respuesta a una Real Cédula fechada en Gomaral el 27 de julio de 1599, que la primera Iglesia que se había erigido en la Isla con la categoría de Catedral se había edificado:

> ... en Baracoa el primer lugar que en ella se pobló despúes habiendo poblado Santiago de Cuba [...] la gente más granada que vino a la conquista se tomó aquella ciudad por cabeza de toda la Isla adonde residía el Gobernador de ella y por mandato de Carlos Quinto Emperador [...] El año de

quinientos y veinte y dos con bula del pontífice Adriano se mudó la Catedral que está en Baracoa a Santiago de Cuba pareciendo que aquella Ciudad había de venir en gran crecimiento respeto de la bondad de su puerto porque los navíos que venían de España hacían escala en él lo cual demo. [demostró] algunos años que residían allí el Obispo y Gobernador y reconociéndose la poca sustancia y caudal de la tierra y haberse descubierto el paso que dicen de la Canal de Bahamas que fue ocasión de mudar la navegación vino en tanta disminución que el Gobierno se mudó a esta Ciudad a donde residen de más de cincuenta años a esta parte los gobernadores de la Isla y es tanta la ruina de aquella Ciudad que el día de hoy no hay en ella treinta vecinos y de ellos la mitad no son españoles y todos gente muy pobre que ha sido causa y la poca salud que la gente tiene para la tierra enferma que los perlados[311] de esta Isla se han ido a vivir al Bayamo a donde han residido y residen de treinta años a esta parte sin que haya forma de Iglesia ni tenga más que el nombre por haber cesado ha más de cincuenta años el no haber dignidades ni más de dos canónigos […][312].

Los miembros del Cabildo habanero aprovecharon la oportunidad para comentar al Monarca que, cuando había quedado vacante el Obispado de la Isla:

> … por mrd. [merced] que V. [Vuestra] Magd. [Majestad] hizo a don fray Antonio Díaz Saucedo al de Nicaragua no ha habido más de un canónigo que representa la sede vacante y ese está en esta Ciudad = Y el ser el puerto tan bueno y no haber defensa por estar poblado y ser todos los navíos de corsarios y quemado la Iglesia y robado el pueblo como lo hicieron el año de ochenta y seis[313] y lo harán todas las veces que quisieren no habiendo quién se lo pueda defender es causa que la Ciudad venga a mucho menos de lo que ahora […]
> Conforme esto entenderá V. Magd. cuán indecente cosa sería que una Iglesia Catedral estuviese sujeta a tantas

calamidades de ser saqueada y quemada todas las veces que el enemigo quiera y en tierra que no se puede sustentar sino la persona del perlado[314] y esto fuera de su silla como lo han hecho de treinta años a esta parte y así en ningún lugar puede tener asiento con más seguridad que en esta ciudad de La Habana adonde tiene V. Magd. puesto su gobernador con fuerzas bastantísimas para su seguridad – [...][315].

Asimismo argumentaron, en favor del traslado, que:

> ... como esta Ciudad y puerto tiene siempre el paso de las armadas y flotas de V. [Vuestra] Magd. [Majestad] en las cuales vienen tanta diversidad de gente y muchas extranjeras sospechosas en la Santa Fe y no hay Ministro de Inquisición suceden cada día casos gravísimos que un clérigo ordinario que hace ofiº [oficio] de Provisor no lo puede remediar por la poca autoridad que para ello tiene y la persona del perlado[316] aunque no fuera más de para esto solo será justa cosa residiera aquí = [...] la [...] ciudad de Santiago de Cuba está tan acabada que apenas hay vecinos para parroquia ordinaria y con su mudanza a esta Ciudad aunque está de ocho años a esta parte en grandísimo acrecentamiento subirá en mucho más /
> Resta ahora la forma que ha de haber en dotación de alguna dignidad y canónigos que forzosamente se ha de volver a hacer de nuevo porque en Santiago[317] no hay más que un canónigo y ese no vale su estipendio cien ducados lo que hay en esta Ciudad son dos curatos y la sacristía de la Iglesia y capellanía con dotación que todo se puede estimar en más de dos mil y quios. [quinientos] ducados que con ellos y con lo que rentaren los diezmos que cada día van en mayor crecimiento y con lo que Va. [Vuestra] Mgd. ha hecho a los que tienen ingenios y van los demás frutos de la tierra así crianza de ganados mayores como menores vendrán los diezmos a ser tan crecidos que esta Iglesia sea de las acrecentadas de las Indias [...][318]

Sebastián de la Cruz, primer loco deambularte habanero del cual se tiene noticias, guiado de su extraordinario y caritativo celo, convirtió su pobre albergue en un Hospital

El Canciller Juan de Estrada, por su parte, envió al Rey, a nombre del Cabildo de la Iglesia Catedral de Cuba, una carta fechada el 9 de enero. En esta le expresaba luego de comentarle que había recibido, a través del gobernador Maldonado, la Real Cédula que el Soberano había tenido a bien remitir a dicho Cabildo con objeto de que este diera su opinión sobre la mudanza del Templo a La Habana que, desde que se hizo merced del Obispado de Nicaragua a Antonio Díaz de Salcedo, se hallaba solo y sin canónigos, por lo que:

> … movido del celo y deseo de que nuestra Santa Fe católica esté siempre en su entereza y los oficios divinos se celebren con la puntualidad y decencia que se requiere digo – que

las causas para que se deba trasladar la dicha Iglesia de Santiago de Cuba a esta ciudad de La Habana son las siguientes – La primera porque aquella ciudad de Santiago es muy enferma y los que a ella van corren mucho peligro y riesgo de la vida por el mal temple que tiene y por estar desolada y destruida por los enemigos piratas y lo han hecho muchas veces en diversas ocasiones entrándose por ella y quemando los edificios y templos como particularmte. [particularmente] fuera de otras muchas veces lo hicieron el año de ochenta y seis[319] y pusieron por el suelo la Iglesia Catedral y a falta de ella se celebran los oficios divinos en un Hospital que no tiene más de una Capilla y ahí están sin distrito ni traza de Iglesia y a cada navío por pequeño q. [que] sea que venga entrando por el puerto están todos tan temerosos que no tienen otro remedio si no es recogerse a las montañas y desamparar sus casas por la poca defensa y ninguna que tienen y por ser tan pocos los vecinos que no hay en el pueblo treinta y estos son los más mulatos y negros que españoles no hay ocho o diez cuando más y con tanta pobreza y desventura que apenas se puede allí sustentar un sacerdote particular que haga el oficio de cura que cuanto más el Obispo y canónigos que por defecto de esto de muchos años a esta parte han tomado por asunto venirse al pueblo y villa del Bayamo por ser mejor temple y más acomodado que será como veinte y cinco o treinta leguas de la dicha Ciudad y es en tanta manera la penuria y miseria del dho [dicho] pueblo de Cuba[320] que no hay en él casi ni se halla qué comer y puerto abierto y sin defensa para todos las veces que el enemigo quiere entrarse por él [...][321].

Consciente de estas y otras dificultades, que entorpecían considerablemente la celebración de los oficios divinos, el Canciller declaró que le parecía lo mejor, para el buen desempeño y funcionamiento de la Iglesia Catedral, que esta se trasladara de inmediato a la ciudad de La Habana, la cual era una población:

> ... muy populosa y abastecida de todo lo necesario y adonde de continuo asisten los gobernadores de V. [Vuestra] Mg. [Majestad] y el concurso de todas las partes del mundo y por donde todos los años pasan las flotas y armadas de V. Mg. fortalecida de castillos muy fuertes e inexpugnables y soldadesca bien disciplinada y el puerto muy siguro[322] a donde podrá y estará bien la silla episcopal y así mismo cuando no fuera otra razón ni causa fuera de las arriba dhas [dichas] sino la necesidad que tiene esta Ciudad de la asistencia del Obispo para refrenar y compescer los delitos blasfemias y otras cosas que se hacen y cometen por muchas gentes desalmadas que vienen en el bullicio de las flotas en que nuestro señor es muy ofendido y deservido y aunque yo como quien sucedió y he quedado [ilegible] presentando la sede vacante he procurado por muchas vías el [ilegible] según la obligación no soy poderoso a reprimirlo por el poco temor y respecto[323] que se tiene viendo que soy un sacerdote solo y que no tengo el ayuda y resistencia que era necesario bastaba esto para que V. [Vuestra] Magd. [Majestad] pusiese como esperamos el remedio demás de que esta mucha parte será para el intento porque en esta ciudad de la Habana hay dos curatos los cuales podrá V. Magd. incluir en los dos canonicatos para que con ellos puedan dos canónigos sustentarse siendo anexo el beneficio al canonicato porque la renta y obtención es tan débil que no se puede un cura sustentar con los cien ducados que tienen los canónigos cuanto más un Canónigo [...][324].

Similares argumentos dio al Monarca el gobernador Maldonado quien, al responder la Real Orden dictada por el Soberano en Gomaral el 17 de septiembre de 1599, hizo referencia a las misivas que, sobre este tema, habían enviado a Su Majestad el Cabildo de La Habana y el Cabildo Eclesiástico. Expresó además que las razones que había para que se trasladara la Iglesia Catedral:

> ... son muchas y muy vivas y de mucha consideración [...] lo que conviene al servicio de Dios y de V. Magd. [Majestad]

y bien de toda esta Isla es que la silla se mude a la Habana donde estará con la autoridad quietud y seguridad que se requiere lo cual no puede tener en Sanchago[325] de Cuba de donde anda desterrada treinta años ha y aun la Parroquia puede mal conservarse por acudir allí todas las horas del mundo ingleses y franceses gozando de la comodidad de aquel puerto y otras tres o cuatro que hay junto a él y el estorbo que para esto podía haber que es no haber tanto caudal como convendría para el sustento de los beneficiados los diezmos han aquí en tanto crecimiento por los azúcares y otros frutos que con los quinientos mil maravedís de que V. Magd. hace mrd. [merced] al Obispo y lo que valen los curatos y sacristía habrá para todos [...][326].

El 11 de enero, fue presentado al Papa Clemente VIII, por Felipe III, fray Juan de las Cabezas Altamirano para ocupar el Obispado de Cuba, provincias de La Florida y la isla de Jamaica; este había nacido hacia 1565 en Zamora, ciudad situada a orillas del río Duero. Cabezas Altamirano había realizado sus estudios en la Universidad de Salamanca. Alrededor de 1580, siendo aún estudiante de Leyes y Cánones, había ingresado en la Orden de Santo Domingo. Acabado el noviciado, había hecho su profesión religiosa el 30 de junio de 1581.

El nuevo Obispo de Cuba había estado en 1592 en el continente americano, en compañía de fray Luis de la Cuadra, Vicario General de la Provincia de Santa Cruz, cuya sede radicaba en la isla La Española. Por cierto, en el Convento Imperial de Santo Domingo, leyó Artes y Teología por algunos años. Por sus méritos, la orden de Santo Domingo le honró con el grado de Maestro y más tarde con el de Prior del Convento de San Esteban y de la provincia de Santa Cruz. En 1600, en representación de la Orden, pasó a Roma a votar en el Capítulo General de esta. Finalmente fue elegido Obispo de Cuba por el Papa Clemente VIII el 15 de abril de 1602, por lo que, consagrado en Madrid el 29 de septiembre de ese mismo año, celebró las primeras órdenes en su convento de Salamanca.

Llegado a este punto, resulta conveniente decir que:

> Hay cierto aire de misterio en torno a los hechos que rodean el nombramiento de Cabezas Altamirano como Obispo de Cuba. Se ha sugerido que este pudo ser producto de la compra de la mitra, aunque en realidad los testimonios no apuntan en esa dirección. La reticencia a ocupar un obispado como el de Cuba era notable por parte de los eclesiásticos españoles, pues se le tenía por poco beneficioso, muy complicado e, incluso, peligroso. Precisamente el Obispo nombrado con anterioridad había renunciado a este sin haber venido nunca a la Isla.
>
> La presencia en España de un religioso de cierto prestigio, que tenía necesariamente que volver a América y para quien resultaba un indiscutible ascenso el recibir la mitra de Cuba, resultó una coyuntura favorable. Más aún. Se trataba de un hombre conocedor del mundo antillano y de sus agudos problemas. Sin duda era mucho más indicado que aquellos que venían de España por primera vez a América y es probable que ahí radique la causa de la selección de Cabezas Altamirano, como también las razones de su aceptación. Con este paso el Consejo de Indias inició una nueva política, si bien no siempre seguida de modo consecuente, de nombrar para obispos de Cuba a naturales de América o a españoles de larga experiencia indiana. Por otra parte, no parece que Cabezas Altamirano contara con los recursos necesarios para comprar la mitra, ya que según un documento del Cabildo Eclesiástico de Santiago de Cuba, llegó a esta Isla *muy pobre*.

Por su parte, la Corona española estaba muy interesada en fortalecer su autoridad en Cuba ante los rumores de una posible invasión de Inglaterra y Holanda. Con anterioridad había nombrado Gobernador y Capitán General al General de Armas de Indias, Don Pedro de Valdés [28 de noviembre de 1600], quien, además, debía limpiar las costas de corsarios, piratas y contrabandistas. El nombramiento de un Obispo que había ya residido en las Antillas debía reforzar las gestiones del Gobernador y contribuir tanto al fortalecimiento de la autoridad real como a la preparación de la defensa de la Isla [...]"[327].

En las primeras semanas de 1602, mientras preparaba su viaje a Cuba, el recién nombrado gobernador general de la Isla Pedro de Valdés escribe una carta al Monarca para expresarle que estaba: "... de ptida. [partida] en seguimiento de su viaje con la gente de guerra q. [que] tenía y en semejantes viajes es uso y costumbre hacer md. [merced] a su gente de las presas que se pueden ofrecer en el camino porque con esto habrá gente de consideración que quiera ir en este viaje y todos irán contentos y animados con esta md. [...]"[328]. El 6 de febrero, el Rey contesta a su petición desde Valladolid e indica que, una vez que Valdés hubiera partido hacia Cuba, se le haría a él y a quienes lo acompañaran "... la mrd. [merced] q. [que] merecieren en el viaje [...]"[329].

El 8 de marzo, se conformó en la Casa de Contratación de Sevilla el Expediente[330] de Información y Licencia de Pasajero a las Indias de Pedro de Valdés. De manera coincidente con la conformación del documento, se nombró por Real Provisión[331], el 6 de marzo, en Valladolid, al Dr. Juan de Eguiluz como Contador de la Real Hacienda de Cuba en sustitución de Pedro de Arana, funcionario sobre el que pesaban gravísimas acusaciones. Con igual fecha el Dr. Eguiluz fue nombrado, por Real Provisión[332], Regidor del Cabildo de la ciudad o pueblo en donde residiera el Gobernador de la Isla.

Durante su Gobierno, Pedro de Valdés –aliado al Dr. Juan Eguiluz[333], quien fue además Veedor de las obras de fortificación de La Habana– riñó en varias ocasiones con Cristóbal Ruiz de Castro –Tesorero de la Real Hacienda, que había viajado a Cuba en compañía del nuevo Gobernador– por las cuentas que hacía y la forma en que pagaba a la guarnición habanera.

Valdés comentó al Monarca, pocos meses después de su llegada a la Isla, que Ruiz de Castro había desembarcado en Cuba:

> … empeñado en cantidad de 2 000 dos. [ducados] […] y para acomodar su casa encomenzando a usar su oficio tomó de la Caja la plata q. hubo menester para hacer una vajilla copiosa supe esto hoy que tenía intención de sacar lo que quedaba debiendo por lo cual mudé el Contador que era un Diego Ochoa de la Vega q. había nombrado Don Joan Maldonado y es franco y de no muy buena opinión y puse en su lugar a Franco. [Francisco] de Angulo q. no le ha dejado sacar un real para cosa que ha habido menester aunque fuese a quta. [cuenta] de su salario por causa de la plata q. sacó para la vajilla que fue en más cantidad y de esto ha nascido[334] entre ellos algunas discordias […] preciase de que sabe y es tan caprichoso q. hace Ley de sus conceptos y pareceres por lo cual ha inventado mil novedades en la administración y paga de la Hacienda de V. Md. queriendo introducir en lo uno y en lo otro nuevas costumbres y juzgando de malas y dañosas las que hasta aquí se han tenido por lo cual se ha hecho tan malquisto q. para haber de afianzarse en los cuatro mil dos. [ducados] q. V. Md. en su título le manda se ha visto en muy gran trabajo y si no se hubiera ya dado espera y lugar para que se acomodase y cumpliese con lo que era obligado le pudiera con muy justo título haber depuesto del oficio tiene una casa y autoridad para consumir 2000 dos. [ducados] cada un año hele lástima por verle aquí sujeto a mucha miseria y necesidad y que es imposible poderse sustentar con el salario que se le da […][335].

Valdés hizo saber al Monarca que el Tesorero había pretendido:

> … hacer con su compañero a solas las visitas de los navíos y contradice q. [que] la haya de hacer yo ni mi Teniente Gene-

ral por mí y porque se figura inconveniente y costas de que hubiese dos visitas una de la Justicia Ordinaria y otra de los oficiales reales acorde que para más comodidad de los maestres de navíos y mercaderes visitasen juntos Justicia y oficiales reales pues unos y otros pueden hacer las dhas [dichas] visitas conforme a las últimas y nuevas ordenanzas reales de V. [Vuestra] Md. [Majestad] fhas. [fechas] a vete. [veinte] y nueve de octubre de quinientos y noventa[336] y no solo pretende esto dho Tesorero sino que ellos solos hayan de visitar y no yo ni el dho [dicho] mi Thinte. [Teniente] visitando en mi lugar y como suboro. [subordinado] ordinario [...] y porque estoy informado que por parte del dho Tesorero se ha enviado a hacer diligencia a V. Md. y los del vro. [vuestro] Real Consejo de las Indias en razón de la dha [dicha] su pretensión me pareció dar cuenta a V. Md. en esta forma porque se atienda a proveer en ello lo que más convenga al servicio de V. Md. que es el que yo procuro y el deseo que siempre he tenido de acertar q. todo vaya en aumento de la Real Hacienda de V. Md. sin que a ello me mueva interés más que defender la Jurisdicción Ordinaria [...]"[337].

Celoso del cumplimiento de sus deberes como Gobernador, Valdés aseguró al Rey que, si comprobaba que la Hacienda de Su Majestad corría algún riesgo por el modo de proceder de Cristóbal Ruiz de Castro, pondría en la solución de este problema: "... el remedio que convenga porque no ha llegado bajel hasta ahora en este puerto q. [que] no vuelvan quejosos del Tesorero por acá no se debe apretar tanto la mano porque el mundo es largo y sí con los que contratan no se tiene buena correspondencia perecerá esta Ciudad [...]"[338].

El 10 de marzo quedó fundada en La Habana, en el Convento y Hospital de *San Juan de Dios*, la *Cofradía de Nuestra Señora de la Soledad y Santo Entierro de Nuestro Señor Jesucristo de los Hermanos Cargadores de Caridad*. "... Por las características de esa sede y las connotaciones del largo título que adoptaron, la cofradía parece haber estado al servicio de los pobres, pero no aparecen datos sobre la pertenencia racial de sus cofrades, aunque todo parece indicar que eran integrantes de la oligarquía blanca criolla [...]"[339].

Poco después, previo al cambio de jurisdicción del Tribunal de la Inquisición de México hacia su nueva sede de Cartagena de las Indias, hubo intentos de consumar poderes inquisitoriales en La Habana. No resulta casual entonces que, en una de las cartas que se envían a la Península desde el referido Tribunal, se mencione la necesidad imperante de nombrar un nuevo Comisario en La Habana. Esto resulta una clara evidencia de que, durante el llamado período mexicano del Tribunal de la Inquisición, ejerció en La Habana algún que otro Comisario[340].

El gobernador Pedro de Valdés no llegó a la Isla hasta el miércoles 19 de junio de 1602, según contó él mismo al Monarca en carta[341] fechada el 23 de ese mismo mes y año. Poco antes, el 18 de junio, había entrado en el puerto de La Habana: "... el Gral. [General] Garibay con la Flota de Nueva España[342] sin haber tenido ninguna nueva de enemigos más ver otra noticia de ellos de q. [que] tengo dho [dicho] mas de que el día que entró la Flota se descubrieron cuatro velas las que no han dado más noticia de sí hasta ahora ni se sabe de dónde son más de q. se tienen por corsarios – [...]"[343].

Antes de que el General Garibay llegara a La Habana con la Flota a su cargo, una de sus naos se perdió en medio de un temporal. La embarcación fue a parar a un cayo. Dos meses después, en agosto, llegaron a La Habana tres barcas hechas con la madera de la nao perdida con ochenta personas a bordo, las cuales informaron al gobernador Valdés que la embarcación había quedado al descubierto y en peligro de hundirse en el agua si sobrevenía otra tormenta.

Como los propietarios de la nave hicieron dejación de ella, Valdés ordenó aprestar un patache, el cual envió a salvar lo que se pudiera del barco encallado. El Gobernador indicó a los tripulantes de la embarcación que se dirigieran luego a La Florida con objeto de que llevasen, a esa provincia, siete cajones de armas destinadas a su Presidio. De este modo se cumplió con la orden de los jueces y oficiales de la Casa de Contratación de Sevilla, quienes habían enviado, con este fin, el armamento a La Habana en el galeón *San Mateo*, el mismo en el que Valdés había viajado a Cuba.

Después de haberse despachado la embarcación, llegó al puerto habanero otro barco en el que venían cuatro personas, las cuales relataron que se habían embarcado en España en un patache de aviso[344] enviado por la Casa de Contratación de Sevilla a Cuba y a la Nueva España. La nave había sido abordada por dos embarcaciones inglesas que estaban en la Canal Vieja aguardando los navíos que debían pasar por este lugar, procedentes de Islas Canarias. Los ingleses tomaron todos los despachos que traía el patache, aunque se salvaron dos pliegos, por haberse echado con ellos al agua un marinero. Los documentos estaban destinados al Virrey de la Nueva España y fueron enviados de inmediato por Pedro de Valdés a su destinatario, a través de una fragata que expidió con este propósito. El Gobernador despachó también una lancha equipada a costa de varios mercaderes de Islas Canarias, para que se colocase en la boca de la Canal Vieja y diese aviso a los navíos procedentes de ese sitio de que había enemigos de la Corona esperándolos.

El 25 de septiembre, fecha en que Valdés escribió al Rey una carta, aún no había regresado a La Habana la lancha que había enviado a la Canal Vieja. No obstante, parece que esta cumplió su objetivo pues, alrededor del 15 de ese mismo mes y año, habían arribado sin contratiempos tres navíos de La Palma al puerto de La Habana sin haberse topado con ningún enemigo. Por otra parte, aunque se tenían noticias de que otras embarcaciones habían salido de Canarias hacia La Habana, nada se sabía aún de ellas; esto representaba —en opinión del gobernador Valdés— "… mucha su tardanza […]"[345].

En su carta del 23 de junio –la cual fue llevada a la Península por el General Garibay, quien partió de La Habana con su Flota el día 24–, Pedro de Valdés relató a Felipe III los pormenores de su viaje a la Isla, y le indicó que:

> … Habiendo salido la Barra de San Lucar miércoles a 17 de abril pasado otro día 18 después de hacerme a la vela topé como a las nueve de la mañana un navío holandés tres leguas a sotavento de mí y por ser la galizabra[346] muy velera le fue dando caza desde la dha [dicha] hora hasta las tres de la tarde q. [que] lo alcanzó cañoneándolo le rindió era de hasta setenta toneladas cargado de hasta mil quinientos quintales de alumbre conforme a los papeles q. en él se hallaron sin traer otro ningún género de mercadería a tercero día después al amanecer descubrí la nao de Duarte de Quiroz el de Cádiz que es de porte de seiscientas toneladas la cual se había apartado de la Flota de Nueva España y venía muy maltratada por haberla cañoneado tres días arreó el enemigo el cual la rindiera si ella con una bala no acertara a rozarle el árbol del trinquete llevaba falta de comida y bebida jarcia vela pólvora municiones y el piloto que no sabía dónde estaba díjeselo y el rumbo por donde había de navegar y le proveí de todo lo demás que hubo menester y porq. [porque] el navío holandés era muy zorrero y la mercadería q. traía mala para estas partes y haberse rompido cuando se tomó los masteleros de gavia mayor y de trinquetes a la galizabra me fue forzoso tocar en la Palma pa. [para] aderezarla y dejar como dejé allí encomendada la dha [dicha] presa al Juez de Registros para que la beneficiase – En lo cual me detuve tres días durante los cuales se reparó el trinquete del Galeón que se había descabezado del calces –
> Sin Perder hora de tpo. [tiempo] ni tocar en parte ninguna seguí mi viaje hasta llegar a Puerto Rico […][347].

Valdés aprovechó su estancia en esa Isla del Caribe para reabastecerse de agua y de carne fresca. También halló allí un aviso de la Real Audiencia de Santo Domingo, que afirmaba que hacía:

> ... cuatro días q. [que] habían parecido[348] en tropas cuarenta velas en el Cabo de Tiburón que se entendía irían al de San Antón[349] a aguardar la Flota de Nueva España lo cual me obligó a venir con mayor cuidado salí de allí al cabo de dos días y antes de llegar al paraje de Puerto Plata descubrí a las nueve de la mañana tres leguas delante de mí una urca de porte de más de trescientas toneladas con su patache y lanchas dile caza todo el día habiéndole ganado más de dos leguas anochecí de ella una y por traer manca la galizabra q. [que] después que perdió los árboles cuando la primera presa la traje tan zorrera q. andaba menos que el Galeón y por no tener con que seguir la urca para que me hiciese farol mudó derrota a la media noche sin poderla ver con la mucha oscuridad q. hacía la perdí y así sin perder hora de tpo. [tiempo] pásela delante hasta llegar sobre el puerto de monte xpte. donde envié la lancha a tomar lengua y tuve aviso q. doce leguas adelante estaba rescatando un navío en un puerto yermo que se dice Puerto Francés yendo para allá tres leguas antes de llegar a él encontré a la salida de Puerto Real una lancha suya y dándole caza con la galizabra y lancha del Galeón la siguieron apretadamente hasta que la hicieron dar bote a tierra y la tomaron habiéndose huido todos los que en ella habían entretanto fue con solo el Galeón en busca de la nao y hallando que estaba en el puerto queriendo surgir en él me lo impidió por ser contrario y así la estuve acañoneando[350] de lejos hasta q. dos horas después de anochecido llegaron la galizabra y lanchas y los q. estaban en ella habiéndose hecho a la vela viendo q. con las lanchas bien equipadas de gente de mar y guerra la enviaba acometer la desampararon y se acogieron en otras dos lanchas q. tenían a bordo llevándolas cargadas de lo mejor q. en ella había y llegándola a cometer creyendo q. estaba en defensa no se halló en ella ninguna persona en tierra tenían hasta seiscientos cueros y otras cosas

en dos pilas y como aquella noche nos apartamos del puerto por ser terral y no detenerme lo dejé de recoger todo – este navío dicen algunos franceses q. venían por marineros del Galeón que es de un hermano del que saqueó y quemó el Puerto de Plata y se tiene por cierto q. es de los q. entraron en Sanlúcar a la vendeja [...]351.

La Habana en 1599

Con objeto de llegar a Cuba lo antes posible, Pedro de Valdés y sus acompañantes se encaminaron hacia la llamada Canal Vieja, dejando de tocar, según relató el propio Gobernador al Monarca:

... en un puerto q. [que] está diez o doce leguas al oeste de aquellas islas donde me habían dado aviso q. estaban rescatando otros dos navíos y si no fuera por acudir aquí con la brevedad q. V. [Vuestra] Mgd. [Majestad] me mandó fuera también por Santiago de Cuba para ver aquella fundición y tocar en otro puerto q. está adelante de Bayamo y se dice de Santa María donde también supe q. estaba otro navío flamenco de rescate y pasará por el cabo de San Antón[352] donde anda otro corsario llamado Don Gerónimo q. fue Sargento Mayor en Santo Domingo y ha días q. se rebeló del servyo. [servicio] de V. Mgd. y trae dos navíos grandes y dos pequeños y dos presas q. ha hecho q. en buscarle diera yo por muy bien empleado gastar un par de meses por cogerle a las manos y darle el pago q. merece su traición han sido tan bonancibles los tpos. [tiempos] q. he traído después q. salí de esos reinos q. puse sesenta y dos días en llegar aquí [...][353].

A pesar de la prisa que traía para llegar cuanto antes a La Habana, Pedro de Valdés realizó una corta visita a la Ciudad Primada de Baracoa, en donde fue cumplimentado por el Vicario fray Alonso de Guzmán, a quien el mismo Valdés calificará después de ser, no obstante su ministerio "… uno de los mayores rescatadores con los herejes y enemigos que tiene todas las Indias y es de la orden del Carmen y en persona ha ido diferentes veces a rescatar con ellos al Puerto de Guanaibes de la isla Española y no solo esto sino que les ha servido y sirve de espía [...]"[354].

Dos años más tarde, el 3 de enero de 1604, al dar cuenta al Monarca de las actividades de fray Alonso de Guzmán, Valdés le relató que:

> … viniendo yo de España y llegando sobre Baracoa vino este fraile a bordo del Galeón en que yo venía haciendo traición conocida a. V. [Vuestra] Mag. [Majestad] pues por otra parte luego incontinente despachó aviso a dos navíos que estaban al rescate en un puerto cerca de allí de como yo venía y traía mucha fuerza que se guardase y de su propia letra le escribió un papel sobre ello [...] y así mismo [...] el dho [dicho] fraile

hizo [contrato] con otros dos herejes enemigos firmado el dho contrato de los dos herejes y del mismo fraile habiendo ido en persona a los mismos navíos [...]³⁵⁵.

Los cuatro primeros días de su estancia en Cuba, el nuevo Gobernador de la Isla los empleó en recorrer los principales sitios de interés de la ciudad de La Habana, la cual seguía siendo:

> ... una población pequeña, que solo poseía, como edificaciones importantes, los castillos de la Fuerza, la Punta y el Morro. El primero, en forma casi idéntica a como aún se conserva [...]. Junto a dicha fortaleza se encontraba el mercado, y su plaza era el centro de la ciudad. El Morro no estaba terminado [...] Se encontraban, además, fortificadas la caleta de Guillén [de San Lázaro], con dos cañones, y el reducto de la atalaya de Punta Brava, con tres. Existían dos hospitales, uno, el viejo, situado al comienzo de la hoy calle de Obispo, junto a la Plaza de Armas, y otro frente al parque de San Juan de Dios, denominado de San Felipe y Santiago [...]. Fuera de esas construcciones existentes y de la Aduana, Matadero y Cárcel, las casas eran generalmente bohíos, colocados a capricho de sus propietarios, excepto en cuatro únicas calles, sin pavimento ni alumbrado, en que las casas estaban alineadas y construidas algunas de adobe y techadas de tejas. En los alrededores de La Habana había estancias y huertas, y al oeste no existían poblaciones, pues Bahía Honda, Cabañas y Mariel eran simples puertos de refugio [...]³⁵⁶.

Entre los lugares visitados por el gobernador Valdés, entre el 19 y el 23 de junio, estuvo:

> La Casa de la Fundición [y Fábrica de Artillería de La Habana] donde se había hecho pocos días ha una de cuatro piezas dos culebrinas y dos pedreros salió errado el uno de

los pedreros las tres se van barrenando y poniendo en perfición[357] y serán de mucho servyo. [servicio] solo hallo en ella y las demás piezas q. [que] hasta ahora se han fundido falta en que salen ásperas y con muchos escarabajos a causa de no purificar el cobre y enviarlo con la primer fundición desde la mina siendo uso y costumbre en Alemania y en las partes donde se saca purificarlo tres o cuatro veces antes q. se halla de fundir la artillería - yo procuraré remediar esto para adelante porque allende del daño q. tengo dho [dicho] resta otro no menor a la Real Hacienda de V. [Vuestra] Magd. [Majestad] Por la mucha merma de metal Q. hay en las fundiciones a causa de tener en si mucha mallea[358] y los fundidores por esta causa no pueden dar buena quta. [cuenta] de sí del peso q. se les entrega se hubiesen de fundir por la suya y viniendo apurado y perfeccionado de la mina se ahorraría casi la cuarta parte del costo de la traída por ser el peso menos =
Aquí quedan otros ciento y cincuenta quintales con su liga para hacer luego con ellos otra fundición y en Santiago de Cuba me dicen q. hay otros siete o ochocientos quintales sacados – Haré luego aprestar dos navíos con gente de mar y guerra de la q. hay aquí en los presidios y de la del Galeón en que vine pues han de estar holgando hasta q. llegue Don Luis de Córdova para que vayan a traer con seguridad ese cobre y lo demás q. allí hubiere sacado y procuraré juntar el estaño q. pudiere para que se haga otra o otras dos fundiciones de manera q. no falte al fundidor q. hacer al cual he hallado desacorde con los oficiales de la fundición procurare convenirlos de manera q. no cese por esto el servio. [servicio] – Y de todo daré quta. a V. Magd. en la primera ocasión [...][359].

Poco después, al haber comprobado la necesidad que había de artillería en la Isla y ver cómo no se fundían más piezas debido a la falta de cobre, Valdés hizo las diligencias pertinentes con Marcos de Valera Arceo, Tesorero de la Fundición, para que enviase de inmediato a Santiago de Cuba un navío para que trajese el citado metal. Valera no cumplió las órdenes del Gobernador hasta el mes de agosto. La nave se perdió en una de las frecuentes tormentas tropicales que azotaban a la Isla en esta época del año[360].

El 25 de septiembre, el Gobernador afirmó al Rey que –tal como ya le había referido después de que había llegado a Cuba y aun antes de salir de España– resultaba de mucha inconveniencia que la Fábrica y Fundición de Artillería de La Habana y sus oficiales no estuvieran sujetos y subordinados a la máxima autoridad de la Isla; pues:

> ... Hacen lo que les está a ellos bien para que el negocio se les perpetúe y dejase de acudir al servicio de V. [Vuestra] Md. [Majestad] con notable daño de su Real Hazda. [Hacienda] pues he averiguado q. [que] de solo manos han dado 200 pesos por hacer una cureña de artillería y como no se tiene mano para tomar cuenta de cómo se distribuye ningunas personas están más a su salvo q. estas de la Fundición la quta. [cuenta] y razón en todas las cosas es justa y en esta muy necesaria por q. las piezas q. hasta ahora se han fundido si se echase la quta. a como salen llegarían a más de 40 dos. [ducados] y si no se pone remedio no se harán más baratas las q. de aquí adelante se fundieren [...][361].

Valdés comentó al Soberano que el fundidor se llamaba:

> ... Juº [Juan] de Ballesteros[362] es muy hábil en su ministerio pero está muy desvariado porq. [porque] no tiene q. [qué] hacer y es poco el salario q. se le da que es 20 dos. [ducados] y 10 res. [reales] cada día q. trabajare y 5 de manufactura de cada quintal q. fundiese y como esto no lo puede gozar sino es trabajando y no trabaja por no haber q. hacer quejase y con muy justa razón del daño q. recibe demás de que por ciertas pasiones de poco momento le ha quitado el Tesorero el salario de 23 meses y le tratan como a un esclavo ha estado para huirse y lo hubiera hecho sino es por haber hallado en

mí buena acogida q. si falta queda todo esto perdido el salario y todo lo demás es muy poco para en esos reinos cuanto y más para este lugar q. es el más caro del mundo V. Md. se sirva de mandar q. se le dé lo que se acostumbra dar en esos reinos a los fundidores pues es tan necesario aquí y entretanto yo le iré acá entreteniendo lo mejor q. sea posible y así convendrá q. la resolución de esto no se dilate [...] –[363].

Pedro de Valdés visitó también, en los primeros días de su llegada a La Habana, la llamada Fuerza Vieja, la cual halló: "... tan mal parada y el foso por el suelo que me hizo grandísima lástima según la había conocido en otro tpo. [tiempo] y pues V. [Vuestra] Magd. [Majestad] me manda repararla procuraré ponerla en el estado q. [que] conviene con la mayor brevedad que pueda porque después que lo esté la tengo por de mucho efecto para la defensa de este puerto y pa [para] que en un rebato de necesidad se puedan recoger a ella con seguridad la gente de la Ciudad [...]"[364].

Como parte del recorrido, el Gobernador estuvo el 23 de junio en:

> ... la fuerza del Morro[365] y aunq. [aunque] la hallo con menos defensa de lo que quisiera y ella ha menester por estar las paredes muy bajas me holgué de ver q. [que] todo lo que en ella se ha hecho y va haciendo es con mucha perfección y fortaleza y como lleguen los <u>200</u> esclavos se pondrá con brevedad en buen estado – y también di la profesión de Alcaide de ella al Cappn. [Capitán] Joan Villaverde[366] como V. [Vuestra] Md. [Majestad] lo manda de allí pasé a la fuerza de La Punta y cierto q. la obra de ella iba tan flaca y tan mal entendida y era de tan poco efecto que fue muy acertado el mandar V. Md. desmantelarla y reducirla a un torreón o baluarte donde solo pueda haber diez o doce piezas de artillería y así en breve tpo. [tiempo] con parecer de don Joan

> Maldonado y el Ingeniero y Alcaide del Morro y los demás q. aquí hubiere q. sean prácticos en cosa de fortificaciones la reduciré al estado q. V. Md. me manda conforme a la Instrucción q. para ello se me ha dado [...]³⁶⁷

Por cierto, pocos meses después de su llegada, al dar cuenta al Rey de las dificultades que confrontaba con la defensa de La Habana, y en especial con la conclusión del Castillo del Morro, Valdés se quejó³⁶⁸ de la actitud mantenida desde su llegada por el capitán Juan Villaverde, Alcaide de la citada fortaleza, "... el cual –le dice irónicamente al Monarca en su misiva– debió de merecer por sus servicios la mrd. [merced] q. [que] V. [Vuestra] Md. [Majestad] le hizo [...]"³⁶⁹.

Sin embargo, afirma que su modo de proceder era tal:

> ... q. [que] no solamte. [solamente] los soldados de la dha [dicha] fuerza no le pueden sufrir según el término y rigores q. con ellos usa pero a mí las veces q. he llegado a quererlo remediar se me descompone de suerte q. si no pareciera muy temprano hubiera hecho mucha demostración contra él para que los dhos [dichos] soldados fueran mejor tratados y sirvieran con la voluntad q. hasta que él llegó se había conocido en ellos y lo remediaré luego y procuraré q. sean bien tratados porque se han de conservar para que sirvan mediante regalos y caricias q. se les haga porq. [porque] de otra suerte se huyen en cada momento y es muy dificultoso tornarse a rehacer la plaza del que falta ha querido también introducirse en hacer las visitas de los navíos y barcos que entran en el puerto estando por cédula de V. Md. al Alcaide o Cabo que fuere de la fuerza de la Punta y esto con consideración de q. de la dha fuerza a cualquier hora del día y de noche se puede dar aviso por tierra al Gobernador de quien entra o sale y no se puede hacer esto de la fuerza del Morro por estar de la otra parte de la bahía y ser necesario barca y hombres q. se temen q. de noche lo uno y lo

otro falta y si se hubiese de aguardar a que fuesen de la Ciudad podría estar abrasada de los enemigos primero q. se tuviese noticia q. entraban si del Morro se hubiese de avisar mayormente q. suele con temporal no poderse pasar de la otra parte en servo. [servicio] ni ocho días así mismo ha querido tener debajo de su mano las armas y municiones de la dha fuerza y esto demás de q. está en poder del Tenedor de Bastimentos de esta Ciudad q. es por cuyo riesgo y qta. [cuenta] corren tiene en el dho Villaverde nuevo inconveniente por ser persona pródiga y de poca qta. y razón y q. gusta más de entretenerse en banquetes y fiestas q. no en cosas q. pidan particular cuidado y diligencia como la q. se debe tener en las dhas municiones y pólvora mayormte. [mayormente] en parte adonde son tan necesarias y q. tan caras le salen a V. Md. y q. cuando falten no se pueden hacer sino es con mucha dificultad trayéndolas de esos reinos o de Nueva España para obviarse inconveniente q. en esto se tendría con el dho [dicho] Villaverde demás de no ser cosa q. ha tocado a los alcaides he mandado q. solamente se dé lo que es preciso para que las piezas estén cargadas y apercibidas y q. lo demás esté cerrado en el almacén a cargo del dho Tenedor de Bastimentos q. abrirá y dará lo que en cualquiera ocasión sea necesario - [...]"[370].

Pocos meses después, en diciembre, los altercados entre Villaverde y el gobernador Valdés se habían incrementado notablemente, a tal punto que este último acudió al Rey para comunicarle que el Capitán replicaba sus órdenes llegando, incluso, a querer traer delante de él: "... bastón como si fuese General y poner almohadilla en la Iglesia a lo cual le he ido a la mano con más suavidad de la q. su atrevimiento merecía y hace otras cosas q. serían muy largas de referir dejo de decirlas por no cansar a V. [Vuestra] Md. [Majestad] y porque en cosa q. toque a su Real Servicio y al decoro q. me debe guardar por el oficio q. aquí estoy haciendo no le he de dejar hacer haga ni consentir remisión [...]"[371].

Juan Villaverde había traído consigo a La Habana una sobrina, la cual se casó aquí con Juan Martínez, quien había venido a la Isla como Capitán de la gente de mar del Galeón *San Mateo*. Era Martínez, al decir del gobernador Valdés, "... hombre honrado pero de muy poca platica[372] en cosas de guerra a donde nunca ha estado por haberse criado en ejercer la pluma y particularmente en el escritorio de Calderón Escribano de Cámara de la Contadua. [Contaduría] Mayor de V. [Vuestra] Md. [Majestad] [...]"[373].

Villaverde había querido dar, como dote a Juan Martínez, la plaza de su Teniente de Alcaide de la fuerza del Morro, lo cual no consintió Pedro de Valdés por:

> ... ser de las dhas [dichas] partes y q. [que] como tan de casa del dho [dicho] Alcaide se hará de su condición para tratar mal la gente de guerra y en una fuerza basta un mal acondicionado para esto además q. la dha [dicha] plaza de Teniente la tiene en Liranzo hombre muy benemérito nombrado por el antecesor de dho Alcaide Villaverde y q. tiene prudencia y valor para meter en carrera a los q. allí sirven y adumar[374] los desabrimientos del dho Alcaide para con ellos y porque me parece q. en la persa. [persona] de ese Teniente concurre todo lo que es menester para la plaza q. sirve no he dado lugar a que se mude ni la daré hasta q. V. [Vuestra] Md. [Majestad] mande otra cosa [...][375].

Valdés se ocupó además, en sus primeros días habaneros, de hacer descargar el Galeón *San Mateo* y de entregar al Tenedor de Bastimentos todo lo que había traído en la referida nave para las fuerzas destacadas en el Presidio de La Habana. Asimismo se encargó que se realizaran las operaciones necesarias para:

> ... desaparejar y enlonjar toda la jarcia de velas armas y municiones q. [que] tuviere para q. estén con seguridad y no

se gasten ni consuman infructuossamte. [infructuosamente] con el tpo [tiempo] y q. se desarbole y aderece el mástil del trinquete pues viene sentido [...] y se vaya calafeteando todas las obras muertas y cubiertas porque vienen abiertas y maltratadas con el sol y cuando sea tpo. [tiempo] se le dará lado para el torna viaje porq. [porque] del alumbre del agua abajo tendrá poco más q. hacer por estar fuerte y haber venido muy estanque y en los bastimentos y municiones q. le han sobrado y demás cosas q. traen de respecto haré se tenga la guardia y custodia Q. V. [Vuestra] Md. [Majestad] me manda sin consentir haya en ellas ningún fraude [...]"[376].

Como el Navío de Aviso que se había enviado a la Nueva España, con objeto de que el General Garibay recibiera el pliego firmado por Felipe III –en el que se le mandaba que trajera a la Isla, en la Flota a su cargo, dos mil quintales de bizcocho para aprovisionar los galeones que debían llegar a La Habana al mando de Luis de Córdova– no llegó a tiempo a su destino, el gobernador Valdés comunicó el 23 de junio al Soberano que había encargado despachar un "... navío de los de mayor porte q. [que] hubiere en este Puerto bien artillado y marinado y con alguna infantería pa[377] que vaya ayudar a traerlos porque me dicen hay en San Joan[378] de Ulúa falta de embarcaon. [embarcación] en que poderlo enviar con seguridad y paq. [para que] se traigan con tpo. [tiempo] y este acá cuando llegue Don Luis de Córdova [...]"[379].

Visto en la Corte el contenido de la extensa carta escrita el 23 de junio por Pedro de Valdés al Rey –la primera que había remitido desde su llegada a la Isla– se ordenó por el Monarca comunicarle que había: "... hecho bien en avisar de esto y q. [que] a todo acuda con el cuidado q. se espera de su persona, y vaya acusando de todo particularmte. [particularmente] y q. las fuerzas estén en defensa [...]"[380].

A pesar de las primitivas condiciones de salubridad[381] y urbanización en que se encontraba La Habana, muchos de sus habitantes usaban trajes de lino francés, seda y terciopelo, cadenas y anillos de oro, espadas y dagas, algunas guarnecidas de piedras preciosas. En los inventarios de bienes de los principales vecinos de la época, se relacionan con frecuencia, además de los buenos vestidos, esclavos, coches tirados por mulas y muebles finos, pinturas de origen flamenco, etcétera.

Las ocupaciones principales de los vecinos de La Habana, ciudad que disfrutaba a la llegada del gobernador Valdés de una intensa vida comercial –gracias, por supuesto, al contrabando–, eran: la cría de ganado mayor y menor, las cortes de madera, la agricultura, la incipiente industria azucarera y la construcción de navíos de variados portes. Otra de las maneras de vivir que tenían los habaneros eran: el disfrute de los cargos públicos, a los cuales se iba a hacer dinero; tal cosa, en el fondo, no podía causar gran extrañeza ni censura en la Corte, ya que la Metrópoli vendía los cargos de las Indias al mejor postor.

> Precisamente, la necesidad de continuar las obras de la Cárcel, comenzadas por Maldonado, movió a Valdés a proponer se vendiesen dos regimientos, para aplicar su producto a aquel fin. Y así se hizo, adjudicándose, por 1000 ducados, cada regimiento, a los que resultaron los mejores postores: Diego de Sotolongo y Diego de Castillo Velázquez. El Consejo Municipal[382] solicitó licencia para el nombramiento de capellán, maestro de escuela, abogado y médico, que percibirían paga. Para el tercero de estos cargos fue nombrado, con 100 ducados anuales, el licenciado Montejo, que no fue, aunque él así se consideraba, el primer abogado que había habido en La Habana, pues anteriormente existieron otros, y entre ellos, el más famoso, el doctor Cáceres. La plaza de médico nadie quiso aceptarla en España por lo reducido del sueldo, y tuvieron los habaneros que conformarse con que continuara prestando los servicios el practicante Julio César, del que eran poco devotos los vecinos. Más tarde, por disposición de la Corona, se le per-

mitió obtener el título con solo examinarse ante los médicos con título de las flotas que tocaban en el puerto, costumbre practicada después reiteradamente.

A fin de cubrir los gastos de estos nuevos cargos, la Ciudad pidió y obtuvo de la Corona que continuara la sisa, impuesto que existía desde hacía medio siglo para recaudar fondos con destino a las obras de la Zanja [Real] [...][383].

De carácter recto y reservado, Pedro de Valdés fue siempre muy celoso de las preeminencias de su cargo, motivo por el cual no se ganó nunca las simpatías de los criollos o gente de la tierra, a quienes consideraba confianzudos pues no sabían tratar con sus superiores. La animadversión fue mutua pues, decidido a poner fin al contrabando –que había adquirido ribetes de escándalo durante el gobierno de Juan Maldonado Barnuevo–, Valdés se ganó muy pronto la enemistad de los naturales de la Isla.

Como no podía, al igual que sus antecesores en el cargo, armar corsarios[384], el nuevo Gobernador tuvo que recurrir más de una vez a equipar guardacostas por cuenta del erario público. En las primeras semanas de su gobierno, Valdés decidió tripular con tropas de la guarnición habanera una fragata y una galizabra, las que envió al mando de su hijo Fernando contra los corsarios que merodeaban en las proximidades de la capital cubana. Fernando de Valdés, quien fue herido en el encuentro, halló en esta primera incursión por las aguas de la Isla a dos buques holandeses, a los que presentó combate cerca del Canal de Bahamas y obligó a regresar a Europa.

No conforme con ello, el Gobernador estableció un pequeño núcleo de fuerzas navales armadas, llamadas armadillas, que tenían el objeto de perseguir a los corsarios y piratas; estas fueron costeadas por los comerciantes de La Habana y equipadas con vecinos y aventureros de paso por la Isla.

El contrabando alcanzó en esta época proporciones dignas de alarma, lo cual se debía fundamentalmente a la situación geográfica de Cuba. Dicha ubicación les permitía a sus pobladores ser los únicos distribuidores en una vasta región que se extendía desde Cartagena de las Indias hasta el Golfo de México, en donde los contrabandistas extranjeros, dado el régimen de vientos y corrientes existentes en la zona, no se atrevían a internarse por temor a ser capturados.

Los rescatadores cubanos trocaban, en el continente americano, sus mercaderías por los productos del país, los cuales alcanzaban mejor precio en La Habana –terminal americana de las flotas– que en su lugar de origen y obtenían así una nueva ganancia. Esto cuando se embarcaban para España, pues venderlos a extranjeros debió de haberles reportado una mayor utilidad.

Las distintas operaciones que podían realizarse en Cuba eran el mayor estímulo para los rescatadores, pues el aliciente principal del contrabando no fue nunca la ganancia excesiva, sino la facilidad que proporcionaba para tener en constante actividad los capitales empleados. Por tal motivo, la Isla fue, en este período, el punto central del tráfico clandestino en el Caribe Occidental: un verdadero paraíso de contrabandistas. Ocupó esta privilegiada posición hasta bien entrado el siglo XVII, cuando se produce la conquista de Curazao por los holandeses y la de Jamaica por los ingleses.

Manzanillo[385] fue el centro del tráfico europeo con Cuba, ya que en este sitio radicaba el núcleo principal del comercio de rescate debido a su ubicación estratégica al fondo del golfo de Guacanayabo, desde donde los buques contrabandistas podían escapar, en caso de peligro, a través de los numerosos pasos o canales que presenta la cayería de esa región. Este sitio de la geografía cubana tenía, además, la ventaja adicional de que, en sus proximidades, desembocaban numerosos ríos que facilitaban el acarreo de las mercancías. Todo ello convertía a Manzanillo en el centro del comercio de vastas extensiones de las antiguas provincias de Camagüey y Oriente.

Este factor geográfico dio lugar a que se convirtiera "... en un emporio que rivalizó con La Habana por el volumen de su tráfico. Quizás esto explica las virulentas denuncias de las autoridades habaneras, marginadas de aquel negocio [...]".[386] Baste solo decir que, en esta misma época, residía en Manzanillo un hombre muy rico llamado Pompilio Genovés, quien despachó en 1602, él solo, ocho navíos cargados de variadas mercancías.

La villa de Bayamo, por su parte, debido a la riqueza de sus producciones y al intenso comercio clandestino que practicaba a través de Manzanillo, no iba a la zaga de La Habana. Mientras tanto, durante el transcurso del Gobierno de Valdés, Santiago de Cuba iría incrementando la comercialización de palo de china, ébano, brasil y fustete, así como la venta de azúcar, cueros, tintes extraídos de la madera, raíces medicinales, pieles y carnes. Esto llegó a tal punto que sus autoridades obtuvieron de la Corona el permiso necesario para que cada año viajara una nave directamente entre esa Ciudad y la de Sevilla, como parte de la Flota de la Nueva España, con objeto de establecer una comunicación regular entre ambos puertos.

A esta concesión real se opuso siempre el gobernador Pedro de Valdés, el cual consideraba que era innecesaria porque:

> ... para llegar al puerto [de Santiago de Cuba] después q. [que] de la Flota se parta tiene notable riesgo de enemigos como porque de lo que puede traer hay sobra siempre en Sanctiº [Santiago] de Cuba y en el Bayamo y demás puertos circunvecinos y lo tienen de rescate a mucho menores precios q. del dho [dicho] navío lo pueden comprar mayormente q. en la mina[387] solo es necesario cañamazo para vestir los esclavos y esto se compra aquí y envía lo que es menester porq. [porque] lo que es comida en la mina hay toda la necesaria como arriba queda dho [dicho] por lo cual y porq. [porque] cuando llegase el dho navío en salvamento allí para venirse a juntar con las flotas aquí había de correr los mismos riesgos de enemigos q. siempre andan en esta [...][388]

El puerto de La Habana a principios del siglo XVII

El permiso real relacionado con la embarcación que debía hacer la travesía Santiago de Cuba-Sevilla y viceversa se convirtió en un monopolio centrado en las manos del comerciante Manuel del Río, quien manipuló el privilegio concedido por el Monarca y se enriqueció con mucha rapidez, hecho este que causó el disgusto de la población santiaguera. El navío, que respondía a los fines especulativos que perseguía Del Río, alteraba con frecuencia su itinerario y aumentaba por consiguiente el precio de las mercancías que transportaba. El comerciante, por su parte, se beneficiaba con frecuencia al adquirir, a muy bajos precios, los productos que la región exportaba.

Además del contrabando, el gobernador Valdés tuvo que enfrentar, desde su arribo a la Isla, otro grave problema: España se encontraba en guerra con Inglaterra y con Holanda, que combatía por su independencia. Ambas naciones —como no podían enfrentarse a la Corona española en una conflagración naval regular, pues no habían desarrollado todavía una marina lo suficientemente fuerte para ello– habían recurrido a la guerra de corso, motivo por el cual las aguas cubanas eran visitadas con frecuencia por buques corsarios que acechaban a las embarcaciones que, cargadas de azúcar, cueros y otros productos cotizados en Europa, navegaban cerca de las costas.

El 1.º de agosto de 1602, se dispuso, por Real Orden despachada en Valladolid, que el hermano Cristóbal Muñoz, de la Congregación hospitalaria de San Juan de Dios, volviera a la Nueva España y que llevara consigo a dieciséis miembros profesos. Cuatro de ellos se destinaron a La Habana, cuatro a Cartagena de las Indias, cuatro a la Nueva España y cuatro a Portobelo, con objeto de que sirvieran en los hospitales de estos territorios.

Como consecuencia de esta disposición, llegaron a La Habana, procedentes de Cádiz, el Hermano Mayor Diego de la Fuente acompañado de Andrés Alcaraz, Gonzalo González y Andrés de la Paz. El 27 de septiembre se acordó que se les entregase el hospital nombrado de *San Felipe el Real* o *de San Felipe y Santiago*, como también se le conoció, con todos sus bienes, cuentas, rentas y deudas. Dicha institución se llamó desde entonces Hospital de *San Juan de Dios*, debido a la orden religiosa que lo atendía.

El 29 de septiembre, atento a las informaciones que sobre este particular le había remitido el gobernador Valdés, el Rey dictó una Real Cédula pidiendo información de primera mano sobre lo gastado del dinero enviado a La Habana con los situados, para beneficiar las minas de cobre de Santiago del Prado y mantener funcionando la Fábrica y Fundición de Artillería de La Habana.

En la villa de Santa María del Puerto Príncipe, se construyó en 1602 la Iglesia y Hospital de San Juan de Dios[389]. En este mismo año, el pirata Tomás Baskerville y su escuadra irrumpieron en la bahía de Jagua.

Entre septiembre y diciembre, Pedro de Valdés se esforzó en repartir, con la ayuda de los oficiales reales, el tan esperado préstamo real de cuarenta mil ducados, pagaderos en ocho años y destinados al fomento de la industria azucarera[390] en la Isla. Los vecinos de La Habana beneficiados fueron:

§ **Hernán Rodríguez Tavares e Inés Nizarda,** su mujer. Por ser vecinos principales, se le dieron 2000 ducados. Dieron por fiadores a Pedro de Artes y a Bartolomé de la Nuez, 1000 ducados cada uno y mancomunados en toda la cantidad. Hipotecaron el ingenio trapiche de su propiedad, tres calderas con la casa, sitios, nueve esclavos y una esclava.

§ **Antonio de Matos de Gama e Inés Salazar**, su mujer. Por ser también vecinos principales, se le dieron 2500 ducados. Proporcionaron como fiador a Francisco López de Piedra e hipotecaron un ingenio con tres calderas y tres resfriaderas, además del cobre menudo del ingenio de su propiedad, tres bestias mulares, nueve negros y dos negras esclavas. Con posterioridad, el ingenio pasó a ser propiedad de su garante.

§ **Antonio Calvo de la Puerta y Beatriz Pérez**, su mujer. Se les prestaron 2500 ducados, y ellos dieron por fiador a Juan Bautista de Borroto con la hipoteca de su ingenio *Santiago,* con sus caballos, calderas, pailas y otros objetos de su propiedad, así como diez esclavos y una esclava.

§ **Juan Maldonado, el Mozo,** hijo del ex Gobernador de la Isla de igual nombre. Se le prestaron 4000 ducados. Ofreció como fiador al capitán Pedro de Carvajal y por hipoteca los siguientes bienes: el ingenio *San Diego,* ubicado a orillas del río habanero La Chorrera, con tres calderas grandes y todo el cobre menudo perteneciente a este; veintitrés esclavos, tres esclavas, una sierra de agua[391] con todos los pertrechos correspondientes y treinta yuntas de bueyes con dos esclavos.

§ **Melchor de Casas.** Recibió 2500 ducados. Dio como fiador a Francisco López de Piedra con las hipotecas siguientes: el ingenio nombrado *Los Tres Reyes* con sus cañaverales, dos trapiches, una prensa, tres calderas grandes, cuatro chicas y lo demás perteneciente a este; ocho mulas, doce caballos, trece esclavos y una esclava, así como las casas donde vivía. Con posterioridad, desmanteló el ingenio.

§ **Ginés de Orta y Catalina Díaz,** su mujer. Se les dieron 2500 ducados y ofrecieron como fiador a Antonio Fernández Farías. Hipotecaron el ingenio nombrado *Nuestra Señora del Rosario* con sus tierras, tres calderas grandes, tres tachos chicos y los demás cobres menudos pertenecientes este, dieciocho esclavos y cuatro esclavas. Al fallecer Ginés de Orta, el ingenio pasó a ser propiedad de Catalina Díaz, su mujer, y de su nuevo marido, de apellido Paredes.

§ **Pedro Suárez de Gamboa**[392] **y Catalina de Rojas,** su mujer. Se les facilitaron 3000 ducados, y ellos dieron como fiador a Diego Velázquez del Castillo. Hipotecaron un trapiche que estaba situado en el actual territorio de la provincia de Matanzas con cuatro calderas, una resfriadera y otros cobres menores de este; casas, asiento del sitio, seis mulas del servicio del trapiche, cuatro corrales de ganado menor ubicados junto a él, un hato de vacas cercado con sus mulas, bueyes y yeguas, así como las casas de su morada y veinte esclavos. A la muerte de Suárez, el trapiche pasó a ser propiedad de Hernán Rodríguez Pereira.

§ **Hernando de Espinar y Elvira Maldonado,** su mujer. Se les otorgaron 500 ducados. Proveyeron como su fiador a Sebastián Salgado e hipotecaron el trapiche nombrado *San Antonio* con su torno, tierras, cañaverales y lo demás que le pertenecía, así como cinco calderas, ocho esclavos y cuatro esclavas. A la muerte de Hernando de Espinar, el trapiche pasó a ser propiedad de su viuda.

§ **Lucas de Rojas.** Se le dieron 500 ducados, y él nombró por fiador a Gaspar de Rojas. Hipotecó el trapiche *Santa Cruz* con sus tierras y tres pailas, tachos y cobres menudos, dos esclavos y caballos, así como las casas en que residía. Con posterioridad, vendió el ingenio a Enrique Méndez.

§ **Silvestre Morta e Isabel Maestra,** su mujer. Se les prestaron 600 ducados. Dieron por fiador a Francisco Gutiérrez Navarrete, quien era Maestro Mayor de navíos. Hipotecaron el trapiche llamado *San Miguel*, dos calderas grandes, dos tachos, una resfriadera y cobres menudos, así como todo su sitio, tierras y lo demás anexo a este, cinco negros y una negra, y las casas de su morada. Al expirar el plazo concedido para pagar el préstamo, Silvestre Morta ya había fallecido.

§ **Sebastián Fernández Pacheco y Ana Zavala,** su mujer. Se les facilitaron 2500 ducados. Fue su fiador Julio Díaz Aldeano. Hipotecaron el ingenio nombrado *San Sebastián*, ubicado en un paño de tierra fértil en las cercanías del salto de agua del río San Juan y a solo una legua de la bahía de Matanzas, cuatro calderas y todos los implementos del ingenio, diecinueve esclavos y tres pares de casas. Además, una bodega y cinco viviendas ubicadas en la ciudad de La Habana. A la muerte de Sebastián Fernández Pacheco, adquirió la propiedad del ingenio su mujer.

§ **Pedro de Oñate y María Marín,** su mujer. Recibieron 2500 ducados. Dieron por fiador a Cristóbal de Soto e hipotecaron el trapiche nombrado *La Candelaria*, una enfriadera y todo el cobre menudo y las espumaderas que le pertenecían, herramientas, un sitio, caballos y una casa, ocho esclavos, tres esclavas y las viviendas en que residían.

§ **Baltasar de Rojas e Isabel del Valle,** su mujer, Se les entregaron 1000 ducados. Nombraron por fiador a Juan de Rojas e hipotecaron el ingenio de su propiedad nombrado *San Juan*, tres calderas de cobre, un tacho, herramientas, caballos, un sitio, casas y cinco esclavos. Al ocurrir la muerte de Baltasar de Rojas, el ingenio pasó a ser de la propiedad de Pedro Salazar.

§ **Benito Rodríguez y Catalina Céspedes,** su mujer. Se les prestaron 2500 ducados. Dieron por fiador a Luis de Céspedes. Hipotecaron el trapiche nombrado *San Miguel* con sus tierras y tres pailas grandes, un fondo de batir, una resfriadera y los demás cobres pertenecientes a él, seis esclavos, una esclava y las casas en que vivían.

§ **Antonio de Rivera.** Se le facilitaron 4400 ducados. Fue el mayor beneficiario de esta operación. Actuaron como sus fiadores Juan de la Torre, Jorge Manrique, Gonzalo de Vaca, Juan Recio y Diego de Reina. Hipotecó el ingenio nombrado *Nuestra Señora del Rosario* de su propiedad con su término y dos prensas, cuatro casas de tejas y diez bohíos, tres calderas de cobre, tres tachos, un perol, siete espumaderas con todo lo necesario –lo cual pesaba 110 arrobas de cobre–, una carreta, seis yuntas de bueyes, dieciséis caballos y seis mulas, 1500 formas, doce esclavos y cuatro esclavas.

§ **Hernán Manrique de Rojas y Catalina Mejía,** su mujer. Se les prestaron 3500 ducados. Dieron como fiadores a Gonzalo Mejía y María Pacheco, su mujer. Hipotecaron el trapiche nombrado *Santa Cruz* con sus tierras y cañaverales, dos calderas grandes y una mediana, y los demás cobres menudos pertenecientes a él, los caballos del servicio del referido ingenio, doce esclavos, dos esclavas, la mitad de los hatos que poseían en Isla de Pinos, las casas en que vivían y los hatos que tenían en compañía de Mariana Manrique, su hija. Al fallecer Hernán Manrique, el trapiche pasó a ser propiedad de Juan Pérez de Oporto, con cargo de pagar el préstamo.

§ **Diego Ochoa de la Vega y Ana de Arciniega,** su mujer. Recibieron 3000 ducados. Dieron por fiadores a Cristóbal de Soto, Alonso Carrión, Antonio de Molina, Juan Mordazo, Francisco López de Piedra, Pablo de Pedrosa y Antón Martín de Valdespeñas. Hipotecaron el ingenio nombrado *Santa María de la Palma* con sus tierras, cinco estancias y herramientas pertenecientes a él, tres calderas grandes, tres tachos de batir con sus resfriaderas, espumaderas, batideras, mil formas, dieciséis caballos destinados a la molienda, veinte esclavos y ocho esclavas.

Todos los beneficiarios del préstamo y sus fiadores se comprometieron a pagar su deuda el 17 de septiembre de 1610, según se hizo constar en las escrituras correspondientes, las cuales fueron archivadas[393] en la Real Caja de la Contaduría habanera de Su Majestad.

Inmerso en los trajines y obligaciones inherentes a su cargo, el gobernador Valdés sacó tiempo para escribir al Rey una extensa carta. En ella, entre otros aspectos de interés referidos a los primeros meses de su Gobierno, dio cuenta de todo lo relacionado con el Juicio de Residencia que se le había acabado de tomar, como era costumbre, a Juan Maldonado Barnuevo, su antecesor.

El resultado de este proceso no pudo ser enviado al Monarca con la carta de Valdés, porque su Teniente General Lic. Melchor Suárez de Poago había:

… embarcado [...] el despacho de la dha [dicha] residencia [...] Harase con la prima. [primera] q. [que] hubiere y dentro de 18 dds. [días] saldrá mi Thinte. [Teniente] Gral. [General] a visitar y tomar la Residencia de la tierra para que vaya todo de una vez habrá mucho en que entender en esta de la tierra porque son grandes los desórdenes q. ha habido y hay en materia de rescates q. están tan introducidos en los naturales como si realmente lo fuesen los navíos de enemigos q. cada día vienen a estas partes y dame notable pena no los poder castigar ni tener con que echarlos de esta Isla y si V. [Vuestra] Md. [Majestad] no es servido mandar q. esto se remedie es ponerlo todo en condición de perderse por los abusos y traiciones q. hay en los naturales de la tierra y lo mal que se han guardado y cumplido las órdenes q. están dadas para que no se puedan venir a estas partes portugueses ni extranjeros de otras naciones de q. a título de marineros están llenos cuantos navíos y bajeles hay en la Carrera[394] y todos vienen a parar en avecindarse en los puertos de esta y otras islas y con este título tienen la mano abierta para tratar y contratar con los enemigos libremente y les dan avisos y tienen espías en todas partes de suerte q. no se puede nada resolver sin q. lo sepan y así entre ellos está la riqueza y substancia de toda la Hacienda y caudal q. por estas partes se tiene a causa de los dhos [dichos] rescates y es necesario alguna orden gral. [general] de V. Md. para remediar estos daños y castigar estos excesos antes que vengan a hacerse irreparables [...][395].

La ocasión fue propicia para que Pedro de Valdés diera cuenta al Soberano de haber recibido, en el mes de octubre, un Aviso de la Real Audiencia de Santo Domingo en el que le informaba que residían en La Habana personas capaces de entregar la Ciudad a los enemigos de la Corona. Al respecto, Valdés confesó al Monarca que creía, sin dudarlo, en la veracidad de esta información:

… pues nunca faltan en esta Isla navíos de enemigos al rescate porque cuando aquí llegué estaba una nao francesa con

> un patache y cuatro lanchas rescatando en la banda del sur q. [que] cargó de trece a catorce mil cueros y ahora han venido a invernar en aquella parte otras dos naos grandes francesas la una de porte de 400 toneladas y la otra de 200 y de la banda del norte están otros tres o cuatro navíos menores haciendo lo mismo como si estuviesen en sus casas sin que yo sea parte a poderlo remediar por no tener de V. [Vuestra] Md. [Majestad] orden para ello ni haber aquí ningún navío de guerra con que poderlos echar de la costa y así esta tierra por conquistar y los enemigos residen en ella como si estuviesen en sus casas y la causa de esto nace de que más de las dos tercias partes de los que residen en esta Isla son de diferentes naciones y la mayor de ellas portugueses q. se cartean en Francia Flandes y Inglaterra con los q. rescatan por acá con harta más facilidad q. si hubiesen de escribir a esos reinos y será imposible remediar este daño no habiendo dos galeones de guerra en este puerto de 150 hasta 200 toneladas cada uno y dos patraches de hasta 50 q. con la gente de guerra q. aquí hay se podrán sustentar a poca costa como antes q. saliese de esos reinos di cuenta a V. Md. y conq. [conque] se saquen de la Isla la mayor parte de los Vecinos de ella por no ser naturales vasallos de V. Md. y habitar sin licencia y mayormente los portugueses q. son los más hacendados y q. causan mayor daño y así mismo son los que navegan en los navíos de por acá por cuyo respecto se entregan con más facilidad a los enemigos cuando los topan – [...][396].

Esta afirmación podía ser corroborada, en opinión del Gobernador, a través de un suceso acaecido en el mes de agosto de 1602. El navío en que se traía de Santiago de Cuba el cobre necesario para la Fábrica y Fundición de Artillería había salido, con ese fin, del puerto de La Habana. Sin embargo, el día 27 naufragó:

> ... en el puerto q. [que] llaman de las Cavanas[397] nuevas y habiéndose escapado los q. en el iban hicieron humadas en la

Sierra por no ser platicos³⁹⁸ de la costa a la cual acudieron dos hombres naturales de la tierra q. tenían un patache escondido con más de 10 500 cueros q. llevaban a un navío de rescate q. estaba en el puerto de Guanaibes q. es en la isla de Sto. [Santo] Domingo y porq. [porque] se lo quitaron los q. iban en dho [dicho] navío del cobre fueron a dar noticia a cuatro navíos de cosarios q. estaban cerca de allí y dentro de una hora sobrevinieron los dhos [dichos] cuatro navíos en q. venía por cabo un Don Rodrigo de Córdova³⁹⁹ y dieron sobre los del dho [dicho] navío del cobre los cuales les dieron dos o tres cargas tan bien dadas q. rindieron dos lanchas de los enemigos y después de esto llegó la nao del dho Don Rodrigo y con la artillería cargó sobre ellos y 13 q. eran los nros. [nuestros] mató los 8 y quedaron 5 muy mal heridos y así llevaron el navío y cueros y los heridos q. recogieron al Bayamo de donde se me dio noticia de este suceso y no sé si se habrán muerto de aquí se puede inferir el amor q. tienen a los rescates los de la tierra y lo que conviene poner remedio a estos daños [...]⁴⁰⁰.

Este suceso "... es el **único caso que conocemos de relaciones entre corsarios**⁴⁰¹ **y contrabandistas**⁴⁰², personajes que, con frecuencia, han sido confundidos [...]"⁴⁰³, a pesar de que ambas actividades eran excluyentes.

En el mes de agosto, aparecieron, a barlovento de La Habana, una fragata y un pequeño patache⁴⁰⁴ de doce toneladas, las cuales capturaron una embarcación cargada de cueros y de carne destinada al aprovisionamiento de los galeones de la Flota. De inmediato, el gobernador Valdés –quien tuvo aviso de lo sucedido a través de un navío que también siguieron, pero que logró escapar– armó y despachó en su persecución, en cuatro horas, tres embarcaciones de las que estaban surtas en el puerto de La Habana, las cuales capturaron al patache en la mañana del día siguiente. La fragata, de cien toneladas de porte "... por ser gran navío de vela [...]"⁴⁰⁵, logró huir por el Canal de Bahamas.

En el patache capturado se hallaron solo cuatro ingleses; dos murieron en la acción y otros dos fueron hechos prisioneros, según informó el Gobernador a Felipe III en una extensa carta[406]. Interrogados los prisioneros, confesaron que hacía seis meses que habían salido de Inglaterra en compañía de una nao de la Armada de doscientas toneladas; que se habían encaminado rumbo a Brasil y que:

> ... llegando a aquella costa se perdió la nao con un temporal y pereció toda la gente y q. [que] ellos se habían salvado en dho [dicho] patajuelo con otras diez personas y vinieron la vuelta de Tierra Firme y q. en la costa de Caracas habían tomado aquella fragata hallándola surta en un puerto con solo un hombre dentro y q. habiéndola medio cargado de tabaco se vinieron por aquí para ir a Inglaterra y la falta de comida y bebida los había obligado a entretenerse en esta costa para bastecerse[407] de lo necesario la fragata desembocó para hacer su viaje con diez hombres q. en ella se metieron de los catorce q. escaparon [...][408].

A finales del mes de agosto, llegó a La Habana una nave que había viajado a la Isla en compañía de la Flota de la Nueva España y que se había separado de ella en el cabo de San Antonio. Poco después, el 1.º de septiembre, entró en el puerto de La Habana el General Luis de Córdova con toda su Armada y algunos navíos de particulares. De inmediato se separó, según contó el Gobernador al Rey:

> ... la gente de mar y guerra lo mejor q. [que] se ha podido porque la sacó de Puerto Velo[409] muy enferma y aquí le he hecho proveer todos los bastimentos de tierra q. ha habido menester a muy moderados precios - sin dar lugar - a que con su llegada se acrecienten como antes se hacía he tenido con él toda la buena correspondencia q. se ha podido así por

habérmelo V. [Vuestra] Md. [Majestad] mandado como porque Don Luis por su parte lo ha merecido acudiendo a las cosas de servicio de V. Md. con mucha puntualidad y cuidado como tan honrado Caballero sin que en todo el tpo. [tiempo] q. aquí se ha detenido haya habido pesadumbre entre la gente de su Armada y la de este Presidio antes toda buena conformidad y amistad cosa que jamás se ha visto hasta ahora – [...]⁴¹⁰.

Valdés aprovechó para dar cuenta al Monarca del fallecimiento, ocurrido en La Habana, del Almirante Martín Henoja, hecho que de seguro ya sabía el Soberano:

... mas en particular por relación del dho [dicho] Don Luis y como no se hubiera prevenido enviar a los almirantes Erdayre y Esquíveles fuera la falta de su persona tan grande q. no se pudiera aviar Don Luis pa. [para] irse con esta brevedad estaré con mucho cuidado hasta saberse bien suceso de su viaje [...] lleva el Galeón St. [San] Mateo en q. yo vine con todo lo que traía como V. Md. me mandó antes de hacerme a la vela excepto cuatro piezas de artillería q. de él saqué de ocho que traía sobradas y q. nos servirían en la prima. [primera] andana por estar las portas muy al alumbre del agua y haberse de calafetear para ese viaje y de ellas aquí precisa necesidad para la defensa de este puerto q. no tiene con mucha parte la artillería q. ha menester hasta q. poco a poco se baya fundiendo he puesto las dhas [dichas] cuatro piezas en la plataforma q. voy haciendo pegada al foso de la Fortaleza Vieja para la defensa de la entrada del puerto q. voy haciendo conforme se me ha ordenado la cual plataforma va designada en la planta q. envío con esta y es de tanta consideración como la misma Fuerza para una necesidad [...] – [...]⁴¹¹.

Valdés informó a Felipe III del estado en que se hallaba el castillo del Morro, el cual estaba muy necesitado de:

... una muralla por la parte q. [que] mira la mar a la entrada del puerto q. no se había hecho ninguna dejando la fortificación con solo los peñascos por donde se descubría toda la plaza de la dha [dicha] fuerza y la hice cerrar y terraplenar después q. vine y en todo lo demás de aquella fábrica se va trabajando con la prisa posible aunque por causa de lo mucho q. se debía de jornales y materiales nadie quería ir a trabajar y me ha sido forzoso tomar de la plata de V. [Vuestra] Md. [Majestad] q. dejó aquí Garibay 56 110 ducados q. montaron lo q. se debía de lo atrasado hasta fin del mes de agosto […] y como con esta cantidad se suplirá todo el débito hasta fin del dho [dicho] mes de agosto se trabaja ahora con mucho cuidado y puntualidad […][412].

Ataque pirata a un navío español

Para concluir las obras del Morro, se necesitaban con urgencia los doscientos esclavos que el Rey había mandado proveer con este fin. El Gobernador se quejaba, además, de que los veinte mil ducados de situado anual que se le habían dado eran insuficientes para terminar las obras de fortificación de La Habana debido, sobre todo, a que: "… los jornales y trabajos personales de esta tierra y los materiales de ella son carísimos y consumen doblada cantidad y aun no habrá tanto según la prisa q. [que] yo voy dando y gente q. para ello se mete en las obras y con todo eso me parece q. se va dilatando mucho el acabarse […] –"[413].

Debido a las insuficiencias de las fortalezas habaneras, reinaba la certeza, entre los enemigos de España, de que se podría tomar sin dificultad la Ciudad y su puerto con solo proponérselo, sin recibir notable daño ni hallar una resistencia lo suficientemente fuerte que se lo impidiera. Así lo hizo saber Valdés al Rey en una de sus misivas y le explicó, además, que:

> … facilitan la dificultad q. [que] por aquí hallan con parecerles q. tienen lugar para echar gente y desembarcar en tierra por las bocas de los ríos Cojímar y La Chorrera q. están muy cerca de esta Ciudad y desembarcando por allí pueden meter gente en ella y en el estado en que ahora están las cosas no hierran en este designio porque por ninguna parte tiene detrimento de enemigos esta Ciudad sino es por los dhos [dichos] dos ríos y para impedirles estos pasos he determinado hacer una torrecilla fuerte a la boca de cada uno de los dhos [dichos] ríos en que puedan estar tres soldados de guardia con dos piezas de campaña conforme V. [Vuestra] Md. [Majestad] lo había mandado hacer a Don Juan Maldonado para que con el aviso que dieren cuando se ofrezca necesidad se acuda con la gente necesaria a impedir q. no se pueda echar lancha ni gente por las dhas [dichas] partes con que se asegura el daño q. por allí se puede recibir y las dhas torres se recomenzarán a la punta del verano q. viene y entretanto se tienen allí centinelas de ordinario para lo q. se puede ofrecer – […][414].

La Corona había entregado a Pedro de Valdés, poco antes de partir hacia Cuba, una planta del Castillo del Morro realizada por Juan Bautista Antonelli y por Tiburcio Espanoqui. No obstante, en opinión del Gobernador, lo que en ella estaba indicado que se hiciera era muy diferente a lo que convenía ejecutar en la fortaleza, tanto por el estado en que esta se hallaba como "... no haber para ello la disposición q. se pensaba y habiéndolo visto y considerado esto muy particularmente con los ingenieros [...]"[415] que se hallaban en ese momento en La Habana; se levantó un nuevo plano, que envió Valdés al Monarca el 25 de septiembre de 1602.

Por esta época, se había desmantelado un gran pedazo de la fortaleza de La Punta con la aprobación del Ingeniero y Maestro Mayor de las obras de fortificación que se ejecutaban en La Habana, quien había resuelto:

> ... dejar en pie tres baluartes de cuatro q. [que] estaban hechos q. el otro se ha desmantelado con un cuarto de casa y una cocina y reducidose la plaza de buena proporción y conviene q. quede porq. [porque] descubre y defiende el camino q. va a La Chorrera por la ribera de la mar y el otro juega su artillería a la dha [dicha] mar y a la entrada del puerto y el tercero mira a la entrada del puerto y baña todo el canal hasta llegar a la plataforma de la fortaleza Vieja[416] con quien se corresponde y lo que se va derrocando queda todo fuera de la dha fuerza y se ciñe el lienzo de la muralla con la esquina de una casa q. estaba hecha dentro y así queda la plaza cerrada y en defensa suficientemente [...] toda esta plaza serán menester de ordinario así quta. [cuarenta] soldados con dos cabos de escuadra por lo mucho q. hay q. guardar en ella y un Cabo de mucha confianza q. esté a cargo de la dha fuerza y de ellos el cual criare[417] otro día q. salga de aquí Antonio de Guzmán Armenteros q. con Título de V. [Vuestra] Md. [Majestad] ha sido Alcaide de la dha fuerza al cual no le he despedido ni alzado el pleito

homenaje q. de ella tenía hecha por no tener orden de V. Md. para ello y por ser el sussodho [susodicho] hombre muy benemérito de cualquier mrd. [merced] q. se le haga y habiendo servido aquí con tanta diligencia y cuidado pareciera a mal q. sin culpa suya se hiciera con él esta demostración hasta dar a V. Md. cuenta de ello a quien el dho [dicho] Antoo. [Antonio] de Guzmán ocurrirá a significar el daño q. se sirve de quitarle lo q. tenía sin darle en equivalencia de ello otra cosa pues a su perssa. [persona] no hay demérito antes todo lo que se puede obligar a q. se le haga mrd. yo la recibiré muy particular en que V. Md. se sirva de mandarle con él se tome breve y buena resolución porq. [porque] es pobre y deja aquí su casa sin tener Hazda. [Hacienda] con q. poder sustentarse más que solos 400 dos. [ducados] de su plaza [...] –[418].

Confrontaba Valdés en esta época serias dificultades para pagar a las guarniciones destacadas en la plaza de La Habana, pues:

> ... todo el situado de la gente de guerra de este Presidio [...] para la última paga q. se ha hecho lo enviaron los oficiales reales de México en plata sin venir en ello en real la causa de esto fue según me he informado la mucha saca de moneda q. [que] se hizo el año pasado para la China aquí no se pudo acomodar la paga sin trocar la dha [dicha] plata a reales lo que se hizo de los que tenían los maestros y como después se tomaron los 56 110 dos. [ducados] [...] pa[419] lo de las fábricas tampoco hubo dinero para tanta cantidad y entregaron más de 40 000 dos. en plata con que tampoco se podrá acomodar la paga de lo que se debe de las fábricas para facilitar esto pedí a Don Luis de Córdova me los trocase a reales y solamente me ha dado 10 000 dos. q. no ha podido más por decir lleva poco dinero y así se pasará mucho trabajo en acomodar estas pagas y para adelante excusar estos inconvenientes he escrito al Virrey de Nueva España q. no dé lugar a que se traiga plata

aquí porque no se puede tener salida de ella sino con muy grandes daños de los q. la reciben Md. [...]⁴²⁰.

El Gobernador informó a Felipe III que:

> ... la quta. [cuenta] que se me cometió del situado de este Presidio no se ha comenzado aunque de lo que se averiguó en la Residencia⁴²¹ resultó haber fraudes q. [que] prometen muchos daños habrá que hacer mucho en esta cuenta porque ha muchos años q. no se toma y no se podrá acabar dentro de los doscientos y cinquta. [cincuenta] dds. [días] q. para ello se han dado ni Francisco de Angulo persona nombrada por V. [vuestra] Md. [Majestad] [...] ha aceptado el salario q. para ello se le ha dado q. no es más de 850 mrs. [maravedíes] por los qles. [cuales] no se hallará aquí un escribiente ningún día según valen las cosas en esta Ciudad comenzar se ha sin embargo la quta. y se proseguirá sin alzar la mano de ella todo el tpo. [tiempo] q. fuere necesario fuera del que para ello se da hasta acabarla pero V. Md. será servido mandarme avisar lo q. se ha de hacer en cuanto al salario del dho [dicho] Angulo porque es persona q. tiene inteligencia y merece por ella y lo q. [que] a V. Md. ha servido q. se le haga con demostración mrd. [merced] q. da al presente sirviendo la plaza de Contador de la Real Hacienda de V. Md. en esta Ciudad entretanto q. llega la perssa. [persona] en quien se ha proveído con tan buena satisfacción [...] –⁴²².

Asimismo Valdés informó al Soberano que:

> ... entre mi Teniente Gral. [General] y los oficiales reales hay una diferencia en razón de la visita de los navíos q. entran en este puerto la cual V. [Vuestra] Md. [Majestad] ha de ser servido mandar de terminar de suerte q. los dueños de los dhos [dichos] navíos no reciban de ello molestia y para excusársela fueron de acuerdo de visitar todos juntos hasta dar quta. [cuenta] a V. Md.

suppco. [suplico] a V. Md. lo mande ver y dar la orden q. en esto se ha de tener y q. se declare si han de visitar juntos los unos y los otros y particularizar lo q. a cada uno le toca y habiéndome informado de lo que se hizo en cuanto a esto en el tpo. [tiempo] de Don Juan de Maldonado el dho [dicho] Don Juan dice q. a los principios de su oficio comenzó a visitar su Thenite. [Teniente] y después se lo impidió porq. [porque] trataba más en las dhas [dichas] visitas de su interés q. de lo que tocaba al servio. [servicio] de V. Md. [...]⁴²³.

El 24 de septiembre, por Real Cédula, Felipe III hizo merced al maestro fray Juan de las Cabezas Altamirano, Obispo de Cuba, de lo que hubiese valido la mitad de los dividendos del Obispado de la Isla en el tiempo que este estuvo vacante. Cinco días después, el 29, se le otorgó en Valladolid al nuevo Prelado, por Real Provisión⁴²⁴, las ejecutoriales del Obispado e Iglesia de Cuba. Ese mismo día se nombró también en Valladolid, por Real Provisión⁴²⁵, como Receptor de Cámara de la ciudad de La Habana, a Juan Pérez de Borroto.

En los primeros días de diciembre, por orden del gobernador Valdés, se fundieron en la Fábrica y Fundición de Artillería de La Habana cinco piezas: tres medio culebrinas de 46 quintales y dos pedreros de más de 30, que eran el tipo más a propósito para cubrir las necesidades de las fortalezas habaneras. Todas las piezas salieron, en opinión del propio Valdés "... muy acertadas porque el cobre era acendrado de las sobras de otras fundiciones q. [que] antes se habían hecho [...]"⁴²⁶.

El 21 de diciembre se hizo otra fundición de cinco piezas de artillería del mismo calibre y peso, pero:

> ... por ser el cobre de cuatrocientos y sesenta quintales q. [que] [...] se trajeron de las minas y no haberse fundido más de una vez y venir cerca de la cuarta parte del peso de tierra y escoria se puso en derretirlo mucho más tpo. [tiempo] de

lo ordinario y por esto y la fuerza de la lumbre se traspasó y desmoronó la boca del horno por donde había de vaciar el metal de suerte q. como se hizo tan ancha se derramó todo de golpe y no salió más que una pieza perfecta y de estos daños además de los que ha habido habrá otros muchos adelante si no es q. para evitarlos V. [vuestra] Md. [Majestad] mande q. antes que el cobre se traiga de la mina se le hagan dos fundiciones para que se adulza[427] y se purifiq. [purifique] porque de esta manera saldrán todas las que se hicieren de artillería acertadas y también conviene q. estas cosas corran por mano de quien las entienda mejor q. los que aquí las tienen a cargo y que haya más cuenta y razón q. hasta ahora en la Hacienda de V. Md. y se excusen muchos sueldos y gastos q. hay demasiados y sin ningún género de provecho [...] –[428].

Continuaba al frente de las minas de cobre de Santiago del Prado el Capitán Francisco Sánchez de Moya, a quien Pedro de Valdés calificaba –por las referencias que de él le habían dado, ya que aún no lo conocía personalmente– de "... cuidadoso y muy honrado [...]"[429]. Sin embargo, desaprobaba su ausencia de la Fábrica y Fundición de Artillería de La Habana, institución creada por orden de Su Majestad, a quien el Gobernador comunicó que Sánchez de Moya:

> ... asistiendo en la mina puede mal acudir a lo que es menester aquí adonde hay trescientas leguas de distancia y aunque veo los daños q. [que] la Hacienda de V. [vuestra] Md. [Majestad] padece en poder de los que aquí tienen a cargo la Fundición no he querido tratar de tomar cuenta a los oficiales reales de ella por no traer orden expresa de V. Md. para ello será menester tomársela según el mucho dinero q. ha entrado en su poder y lo poco q. ha lucido en lo que hasta ahora se ha hecho y afirmo a V. Md. q. se sigue en muchos daños de q. estas cosas no estén subordinadas a los gobernadores y q. la quta. [cuenta] es tan necesaria como la provisión de ellos porque con la dilación del tpo.

[tiempo] se entierran todos cuantos daños y fraudes se cometen y los que los hacen se ausentan o mueven de suerte q. no hay después a quién poder pedirlos V. Md. mande proveer en esto remedio porque es muy necesario q. le haya y q. sea a tpo. q. aproveche antes que saliese de esa corte me dijeron que se había dado aviso a V. Md. quedaban en la mina fundidos cerca de 100 quiles. [quintales] de cobre y con lo q. [...] se habría sacado creía pasarían de más de 1500 los q. hubiese y para enviar los 400 q. tengo dho en un barco destroncado q. compraron en el Bayamo para que los trajese fue menester aguardar q. se acabasen dos fundiciones q. conforme a ese mal expediente y al poco metal q. hay estará mucho tpo. manbazio el fundidor de aquí por no tener q. hacer por falta de metal que cuando le haya yo les daré prisa de suerte que no se pierda hora de tiempo y así para esto de las minas como para las obras y fábricas de las fortificaciones de aquí es necesario q. V. Md. mande se traigan los esclavos porque sin ellos se puede mal acudir a lo mucho q. hay q. hacer mayormente no habiendo para el gasto de estas fábricas más q. 20 mil dos. [ducados] cada año pasando de 36 mil los que se gastaron el pasado y la mayor parte de ellos los llevaron jornales de esclavos q. se alquilan por no estar acá los que V. Md. ha mandado traer por lo cual están las obras muy poco lucidas y las fuerzas sin defensa [...] –[430].

El 22 de diciembre, llegó al puerto de La Habana "... a deshora [...]"[431] un barco de aviso procedente de Cartagena de las Indias. Pedro de Valdés redactó una extensa carta –no tan larga como hubiera querido, por la prisa que llevaba la embarcación que la conduciría a España– dirigida a Felipe III. En la misiva, el Gobernador relató a Su Majestad todo cuanto consideraba de importancia que había ocurrido desde la partida de la Flota al mando de Luis de Córdova.

Valdés informó al Rey que en los últimos meses se había continuado: "... la fábrica de la plataforma q. [que] comencé a hacer pegada a la fortaleza Vieja[432] conforme a la orden q. para ello se me dio la cual va tan adelante q. se acabará en todo el mes de heno.

[enero] que viene y será obra de tanta importancia q. ninguna hay en este puerto de más tiene capacidad para poder plantarse en ella diez piezas de artillería las seis que miren a la entrada del puerto y las otras cuatro al surgidero y toda la ensenada [...]"[433].

También dio cuenta al Monarca de que, en el castillo del Morro, en donde se habían colocado en 1602 las baterías de cañones nombradas *Los Doce Apóstoles* y *La Divina Pastora*[434], se iban haciendo las bóvedas del Cuerpo de Guardia y las dos piezas colaterales de los lados. Además, se iba removiendo:

> ... un padrastro de peña viva q. [que] está en la dha [dicha] fortaleza y el desembarcadero de ella y se proseguirá hasta arrasarle con lo cual no quedará alrededor de la dha fuerza cosa que le pueda ofender de ese padrastro se va sacando mucha piedra de q. se previenen materiales para en pasando los nortes hacer otra plataforma q. está designada pegada a la fuerza q. mira a la boca del puerto y entrada del canal la cual ha de ser de mucha importancia para la defensa del –
> El padrastro del Cayaguayo hago allanar por estar tan alto q. se sojuzga de allí toda esta Ciudad va en buen estado esta obra y sacase del muy buena cantería para sillería y mampostería de q. se va haciendo la plataforma de la fortaleza Vieja[435] y sacando piedra para tres hornos de cal q. son necesarios para las obras de esta Ciudad [...][436].

El Gobernador significó que, como era notorio, la conservación y el aumento de la ciudad de La Habana dependían:

> ... del agua q. [que] le viene de La Chorrera cuya Zanja se ha de encañar desde dentro del monte hasta esta Ciudad que es una buena distancia para que venga cubierta limpia y segura y lo demás restante de la dha [dicha] zanja hice limpiar y ahondar hasta la presa que será distancia de dos leguas y media por no se haber hecho[437] desde q. se abrió y así mismo la hago desmontar diez y seis pies de un lado y otro para que la bañe el sol y se saquen mucha cantidad de raysones[438] y yerbas venenosas q. se

criaban en ella por cuyo respecto venía la agua dañada y mal acondicionada y procedían de ello muchas enfermedades -
Así mismo es necesario aderezar la presa y compuerta por donde entra la dha [dicha] agua a la Zanja por estar rompidas[439] y muy desbaratadas harase en cesando las aguas y porque cuando hay crecientes entra en ella un salitral se procurará impedir y desaguar una ciénaga de más de una legua en torno q. así mismo entra en la dha Zanja cuando hay abenidas[440] y agotándola servirá de pasto para los ganados de la carnicería por no haberle tan a propósito cinco leguas en contorno y es causa de q. en la dha carnicería se pese de ordinario muy mala carne y también se va comenzando a hacer matadero q. no le ha habido jamás en esta Ciudad por lo cual estaba introducido en ella matar todos en sus casas y vender a los precios q. les parecía y como esta mala costumbre va cesando llevan muy mal q. se ponga estanco en ella por serles de tanto provecho pero sin embargo se pondrá en ejecución lo uno y lo otro – [...][441].

El resultado del Juicio de Residencia del ex gobernador de la Isla, Juan Maldonado Barnuevo, no se remitió tampoco al Rey en el barco de aviso que llevó a España la carta de Valdés del 22 de diciembre, aunque se esperaba que fuese enviado con la Flota de Nueva España. El Gobernador aseguró al Soberano que las cuentas del referido proceso se iban tomando:

> ... como V. [Vuestra] Md. [Majestad] me lo mandó por Cédula particular y porque en ella solamente se me dio comisión para lo tocante al presidio y del situado q. [que] para él se ha traído de Nueva España en tpo. [tiempo] de don Jua. [Juan] Maldonado hubo siempre sobras las cuales el dho [dicho] Don Juan dijo que habrá consumido en las fábricas de las fuerzas en que también gastó los derechos del almojarifazgo por estar interpolado lo uno con lo otro para sacar a luz cuanto se pagó de cada cosa y los efectos para que sirvió las sobras del situado del Presidio ha sido forzoso tornar a rever de nuevo todas las cuentas del tpo. del dho Don Juan en que

hay mucho en que entender y no será posible acabarlo en los doscientos y cincuenta dss. [ducados] que pa. [para] ello se dieron a Franco. [Francisco] de Angulo por cuyas manos pasa lo susodho [susodicho] por la intervención q. V. Md. le dio en estas cuentas y si se han de hacer como conviene es necesario mucho más tpo. el cual será V. Md. servido mandar prorrogar considerando lo mucho q. importa saber en qué y cómo se ha gastado tanta suma de Hazida. [Hacienda] como estas fábricas se ha consumido y pues lo de la Florida es un rasguño conforme a la máquina de aquí y allí ha tanto tpo. q. asiste el Contador Pº. [Pedro] de Redondo y no acaba con lo que tiene entre manos razón es q. conforme al término que se ha dado para lo q. se ha hecho allí se prorrogue y dé el que es menester para lo que se ha de hacer aquí pues hay en ello tanto que ver y averiguar // y q. así mismo al dho Angulo pues se ocupa en ello sin alzar la mano mande V. Md. q. se le dé salario competente porque no lo es los 850 mrs. [maravedíes] q. se le señalaron ni él le ha querido aceptar y lo que trabaja es a mi instancia porque conozco en él q. tiene la rectitud e inteligencia q. para esto es menester y ha tomado los puertos para averiguación de fraudes si los ha habido de tal suerte q. los que han de dar las cuentas se han comenzado a resentir pareciéndoles q. se quiere tener con ellos diferente estilo del q. hasta aquí se ha usado y han tratado de enemigo al dho Angulo a fin de que como tal no entendiese en sus cuentas pero como quiera q. en ellas ha de haber clara averiguación de los fraudes que se dice q. ha habido lo mejor es q. el Contador no sea compadre y en las Indias no se quejan de los que admiten malos medios sino de los que no los reciben [...][442].

Se estaban tomando también por estos días, en La Habana, las cuentas del Tenedor de Bastimentos que había nombrado Juan de Tejada durante su gobierno, las cuales no se habían hecho nunca. Estas comprobaciones, como las anteriores, no solo dejaban al descubierto fraudes y descontroles sino que eran, al decir del Gobernador:

> ... harto embarazo para lo que hay q. [que] hacer las cuales por mi nombramiento toma el dho [dicho] Francisco de Angulo – Y así mismo están de por fenecer las cuentas de las galeras en que se entendieron Don Joan Maldonado y Pº [Pedro] de Arana por espacio de cinco años y no está hecho en ellas la mitad por lo cual y el mucho daño q. en materia de cuentas hace la nación y q. con ella se dificulta tanto las averiguaciones de la verdad y la cobranza de lo q. se debe a la Real Hazda. [Hacienda] de V. [Vuestra] Md. [Majestad] [...]⁴⁴³.

Pedro de Valdés informó al Monarca que se hallaba enfrascado en la reparación de las casas ocupadas desde antaño por el Cabildo de La Habana y por el Gobernador de la Isla, las cuales se habían resentido y deteriorado mucho a finales de 1601:

> ... por cuatro o cinco partes por ser de terrado y trasvinarse con las muchas aguas y habiéndolas visto el Ayuntamiento y los alarifes de la Ciudad con acuerdo de todos se han comenzado a reparar porque no se cayesen lo cual todo se hace por qta. [cuenta] de la sisa como V. [vuestra] Md. [Majestad] lo tiene mandado y porque son muchas y muy forzosas las obras q. [que] están pendientes y que para acabarlas es menester mucha suma de dineros pues esta Ciudad no tiene propios de q. valerse sino es la dha [dicha] sisa de que V. Md. le tiene hecha mrd. [merced] y atento q. se va acabando el tpo. [tiempo] porque estaba concedida conviene V. Md. se sirva de mandarle prorrogar pues sobre ello se hará por cuenta de esta Ciudad diligencia en el Consejo [...]⁴⁴⁴.

En la extensa carta que Valdés remitió a Felipe III, no podían faltar las alusiones al comercio de rescate y al intenso contrabando que se realizaba de un extremo a otro de la Isla. Sobre este particular, profundamente contrariado, hizo saber al Monarca: "... la desvergüenza con que muchos vecinos [...]"⁴⁴⁵ de las principales poblaciones de Cuba admitían a los enemigos de la Corona:

> ... y contratan con ellos q. es con la publicidad y sosiego que si fueran amigos o vasallos de V. [vuestra] Md. [Majestad] lo cual me tiene tan indignado q. para poderlo castigar con la demostración q. el delito requiere me quisiera hallar muy poderoso de Hacienda y gente conviene mucho al servicio de V. Md. remediar esto [...] he enviado a hacer algunas prisiones secretas de los hombres más granados y q. con mayores veces traban en estos rescates de los cuales no se libran frailes ni clérigos antes estos son los que más metidos andan en ellos y por cuyas manos pasan tantos corretajes particularmente de personas q. negocian de secreto he tenido aviso q. está ya preso el Alcalde Ordinario de la villa de la Trinidad q. se llama Vicente Gómez y es portugués de nación y rescatador de fama el cual haré traer a esta Ciudad para castigarle y a mi Thenite. [Teniente] General envío a la averiguación y castigo de los demás [...][446].

Como el Obispo fray Juan de las Cabezas Altamirano no mostraba interés alguno en viajar a Cuba, a pesar de la necesidad imperiosa que tenía la Isla de contar con su presencia, Valdés informó al Rey que:

> ... La rotura y disolución con que viven los sacerdotes y religiosos es tan grande q. [que] que no se puede encarecer y para mitigar la desorden de esta gente he comenzado a entresacar parte de ella embarcando cuatro religiosos franciscos[447] y un agustino en los galeones del cargo de Don Luis de Córdova por haber muchos años q. habían venido a esta Ciudad y estándose en ella sin ser de esta provincia y vivir escandalosamente habiendo llegado aquí sin venir por conventuales sino de paso para esos reinos con lo cual el Convento está ahora muy reformado y le ocupan religiosos ejemplares mas si el Perlado[448] se detiene mucho me obligará a usar de otra reformación semejante con el Convento de su orden q. hay aquí [...] –[449].

El Gobernador aprovechó los días finales de este año para realizar una visita a las fuerzas habaneras, con objeto de inspeccionar los abastecimientos, armas y herramientas que había dejado almacenados en ellas su antecesor. Durante la inspección, según relató al Monarca, halló:

> … mucha cantidad de bizcocho haba y garbanzo y armas y herramientas perdido y de ningún servicio por haber estado enlonjados desde que vino por General Don Bernardino de Avellaneda y sin beneficiarse por lo cual habiendo precedido de ello los autos y diligencias necesarias le mandé echar en la mar el bizcocho y legumbres perdidas y q. las armas se convirtiesen en las obras para tablazón y otras menudencias de que enviaré a V. [Vuestra] Md. [Majestad] testimonio en la primera Flota con que también irá […] los autos de los dos navíos de presa q. tomé en el camino qudo. [cuando] vine […][450].

Aprovechando las cercanías de las Pascuas –época del año en que los vecinos y habitantes de La Habana acostumbraban a reunirse bajo su amparo– el Gobernador, necesitado de saber cuántos extranjeros se hallaban viviendo en la Ciudad, y cómo y de qué vivían, decidió, "… por ser dificultoso hacerlo en otro tpo. [tiempo] a causa de vivir [los vecinos y habitantes] derramados por las estancias y montes de esta Ciudad todo el año […]"[451], hacer "… visita y alarde general por mi persona […] por estar entonces recogidos aquí todos […]"[452].

Mientras Valdés realizaba el censo, Santiago de Cuba y, muy en especial, su Catedral, volvían a padecer las consecuencias de un ataque pirata[453]. Los hechos ocurrieron:

> … el día de Pascua de Espíritu Santo […] con sesenta hombres que echó en tierra un inglés con gente francesa y holandesa se apoderó del pueblo y saqueó lo que pudo y en particular como herejes robaron la Iglesia Catedral los cálices y patenas y ornamentos y cruces que hallaron y rom-

pieron y hicieron pedazos la pila de bautismo y arrostraron los santos de los altares y a una imagen de Ntra. [Nuestra] Señora le cortaron un brazo y dieron una cuchillada por el rostro e hicieron otros grandes insultos como herejes [...]⁴⁵⁴.

Al finalizar 1602, el Gobernador había concluido el reparto de los cuarenta mil ducados que el Rey había prestado a los propietarios de ingenios azucareros para fomentarlos. La distribución se hizo, según Valdés, "... conforme a orden que para ello yo traje y están obligados y afianzados con hipotecas de bastantes bienes para la paga la relación del repartimiento y de los principales fiadores irá [el resultado, como en efecto fue] con la residencia⁴⁵⁵ [...]"⁴⁵⁶ del ex gobernador Maldonado.

En medio del apogeo del comercio de rescate las mujeres iban a comprar a los barcos extranjeros como si fueran al mercado

IV

Atento siempre a todo lo relacionado con la defensa de La Habana y de la isla de Cuba en general, Pedro de Valdés pasó revista el 1.º de enero de 1603, tal como había prometido al Rey, a las fuerzas disponibles. Como resultado de esta acción, logró reunir –entre vecinos, transeúntes y la guarnición de la Ciudad– cerca de un millar de hombres prestos a tomar las armas si los enemigos de España se decidían a atacar a La Habana.

Las preocupaciones de Valdés en torno a la defensa de esa Ciudad no eran infundadas, pues los rescatadores locales y foráneos seguían campeando por su respeto en las costas de la Isla. Prueba de ello es la noticia que dio al Monarca a inicios de este año, relacionada con un barco francés de 150 toneladas y una tripulación de sesenta hombres, el cual se hallaba, desde finales de 1602, en las cercanías de la villa de Trinidad "… tratando y rescatando públicamente con la gente de la tierra […]"[457].

El 5 de enero, reunido el Cabildo de La Habana, se tomó –a propuesta del Regidor Juan Recio– una importante decisión: poner nombre a las calles de la Ciudad, para que los miembros de ese órgano de Gobierno y los vecinos entendiesen en dónde se construirían las nuevas edificaciones. La petición del Regidor Recio tendría muy pronto cumplida respuesta. Sin embargo, no fue ningún Bando, Ordenanza u otra Disposición gubernamental la que fijó en aquellos días los nombres de las calles habaneras. Fue, como casi siempre ocurre, el pueblo, con su mezcla de folclore y poesía, quien se ocupó del asunto.

En esta misma sesión, el Cabildo recibió una denuncia sobre una infracción cometida por un vecino de la Ciudad, la cual estaba relacionada con el cuidado del ornato y la higiene de las calles. Estas acusaciones aparecen con frecuencia en las actas capitulares de la época y son fiel reflejo del estado de insalubridad en que se hallaban La Habana y el resto de las poblaciones de la Isla.

Mientras en las sesiones del Cabildo habanero se discutían estos y otros asuntos de importancia, se veía en la Corte el contenido de la carta enviada por el gobernador Valdés al Rey el 22 de diciembre de 1602. Sobre la falta que hacía un Prelado en la Isla y la tardanza en llegar del recién nombrado Obispo de Cuba fray Juan de las Cabezas Altamirano a esta, el Rey respondió: "... el Perlado[458] irá con brevedad y a el Govenor. [Gobernador] le encarga q. [que] le ayude para la reformación [que] en esto se pudiere [...]"[459].

En cuanto a las indisciplinas e insubordinaciones cometidas por el capitán Juan Villaverde y el contador Cristóbal de Ruiz Castro, los cuales habían venido a Cuba con Pedro de Valdés para ocupar los cargos para los que fueron nombrados por disposición real, se ordenó al Gobernador de la Isla que avisara: "... en particular de los caps. [capítulos] en que excediere y usara mal su offo. [oficio] el Capitán Villaverde y envíe información de ello y entretanto tenga toda buena correspondencia con él [...]"[460].

Unas semanas después, el 21 de marzo, se confeccionaron dos expedientes[461] para confirmar en los oficios de regidores de la villa de Santa María del Puerto del Príncipe a Juan Rodríguez de Cifuentes y a Gregorio de la Torre. Este mismo día, gracias a los apremios del Monarca, se conformó en la Casa de Contratación de Sevilla el Expediente de Información y Licencia de Pasajero a las Indias[462] del nuevo Obispo de Cuba.

El 6 de abril se trataron en un Cabildo abierto, efectuado en las inmediaciones de la Parroquial Mayor de La Habana, diversos aspectos relacionados con la creación de un Convento de monjas. Durante la Junta, el Gobernador planteó la preocupación de muchas familias con hijas casaderas, sin pretendientes de valía y con riesgo de perder la honra y buena reputación, todo lo cual se evitaría –expresó– si se construyera el proyectado Monasterio[463], en donde las jóvenes entrarían a servir a Dios. La idea fue aprobada con entusiasmo por los presentes y se acordó se nombrase al provisor Luis de Salas, al alcalde Hernán Manrique de Rojas y a otros vecinos con el fin de que solicitasen al Rey la licencia correspondiente.

Comenzó así el largo y tortuoso camino de lo que sería el convento habanero de Santa Clara de Asís; marcado desde sus inicios por la falta de fondos, de voluntad, de Licencia Real, de confianza por parte de Felipe III y sus sucesores en los promotores de la idea, de un sitio ideal para su construcción y de un acuerdo definitivo sobre cuál debía ser la dote de las novicias para entrar en el Monasterio. Todo esto hizo que la construcción del edificio demorara treinta años en iniciarse.

El 14 de abril se conformó un Expediente[464] para ratificar como Alférez Real de la villa de Santa María del Puerto del Príncipe a Juan de Miranda Herrera. Poco antes, el 11 de abril, en el Cabildo celebrado este día por las autoridades habaneras, Juan González de la Torre y Sanz[465], Aparejador de la fortaleza del Morro y Maestre Mayor de las fortificaciones de la plaza de La Habana, presentó un testimonio expedido por la Real Audiencia de Medina del Campo, a través de la cual acreditó pertenecer a familia de Casa y Solar conocido, devengar quinientos sueldos áureos y ser de notoria hidalguía.

En el propio mes de abril, con vistas a zanjar las diferencias existentes entre Pedro de Valdés y los oficiales reales de La Habana, se dictó una Real Cédula en la que se hizo constar que a estos últimos se les debía permitir visitar libremente los buques que entraran en el puerto.

El 9 de junio, consciente del valor que tenía la sal para conservar las carnes en las largas travesías entre España y América, Felipe III emitió en Lerma una Real Cédula[466] en la que ordenó al gobernador Valdés que informara sobre las salinas existentes en Cuba e indicara si eran o no propiedad de la Corona. Además, se le ordenó que, mientras no se tomara otra decisión al respecto, proveyera todo lo concerniente al beneficio que la renta de las salinas reportaba a la Metrópoli.

Unos días después, el 23 de junio, se conformó en la Casa de Contratación de Sevilla el Expediente de Información y Licencia de Pasajero a las Indias[467] para el traslado a La Habana del contador Juan de Eguiluz, de Paula de Gastelo, su mujer, y de Francisca Cenolí, su suegra. Eguiluz había sido nombrado el 6 de marzo de 1602 en Valladolid, por Real Provisión[468], como Contador de la Real Hacienda de Cuba en sustitución de Pedro de Arana, sobre el que pesaban, como ya sabemos, contundentes inculpaciones.

El 15 de julio se emitió en Valladolid una Real Cédula[469] en la que se ordenaba al Gobernador y a los oficiales reales de la isla de Cuba, al igual que a los de otras regiones de América y el Caribe, que visitaran y registraran los navíos procedentes de Islas Canarias que llegaran a sus puertos.

El gobernador Valdés informó al Monarca en una misiva que envió con la Flota de Nueva España –a cargo del general Alonso de Chávez, que partió de La Habana el 19 de julio– que en la Fábrica y Fundición de Artillería de La Habana se habían fundido en este período: 4 culebrinas, 4 medias culebrinas, 5 pedreros y 1 falconete. También, que las casas y solares que se adquirieron en 1588 para establecer la Fábrica y Fundición habían costado a la Corona 73 906 reales.

Respondiendo a lo que le había sido ordenado por Felipe III por Real Cédula del 29 de septiembre de 1602, Pedro de Valdés informó al Monarca que en ese momento trabajaban en la Fábrica y Fundición de Artillería de La Habana:

> ... siete personas q. son Franco. [Francisco] Sánchez de Moya – el Tesorero y Contador - Juº [Juan] Gonz. [González] de León Sobrestante Mayor – y el fundidor y un carpintero pa. [para] hacer cureñas y un sobrestante ordinario todos los cuales hasta ahora han sido necesarios pero de aquí adelante se podrían excusar <u>los dhos [dichos] Tesorero y Contador y lo q. ellos hacen</u> se debe remitir a los oficiales reales de esta Ciudad añadiéndoles cada cien ducados de salario sobre el que tienen q. es muy tenue y no se pueden sustentar con él y con esto se excusarán 19 360 rs. [reales] q. llevan cada año los dhos oficiales de la Fundición sin tener casi q. hacer [...] a mí me parece necesaria la reformación de estas dos personas no las he hecho por tener de V. Md. títulos de sus oficios y ser justo q. como en las cuentas q. han de dar del tpo. [tiempo] q. los han usado no resulte contra ellos culpa q. se lo impida [...][470].

Al dar respuesta el Gobernador de lo expresado en uno de los capítulos de la citada Real Cédula, a través del cual ordenaba que se fundiesen solamente en la Fábrica y Fundición de Artillería de La Habana diez piezas del alcance que fuera necesario y que el resto del mineral de cobre extraído en el Real de Minas de Santiago del Prado se enviase a España, Valdés le expresó:

> ... por ahora no veo traza de poder enviarse ninguno porq. [porque] según las relaciones de Franco. [Francisco] Sánchez de Moya no hay al presste. [presente] más que 68 personas trabajando en las minas y estas no sacan lo que es menester para las fundiciones q. [que] se hacen aquí mayormte. [mayormente] q. hasta que se acaben de poblar estas fuerzas de la artillería q. es necesaria para ellas tengo por de

> inconveniente q. V. [vuestra] Md. [majestad] mande llevar cobre ninguno a esos reinos porq. según la capacidad de la fuerza del Morro y una plataforma q. de nuevo se va hazido. [haciendo] en ella a la boca del puerto y otra plataforma q. he hecho en la Fuerza Vieja correspondiente a la misma boca del puerto para poblar de toda la artillería q. estas plataformas y la dha [dicha] fuerza del Morro han menester son necesarias 40 piezas más de las que tienen de las cuales no conviene q. se funda ninguna de alcaze. [alcance] porq. de esas tienen las necesarias todas las fuerzas sino medias culebrinas y pedreros q. es artillería más manual y conveniente aquí y las medias culebrinas q. por mi orden se han fundido son de más alcance q. las reforzadas las cuales dhas 40 piezas se puede fundir dentro de año y m° [medio] porq. salen cinco en cada fundición y para después se podrá poner en ejecución la lleva del cobre q. V. Md. manda habiendo esclavos q. trabajen en la mina [...][471].

Valdés hizo saber también a la Corona, en 1603, la urgencia con que la Fuerza Vieja debía ser reparada a fin de que pudiera defender la entrada del puerto y sobre todo refugiar en su interior de la población habanera en caso que ocurriera un ataque enemigo. Junto a la Fuerza Vieja se encontraba por entonces el Mercado, y su Plaza estaba considerada el centro de la ciudad de La Habana.

El Gobernador recordó al Monarca que:

> ... los esclavos q. [que] el arrendador de las licencias de los q. vienen a estas Indias es obligado a traer aquí hacen notable falta así para estas fábricas[472] como para lo del cobre conviene q. V. [Vuestra] Md. [Majestad] mande apremiarle a q. cumpla con el asiento en cuanto a esto el cual dho [dicho] asiento no se ha enviado a esta Ciudad ni para cosas q. se ofrezca hay luz ni claridad de lo que se debe hacer y ha resultado de ello no haberse castigado un gran exceso q. cometió el Cappn. [Capitán] Berdo. [Bernardo] de Mata vez°

[vecino] de Sevilla el mes de hebrero[473] pasado de este año y fue q. al dho Cappn. Berdo. de Mata se le entregaron en Guinea 173 piezas de esclavos para traerlos aquí para la Fundición en satisfacción de los 200 q. [que] para ella y el benefiº [beneficio] de las minas habían de venir y habiendo llegado con ellos en Cartagena [de Indias] y hecho allí registro para traerlos tomó los 85 mejores y fuese con ellos sin saberse para dónde y envió aquí un hombre con los 88 restantes dando a entender q. los demás se habían muerto [...] por los recibidos se entendió luego el fraude [...][474].

Para contrarrestar esta fraudulenta operación, Valdés despachó de inmediato, según explicó al Soberano:

... requisarías para Honduras Campeche y Nueva España y cinco días después q. [que] llegó en St. [San] Juan de Ulúa le prendieron en virtud de la una de ellas y se le embargó la nao y esclavos q. llevaba debiéndose traer todo aquí conforme a la dha [dicha] requisaría no se hizo antes parece q. el factor de Juº [Juan] Rodríguez Cotino y él se concertaron en cierta forma de manera que ni vino esclavo de los 85 ni se sabe en q. paró mas de que él queda libre esto ha sido muy en deservº [deservicio] de V. [vuestra] Md. [Majestad] y no es razón q. los factores de dho [dicho] Juº [Juan] Rodríguez Cotino tengan mano para hacer conciertos ni disponer de la Hazda. [Hacienda] q. viene disputada para cosas tan precisas como esta donde hacen tan notable falta los dhos esclavos de los 88 q. aquí llegaron se recibieron 82 porque los demás eran inútiles y todos el desecho de los que venían por haber escogido los mejores el dho Berdo. de Mata y habiendo reparado curado y vestido aquí los que llegaron se enviaron a Sanctiº [Santiago] de Cuba y fueron en conserva de ellos los 20 soldados q. V. Md. manda [...] para tener seguro el puerto de las minas y el metal q. se sacare los cuales creo no serán necesarios para esto por estar las dhas minas en parte donde el enemigo no puede llegar como más particu-

> larmente lo escribirá a V. Md. Franco. [Francisco] Sánchez de Moya a quien en todo remito por ser persona de mucha satisfacción[475] como lo he arriba dho y así entre mí y él habrá la conformidad y buena correspondencia q. V. Md. [...] porque con quien sirve a V. Md. con el cuidado y satisfacción[476] q. él no puedo yo discordar en nada – [...][477].

El Gobernador hizo saber también al Soberano que:

> ... de cuatro años a esta parte[478] han venido a la Isla en particular a la costa sur de ella más de catorce urcas sin los patajes y lanchas que traen, así francesas como flamencas y holandesas y de otras naciones extrañas y enemigas de a más de trescientas toneladas de porte cargadas todas de diferentes géneros de mercaderías así de sedas como lencería vinos y negros lo cual todo han trocado y rescatado con la gente de la tierra a frutos de ella en particular a mucha suma de cueros y palos de ébano y esto con tanta libertad y desenvoltura y publicidad como si fuera trato muy lícito y permitido el hacerlo no atendiendo a la gravedad y atrocidad del delito la gente de la tierra ni a las reales cédulas libradas con rigurosas penas por V. [Vuestra] Mag. [Majestad] contra los tales delincuentes sin atender a los graves y notorios daños que de esto se han seguido y siguen a V. Mag. que son los siguientes = lo primero que estas urcas han sacado a diez y a doce mil cueros cada una y dejado y descargado en la tierra en pago y rescate de ellos todas sus mercaderías sin que de lo uno ni lo otro se le dé ni pague a V. Mag. cosa alguna [...][479].

Según Pedro de Valdés uno de los peligros más notables, derivados del comercio de rescate, estaba relacionado con los rescatadores protestantes, quienes procuraban introducir en la Isla "... sus dañadas setas[480] y herejías y asentarlas y entablarlas en los tales y para mejor lo hacen traen ciertos librillos a manera de horas traducidos en español y estos los dan por regalos y en ellos con figura y paliación de santidad entrometen con disimulo sus herejías [...]"[481].

El Gobernador refirió, además, que en La Habana "... había muchos deudos y parientes de cantidad de penitenciados en México y otras partes por el Santo Oficio con quien han y tienen particular y continua correspondencia [...] dejan de oír misa todo el año y pasarse muchos sin confesar [...]"[482]. Estas y otras referencias similares contenidas en los documentos de la época demuestran que Pedro de Valdés conocía muy bien la indiferencia en cuestiones de fe de muchas de las personas que poblaban la Isla (sobre todo de los extranjeros) y su facilidad para cambiar de casaca de acuerdo con sus intereses. El Gobernador mencionó también "...la grande diferencia de naciones que hay en esta ciudad [La Habana] e Isla [...]"[483] de Cuba.

De una de las misivas de Valdés (fechada el 18 julio), se infiere que por esos días, el teniente gobernador Lic. Melchor Suárez de Poago procedió a dictar sentencia contra Pedro de Arana, Contador de la Real Hacienda de la Isla, antes de enviarlo preso a España en seguimiento de su apelación, con un embargo de dos mil pesos, los cuales debía a la Real Cámara.

El 20 de julio, Marcos de Valera Arceo, Tesorero de la Fábrica y Fundición de Artillería de La Habana, y el Contador Francisco de Redondo Villegas escribieron una comunicación[484] al Monarca, en la cual le explicaron que el gobernador Valdés había sido del parecer que:

> ... para la defensa y fortificación de este puerto se hiciesen medias culebrinas de hasta 42 qs. [quintales] y pedreros de 28 por haber otras piezas grandes y seis de alcance y más necesarias y manuales para jugarlas[485] [...] y porque son menester más de cuarenta piezas de este porte para que estas fuerzas tengan la arttia. [artillería] que conviene y parando

la Fábrica en esta ciudad en el ínter. que V. [Vuestra] Magd. [Majestad] envía a mandar si se ha de proseguir o la orden que se ha de tener en entregar las casas y otras cosas que hay en ellas y a quién sería de mucha costa / holgando los oficiales sin provecho y así es de opinión y todos lo somos de ir entendiendo en algo y caminando con las dichas fundiciones pues en ello se gana tiempo y se hace el servicio de V. Magd. que es a lo que todos atendemos y porque hemos avisado de la importancia que sería no desamparar estas casas hornos y otros adherentes por muchas razones y que el riesgo de traer el metal de las minas aquí para el que podrían tener de llevarlo de allí a otra parte es ninguno supuesto que de aquí adelante ha de haber gran cantidad y con los veinte soldados que V. Magd. manda haya en Santo. [Santiago] de Cuba y otros que vayan para ese remuden en buenos navíos se trae a menos costa y más seguro y de camino se ojea la costa y limpia de ladrones que es otro servicio de por sí en que va a decir muchos derechos que se pierden de los navíos que con mercaderías toman los ingleses cada día. Suplicamos a V. Magd. lo mande consultar reservando a los gobernadores porque como no está a su orden la Fábrica sienten mucho tener la presa [...]⁴⁸⁶.

Valera Arceo y Redondo Villegas informaron al Rey que los oficiales reales de México enviaban a Cuba cada año el situado destinado a La Habana: "... en planchas de plata y aquí no hay comodidad de trocarla a reales sin gran pérdida suplicamos a V. [Vuestra] Magd. [Majestad] sea servido de mandar que guarden la orden que de antes tenían en enviarlo en reales porque de ello resulta mucho daño a la Hazda. [Hacienda] de V. Magd. [...]"⁴⁸⁷.

Visto en la Corte el contenido de esta carta, se ordenó que se revisara por la Junta de Guerra lo que en ella se decía. Asimismo se ordenó que se escribiese al Virrey y a los oficiales reales de México y se les ordenase que enviasen en reales (y no en planchas de plata, como lo venían haciendo hasta entonces) el dinero destinado al Presidio de La Habana, a sus fortificaciones y a la Fábrica y Fundición de Artillería.

El 26 de agosto, al amanecer, apareció a la vista del puerto de La Habana el general Luis de Córdova con toda la Armada a su cargo, trayendo en su compañía a la Flota de Tierra Firme. Un mal tiempo hizo que solo pudieran entrar en la rada habanera la nave Capitana [un Galeón] y otra embarcación de la Flota. Al resto de los barcos, según escribió el Gobernador al Soberano:

> … el tpo. [tiempo] contrario y las corrientes los sotaventeó hasta q. [que] les forzó a ir a entrar en el puerto de Matanzas veinte leguas de aquí adonde les envié luego pilotos prácticos de la tierra para que les enseñasen la entrada del porque el dho [dicho] tpo. y corrientes no los obligase a desembocar y allí se entretuvieron quince dss. [días] y se les envió en barcas cantidad de bastimentos por venir con mucha falta hasta q. al cabo el tpo. se mejoró para volver a entrar aquí y con la mayor diligencia y cuidado q. se pudo se han aprestado para poder hacer viaje en dando el tiempo lugar yo por mi parte he hecho todo mi último esfuerzo en proveerlos de los materiales y todos los bastimentos q. han habido menester para el viaje aunque los enemigos en diferentes barcos habían tomado más de 2 500 arrobas de carne q. estaban mandadas hacer para este apresto y al General de la Flota Don Luis de Torres y Portugal porque fuese en conserva de la Armada y no se quedase por falta de bastimentos he proveído así mismo del bizcocho q. tenía de respecto[488] para las fuerzas el que ha habido menester para su Cappna. [Capitana] y Almiranta respecto de que no le han llegado 10 qles. [quintales] q. había enviado a hacer a Nueva España de los cuales en llegando forneceré las fuerzas de lo que lleva Don Gerónimo y si se dilatare la venida del dho bizcocho haré tomar luego las harinas q. hubiere en la tierra y q. se vuelva a fabricar el q. se ha dado y aunque hizo hacer magazenes[489] en alto para conservarlo por las muchas humidades[490] q. aquí hay el que aquí se fabricó hará seis meses se iba ya apolillando y corrompiendo y así fue beneficio el darlo a la

Flota porque es lástima el daño q. aquí recibe la real Hazda. [Hacienda] de V. Md. cada año en estas corrupciones pues del bizcocho q. se había hecho en tiempo de don Juº [Juan] Maldonado ha un mes q. se echó a la mar hecho polvo y comido de gorgojo sin ser de provecho para ningún efecto más de quinientos quintales y así se vivirá de aquí adelante con mucho cuidado de remudarlo más a menudo y hallo q. el traerlo en grano y molerlo y fabricarlo aquí sin q. la harina participe de la humidad[491] de la mar será parte para q. se conserve más tpo. como ya se va conociendo por experiencia – [...][492].

El 28 de agosto, corsarios ingleses al mando del famoso pirata cubano Diego Grillo[493] apresaron a la entrada de la Canal Vieja, sobre Cayo Romano:

> ... dos navíos que a este puerto [de La Habana] venían con registro cargados de mercaderías de Castilla que en el uno venía el Cappn. [Capitán] Pedro de Ibarra que fue por Gobernador a la Florida que escapó con grande riesgo de la vida en una barca destroncada el cual llegó en ella a este puerto pasados más de treinta días después de perdido habiendo padecido grandes calamidades y riesgos de mar y enemigos y entró tan necesitado de todo que le obligó a pedir que le socorriera con algún dinero de la Caja Real para poderse aviar y habiendo tomado acuerdo sobre ello con los oficiales reales se le dio de socorro doscientos ducados para ayuda a su embarcación con aditamento que si V. [Vuestra] Mag. [Majestad] no lo tuviese por bien los volvería dando como dio seguridad para ello y allende lo dho [dicho] le socorrí y ayudé con todo lo demás que hubo menester para su buen despacho [...][494].

En la otra embarcación viajaban:

> ...la mujer hijos y casa del licenciado Suárez de Poago mi Teniente Gnal. [General] y a todos robados y en camisa y

aun sin ella los largaron y echaron en una fragata que el mismo enemigo traía de presa de suerte que la pérdida será en cantidad de más de cien mil ducados y hecha la presa este enemigo acudió luego con ella al puerto de Baracoa que es en la cabeza de esta Isla a la banda del levante y allí se reparó basteciéndole la gente de la trra [tierra] y en particular un fraile que allí está por Cura que se llama fray Alonso de Guzmán[495] el cual [...] es uno de los mayores rescatadores con los herejes y enemigos que tiene todas las Indias y es de la orden del Carmen y en persona ha ido diferentes veces a rescatar con ellos al Puerto de Guanaibes de la isla Española [...][496].

Este lamentable suceso fue causado en parte, según la autorizada opinión de Valdés, por Sancho Ochoa, Gobernador de Puerto Rico; pues ambos navíos, al apartarse en la isla de Guadalupe de la Flota de la Nueva España con la cual venían —en medio del temporal que la había destruido por estos días prácticamente— fueron:

... a tomar a Puerto Rico para aguardar allí los navíos de las islas de Canaria y venir con ellos en conserva haciéndose escolta los unos a los otros hasta llegar aquí y por querer el dho [dicho] Goveror. [Gobernador] Sancho Ochoa tomar por fuerza de uno de los dhos [dichos] navíos algunas mercaderías de las que traían de registro para aquí determinó el Maestre a alargar las amarras por la mano y salirse del puerto huyendo por excusar vejación y visto por el Goveror. hizo disparar tres piezas de artillería de la fortaleza con que le dieron dos balazos y el uno de ellos a la lumbre del agua por cuyo respecto estuvo a pique de anegarse y otro día de como esto sucedió llegaron los navíos de islas con cuya compañía hubieran venido aquí con seguridad con la que ellos vinieron mas como venían solos y eran navíos pequeños y de poca fuerza fueron tomados de los enemigos [...][497].

Embarcación construida en la Isla para combatir a los piratas, corsarios y contrabandistas

En coincidencia con estos hechos, la Corona autorizó y apoyó la realización en Cuba de una serie de acciones para combatir el contrabando. Una de las más sonadas fue la orden impartida al teniente general del gobernador Valdés, Lic. Melchor Suárez de Poago, de que: "… fuera alguna parte para estorbar estos excesos de rescates y rescatadores a los lugares de esta Isla y para que con ejemplo y todo rigor como caso tan grave los castigase y en ello hizo todas las diligencias posibles con la demonstración que el mismo negocio requería y no solo no aprovechó pues aun estando haciéndolas por otra mano estaban los de la tierra rescatando con la misma frecuencia […]"[498].

Valdés dio autoridad y tropas suficientes al Lic. Suárez de Poago para reprimir el contrabando y acabar con los refugios de piratas y rescatadores que infestaban el litoral cubano. Bayamo, el río Cauto y el embarcadero de Manzanillo eran los lugares de mayor actividad ilícita. Los franceses llegaban a esta última localidad directamente desde los puertos de su país. Las autoridades y la población de estos lugares estaban todas puestas de acuerdo para negociar con ellos.

A través de Bayamo, traficaba con los contrabandistas una gran parte de las localidades orientales. No resulta raro entonces que la población de esa Villa se hallara enriquecida gracias al comercio ilegal de mercancías. De esta manera compensaban el empobrecimiento al que los tenía sometidos el trato exclusivo de La Habana con las flotas. De hecho, todas las autoridades civiles, militares y eclesiásticas de la región oriental estaban metidas de lleno en el negocio del contrabando.

El Lic. Melchor Suárez de Poago llegó a Bayamo con una fuerte escolta en una fecha no precisada de 1603 y no tardó en comprobar que, desde el Teniente Gobernador de esa Villa y el Cura, pasando por los más ricos propietarios de tierra, hasta el último habitante del pueblo era culpable de practicar el contrabando. De inmediato, emprendió contra el Gobernador de Bayamo y contra los alcaldes, regidores, eclesiásticos y familias de alcurnia de esa población un proceso judicial y dictó auto de prisión para los encartados, los cuales fueron tantos que no hubo espacio en la cárcel para albergarlos.

Para no caer en manos de la justicia, casi un centenar de vecinos de la Villa se alzaron –siguiendo a quienes lo habían hecho al conocer la noticia de la llegada de Poago– y se refugiaron en las haciendas y hatos de la vecindad. Todos los desaparecidos fueron condenados a muerte por rebeldía.

> … Llegó un momento en que el juez se encontró en una situación difícil. Abrigaba la seguridad de que tan pronto como se retirase de Bayamo, las autoridades locales y el vecindario pondrían en libertad a todos los presos, pero no se atrevía a ordenar el traslado de estos a La Habana, porque sabía que más de doscientos bayameses se hallaban apostados en los caminos para libertar a los prisioneros. Naves corsa-

rias vigilaban también estrechamente la boca del Cauto y los embarcaderos de la costa, por si Suárez de Poago intentaba conducir a los presos por mar.

¿Sería Gilberto Girón[499] uno de esos corsarios apostados en la boca del río Cauto [Justamente, ahí está Manzanillo] y dispuestos a intervenir en favor del masivo y generalizado contrabando bayamés?

¿Son estos los ancestros del pueblo bayamés que más de doscientos cincuenta años después convirtió la elemental rebeldía comercial en fuerza independentista, y dispuso la quema de la ciudad antes de entregarla nuevamente al dominio español, imitando a los antiguos numantinos? Corsarios como Girón eran los «socios comerciales» de un pueblo que acataba, pero no cumplía las leyes autoritarias de un gobierno que le prohibía su único modo de vivir, a pesar de que no podía garantizarle otra manera de subsistencia [...][500].

Como el Lic. Suárez de Poago no contaba con fuerzas suficientes para trasladar a los condenados a La Habana y como tampoco podía dejarlos en Bayamo —pues tan pronto se alejara de la población, serían puestos en libertad por el resto de sus pobladores— se vio de pronto bloqueado, por tierra y por mar, por aquellos que se habían alzado para no caer prisioneros, a los cuales se habían sumado casi dos centenares de hombres.

Paralelamente el hijo del corsario Richard[501], al mando de unos doscientos filibusteros franceses, quienes comerciaban clandestinamente con los bayameses, asaltaron, arrasaron y quemaron Santiago de Cuba, haciendo el mayor daño "... en los templos y en la Iglesia Catedral pues después de haberla profanado y robados los cálices y ornamentos hicieron pedazos los santos y la pila de bautismo y a la Virgen le dieron muchas cuchilladas por el rostro y cuerpo que le rompieron un brazo y hicieron otros muchos insultos como cismáticos [...]"[502].

El gobernador Pedro de Valdés infirió muy pronto que esta acción estaba encaminada a provocar al Lic. Melchor Suárez de Poago por haber tenido la osadía de impedir el buen desenvolvimiento del comercio de rescate. Al respecto, al expresar a inicios de 1604 a Felipe III su preocupación por el incremento que estaba tomando el contrabando en la Isla, el gobernador le comentó que los enemigos que habían asaltado y robado en el mes de agosto de 1603 las embarcaciones en las que viajaban la familia del Lic. Suárez de Poago y el Gobernador de la Florida eran los mismos que habían tomado "… Santiago de Cuba habiendo ido solo en busca del dho [dicho] licenciado Suárez de Poago mi Teniente y así anduvo por el mismo pueblo apellidando por el justiciero solo por las diligencias que hizo en estorbar atajar y castigar estos rescates y rescatadores además de esto estos enemigos del rescate han hecho diversas presas de navíos de las islas de Canarias de los que vienen con vinos y de otros navíos que pasan y atraviesan de unas islas a otras con el trato y granjería de ellas […]"[503].

El Lic. Suárez de Poago, por su parte, no se atrevió durante meses a marcharse con los prisioneros de Bayamo, a pesar de disponer de una guardia armada de cuarenta arcabuceros. Al respecto, el Gobernador explicó al Rey que los encausados no se habían podido:

> … sacar ni traer por la mar desde Bayamo a esta Ciudad porque por trra. [tierra] hay trescientas leguas de asperísimos caminos por la mucha vigilancia que los enemigos tienen prevención hecha por traza de la demás gente de trra. que anda alzada por estos delitos que son más de doscientos los alzados solos del Bayamo amenazando el enemigo que ha de quitar los presos y darles libertad y pasar a cuchillo a los que los trajeren y con haber yo enviado por dos veces más de cuarenta soldados para su guardia y defensa que los veinte de ellos fueron con el dho mi Teniente y los otros veinte los recogió él mismo que son los que enviaba a las minas del cobre y a Santiago de Cuba en cumplimiento de lo que V. [Vuestra] Mag. [Majestad] me mandó por una su Real

> Cédula con armas y municiones y fragatas para en que vengan armadas no se han atrevido a salir por la boca del río de Cauto que es el puerto del Bayamo por la mucha fuerza del enemigo porque no se aparta un punto de los parajes por donde han de salir y pasar los dhos presos con la gente que los tiene a cargo y de esta forma han estado más de seis meses aguardando ocasión para salir sin haberla tenido como dho tengo sino es con conocido riesgo [...].

La Real Audiencia de Santo Domingo ordenó a Valdés que no hiciera trasladar a La Habana los prisioneros, los cuales el Lic. Suárez de Poago y sus hombres debían dejar en:

> ... la cárcel de Bayamo entregándolos a la Justicia de trra. [tierra] que tazitamte. [tácitamente] es mandar que los suelten a todos y que sus causas cesen y se queden en este estado de respeto de que los dhos [dichos] presos con la mucha mano que tienen en la dha [dicha] villa del Bayamo y ser los más ricos hacendados y emparentados en él y estar y resultar culpado todo el pueblo y la gente de los dhos delitos no han de guardar ni guardarán carcelería ni la Justicia ordinaria qua allí hubiere no hará instancia en este porque ellos mismos son los que fomentan y favorecen estas causas y delitos por ser así mismo de los principales culpados en ellos [...][504].

Finalmente, el Lic. Suárez de Poago solo pudo abandonar la Villa cuando dejó a los prisioneros en libertad.

Mientras ocurrían estos hechos, algunos de los más ricos vecinos de Bayamo acudieron a la Real Audiencia de Santo Domingo para establecer recurso de alzada. La revisión de la causa iniciada por Suárez de Poago dio lugar a que se envolviera en el proceso judicial al propio acusador. Para colmo de males, la Real Audiencia nombró Juez del proceso a Antonio Maldonado, antiguo Teniente Gobernador de Bayamo, quien habían sido destituido y encausado por el Lic. Suárez de Poago al instruirse el proceso. De este modo, al decir del Gobernador, el pago que recibió su Teniente por las enérgicas medidas tomadas contra los rescatadores fue la admisión contra él de:

> ... ciertas quejas de los mismos que condenó y sentenció a muerte y en otras penas y en virtud de ellas siendo conocidamente falsas y que cuando fueran verdaderas de muy poca sustancia despachar el Audiencia provisión para que yo le envíe preso allá dando ocasión de venganza no solo a los mismos condenados de la trra. [tierra] pero a los propios herejes enemigos pues no hay otra cosa ya entre ellos sino que la Audiencia le envía a prender para castigarle con rigor porque estorbó y castigó los rescates y rescatadores ha estado muy resuelto en dejar el oficio y embarcarse medio desesperado viendo a los muchos riesgos que puso su honra y vida en el discurso del negocio con tan buen celo y pecho y con tanta rectitud y satisfacción como otro cualquier Ministro de Justicia de V. Mag. lo pudiera hacer por las muchas partes que para ello tiene así de personas y letras como de práctica y experiencia de negocios y sé que el tiempo mostrara ser esto así verdad [...][505].

Valdés advirtió al Rey que la Real Audiencia de Santo Domingo había ordenado, mediante una Provisión redactada al efecto, que se llevara el Juicio de Residencia que se le había tomado a Antonio Maldonado, Teniente de la tierra adentro, quien había sido nombrado por su antecesor Juan Maldonado Barnuevo. En este sentido, el Gobernador solicitó al Monarca que no se cumpliera la citada Provisión sino que se enviaran los resultados del Juicio de Residencia y a los residenciados:

> ... ante V. [Vuestra] Mag. [Majestad] y Su Real Consejo de las Indias y siendo de los principales residenciados el dho [dicho] Antonio Maldonado como Teniente de Gobernador

> y estándole otorgada la apelación para ante V. Mag. y su Real Consejo sin embargo de esto la Audiencia de Sto. [Santo] Domingo manda se lleven allá sus culpas y residencias y así yo he obedecido la dha [dicha] provisión y en cuanto a su cumplimiento que no ha lugar por lo que referido tengo hasta que V. Mag. ordene y mande otra cosa sobre esto que sobre lo demás y sobre la prisión del dho mi Teniente pues no parece que es justo que la Audiencia con tanta resolución mande prender mi Teniente Gnal [General] pues el bueno u mal uso de oficio toca a V. Mag. y a su Real Consejo de Indias para castigarle o premiarle a su tpo. [tiempo] conforme hubiere procedido pues dando lugar a que la Audiencia con cada queja proceda contra el llano es que así al dho Teniente como a los demás se les quitara el buen celo y ánimo de hacer y administrar justicia pues a su tpo. ha de tener Residencia y la ha de dar por orden y mandato de V. Mag. y no solo se despacharon estas provisiones pero otras muchas para llevar y sacar los procesos de los culpados presos y sentenciados por el dho mi Teniente pues demás de los que dejó sentenciados en rebeldía a muerte y pedimento de mitad de bienes que fueron más de ochenta solo en el Bayamo sentenció hasta veinte y cuatro presentes los cuales dejó presos con guardias por ser de los principales rescatadores y con ellos cosa de seis u siete holandeses franceses y flamencos de una lancha que tomó que andaba al rescate parte de ellos y de otros que recogió y prendió que andaban por la tierra y costa [...][506].

La Real Audiencia de Santo Domingo dictó también una Provisión con objeto de que:

> ... cualquiera justicia ordinaria de los lugares de la Isla pueda oír de justicia a los ausentes y rebeldes contra quien el dho [dicho] mi Teniente procedió y sustanció sus causas y sentenció a muerte y en otras penas como tengo dho no atendiendo a que la causa la tiene él prevenida y que es superior a todas las demás justicias de la trra. [tierra] y que tiene en su poder

los procesos y causas originales que sobre todo esto es lo que más a él y a todos nos ha admirado y de esta suerte viéndose favorecidos de la Audiencia en estas provisiones y con las demás que he referido volverán como vuelven a reincidir en estos graves delitos de rescates con los herejes pues con evidencia se ve que actualmente lo están haciendo de la misma forma hoy en día con la abundancia de navíos que hay en la costa y en Guanaibes por pasar de más de catorce navíos los que hay en ella y sin atender la Audiencia que estos que están presos son los más ricos y hacendados y los que son bastantes a cargar cinco y seis navíos y a rescatar las mercaderías de ellos sin embargo de todo esto habré de cumplir estas provisiones pero advierto a V. [Vuestra] Mag. [Majestad] que si de ello resultaren mayores daños se eche la culpa a quien la tuviere y aunque pudiera contradecir el cumplimiento de estas provisiones por las causas que tengo referidas y en particular porque esto de rescates es derechamente negocio tocante a guerra y la apelación de ello pertenece a V. Mag. y a su Real Consejo de las Indias no he querido hacerlo hasta dar de ello y de todo lo demás entera cuenta a V. Mag. para que provea en ello lo que más convenga advirtiendo a V. Mag. que si estos negocios corrieran determinadamente por tocantes a guerra con inhibición de la Audiencia de Sto. [Santo] Domingo fuera posible tuviera mucho más eficaz efecto el remedio de ello y sobre todo suppco. [suplico] a V. Mag. y a su Real Audiencia no tenga que ver en proceder contra mi Teniente Gnal [General] cerca de su persona y bienes pues esto toca a V. Mag. y a su Real Consjo. [Consejo] de las Indias además de ser mi Asesor y Auditor en las cosas de guerra y como dho tengo ha de tener tpo. [tiempo] para que se acrisole la verdad de lo que él y aun a mí se nos imputa [...]⁵⁰⁷.

El proceso seguido contra los vecinos que habían participado en el contrabando duró cerca de dos años y acabó con la imposición de fuertes condenas. La magnitud de estos acontecimientos hizo que no se pudiese ocultar por mucho más tiempo la dimensión que tenía el comercio de rescate en la región oriental de la Isla, y muy en especial en la región de Bayamo y Manzanillo.

A Juan Rivero González se le otorgó en 1603, por Real Cédula, la posesión del hato Las Tunas[508], ubicado en la actual provincia cubana de igual nombre, con objeto de que lo dedicara al fomento de la ganadería. Este hacendado radicaba en Bayamo y, por tanto, se le consideraba un propietario absentista. A partir de ese momento, la comarca tunera sufrió varias mercedaciones de tierras. En esta época proliferaba también en las costas de su territorio, como en casi toda la Isla, el comercio de rescate.

El obispo de Cuba fray Juan de las Cabezas Altamirano arribó al puerto de La Habana el 8 de septiembre de 1603. Así lo informó a Felipe III en una carta en la que le dio cuenta de la recepción de que fue objeto por parte "… del Gobernador de V. [Vuestra] Mag. [Majestad], del clero y del pueblo […]"[509].

A los quince días de su llegada a Cuba, preocupaban al prelado dos cuestiones que, según comentó en una misiva al Rey, requerían de inmediato remedio: la escandalosa situación del contrabando y el traslado de la Iglesia Catedral de Santiago de Cuba a la ciudad de La Habana.

El Obispo, en su primera carta escrita al Monarca en Cuba, le expresó que la Isla estaba "… tan perdida con los rescates que me han informado llega a tanto la licencia que se ha tomado que ha habido persona en la tierra adentro que no ha querido bautizar un hijo hasta que un pirata sea su padrino y esto sino es que V. [Vuestra] Magd. [Majestad] nos haga md. [merced] de mandar con Real Armada limpiar la costa será muy dificultoso el remedio […]"[510].

Al referirse al traslado de la Iglesia Catedral de Santiago de Cuba a La Habana, el Prelado comentó al Soberano que consideraba esto muy oportuno, pues:

... allí nunca asistió Perlado[511] ni puede respecto a no tener seguridad aun para estos en casa una noche y los canónigos alegan no poder ser compelidos pues aun harina para ostias ni vino para misas alcanzan lo que podía haber de inconveniente el desmantelarse el pueblo, pero este caso no le hay de la traslación pues así como así allí no hay sino un cura y el estado en que he hallado aquello es que los ingleses lo robaron esta pascua pasada[512] y no hay sino un canónigo y este con censuras no le puedo compeler a ir allí habiendo cuatro años que no asiste y no se atreve por el riesgo y así responde irá conmigo porque visto el riesgo le parece juzgar no tener obligación de mi antecesor certifico a V. [vuestra] Magd. [Majestad] que nunca casi asistió allí y aunque otra cosa no se ponga delante de los ojos de V. Magd. sino la indecencia con que está allí el Sanctizmo. [Santísimo] Sacramento por el peligro de los enemigos que fuerzan a veces a que se levante el clérigo de la mesa a consumirlo porque no venga a manos de enemigos de nra. [nuestra] fe esta razón pesa bastante para un Rey tan católico como V. Magd. cuando otra no hubiera la conveniencia que para que sea aquí en La Habana la traslación hay es que es la garganta de las Indias donde es necesaria la asistencia del Perlado[513] por los muchos y varios casos que suceden, por el aumento de esta Ciudad, la calificación de ella, el animarse los vecinos a poblarla viendo hay donde premiar a sus hijos [...][514].

El Obispo solo halló una dificultad para consumar el traslado: los escasos diezmos que recibía la Iglesia en La Habana en ese momento, los cuales resultaban insuficientes para sustentar a los canónigos. No obstante, el Obispo consideraba que, debido al incremento de la producción azucarera[515], muy pronto se acrecentarían los diezmos y, por tanto:

... antes de seis años habrá muy cumplidamte. [cumplidamente] para el Perlado[516] y para ellos en el ínterin si V. [Vuestra] Magd. [Majestad] se sirve de hacer a esta Ciudad, a la Iglesia y a mí y a todo el clero esta md. [merced] de que se pase aquí, la traza que yo hallo sirviéndose V. Magd. es incorporar la sacristía y dos curatos que aquí hay premiando a los que le tienen pues han servido con algunas dignidades, que es cosa que en otras partes me dicen se ha hecho en las Indias y en Panamá sirven los canónigos el curato por semanas, y juntamte. [juntamente] con esto la md. que a esta Ciudad por un tiempo hacérnosla por espacio siquiera de cuatro años de los siete por ciento de los navíos que aquí entran y salen porque con esto se podrían sustentar el Obispo y seis prebendados bien, y de otra manera con dificultad porque de mi pte. [presente] digo que es tan poco lo que me cabe de los diezmos que no podría vivir aquí por la careza de la tierra, que de cuatro años y medio de la media nata que V. Magd. me hizo md. en la vacante solo me han cabido cinco y mil y tantos reales aunque adelante como he dicho no tendrá V. Magd. de aquí a cuatro, o seis años que poner de su Real Caja y en el ínterin este es bien que redunda en toda esta Isla [...]"[517].

En su sesión correspondiente al 19 de septiembre, el Cabildo de La Habana consideró la necesidad de mantener contratado a un Preceptor de Gramática [dómine] para que enseñara "... la latinidad a los hijos de los vecinos de ella e hasta ahora se le ha señalado en cada año por este Cabildo 100 ducados, los cuales por no dársele con facultad del Rey nuestro Señor, se le han quitado [...]"[518]. Por tal motivo se acordó en esta misma sesión se suplicara al Monarca se le concediera, de los propios de la Ciudad, el sueldo de "...200 ducados, atento a lo mucho que importa haya [...] Preceptor [...]"[519]. Más tarde, se insiste de nuevo en este asunto hasta que finalmente el Monarca dio su aprobación, pero advirtió con firmeza al Cabildo que no afectaran por este concepto los ingresos de la Corona. Entre los vecinos que defendieron la necesidad de sustentar dicho Preceptor de Gramática, estuvo Diego de Sotolongo, quien fundó en La Habana, este mismo año, un mayorazgo[520] de 200 000 ducados.

El 20 de septiembre, el tesorero Marcos de Valera Arceo denunció en carta a Felipe III la codicia del Gobernador y de su Teniente, el Lic. Melchor Suárez de Poago. Asimismo denunció que Pedro de Valdés participaba en cuanto negocio se hacía en Cuba. Esto no es de extrañar, pues tanto Valdés como Suárez de Poago tenían una difícil situación económica: el primero a causa de su larga prisión en Inglaterra, y el segundo por haber sido despojado de todas sus posesiones al ser capturado –el 28 de agosto de 1603, por corsarios ingleses– el buque en el que viajaban su familia y todas sus pertenencias.

A este dúo que compartía el máximo poder político y judicial de la Isla se unió un personaje no menos codicioso y poderoso, el obispo Cabezas Altamirano. Al principio, Valdés y el Obispo no congeniaron, a juzgar por las opiniones que el primero vierte en sus cartas al Rey sobre el segundo. Pero al final terminaron poniéndose de acuerdo ya que, en primer lugar, "...el negocio resultaba lo suficientemente fructífero para que todos se beneficiasen y, en segundo, era negativo alertar a la Corona sobre lo que aquí ocurría, denunciándose unos a otros [...]"[521].

El general Luis de Córdova aprovechó su estancia con la Flota a su cargo en La Habana para inspeccionar, cumpliendo con lo que Su Majestad le había ordenado mediante una Real Carta, las obras de fortificación que se habían realizado después de la llegada a la Isla del nuevo Gobernador. En este sentido, según informó Valdés al Rey el 22 de septiembre, se acordó que el General daría en la Corte un informe sobre:

> ... el estado en que quedan [...] y me he holgado q. [que] las haya visto porque las halló todas en mejor estado de lo q. yo había significado por mi carta a V. Md. y estuvieran mucho más adelante si hubieran venido los 200 esclavos para las fábri-

cas o yo hubiera tenido comisión más amplia para el gasto de ellas de los 20 000 dos. [ducados] q. cada año están señalados para cuyo respecto ha más de cuatro meses q. hice despedir cerca de 100 jornaleros negros y blancos de los q. trabajaban en las dhas [dichas] fábricas y con todo se debe una buena partida de jornaleros más de los q. se pagaron con los dhos 20 000 dos. la cual se ha de pagar de lo que hubiere sobrado en la Caja procedido de Almojarifazgo y si V. Md. no manda remediar esta falta para adelante las obras andarán muy atrasadas y lo estará su real servi° [servicio] y se gastarán en ellas mucha más suma de Hazda. [hacienda] por los muchos y crecidos salarios q. llevan los mandadores y sobrestantes de ellas [...][522].

Defendiendo las costas de Cuba

El Gobernador comentó al Rey que, aunque el recién llegado Contador Juan de Eguiluz había venido a la Isla con el título de Veedor de las obras de fortificación que se estaban ejecutando en La Habana, se le había dado posesión del cargo:

... por mandarlo así V. [Vuestra] Md. [Majestad] aunq. [aunque] no conviene a su real servicio q. ejerza los dhos [dichos] dos oficios juntos por ser incompatibles y haber de asistir a un tpo. [tiempo] a la mañana y a la noche a las obligaciones q. [que] cada uno de ellos trae consigo lo cual es imposible por estar la casa de la Aduana en esta Ciudad y hacerse las fábricas en el Morro de la otra parte de la bahía q. además de la distancia q. hay sucede muchas veces no poderse pasar para tornar a esta Ciudad y por la muy continua ocupación del offº [oficio] de contador no puede faltar de la Contaduría para los despachos q. en ella se ofrecen y el offº [oficio] de veedor es necesario para hacerse como conviene q. asista sobre los que trabajan y tenga cuenta y razón con los jornales q. ganan y materiales q. de ordinario se gastan y consumen de manera q. cada uno de estos ejercicios pide hombre de por sí y es imposible hacerlo uno sino es con muchos daños de la Hazda. [Hacienda] de V. [vuestra] Md. [Majestad] [...][523].

Valdés se hallaba enfrascado en dotar a La Habana de una muralla que la circundara y protegiera, tal como lo había ordenado el Rey, puesto que él había:

... mirado con mucho cuidado el sitio y planta de ello y conforme a los edificios q. [que] al presste. [presente] hay por donde conviene que se haga lo he comunicado con Xpoval[524] de Roda ingeniero de estas fábricas[525] y el Aparejador Mayor Juº [Juan] de la Torre[526] q. son las personas q. al presente. hay aquí de más práctica y experiencia de este arte y les hice hacer la planta q. irá con esta donde va designada la muralla q. en tpo. [tiempo] de don Juº [Juan] Maldonado se había trazado y ahora ha sido fuerza respecto de los muchos edificios q. después acá se han hecho la más afuera como también va designada en la dha planta y al pie de ella la razón de la distancia q. tiene y los travesees y puertas q. ha de llevar y la altura y anchor q. la muralla ha de tener y los géneros de materiales con que se ha de hacer y la cantd. [cantidad] de lo que es menester de cada uno y el número de jornales q. ha de llevar y lo que toda ella numerado por grueso y por menudo ha de costar tocante a la parte de la tierra y lo mismo a la de la mar aunque de la mar no soy de parecer q. se haga pues estando tan fortificada y en defensa con las fortalezas y plataformas la entrada del puerto después de acabadas de todo punto parece imposible q. por él puedan entrar bajeles de enemigos dentro del puerto para poder acometer la Ciudad mal podrá ser ofendida de ellos por la parte de la mar y por este respecto me parece q. se podía excusar la dha muralla y quedo con cuidado de hacer y enviar con toda brevedad un lienzo muy al vivo en perspectiva q. toma desde el río de La Chorrera hasta el de Cojímar en que vayan designadas las fortalezas puertos y caletas y los baluartes q. ahora hice y la bahía y demás cosas de consideración q. hay dentro del dho puerto y para que con más particularidad y perfección se pueda ver y lo que es esta Ciudad y sus fuerzas y V. Md. ordene en cuanto a la defensa de ellas lo que más convenga a su real servicio – [...][527].

Para completar la defensa de La Habana, Pedro de Valdés recalcó al Soberano lo útil que sería la construcción, en la boca de La Chorrera y en la del río de Cojímar, de:

... dos torrecillas fuertes donde puedan jugar dos pecezuelas de campaña y una docena de mosqueteros en cada en cada una para resistir la entrada a los enemigos de la cual envío ahora un modelo sírvase V. [Vuestra] Md. [Majestad] de mandar q. se vea y se pongan en ejecución pues don Juº [Juan] Maldonado me dijo q. [que] había tenido orden de V. Md. por un capítulo de carta para que se hiciese y aunque se la pedí al tpo. [tiempo] de su partida no me la dio y sin orden no puedo poner en ejecución lo de las dhas [dichas] torrecillas [...][528].

También aprovechó la oportunidad para expresar al Monarca que, a pesar de que en la Instrucción que trajo consigo le mandaba que redujera a trescientas plazas el número de los miembros de las fuerzas de infantería destacada en La Habana, ello no convenía en modo alguno:

> ... ni conviene por estar abiertas hasta q. [que] estén acabadas las dhas [dichas] fuerzas antes convendrá q. se extiendan a más numº [número] por las causas q. irán referidas he reformado aquí las plazas inútiles q. habrá reducido las de los 200 soldados q. traje en mi compañía al numº [número] q. se puedan pagar todas con el situado q. para este efecto está señalado sin que crezca más con lo cual será V. [Vuestra] Md. [Majestad] servido q. no haya en esto novedad mayormte. [mayormente] habiendo de asistir los 20 soldados q. V. Md. manda en la mina de cobre y siendo necesario haciéndose las dos torrecillas ocupar en ellas otros diez o doce soldados de ordinario =
> Allende de esto es fuerza criar[529] más artilleros conforme al numº de la artillería q. se va fundiendo y poniendo en las fuerzas los cuales convendrá q. V. Md. se sirva de mandar ordenar al general de los galeones q. cuando levante gente para ellos traiga una escuadra de artilleros del numº de los q. están examinados en la ciudad de Sevilla q. tiren plaza de soldados hasta llegar aquí y se tomen de ellos los que fueren menester porque al Gral. [General] Don Luis de Córdova me ha dho q. vendrán de buena gana y q. lo harán mandándoselo y esto conviene se ponga luego en ejecución a causa de q. más de las tres cuartas partes q. aquí hay de artilleros son extranjeros de diferentes naciones y por ningún caso conviene q. los haya por el mucho daño q. de ellos podía resultar = [...][530].

Valdés expresó además, a Su Majestad, su preocupación por el deplorable estado en que se hallaban los soldados destacados en La Habana, ya que por una:

> ... siniestra relación q. [que] hizo a V. [Vuestra] Md. [Majestad] el Contador Pº [Pedro] de Arana se les quitó el medio real

y es compasión grande el ver lo que padescen⁵³¹ y cuán desarrapados andan todos porq. [porque] como la tierra es tan cara es imposible poder vivir ni sustentarse con tan corto sueldo aunque coman cazabe y agua sino es teniendo otros entretenimientos de que poder valerse los cuales son muy en deservicio de Dios y de V. Md. y en ofensa del hábito q. profesan viviendo con mucho escándalo amancebados públicamente con esclavas y mulatas a pesar de sus dueños de donde resultan muchas muertes y pesadumbres y otros teniendo oficios de bodegones zapateros y herreros y de los demás ejercicios q. hay en el lugar y no he tratado de remediarlo porque por el mismo caso cesará el servicio de V. Md. y pues esta fuerza es la llave de todas las Indias y donde se aseguran los tesoros de V. Md. y de sus vasallos será justo q. los soldados q. aquí hubiere tengan congrua⁵³² sustentación para que sean gente honrada y de buenos respetos y haya seguridad para que al tiempo q. se ofrezca la ocasión hagan el deber y pues los generales de armadas q. aquí llegan el tpo. [tiempo] q. se detienen en el puerto por no gastar los bastimentos dan la ración en dinº [dinero] y para solo comida a tres reales por día –a cada uno– es argumento q. por lo menos es lo último q. se les puede dar y sino siendo plaza la de Puerto Belo⁵³³ de tanta importancia como esta les ha mandado V. Md. crecer a cumplimiento de cinco reales por día al soldado y seis al mosquetero suppco. [suplico] humilmte. [humildemente] a V. Md. se sirva de mandar q. aquí se les crezca a cuatro reales q. con esto podrán pasar moderadamte. [moderadamente] y estar en la disciplina q. conviene y cesarán los inconvenientes referidos [...]⁵³⁴.

Preocupado por el incremento del contrabando en la Isla y la impunidad con que rescatadores y contrabandistas operaban en aguas cubanas en complicidad con sus pobladores y vecinos, el Gobernador manifestó al Soberano que, si no se ponía:

... remedio en los rescates sobre q. [que] ya otras veces tengo escrito va cada día en mayor crecimiento el deservicio q. con ello se hace a V. [Vuestra] Md. [Majestad] y aunq. [aunque] por justicia se quiera remediar es casi imposible según las huidas y amparos q. hallan los culpados en los montes y los que les dan los mismos enemigos a quienes avisan luego de cualquier daño q. se les haga y los vienen a favorecer entrando en la tierra como si fuesen vasallos de V. Md. y naturales de ella [...] tengo aviso q. en diferentes puertos de la banda del sur de esta Isla están once navíos grandes con otros tantos pataches y lanchas rescatando e invernando con la misma seguridad q. si estuviesen en sus tierras y q. entre ellas hay una nao levantisca[535] de porte de 600 toneladas con más de 40 piezas de artillería entre las cuales están algunas de las que se tomaron en las naos Cappna. [Capitana] y Almiranta de Honduras con las armas reales de V. Md. por haberla comprado a dos navíos de los que tomaron las dhas naos q. también están allí con la de Levante la cual trae para rescatar las cosas q. V. Md. mandará ver por la memoria[536] q. va con esta q. es la que de la dha nao se envió a la villa del Bayamo de donde me la enviaron a mí es cosa mala de llevar y ver la rotura con q. en esto se procede [...][537].

Valdés alertó al Monarca de que, si no se eliminaba el comercio de rescate en la Isla, iría:

... en crecimiento el daño q. [que] de ello se sigue y para ello es necesario Armada en forma de dos galeones de hasta 250 toneladas cada uno y dos pataches de 80 hasta 100 toneladas y con agregar de este Presidio las 150 plazas q. parezca hay demás en la Florida de las que son menester con el sueldo y raciones q. allá tiran conforme al parecer que da el gobernador Gonzalo Méndez de Canzo y con hacer bueno para el dho [dicho] efecto el sueldo q. aquí solían tirar las dos galeras q. había de guarnición será lo uno y lo otro suficiente pa. [para] que con la ayuda de los soldados de aquí y la gente de mar q. de ordinario suele haber en este puerto se pueda sustentar bastantemte. [bastantemente] la dha Armada haciendo

> bueno sus sueldos el tpo. [tiempo] q. en ellas sirvieren como le tienen en el dho presidio y dándoles ración franca solamente los que anduvieren ocupados en las navegaciones q. hicieren y concediéndoles la parte q. les tocare de las presas q. tomaren y haciéndose esto por mano del Gobernador q. aquí hubiere encomendándoselo todo lucirá el servicio y se hará con mucho menos costa de la Real Hazda. [Hacienda] el cual convendrá q. siempre sea soldado y q. tenga mucha práctica y experiencia de las cosas de mar y guerra y q. así mismo por excusar nuevos salarios corra todo el dinero por mano de los oficiales reales q. aquí hubiere creciéndoles los salarios q. tienen porque son muy tenues y se pueden sustentar mal con ellos haciendo bien sus oficios respecto la gran carestía de la tierra [...][538].

Para concluir su misiva, el Gobernador dio cuenta al Rey de un insólito suceso, el cual impidió que pudiera remitirle en esta ocasión, como era su deseo, la Residencia[539] de Antonio Maldonado:

> ... por no haber venido con ella ni con los presos q. dejó sobre los rescates mi Thinte. [Teniente] Gral [General] el escribano ante quien pasaron todas las causas por no dejarlos salir los enemigos e impedir la traída de los dhos [dichos] presos como V. [Vuestra] Md. [Majestad] lo mandará ver por dos cartas q. van aquí escritas del Bayamo a mí y al dho mi Thimte. por las cuales se echará bien de ver los daños de los rescates y cuán imprimidos los tienen en el alma los naturales de la tierra y de la suerte q. se favorecen de los enemigos cuando se ven en necesidad [...][540].

Para que el Monarca tuviera una idea más acertada del estado en que se hallaban en ese momento La Habana y sus fortificaciones, Valdés le envió –como él mismo le había anunciado en su misiva del 22 de septiembre[541]– el plano titulado

Descripción y planta de la ciudad de la Habana. / [Lo] que se ha de hacer es lo amarillo. De año de 1603...[542]. Está firmado por el ingeniero Cristóbal de Roda y realizado en colores, a una escala de 1000 pies de vara los 158 mm. Posee una explicación en cartela, al pie, y mide 581 mm x 1142 mm. En este plano, al igual que en el realizado por el mismo autor en 1598, se representan solamente las dimensiones de cuadras y calles, y se señalan algunas de las edificaciones que existían por entonces.

El 21 de septiembre de este año, el ya citado Cristóbal de Roda redactó en La Habana una carta a Felipe III, la cual seguramente viajó a España junto con el Plano realizado por él y la carta del gobernador Valdés, con objeto de alertar al Monarca de que la información que le habían dado sobre las obras de fortificación que se ejecutaban en La Habana no era la más correcta. Roda manifestó al Rey, a quien servía como Ingeniero Militar desde hacía veinticinco años (trece de ellos en La Habana), que:

> ... cuando vino D. Pedro de Valdés a gobernar esta Ciudad trajo una traza[543] contradiciendo la que se trazó y está puesta en ejecución, y se va prosiguiendo, y aprobada por el Consejo de guerra [...] y del Maestro de Campo Juan de Tejada, que gobernó en el tiempo en que se empezaron, y de D. Juan Maldonado Barnuevo, que gobernó aquí nueve años, y ahora D. Pedro de Valdés; y todos muy buenos soldados, los cuales la han tenido por buena, en la cual respondí el año pasado con los galeones, dando a V. [Vuestra] M. [Majestad] razones muy evidentes, que no convenía al servicio de V. M. alterar la traza que está puesta en obra en el castillo del Morro.
> En lo que toca al otro castillo que llaman la Punta, que es de frente al del Morro, que V. M. dio comisión a D. Pedro de Valdés para que lo derribara un pedazo, como derribó de cuatro baluartes, derribó el uno, que poco importará no derribarse, como avisé a V. M. el año pasado muy largo sobre este particular.
> En la Fuerza Vieja, que está en la Ciudad, se ha hecho una plataforma, que en ella caben catorce piezas de artillería, que

pesca muy bajo a la lengua del agua; y otra plataforma se ha alargado debajo del castillo del Morro, pegada con el dicho castillo, que le caben otras catorce piezas de artillería, y pescan todas a la lengua del agua y a la boca del puerto, como verá V. M. en las trazas que envié el año pasado.
También el castillo de la Punta puede tirar otras catorce piezas de artillería a la lengua del agua; y toda esta artillería se puede tirar a un navío si quieren, porque están en tres ángulos los tres castillos, y está el puerto muy fuerte si no hay algún descuido [...]544.

Cristóbal de Roda advierte al Monarca que, aunque:

> ... Pedro de Valdés me ha dicho que tiene orden de V. [Vuestra] M. [Majestad] para cercar545 esta Ciudad. La Ciudad se va aumentando cada día más, y para cercarla es menester gran costa, aunque se hagan los cimientos de piedra y las esquinas y lo demás de tapias, será gran costa; y después que V. M. lo haya cercado, no tendrá gente bastante para guardar las murallas, porque hay poca gente, y haber de guarnecer tres castillos no habrá quién guarde la Ciudad. Lo que a mi poco entendimiento parece es que no conviene al servicio de V. M. cercar esta Ciudad porque V. M. no gaste tanta suma de dinero, y por las dificultades susodichas. Lo que a mí me parece es que V. M. acabe el Morro de una vez, y ponerle el artillería que ha menester. También es menester que V. M. conserve la fuerza de la Punta, porque conviene así al servicio de V. M. y la guardia de esta ciudad por dos cosas. La una es que guarda también la boca del puerto; y la otra guarda toda la playa de La Chorrera, y un paso que guarda desde la mar al monte, lo cual ocupa ahora con el dicho castillo y unas trincheras que están hechas; y estando todos estos castillos acabados y artillados, y con su guarnición de gente que hubieren menester, y basamentos y municiones, la gente de la ciudad está bien segura. V. M. se puede descuidar de todo, que aunque venga una muy poderosa armada del turco no tomará este puerto. [...]546.

Sobre las obras que se ejecutaban en el Castillo del Morro, el ingeniero Rodas explicó a Su Majestad que, si no mandaba: "… enviar los negros que se han prometido a estas fábricas, no se acabará tan presto como era razón, porque con los veinte mil ducados que V. [Vuestra] M. [Majestad] mandó dar de situado es tan poco que se hace muy poca obra, porque los oficiales son caros los peones también, y esta obra tiene necesidad de mucho peonaje. Si vinieran los negros se acabará con mucha brevedad, y se gastará mucho menos […]"[547].

El 28 de septiembre, el obispo fray Juan de las Cabezas Altamirano escribió una escueta carta a Felipe III para dar respuesta a la Real Cédula que el Monarca le había enviado ordenándole que diera cuenta de la conveniencia o no de trasladar a La Habana la Iglesia Catedral de Santiago de Cuba. Altamirano informó al Rey que había consultado este asunto:

> … con el Gobernador de V. [Vuestra] Magd. [Majestad] don Pedro Valdés y con el Cabildo de esta Ciudad y de la tierra adentro con algunas personas y con toda la clerecía y todos ellos son de parecer y yo juntamente convengo en sus dichos que para el descargo de la conciencia de V. Magd. conviene y para que yo como debo sirva a V. Magd. y todo el clero para la honra de Dios y aumento de esta plaza de las Indias y garganta de ellas que V. Magd. tiene en tener este puerto, y para el remedio de muchas cosas para el cual es necesaria la asistencia del Perlado[548], y así por mandármelo V. Magd. y ser mío propio el obedecer, y de ofº. [oficio] digo que es una de las cosas que en estas ptes. [partes] el hacerla tiene V. Magd. en conciencia obligación y yo pedirla y suplicarla, como de hecho la pido y suplico a V. Magd. […][549].

El Gobernador envió al Rey una carta sin fecha en la que le informaba, compelido por la misma Real Orden, que, habiendo visto el parecer que el Cabildo, la Ciudad y su antecesor Juan Maldonado Barnuevo le habían remitido en enero de 1602 a Su Majestad sobre la conveniencia de trasladar la Catedral de Santiago de Cuba a La Habana, había llegado a la conclusión de que:

> ... las causas que allí se proponen a Vra. [Vuestra] Magd. [Majestad] son muy ciertas demás de las cuales después acá han ocurrido y al presente se ofrecen otras mayores y más urgentes y son que además de que la dha [dicha] Ciudad de Santiago de Cuba está casi de todo punto despoblada así por su mal temple y sitio que es notoriamente muy enfermo como por la conocida falta de bastimentos que en sí tiene por la poca gente que los pueda cultivar y criar como principalmente por el conocido riesgo que hay de que cada y cuando que el enemigo quisiere con solo cinqta. [cincuenta] hombres tomar la Ciudad y saquearla la hará sin que tenga resistencia que se lo impida [...] y es tanta la fuerza y abundancia de enemigos que sobre la dha [dicha] costa y puerto de Cuba[550] hay y de ordinario particularmente enemigos del rescate que todas las veces que quisieren hacer lo mismo podrán y al presente mucho mejor pues como aviso en otras a V. [Vuestra] Magd. actualmente están de rescate más de ocho o nueve urcas y navíos grandes sin otros tantos patajes y lanchas y lo hacen tan a su salvo que se determinan a invernar en la misma costa y así se quedan este año y se han quedado otros hasta hacer su Hacienda y rescates con la gente de la tierra = [...][551].

Así mismo Valdés argumentó, a favor del traslado, el hecho de que la Ciudad y Presidio de La Habana iban cada día en aumento de "... población y vecindad y que es la cabeza de esta Isla y que donde concurren todos los años las flotas y armadas y tanta gente en ellas convendría mucho asistiese aquí la persona del Obispo y su Iglesia Catedral para más ornato y aumento de ella y así parece por lo referido como por otras muchas causas que se podrían presentar: que Vra. [Vuestra] Magd. tuviese por bien el que la dha [dicha] Catedral se trasladase a esta Ciudad y se suplicase a su Santidad librase bulas para ello [...]"[552].

El 29 de septiembre el Cabildo de La Habana acordó, en su sesión correspondiente a este día (según certificó el Escribano de ese órgano de gobierno, Luis Pérez Castillo), entregar a los hermanos de la Congregación de San Juan de Dios el hospital de San Felipe y Santiago El Real:

> ... con todos los bienes e rentas que para el Cura e beneficio tiene así censos, deudas, escrituras, mandas pías e bienes muebles del servicio del dicho Hospital, e así puedan libremente los dichos hermanos pedir e recoger todas las limosnas que pudieren, así en esta Ciudad e su tierra e distrito de esta Ciudad, e las dichas limosnas que así recogieren e allegasen las puedan distribuir e gastar en beneficio e servicio de los pobres del dicho Hospital a su disposición, conforme a las bulas que de su Santidad tienen para este efecto, e a la Cédula Real e licencia de S. [Su] M. [Majestad] que se le concedió a los hermanos para poder pasar a las Indias e a esta Ciudad e a ministerio, e así lo proveyeron e acordaron, e mandaron que esta petición e Cédula Real e aprovechamiento se inserte en este Cabildo [...][553].

Pocos días después, el 14 de octubre, desembarcaron en el puerto de La Habana los **primeros cuatro hermanos de la Orden de San Juan de Dios que se establecieron en Cuba**. Fueron ellos Diego de la Fuente, Andrés Alcaraz, Gonzalo González y Andrés de la Paz. El mismo día de su llegada, los mencionados hermanos juaninos comenzaron a ejercer su labor en el *Hospital de San Felipe y Santiago El Real*.

Desde su llegada a La Habana, el Obispo fray Juan de las Cabezas Altamirano se interesó personalmente por la organización y mejora del Hospital. A pesar de ello y de que había bendecido la institución al reinaugurarse, dejó constancia de su protesta porque, según su parecer, no eran las autoridades civiles de la Isla las que tenían que haber entregado a la Orden de San Juan de Dios los locales del Hospital; y añadió que los hermanos juaninos debían quedar bajo su autoridad. Como los religiosos no se la reconocieron, terminó declarando como nula y sin valor la posesión que tenían sobre los espacios en que estaba situada la institución y se apoderó de ellos pocos años después.

En esta época se hallaba ejerciendo sus funciones en el *Hospital de San Felipe y Santiago El Real* el licenciado Bartolomé de Cárdenas y Guevara, quien trabajaba como médico en La Habana desde finales del siglo XVI junto a un boticario llamado Martín, y que reclamaba con frecuencia a las autoridades el salario devengado en la asistencia de enfermos. Por cierto, en una de estas actas del Cabildo de esa Ciudad (la del 20 de enero de 1603), se trató una queja sobre la casa de su propiedad en que residía, ya que desde la puerta de esta se podía mirar hacia la casa del gobernador Pedro de Valdés y hacia la sala de sesiones del Cabildo. Finalmente se acordó que Bartolomé de Cárdenas y Guevara debía cambiar la posición de la escalera y sufragar el costo de los trabajos.

Durante el transcurso de 1603, La Habana tuvo que hacer frente a una terrible epidemia de peste, la cual fue identificada por algunos historiadores como fiebre amarilla y por otros como influenza. Combatieron la enfermedad los médicos Julio César[554] y Bartolomé de Cárdenas y Guevara, el cirujano Andrés López (quien aparece nombrado en las actas del Cabildo desde 1588) y algunos curanderos y herboristas. Estos últimos se habilitaban temporalmente para asistir enfermos en caso de necesidad, dada la escasez de facultativos que había en la Isla. Por este motivo, se le denegó en 1603 y en 1604 al cirujano Andrés López la solicitud que había hecho para viajar a España, ya que no tenía sustituto.

A finales de 1603, según informó el Gobernador al Rey, se funden en la Fábrica y Fundición de Artillería de La Habana seis piezas:

... tres medias culebrinas y dos pedreros [...] y otra pieza a modo de tercio de cañón que será de peso de hasta veinte y siete quintales que hice hacer para muestra y salió muy graciosa ella y todas las demás han salido acertadas las cuales con ser del mismo calibo[555] que las pasadas sin crecer ni amenguar un punto en el tamaño me afirma el fundidor que las más culebrinas que antes pesaban a cuarenta y dos quintales pesarán las de estas fundición ahora a cincuenta y los pedreros que pesaban a veinte y seis pesarán a más de treinta y esto nasce[556] de que el metal con que se hizo esta fundición era de la pasada que se perdió por estar ya fundido seguda. [segunda] vez y por aquí echará V. [Vuestra] Mag. [Majestad] de ver lo mucho que importa que todo el metal que se sacase en la mina[557] se funda dos veces como lo tengo referido en otras ocasiones porque allende que la artillería se hará más segura y perfecta ahorrará V. Mag. muchos ducados en excusar los gastos que se hacen en los acarretos[558] y fletes con la escoria que viene mezclada con el dho [dicho] metal allende que las fundiciones se harán con mayor seguridad y para que a V. Mag. le conste lo mucho que conviene mandar se haga lo que digo envío con esta dos pedazos del dho metal el uno como viene de la dha mina y el otro como queda de la última fundición para que conforme a ello mande proveer lo que más convenga a su real servicio y con las muchas mermas que el dho metal que se ha fundido ha tenido viene a faltar en el peso de lo que se ha traído de la mina cerca de la tercia parte por cuyo respecto ahora que pensábamos había de haber cantidad de metal para otra fundición ha sobrado muy poco y con tornar a deshacer otra pieza o dos de las que se han fundido y salido herradas no habrá metal para fundir más de otras tres o cuatro piezas que será una media culebrina y las demás pequeñas y en esto se ocuparán ahora en acabando de barrenar y perfeccionar la fundición dha [...] también va con esta el dibujo de los géneros de las piezas que se han fundido después que he venido y otro de la una de las culebrinas grandes que se habían fundido antes [...][559].

Bahía de Santiago de Cuba a principios del siglo XVII

Para evitar que, después de concluida esta, en la fundición no quedaran ganando su sueldo –sin trabajar– el Maestro y los oficiales de la Fábrica y Fundición de Artillería de La Habana, la máxima autoridad de la Isla decidió escribir al capitán Francisco Sánchez de Moya para que, en el más breve tiempo posible, enviase aunque fuera: "… otros quinientos quintales de metal con que se puedan hacer otras dos fundiciones y si fuere menester enviar de acá embarcación y soldados para que lo traigan con seguridad se lo enviaré en dando aviso de ello no sé lo que hará […]"[560].

Con objeto de reiterarle el interés que tenía de que se trasladara la Iglesia Catedral de Santiago de Cuba a La Habana, el obispo fray Juan de las Cabezas Altamirano volvió a escribir a Felipe III el 3 de diciembre de 1603 para indicarle que ello era tan conveniente:

... que no lo sabré encarecer y más siendo tan fácil la conservación de la Catedral aquí que con solo mandar se reduzcan a la mesa capitular los dos beneficios de la Habana y la sacristía como en Cartagena [de Indias] y Panamá, se podrán cinco prebendados sustentar, y a donde la Iglesia está ha más de veinte años que no ha habido aún siquiera número de tres clérigos con el Cura y porque conste a Su Magd. [Majestad] y ha de ver que en esto no interesó sino el servicio mero de V. [Vuestra] Magd. y de Dios nro. [nuestro] Sor. [Señor] certifico a V. Magd. como indigno capellán que no llega mi renta a mil y ochocientos ducados y que conforme a esto por ser el lugar de La Habana tan caro que el pasarse la Catedral, si a alguna persona podía estar mal es al Perlado[561] por obligarse a mucho más de lo que antes estaba: pero siendo mayor el servicio de V. Magd. yo no quiero otro premio sino acertar en esto [...][562].

Santiago de Cuba contaba por esta época con unos veinticinco o treinta vecinos, lo que hacía que la situación de la Iglesia Catedral fuera, por tanto, deplorable. Juan de Estrada era el único Canónigo existente en ella y vivía de sus propios recursos. Además, en la región solo existían dos sacerdotes: Nicolás Jerónimo y Luis de Salas. Este último ocupaba el cargo de Provisor y era el cura de Bayamo. Sobre estos eclesiásticos, Pedro de Valdés había expresado el 16 de marzo de 1603 que eran "... personas que ni caben en sus conventos ni aun en el mundo y no sé si sería menos daño estar sin pastor que tenerlos tales [...]"[563].

Fray Cabezas Altamirano dio respuesta el 3 de diciembre a una Real Cédula en la que Felipe III le pedía le diera aviso de los clérigos beneméritos que existieran en su Obispado. Al respecto, luego de comunicar a Su Majestad que, en la fecha en que redactaba la misiva, partiría de La Habana con vistas a realizar un recorrido por "... la tierra adentro [...]"[564] con objeto de "... admi. [administrar] offº [oficios] y [...] tomar la posesión en la Catedral [...]"[565], le expresó que no podría darle:

> ... entera relación si no es de los clérigos de este puerto[566] en el cual digo que habrá hasta diez clérigos entre los cuales el Ldo. [Licenciado] Franco. [Francisco] Ortiz es hombre que sabe, y tiene el curato de esta ciudad de la Habana y es mi Provisor el cual traje de Castilla para este efecto, el beneficiado Luis de Salas que ha años que sirve aquí de Cura y ha sido mucho tiempo Provisor, el padre Solís que tiene a cargo el Hospital de esta Ciudad tenido por santo en ella el padre Castillo natural de aquí y en cosas de la Iglesia muy versado, el otro es el pe. [Presbítero] Gaspar de Torres natural de aquí el cual lee la gramática y por su habilidad y muchas partes le he señalado en una canonjía conforme el Patronazgo Real de V. Magd. por no haber número de cuatro prebendados, los demás son buenos clérigos, y así a todos es justo que V. [Vuestra] Magd. [Majestad] haga mrd. [merced] pasándose aquí la Catedral [...][567].

A pesar de que el Obispo Altamirano parecía muy convencido de la necesidad de proceder cuanto antes al traslado de la Iglesia Catedral de Santiago de Cuba a La Habana[568] después de su anunciado recorrido por el interior de la Isla, nunca más volvió a tratar este asunto, enterado probablemente de las posibilidades económicas que brindaban a su Obispado la zona de Bayamo.

Prueba de ello resulta el hecho que, en 1603, la cantidad de cueros que se embarcaban anualmente por La Habana se había reducido a menos de dos mil, a diferencia de los cincuenta mil cueros que se despachaban cada año por la región bayamesa. Ello era consecuencia directa de que la diferencia –y quizás hasta más– se la llevaban ahora de manera ilegal "...los enemigos de rescate [...]"[569], o sea los contrabandistas y rescatadores criollos y extranjeros. En los documentos de esta época, se cita con frecuencia a Santa María, puerto ubicado en la costa sur de Camagüey, como lugar de singular importancia en el tráfico de las corambres.

A finales de 1603, los altercados entre Pedro de Valdés y el capitán Juan Villaverde, Alcaide del castillo del Morro, se hicieron cada vez más frecuentes. A tal punto, que el Gobernador hizo quitar a Villaverde: "... un cojín de terciopelo que metió [...]"[570] en la Parroquial Mayor. Sobre este suceso, Valdés comentó a Felipe III que: "[...] habiéndose el dho [dicho] Villaverde determinado a traer en esta ciudad públicamente y en mi presencia Bastón formalmte [formalmente] que es insignia de Gnal [General] y el que en nombre de V. [Vuestra] Mag. [Majestad] traigo en este puesto y presidio y junto con esto dio en llevar cojín de terciopelo a la Iglesia y ponerse con bastón y cojín a mi lado en ella de suerte que no había diferencia del uno al otro y habiéndole yo prevenido que no trajese aquello pues no le tocaba en rebeldía volvió a salir con ello y así se lo hice quitar [...]"[571].

Mientras el Monarca, su Consejo de Guerra y los representantes de la Justicia determinaban la condena que se impondría al capitán Juan Villaverde por su osadía, el gobernador Valdés determinó detenerlo, someterlo a un proceso judicial y nombrar en su lugar a Martín de Montalván, quien ocupaba desde hacía diez años la plaza de Sargento Mayor del Presidio de La Habana.

Valdés escribió al Monarca que le había parecido "... que la persona de más partes y servicios de los que aquí había [...]"[572] para sustituir a Villaverde como Alcaide del castillo del Morro era el citado Montalván, quien era:

> ... más a propósito para servir la de Alcaide que no la que tenía como en otras antes de esta avisé de ello A V. [Vuestra] Mag. [Majestad] y porque respecto de esta promoción era necesario que así mismo hubiese persona q. [que] sirviese y

ocupase en el ínter la dha [dicha] plaza de Sargento Mayor puse y ocupé en ella al Alférez Juan de Bances que lo ha sido en Italia y Saboya y en esta Carrera de las Indias y en el mar Océano y Mediterráneo en las galeras y navíos de alto bordo y que en todo lo que ha sido ocupado ha dado muy buena cuenta y en particular persona muy ágil y de práctica y experiencia para la dha plaza la cual requiere persona tal pues consiste en ella la mayor parte de lo tocante al Presidio doy de ello cuenta a V. Mag. por si hubiere de haber promoción del Villaverde parece que con seguridad podría V. Mag. servirse de estos dos puestos confirmándoselas y ocupándolos en ellas en gratificación de sus servicios y haciéndoles esta mrd. [merced] – [...][573].

Por haber tomado estas y otras decisiones, el gobernador Pedro de Valdés pudo esperar con un poco de tranquilidad la llegada del nuevo año de 1604.

V

El 3 de enero de 1604, el gobernador de la Isla Pedro de Valdés, convencido de que algunos vecinos de La Habana "… con mal pecho e intención, más que movidos del Servicio de V. [Vuestra] Mg. [Majestad] ni de buen celo han escrito y representado algunas quejas de mí y de mi proceder en este Gobierno pretendiendo con ellas si pudiesen desacreditar mi persona […]"[574] ante el Monarca, le escribió a Felipe III una extensísima carta –la cual envía con un barco de aviso que se dirigía a la Península desde Nueva España– con objeto de expresarle que dichas quejas le hubieran preocupado más si no hubiera considerado dos cosas:

> … la una es entender que ha muchos años que V. [Vuestra] Mag. [Majestad] tiene alguna satisfacción de mis servicios y que en ellos y en lo que se me ha mandado en tantas y tan diversas ocasiones he procurado dar buena cuenta de mí cumpliendo con mis obligaciones. La otra que las quejas dadas cuando fueran ciertas que en ninguna manera lo son reducidas a sustancia parece que tienen en sí tan poca que la mayor que hallo es que se hayan admitido por V. Mag. y mandado que sobre ellas se hiciese averiguación de que me ha causado grande admiración y así me es fuerza dar satisfacción en esta por la copia que de ellas se me ha enviado por cartas de algunos amigos suplicando a V. Mg. se sirva de dar crédito solo a lo que tuviere más apariencia de verdad […][575].

A partir este párrafo, Valdés desmiente en su misiva las quejas formuladas contra él. La primera estaba relacionada con que era demasiado recio y áspero, de condición muy grave y resuelto en su parecer. En este sentido, el Gobernador informó al Soberano que, al hacerse cargo del gobierno de Cuba, halló:

> ...la parcialidad aquí introducida en el tratar con los gobernadores toda la gente de la tierra con igualdad y sin distinción y querer reducir esto a que con propiedad no se dijese que era justa. [justicia] de entre compadres la que se hacía le causó esto algún desabrimiento a los principios y decir que era grave y áspero de condición y como quiera que las condiciones de los hombres no sean todas unas no parece justo que esto caiga en consideración – Ni menos el decir que soy mal criado y que no trato con el comedimiento y término que debería a las personas que acuden a negociar pues en este particular sé afirmar a V. [Vuestra] Mag. [Majestad] con verdad que después que tengo ser no me acuerdo ni se hallará que a nadie ofendiese ni injuriase de palabra por ser tan ajeno de mi profesión y natural. Antes en cuanto a esto muy reportado y sufrido por conocer que la injuria y ofensa de la lengua tiene mala satisfacción – [...][576].

Al defenderse de otra de las acusaciones que se le hacía, relacionada con el trato y acogida que debía dar como Gobernador de la Isla "... a los gnales [generales] de flotas y galeones que aquí vienen aunque sean hijos de Grandes [de España] en cuanto a este cargo yo me doy por condenado cuando los generales o alguno de ellos de mí tal queja dieren ni dijeren que esto sea verdad [...]"[577].

En cuanto a los reproches que se le hacían por haber quitado al capitán Juan Villaverde, Alcaide del castillo del Morro, el cojín y bastón con cuyo uso pretendía igualársele, Valdés expresó estar convencido de no haber cometido en ello ningún exceso, pues entendía que la decisión tomada por él estaba muy en consonancia con la razón y la disciplina militar, ya que:

> ... además de que hay alguna diferencia de mi persona a la suya en: calidad y servicios bastaba mandarle V. [Vuestra] Mag. [Majestad] esté subordinado a mis órdenes y ser yo en nombre de V. Mag. su General mas si sus desórdenes del Villaverde pararan aquí aun pudiérase tolerar, pero han sido tantos y tan graves y de tanta libertad las que conmigo ha usado que en ellas conocerá V. Mag. el gran sufrimiento y paciencia que con él he tenido que han sido de tal calidad que me obligó a prenderle y hacerle cabeza de proceso el cual remito a V. Mag. con las averiguaciones que se hicieron en estado de sentencia para que V. Mag. mande se vea y determine suplicando a V. Mag. se sirva de que a su determinación se hallen algunos del Consejo de Guerra con los de Justicia por ser la causa derechamente tocante a quebrantamto. [quebrantamiento] de órdenes y de otros excesos de Milicia y Guerra y que esto se castigue con la demonstracon. [demostración] que es justo según la gravedad de su culpa que aunque yo pudiera sentenciarlo y determinarlo no lo he querido hacer por parecer que mira algo a causa propia como otras de otros que así mismo remito a V. Mag. [...][578].

El Gobernador aprovechó la ocasión para rogar a Su Majestad que ordenara que las causas que le enviaba se vieran:

> ... con todo el cuidado posible y que pues es derechamente de caso tocante a Guerra y de inobediencia y quebrantamientos de órdenes de Milicia que llegado a esto no hay que poder encarecer más se vea juntamente con algunos del Consejo de Guerra de V. [Vuestra] Mag. [Majestad] pues es de los más graves y atroces delitos que en la guerra se cometen y de los que con mayor rigor y demostración castiga y eso pide el presente caso ponderadas sus graves culpas del dho [dicho] Juan de Villaverde acostumbrado a cometerlas y otras seme-

> jantes y muy graves como fueron las que tuvo con el Gneral [General] Don Luis Fajardo el tiempo que sirvió a su orden en esta Carrera⁵⁷⁹ el cual las podrá decir como le constara a V. Mag. siendo servido demandar se le junten y acumulen juntamente con los grandes desórdenes delitos y excesos que hizo y acometió trayendo alojada por El Andalucía una compañía de quinientos soldados y las libertades que habló y encuentros que tuvo con personas calificadas y Grandes de España reprendiéndole su mal proceder y estos papeles hasta ahora no se han visto ni determinado y están en poder de Don Bernardino de Velazco del Consejo de Guerra de V. Mag. y su Comisa. [Comisaría] Gnal [General] y Veedor de las Guardas de Castilla persona que está enterado y tiene particular noticia de lo que referido tengo – [...]⁵⁸⁰.

Valdés también había tenido que detener, a finales de 1603, al tesorero y oficial real Cristóbal Ruiz de Castro, por lo que se vio obligado a iniciarle "... dos procesos sustanciados y fulminados y en estado de sentencia hechos contra él con asesor y letrado que es el licenciado Suárez de Poago mi Teniente General y Auditor en los casos de Guerra [...]"⁵⁸¹. Según el Gobernador:

> El uno de los dhos [dichos] procesos es en razón de excesos graves y delitos cometidos en el uso y ejercicio de su oficio de tal Tesorero que por lo que en él va averiguado y probado y casi todo confesado por el mismo se conocerá la gravedad que en sí tiene el otro proceso y causa es sobre que este Xpoval⁵⁸² Ruiz de Castro mostrando su mal natural y dañada intención dio en rebelarse contra mí y querer causar una cisma motín y rebelión contra mi persona y oficio no atendiendo a que por V. [Vuestra] Mag. [Majestad] le uso y ejerzo en esta Ciudad y Isla de suerte que después de haber persuadido e inducido a muchas personas a que formasen de mí y de mi Gobierno grandes quejas y exclamaciones divul-

gando sobre esto un libelo infamatorio contra mí con las más desmedidas y libertadas palabras injuriosas y afrentosas que pudieran caber en un hombre el más bajo de calidad que hubiera en todas las Indias y no se contentó con esto que por muchas y diversas veces en partes diversas y sospechosas confederó y ajuntó muchas personas haciendo con ellos juntas y conventículos solo para tratar y decir mal de mí y de mi administración de justicia y esto vino a tanta libertad publicidad y atrevimiento que llegaron a perderme el respeto debido inducidos y persuadidos del dho [dicho] Xpoval[583] Ruiz de Castro contra las cuales procedí así mismo todos debajo de una misma cabeza de proceso que por no desmembrarla y que no se sentencien aquí unos y allá otros me pareció remitirlo a V. [Vuestra] Mag. [Majestad] con todos así por esto como porque mira derechamente a causa propia y así en cuanto a sustanciarla y ponerla en el estado en que va no entré ni salí en ello porque se lo remití al dho [dicho] mi Teniente Gnal [General] solo en esto suppco. [Suplico] a V. Mag. se sirva de considerar cuánta gravedad llevan consigo estas causas y que si de ellas no resulta un muy ejemplar castigo se podrá temer cualquier mal suceso en las demás provincias de estas Indias pues la experiencia ha mostrado que con mucha menos ocasión que esta ha habido grandes rebeliones y alzamientos en ellas y por el desacato y no obediencia a las justicias delito que el Rey[584] nro. [nuestro] Señor que está en gloria y V. Mag. han castigado de ordinario con mucha severidad y rigor [...][585].

Acusado de haber sacado cuatro piezas de artillería del galeón *San Mateo* en que había venido de España con objeto de utilizarlas en la defensa de La Habana y de haber dejado, por tanto, desarmada y sin protección la embarcación, Valdés le comunicó al Monarca que había tomado esta decisión en virtud de una Real Cédula (cuya copia conservaba en su poder), que autorizaba a los gobernadores y capitanes generales de Cuba a tomar, para la fortificación y defensa de la Isla:

> ... cualesquier navíos así de flotas como de galeones, las piezas de artillería que hubiesen menester, además de que el dho [dicho] Galeón no solo no le faltaban piezas de artillería y armas, pero las cuatro que yo saqué del y más de otras cuatro más eran excusadas en el galeón de suerte que las habían de echar y llevar en el lastre que considerando la falta y urgente necesidad que había de piezas en este Presidio le saqué las dhas [dichas] cuatro piezas de artillería y de ello di cuenta a V. [Vuestra] Mag. [Majestad] y no siento que por eso merezca pena ni calumnia [...][586].

Tampoco creía merecerlas por haber armado en 1602, prácticamente acabado de llegar a Cuba, "... uno o dos navíos para que fuesen en seguimiento de ciertos piratas [...]"[587], sacando "... ciento y cincuenta soldados del Presidio para esta armadilla [...]"[588], todo lo cual había hecho:

> ... conociendo los graves daños que a V. [Vuestra] Mag. [Majestad] en razón de estos rescates se la han seguido y siguen pues no han cesado ni cesan hoy en día ni se pueden remediar por otro camino y que no había barco ni fragata ni navío del trato de los que a este puerto venían que no le tomase el enemigo y que V. Mag. tiene ordenado y mandado por sus reales cédulas que ofreciéndose ocasión de enemigos en la costa de esta Isla para su guardia y defensa los gobernadores y capitanes generales de ella puedan armar los navíos que les pareciere y de esto servían las galeras que este puerto antes de ahora tenía considerando todo esto y la precisa ocasión de los enemigos del rescate me determiné de armar un navío de hasta trescientas toneladas y un pataje [...] sin que hasta ahora le haya costado a V. Mag. interés ninguno así de bastimentos [pues a mi propia costa los abastecí para dos meses] ni de munición ni sueldo de cascos de navíos ni paga de la gente que llevaban que sería hasta doscientos hombres los que a esta ocasión fueron y sacados los sesenta soldados todos los demás eran

de la trra. [tierra] y forasteros que de su propia voluntad se ofrecieron a ello fueron a esta ocasión [...]"⁵⁸⁹.

Entre 1600 y 1608 visitaron Cuba dos oidores reales para conocer detalles acerca de la situación de la Isla en este período

Respecto a las imputaciones que se le hacían relacionadas con el estanco que había puesto en los cortes de madera ubicados "... en los términos y límites de esta Ciudad puerto y presidio [...]"⁵⁹⁰, el cual –se afirmaba– había sido decretado por él para lograr "... sus fines y particulares intereses [...]"⁵⁹¹, el Gobernador expresó al Rey que:

> ... en este cargo cuando no fuera glosado con la dañada intención que los demás parece se podía reparar pero en lo que esto pasa es que habiendo hallado en el término de este presidio así talados los montes de todo punto en contorno de cuatro leguas y que una de las mayores fuerzas y defensa

> que esta Ciudad tiene es la aspereza y espesura de montes por cualquier parte de ellos y que estos se iban aclarando y abriendo con las talas y costas que hacían de suerte que quedaban caminos y veredas abiertas por donde con facilidad pudiera venir y entrar marchando hasta la Ciudad y hasta el mismo fuerte y castillo del Morro y que además de esto no se hallaba ya árbol ni maderas para aderezar ni reparar los navíos de flotas y armadas que llegaban necesitados y desaparejados a este puerto y que los que cortaban los montes lo hacían por trato y granjería sacando y llevando la madera a Nueva España y a otras partes a vender me pareció con acuerdo del Cabildo según lo referido poner límite y término de cinco leguas en torno de este puerto para que nadie por granjería pueda cortar ni talar madera ninguna so ciertas penas que puse reservando el poderla cortar libremente para edificar casas y reparar y aderezar navíos y que fuera de las cinco leguas pudiesen cortar y talar para fabricar naos y hacer maderas para granjerías y este fue el estanco que se ha puesto y no otro y de ello me parecía que merecía premio y gratificación y no lo contrario acusado con tal mal pecho como todo lo demás [...][592].

Obligado a refutar ante el Monarca las acusaciones que se le hacían, referidas a que las tropas del Presidio bajo su mando se hallaban desprovistas de bastimentos —motivo por el cual se hallaban en riesgo de perderse si el enemigo osara atacarlas—, Valdés manifestó a Su Majestad que:

> ... Si esto fuera así con haber echado a la mar por dos veces después que estoy aquí más de seiscientos quintales de bizcocho y mucha cuantidad[593] de legumbres que había de respeto en las dhas [dichas] fuerzas [por estar todo dañado podrido y corrompido sin ser de efecto para cosa ninguna] mal pudiera yo socorrer de los bastimentos que había hecho fabricar en la Puebla de los Ángeles y aquí teniéndolos recogidos en las dhas fuerzas al Gnal. [General] de la Flota de Trra. [Tie-

rra] Firme con más de quinientos quintales de bizcocho y la carne pescado y queso que hubo menester para provisión de su Capitana y Almiranta y poder hacer su viaje en compañía de sus galeones porque no invernase en este puerto y habiéndose hecho los dos bastimentos con los seis mil ducados que traje de respecto para este efecto ha sido tan buena la diligencia que hice poner en la compra y fábrica de dhos [dichos] bizcochos y bastimentos que con haber hecho la buena obra que tengo referido se aumentaron de ganancia en ello a la Real Hacienda cerca de otros seis mil ducados los cuales quedan ya metidos en la Caja con los demás como constara por los libros reales siempre que sea menester [...]"[594].

Continuaba preocupando por estos días al Gobernador el auge que seguía tomando el comercio de rescate en la Isla, el cual era practicado (en su opinión) con: "... mucha más frecuentación y abundancia cada día y esto es en razón del gran desenfrenamiento osadía y libertad con que tratan y comunican la gente de la tierra y de los lugares y puertos de la Isla con los herejes piratas y enemigos de V. [Vuestra] Mag. [Majestad] y de nra. [nuestra] Sancta[595] fe rescatando con ellos gran riqueza y suma de mercaderías a trueque de cueros vacunos y palo de ébano y otros frutos de la tierra [...]"[596].

En este sentido, al advertir al Rey, una vez más, "... de los evidentes graves y notorios daños que en permitirse esto y no lo remediar se seguían [...]"[597], Valdés dijo que el más importante era que:

> ... estos enemigos del rescate no solo vienen a hacerlo sino de camino a robar y andar en corso por la mar y las presas y pillajes que hacen van con ellos seguros y a su salvo a rescatarlos con la misma gente de la tierra y vecinos de los lugares de ella y esto lo hemos visto como dicen por vista de ojos pues es infalible y cierto que los enemigos que tomaron los navíos de Honduras y la Capitana salieron en conserva y de

> conformidad de Guanaibes y hecha la presa se repartieron con ella a rescatarla y dos de los dhos [dichos] enemigos con sus navíos vinieron al puerto de Bayamo que llaman Manzanilla[598] y allí estuvieron al rescate y vendieron de las mismas piezas de bronce que llevaban Capitana y Almiranta con las armas de V. [Vuestra] Mag. [Majestad] y otros navíos que allí estaban de enemigos y extranjeros cuyos nombres de los capitanes que se hallaron a esta presa son los contenidos en las sumarias relaciones que van con estas firmadas la una de Juo. [Julio] Habe natural de Amberes y la otra de un Antonio Hernández piloto que anda con ellos portugués porque los de esta nación son los que tienen más entablados estos rescates por estar avecindados y casados en la trra. [tierra] y es tanta su libertad que se van y se vuelven con los mismos enemigos a Francia Flandes e Inglaterra sirviéndoles de pilotos y de hacedores y corredores de estos sus tratos y rescates y llevando y trayendo su parte de carga en los mismos navíos para sus aprovechamientos y por medio de estos tales han tomado los enemigos mucha cuantidad[599] de fragatas cargadas en el puerto de Iguey que es Puerto del Príncipe[600] y quemado a Baracoa y hecho lo mismo y saqueado a Sta. [Santa] Cruz del Cayo lugares y puertos que están a la banda del Norte [...][601].

Además, el Gobernador alertó al Rey que, con los rescates que hacían en la Isla los enemigos de la Corona, estos se hacían mucho más ricos y poderosos:

> ... para poder hacer guerra y armar contra V. [Vuestra] Mag. [Majestad] le usurpan y defraudan en estos rescates gran suma de derechos reales pues es evidente que de la carga que llevan de estas Islas que es cantidad de más de cuarenta mil cueros cada año no pagan derechos algunos y son conocida causa para que cese el trato correspondencia y granjería de los mercaderes con Castilla y así va cesando de todo punto el de esta Ciudad y Isla por la mucha abun-

dancia que los dhos enemigos traen de las tales mercaderías para sus tratos [...][602].

A ello se sumaba un suceso en verdad preocupante:

> [...] con la correspondencia trato y comunicación que el enemigo toma y tiene de la gente de la Isla por causa de los dhos [dichos] rescates y como siempre y todo el año están surtos en la misma costa con sus urcas navíos y patajes vienen a faber[603] y tener entera noticia de la fortificación de este presidio fuerza y defensa de él y de todos los puertos canales caletas y surgideros de la Isla y por qué tiempo entran y salen las flotas armadas y galeones y que fuerza traen y si vienen destrozados y desaparejados de sus largos viajes si han de invernar o no en este puerto los millones de oro y plata que llevan todos los motivos y designios que de España vienen y en resolución no se les encubre ni esconde cosa según la misma experiencia lo ha mostrado y pues a. V. [Vuestra] Mag. [Majestad] le consta que el enemigo siempre ha supuesto la mira en si pudiese tomar este puerto y Presidio por conocer que es el de mayor importancia que tiene V. Mag. en estos sus reinos de las Indias y llave de todas ellas grande es el riesgo y peligro que se puede tener de lo referido – [...][604].

Al respecto, manifestó al Monarca su convencimiento de que:

> En ninguna cosa de las del servyo. [servicio] de V. [Vuestra] Mag. [Majestad] tengo hoy tan delante de los ojos como es el ver lo mucho que importa que con brevedad se provea de remedio para obiar[605] que haya piratas y rescates en esta Isla para que se reparen los muchos inconvenientes y grandes daños que de esto resultan y ninguno hallo tan suficiente como es el que antes de ahora tengo referido a V. Mag. que haya una armadilla de dos galeoncetes de doscientas y cinqta. [cincuenta] o trescientas toneladas y dos patajes de a cada ciento y número

> de seiscientos soldados en este Presidio y incluso los cuatrocientos y cinqta. [cincuenta] que hay en él y los artilleros y gente de mar que fueren menester para ellos que con esto será suficiente número para poder sacar de aquí siempre que la dha [dicha] armadilla hubiere de salir a la mar la gente necesaria para ella la cual no sea de ocupar sino en limpiar los puertos y costa de la banda del norte de la isla Española desde Puerto de Plata hasta Guadianilla que está en la banda del oeste de la dha Isla y desde la punta de Mayzin[606] que es el principio de esta Isla hasta el cabo de San Antón[607] en que limpiaran la ladronera del Puerto de Guanaibes y el de Manzanilla[608] que está junto al Bayamo y es donde se va fomentando otra Rochela[609] la cual dha [dicha] armada dando cada año dos o tres veces vuelta a los dhos puertos desarraigarán y lanzarán de cuajo los dhos corsarios y de camino podrán traer el cobre de Stiago [Santiago] de Cuba porque como no vienen en tropa sino del uno en uno o de dos en dos hasta llegar a los dhos puertos será muy fácil supeditarlos y senjearlos [...][610].

El Gobernador creía que, con la aplicación de estas medidas, al no tener:

> ... los de la tierra adentro con quien rescatar y estando la costa segura para navegar sus haciendas y traerlas a este puerto para disponer de ellas volverán al uso y trato que solían y se remediarán tan grandes daños como otros tengo referidos y V. [Vuestra] Mag. [Majestad] gozará con seguridad sus reales derechos y habiéndose de poner en ejecución con el buen aparejo que en esta Isla hay de maderas y metal se podían hacer los dhos [dichos] navíos y fundir la artillería necesaria para ellos con mucha brevedad y sin comparación se hará esto muy a menos costa que ningún otro medio que se pueda tomar[611].

Valdés se vio obligado a expresar al Monarca que los rescatadores, en su gran mayoría, eran:

> ... grandes herejes y no se contentan con serlo sino que han hecho y hacen sus diligencias posibles en intentar y entablar sus dañadas setas[612] entre la gente de la tierra por la mucha comunicación y familiaridad que con ella tienen de forma que debajo de figura y paliación de santidad y por regalo les dan unos librillos pequeños traducidos de su lengua en la nra. [nuestra] y en ellos disfrazadamte. [disfrazadamente] insertan y mezclan sus graves y manifiestas herejías que como en la dha Isla hay mucha gente bárbara como indios mulatos negros y muchos advenedizos de diferentes naciones y partes y de tal calidad que en dos ni en tres ni en cuatro años no confiesan ni comulgan y que los religiosos y sacerdotes que con su predicación doctrina y buen ejemplo habían de procurar estorbar y atajar esto y con censuras y negar las absoluciones a los que así tratan y rescatan con los herejes como dho [dicho] tengo siendo los dhos [dichos] religiosos y sacerdotes los que con mayor libertad desenvoltura y atrevimiento tratan comunican y rescatan con ellos y así parece que con evidencia se puede temer de esto alguna mala cisma y que de ello resulten graves daños lo cual no permita su divina Mag. [Majestad] [...][613].

El Gobernador aprovechó la ocasión para remitir a Felipe III las pruebas documentales que obraban en su poder y que demostraban la culpabilidad del clérigo de Baracoa fray Alonso de Guzmán. Entre ellas destacaba un:

> ... contrato que el dho [dicho] fraile hizo con otros dos herejes enemigos firmado el dho contrato de los dos herejes y del mismo fraile habiendo ido en persona a los mismos navíos para este efecto que entre las demás averiguaciones y diligencias que hizo mi Teniente verificó esta y sacó a luz estos papeles cuyos originales quedan en poder del Escribano de la Residencia[614] y si esto se averigua contra frailes y religiosos considere V. [Vuestra] Mag. [Majestad] que será lo que se ha averiguado en cuanto a los demás culpados legos y no solo este pero en los demás luga-

res quien más públicamente anda en los rescates y los hace son los frailes religiosos y los sacerdotes y clérigos [...]⁶¹⁵.

Con el fin de dar solución a estos y otros asuntos, el obispo fray Juan de las Cabezas Altamirano, "... tan deseoso del servicio de V. Mag. y del cargo y oficio que administra [...]"⁶¹⁶ decidió viajar⁶¹⁷ poco antes del 3 de enero, según hizo constar Pedro de Valdés:

> ... a los lugares de esta Isla con mucha determinación de hacer y administrar justicia contra los de su Jurisdicción culpados en estos delitos de rescates y para poderlo mejor hacer cumpliendo con lo que V. [Vuestra] Mag. [Majestad] por una suya me manda su fecha en S. [San] Juan de Ortega a diez y seis de junio de seiscientos y tres⁶¹⁸ se le advirtió y dio noticia de todo lo que a su cargo estaba de remediar y un tanto de las culpas de los religiosos y sacerdotes que son muchas y muy verificadas y probadas de lo que resultare de su visita avisaré a V. Mag. [...]⁶¹⁹.

Aunque algunos historiadores señalan que la causa de la partida de Cabezas Altamirano hacia el interior del país, que fue presentada como una visita pastoral, se debía "... a un requerimiento del Cabildo Catedralicio y al interés del Prelado en remediar la situación de su sede episcopal, la documentación demuestra que, si estas eran las justificaciones, otras eran las causas [...]"⁶²⁰. Altamirano visitó, entre los meses finales de 1603 y marzo de 1604, Guanabacoa, El Cayo⁶²¹, Sancti Espíritus, Trinidad y Puerto Príncipe.

La presencia de numerosos barcos de contrabandistas en aguas cubanas continuaba siendo, a inicios de 1604, una seria amenaza para La Habana y el resto de la Isla; y sobre todo para las embarcaciones que se atrevían a surcarlas. De todo ello advirtió al Rey el Gobernador, al avisarle que tenía noticias de que se hallaban en las costas de Cuba "... dos urcas la una de cuatrocientas toneladas y la otra de doscientas y tres o cuatro patajes grandes y muchas lanchas [...]"[622].

Valdés manifestó al Soberano que:

> ... Considerando la pérdida de navíos de la Flota de Nueva España y los pocos que llegaron a ella y tan faltos de fuerza y defensa y que los enemigos del rescate que se determinaron de ir a Honduras a tomar los navíos y presa que tomaron eran cinco solos y que los navíos de enemigos que están al rescate en estas costas pasan de más de catorce y que todos son de fuerza y que se les podrán ajuntar otros para la ocasión y aun ellos solos bastarán sabido por ellos como sin duda sabrán el día de hoy la pérdida de la dha [dicha] Flota y los pocos navíos y fuerza con que ha de volver a España y aquí primero se puede conocidamente temer un muy mal suceso y que estos enemigos se aúnen y hagan armadilla todos juntos y vayan a esperar y aguardar la flota al cabo de S. [San] Antón[623] y la topen y embistan y hagan presa en ella si V. Mag. no manda prevenir esto con tiempo y así me atrevo a dar por parecer que si este aviso llegase a tiempo de que V. [Vuestra] Mag. [Majestad] mandase aprestar dos galeones de los mejores bien tripulados y armados y que se viniesen en paraje del Cabo de S. [San] Antón[624] a traer con seguridad a este puerto la Flota y que en él aguardasen a la Armada de los Galeones para ir todos con más seguridad a España parece que esto sería muy acertado y lo contrario no lo aseguro y corre mucho riesgo no solo en estas [...][625].

Se quejaba también el Gobernador de la falta que tenía de picas:

> ... para armar la gente ordinaria en las ocasiones que se ofrecieren porque acá hallo muy pocas y malas y a mí no se me dieron para traer más de ciento sírvase V. [Vuestra] Mag. [Majestad] dar licencia pa. [para] que el Cappn. [Capitán]

> Simón de Valdés que es la Persona que asiste en esa Corte a los particulares de esta Isla compre hasta trescientas picas y se entreguen a un Maestre de los galeones que vinieren por el tesoro para que las traya[626] y entregue aquí sin flete que acá se pagarán del dinero que hubiere en la Caja de las armas que se han dado a los doscientos infantes que traje conmigo – [...][627].

Para elevar la capacidad de defensa de las fortalezas habaneras, se perfeccionaban por esta época los detalles de las obras que se venían realizando en la plataforma del castillo del Morro, la cual calculaba Valdés que se concluiría a mediados del mes de febrero de 1604. Para esa fecha, debía de estar fundida y acabada la artillería que se necesitaba "... con sus encabalgamientos que no resta más de probarla y pasarla al Morro lo cual se hará todo dentro de quince días y es contento grande ver cuán bien se corresponden ella y la de la fortaleza vieja[628] con la fuerza de la Punta – [...]"[629].

Por entonces, se hallaban cerradas ya las bóvedas del castillo del Morro:

> ... una que es la mayor y se va cerrando otra que ha de servir de Cuerpo de Guardia y se acabará en todo este mes y en la estrada encubierta se ha trabajado de ordinario aunque no con tanto número de esclavos como sería menester para máquina tan grande por ser fuerza haberse de repartir los que hay en diferentes partes –
> En la fortaleza vieja[630] hice aderezar y cubrir dos caballeros para el reparo de la gente porque estaban maltratados y se iban cayendo también hallé caídos abierto en grande distancia los lienzos del foso de la fortaleza por la parte de la mar y están a pique de caerse mucho más si viene algún norte recio por tener los cimientos mal fundados y sobre falso y así procuraré de repararlos el verano que viene para excusar mayor daño y convenir mucho que se haga – [...][631].

A pesar de los esfuerzos de Valdés y de sus subalternos, la fortaleza de la Punta continuaba abierta y sin defensa, lo cual no se había remediado en espera de que Su Majestad enviase las órdenes pertinentes; pues aún no se sabía a ciencia cierta "… si se había de acabar conforme a la planta que por setiembre de seiscientos y dos envíe con parescer[632] del ingeniero Cristóbal de Roda y del Maestro Mayor[633] Juan de la Torre[634] la cual aunque tengo aviso del rescibo[635] hasta ahora no se me ha enviado y así convendrá que V. [Vuestra] Mag. [Majestad] se sirva mandar se me responda luego a ello o se me remita para que acá lo hagamos como viéremos que más convenga porque de la dilación se podrá seguir grandísimo riesgo y corre sobre mi reputación cualquiera daño que subceda[636] sin tener culpa en ello – […]"[637].

Alertaba el Gobernador sobre lo perjudicial que resultaba, para la protección de la fortaleza de la Punta, las trincheras que estaban hechas desde el caballero de la mencionada fortificación:

> … que mira hacia la caleta hasta entrar en el bosque de lo vedado[638] son muy perjudiciales para la defensa de ella porque ganándolas el enemigo se podría fortificar en unos travesees que tienen y batir desde ellos la dha [dicha] fuerza y así dentro de pocos días con acuerdo del Ingeniero y Maestro Mayor la haré derribar y hacer otra con los mismos materiales que sea derecha con un redutillo[639] en el remate y entrada del bosque donde se pondrán dos pecezuelas de artillería que se correspondan con el dho [dicho] caballero para poder bañar y limpiar todo el lienzo de la dha trinchera quiriendose[640] arrimar a ella lo cual será obra de importancia y costará poco dinero y con esto y acabando de fortificar la dha fuerza queda cerrado el camino de la playa – […][641].

La demolición prevista desde 1601 de la fortaleza de La Punta se limitó solo a la destrucción, en el transcurso de este año, del baluarte Quintanilla. Finalmente, se desistió de la idea por considerarse que la fortificación resultaba apta para defender el camino que iba hasta La Chorrera, por la ribera del mar.

Las obras defensivas que se ejecutaban en La Habana se hallaban muy atrasadas por la falta de mano de obra esclava pues, según Pedro de Valdés, había más de sesenta negros viejos, inútiles y acabados, los cuales no eran: "... de provecho para cosa ninguna salido de diez o doce sino para malear los que han venido[642] y vinieren y así los hice apartar porque no se comuniquen y voy dando orden con parescer[643] de los dhos [dichos] oficiales reales de comprar un sitio que nos dan muy barato y es a propósito donde hagan una estancia y cultiven maíz y plátanos cazabe y otras legumbres con que se puedan sustentar los unos y los otros en que se ahorra mucho dinero – [...]"[644].

El Gobernador sugirió al Monarca que se le podría pagar a los veinte soldados que Felipe III había ordenado que se trasladaran al Real de Minas de Santiago del Prado del situado que estaba destinado a la Fábrica y Fundición de Artillería de La Habana, del cual sobraba "... cantidad de dinero cada año y no del que viene para la infantería de este Presidio pues es tan limitado por lo mucho que aquí hay a que acudir – [...]"[645].

Valdés recordó al Monarca que, cuando había llegado a La Habana en 1602, había hallado:

> ... casi lleno el número de las cuatrocientos y cinqta. [cincuenta] plazas de soldados [que] V. [Vuestra] Mag. [Majestad] manda haya en este Presidio y con haber despedido y reformado todos los inútiles que no eran de servicio con los doscientos soldados que traje effetibos[646] que darán hasta cuatrocientos y sesenta y treinta artilleros de los cuales se han sacado para enviar a las minas del cobre los veinte soldados [que] V. Mag. ha ordenado y no los he acabado de reducir al número de los cuatrocientos y cinqta. [que] V. Mag. manda por su Real Cédula haya en este Presidio incluso los artilleros respecto V. Mag. no me ha mandado ordenar lo que hiciese de la gente que sobrase del dho [dicho] número con los dhos

[dichos] doscientos soldados que traje y para la primera paga que viene los reduciré a las dhas [dichas] cuatrocientas y cinta. [cincuenta] plazas no mandándome avisar V. Mag. de otra cosa en contrario pues habrá tpo. [tiempo] para ello – [...][647].

Preocupaba al Gobernador –sobre todo por los perjuicios que traería a la defensa de la Isla– el cumplimento del contenido de la Real Cédula que Felipe III le había dado en 1602, poco antes de venir a Cuba, para que redujera las plazas de soldados existentes en ella:

… a número de trescientas esto [...] no conviene por ningún caso que siendo esta Plaza de tanta importancia esté aventurada con tan poca gente no estando aún estas fuerzas acabadas y puestas en defensa y que habiendo de haber en el Morro doscientas plazas como V. Mag. manda no se escusa que haya para la defensa de la Fuerza Vieja y de la Punta y para acudir a la resistencia de los enemigos en los desembarcaderos y pasos que hay que guardar las otras doscientas y cinta. [cincuenta] plazas mayormente estando incluso en este número el de los Artilleros que hasta aquí ha habido y según el estado de las cosas de por acá me paresce[648] que es más nescesario[649] conservar los soldados que hubiere que despedirlos más con todo guardaré la orden que se me enviare [...] vuelvo a suppar. [suplicar] a V. Mag. no sean menos de las cuatrocientas y cinta. [cincuenta] plazas que hasta aquí ha habido pues de aquí a que las fábricas se acaben no hay causa por donde se puedan excusar [...][650].

Por esta época, se necesitaba aumentar las plazas de artilleros, ya que crecía cada día gracias a la labor de la Fábrica y Fundición de Artillería de La Habana:

… el número de la artillería que en la fuerza del Morro hay cuarenta y dos piezas con trece que están encabalgadas y puestas en orden para la nueva plataforma y seis que se están acabando de esta última fundición y en la punta diez y seis todas de cuchara y en la Fuerza Vieja y plataforma de ella diez y siete con cuatro falcones grandes y en la caleta dos y en el nuevo reducto de la Atalaya tres que por todas son ochenta y allende de esto son nescessarias[651] para el Morro por lo menos otras diez y ocho y en dos torrecillas de Cojímar y La Chorrera acabándose de hacer otras cuatro y para todo esto no hay más de treinta artilleros y dos condestables aunque el uno no tiene ventaja y es menester que se le señale y criar[652] otro con ella para que en cada fuerza haya el suyo conforme a todo esto mandará V. Mag. proveer lo que fuere Servido – […][653].

Combate sostenido en 1602 por Fernando de Valdés, hijo del Gobernador de la Isla, con 2 buques holandeses, cerca del Canal de Bahamas

Persistían en 1604 los graves problemas que afrontaban los funcionarios locales a la hora de pagar los salarios de los soldados destacados en la Isla, pues el situado seguía siendo enviado a La Habana en plata y no en reales, como se venía solicitando reiteradamente al Virrey de la Nueva España. En este sentido, a pesar de haberse escrito nuevamente al Virrey y de haber enviado un funcionario a México con ese propósito, Valdés se quejaba de que las dificultades con el pago se mantenían, dado que era imposible hacer en plata:

> … los pagamentos a cada uno de lo que hubiere de haber en mano propia hasta ahora no lo han querido hacer por cuyo respecto ha sido fuerza trocar aquí la dha [dicha] plata que vino para los dos pagamentos pasados a reales tomándolos de los que traen los Maestres de Plata a su cargo por qta. [cuenta] de particulares en que reciben daño y vejación suppco. [suplico] a V. [Vuestra] Mag. [Majestad] para que esto se excuse adelante envíe su Real Cédula al dho [dicho] Virrey en que expresamente le mande lo haga cumplir a los […] oficiales reales – […][654].

El Gobernador solicitó al Monarca que ordenara al Virrey de Nuevo México y a los generales de las flotas de la Nueva España que, por ningún motivo, despacharan navíos de aviso a la Península Ibérica sin orden expresa de que entraran en el puerto de La Habana, como estaba mandado por diversas cédulas reales. Asimismo alertaba de que, en caso de que ocurriera lo contrario –como se había hecho desde que era Gobernador de la Isla– con tres avisos que se habían enviado directamente a España, ello resultaría "… muy en deservicio de V. [Vuestra] Mag. [Majestad] […]"[655].

Valdés explicó al Rey que el barco de aviso en que iba su misiva: "… venía con la mesma[656] orden y si los nortes no fueran pasara sin tocar aquí y se hubieran quedado los despachos que habían represados del Nuevo Reino y las provincias de Cartagena [de Indias], Honduras Guatimala[657] Campeche Virrey de Nueva España y de la Sta. [Santa] Inquisición de México que sin dubda[658] son de mucha importancia allende las muchas cosas que de ordinario hay aquí de que dar qta. [cuenta] A V. [Vuestra] Mag. [Majestad] [...]"[659].

El Gobernador alertó de nuevo acerca de los inconvenientes que provocaba el ejercicio llevado a cabo por Juan de Eguiluz, indistintamente, de los oficios de Contador y Veedor de las obras de fortificación que se realizaban en La Habana. Para demostrarlo, argumentaba que Eguiluz no podía realizar ambas funciones al mismo tiempo, lo cual provocaba:

> ... grande daño a las obras y gasto a la Hacienda Real por ser nescesario[660] que la persona que hubiere de ejercer el oficio de Veedor asista desde la mañana hasta las once y ma. [media] del día y desde la una hasta puesto el sol en las dhas [dichas] fábricas para apuntar los oficiales y peones que trabajan en ellas y para ver lo que se destribuye[661] y hacer proveer de lo que fuere necesario porque por falta de materiales no huelguen las horas de su trabajo y porque se pueda excusar el nuevo gasto que ahora ha añadido con una barca nueva que ha hecho para tener de ordinario a su dispusicion[662] y dos marineros que de continuo asisten en ella sin ocuparse en otra cosa que ganan cada día diez reales los cuales no solía haber cuando él vino porque la persona que hacía antes el dho oficio de Veedor se embarcaba de ordinario en las barcas grandes del servicio del Morro sin hacer más gasto en ninguna otra embarcación [...][663].

A ello se sumaban los daños que provocaba a la Real Hacienda el hecho de que:

> ... habiendo aquí navíos de fuera como acuden de ordinario no puede hacer ausencia ni dejar de asistir en la Aduana la

mayor parte del día al despacho de ellos y de otras muchas cosas que cada hora se offrescen[664] tocantes al oficio de Contador y allende de estos tiene obligación de acudir a los cabildos que se hacen y hacer el oficio de Diputado los meses que le tocan y no me paresce[665] que en servir esta plaza sin sueldo hace servyo. [servicio] a V. [Vuestra] Mag. [Majestad] pues de ello se siguen los inconvenientes dhos [dichos] y esto se ha echado bien de ver ha pocos días con evidencia por haber estado indispuesto y no tener persona de satiffacion[666] que en su lugar pudiese acudir a lo uno ni a lo otro V. Mag. se sirva de mandar nombrar persona que haga el dho [dicho] oficio de Veedor o darme licencia para que yo la provea pues esto es lo que conviene a su real servicio – [...][667].

Inquietaba también al Gobernador la "... mala y reprobada costumbre [...]"[668] que se había introducido en La Habana de "... no salvar[669] los capitanes y Almirante de armadas y flotas el castillo del Morro a la entrada y salida de este puerto como lo han hecho algunos diferentes veces se lo [he] disimulado por no atravesarme con ellos doy qta. [cuenta] de ello a V. [Vuestra] Mag. [Majestad] para que se sirva mandarlo remediar para adelante y esto con alguna pena porque no es justo se tenga tan poco respecto[670] a las fuerzas de V. Mag. [...]"[671].

En los primeros días del mes de enero de 1604, entró en el puerto de La Habana un despacho procedente de Honduras, el cual había sido enviado a la Isla en un navío particular que realizaba otras diligencias. En dicha comunicación, el Teniente del Gobernador de Honduras y el Cabo de las dos embarcaciones, que habían viajado a esa región con registro en 1603, informaban a Pedro de Valdés que habían tenido noticias del apresamiento que habían realizado seis embarcaciones de enemigos en la Canal Vieja de las naves procedentes de Castilla, en las que viajaban el Gobernador de la Florida y la mujer, hijos y Hacienda del Lic. Melchor Suárez de Poago.

En este mismo despacho, el Teniente de Gobernador de Honduras y el citado Cabo daban cuenta de que otros tres navíos:

> ... habían seguido en el Cabo de San Antón[672] a otra fragata que iba para aquel puerto que dio esta nueva y también la tenían de los muchos cossarios[673] y piratas que están rescatando en esta Isla por cuyo repetto[674] se había amilanado tanto los ánimos de los mercaderes que ni se atrevían a dar carga de añil cueros zarzaparrilla que es lo que de allí se trae ni se atrevían a bajar la plata de V. [Vuestra] Mag. [Majestad] y particulares para embarcarla en las dhas [dichas] naos hasta tener aviso mío de lo que cerca[675] de esto hay y lo que tocante a ello puedo decir es avisarles los muchos navíos de fuerza que hay en Guanaibes costa de Sto. [Santo] Domingo y en la banda del sur de esta Isla y que se espera vendrán más cada día y que conforme a la dispusicion[676] que tienen en mayor número de naos y fuerza que tuvieron el año pasado cuando fueron a tomar a aquel puerto las dos naos que estaban en él podrían intentar ahora la mesma[677] impressa[678] y que siendo esto así les conviene vivir con la mayor vigilancia y cuidado que sea posible para obiar[679] y excusar otro daño semejante del pasado [...][680].

El día de Reyes de 1604, el gobernador Pedro de Valdés volvió a escribir a Felipe III. En esta ocasión, le comentó la gran ventura que había sido para él la entrada en el puerto de La Habana del barco de aviso con el cual mandaba sus misivas; pues habían sido: "... tan ásperos y rigurosos los tiempos que hasta aquí han corrido que tengo por sin duda que si le cogieran fuera hubieran perescido[681] y por la mucha demora q [que] ha hecho sale a la mar sin acabar de estar el tiempo asentado – [...]"[682].

El motivo de la carta era el de comunicar al Rey que, el 5 de enero de 1604, se había llevado:

... Dios para sí a Martín de Montalbán que era la persona que aquí hacía antes [ilegible] de Sargento Mayor a quien yo había nombrado por Alcaide del Morro mientras se determinaba la causa de Juan de Villaverde y así ahora he nombrado en su lugar al Cappn. [Capitán] Melchor Sardo por haber sido antes Alcaide de la fortaleza vieja[683] nombrado por V. [Vuestra] Mag. [Majestad] y tener veinte y cinco ducados de entretenimyto. [entretenimiento] al mes en virtud de su Real Cédula y ser la persa. [persona] de más antiguos y calificados servyos [servicios] que hay aquí aunque la edad no le ayuda mucho y así convendrá que V. Mag. se sirva de mandar ver y determinar luego la causa del Alcaide Villaverde, para si hubiere de nombrar otro en su lugar se provea con brevedad, y en lo que toca al oficio de Sargento Mayor ya tengo significado a V. Mag. la suficiencia y partes que tiene el Alférez Juan de Nancos y cuán a propósito es para el ejercicio del y como le queda sirviendo y así suppco. [suplico] a V. Mag. se sirva de mandársele confirmar teniendo consideración a que ninguno tendrá que con más satisfacion[684] lo pueda servir que él ya que en ello rescibire[685] particular mrd. [merced] [...][686].

La población de La Habana:

... la componían 600 vecinos. Incluyendo las personas que dependían de estos, los esclavos y los transeúntes, el promedio de la población civil de La Habana, al entrar el siglo XVII, debían haber sido unas dos o tres mil almas. Había además la guarnición, alrededor de 400 soldados[687] mal pagados, descontentos de su suerte, y obligados a veces, para ganar el sustento, a ocuparse en humildes trabajos en la ciudad.

La escasa belleza que amenizaba un tanto la vida en La Habana, a principios del siglo XVII, la facilitaba la iglesia católica. Como en España, la iglesia era el verdadero centro de la comunidad los días de precepto religioso, sino también un acontecimiento social de la mayor importancia. Para oír la misa se reunía la gente, no solo con objeto de adquirir mayor edificación espiritual, sino para exhibición mundana, y por lo tanto, exigía que en estas ocasiones se presentaran todos en forma adecuada a tal celebración. El lugar que correspondía a cada oficial estaba determinado con toda exactitud, dentro de la Iglesia, así como fuera de ella cuando se celebraba alguna procesión religiosa [...][688].

Durante el transcurso de 1604, en el lugar en donde hoy se levanta la iglesia habanera del Santo Cristo del Buen Viaje y su edificios adyacentes, junto a la plazuela del mismo nombre, erigieron los congregantes de la Orden Tercera Franciscana una Ermita[689] que llamaron del Humilladero[690], por ser el sitio en el que concluía la procesión del Vía Crucis que salía del templo de San Francisco de Asís.

El padrón realizado este año en Bayamo, por su parte, revela que, al iniciarse el siglo XVII, esa Villa gozaba de una población superior a la de Santiago de Cuba, pues había en ella 2250 blancos, 1000 negros, 250 indios y 250 vecinos, mientras que en Santiago de Cuba solo había 327 blancos, 221 negros, 77 indios y 65 vecinos. Bayamo conservaría, a lo largo del siglo XVII, su predominio demográfico sobre Santiago de Cuba gracias al sostenido comercio de rescate y a las defensas que esta última requería.

No resulta raro entonces que, por estos años, Bayamo gozara del privilegio de contar con un Maestro de Capilla sumamente docto en asuntos de música: Blas López. La Habana no se quedaba atrás en cuanto a adelanto cultural y educacional se refiere, ya que, en 1604, su Cabildo se permitía pagar un Preceptor de gramática latina para que instruyera a los hijos de los vecinos de la Ciudad.

La Villa de Santa María del Puerto del Príncipe se destaca en el panorama de esta época, sobre todo porque la mayoría de sus notables estaban implicados en el contrabando, y se destacaba entre ellos Teresa de la Cerda, descendiente directa de Vasco Porcallo de Figueroa, quien fuera fundador del poblado. No resultaba difícil por entonces a los funcionarios de la Corona comprobar que los hacendados dedicados a la reproducción de ganado tenían, de pronto, muchos más esclavos que los comprados legalmente, o que sus fortunas aumentaban antes de llegar la época de las ferias y las cosechas, o que sus señoras usaban joyas muy parecidas a las robadas poco antes en algún abordaje francés.

Sin embargo, nadie se ocupaba de ello, pues sus aportes monetarios estaban en regla con Dios –habían contribuido este año a fundar un Convento Mercedario– y con el Cabildo de la Villa, la cual se vio afectada con frecuencia por fuertes tormentas tropicales y por ataques piratas, como el perpetrado por el corsario Gilberto Girón. Este último, seguido por el nombrado Juan Morgan, hizo sentir también su presencia en 1604 en la bahía de Jagua, luego de Cienfuegos.

Santiago de Cuba, por su parte, víctima también preferida de los piratas y de los temblores de tierra, se hallaba reducida a poco más de mil moradores de toda clase. De estos, la mayor parte residía en las haciendas[691] o en el Real de Minas de Santiago del Prado. Para entonces, muchos de los antiguos vecinos de Santiago de Cuba se habían marchado de ella y se habían establecido en Bayamo que, como estaba situado al interior, constituía un refugio más seguro ante los vandálicos ataques de los piratas y era, de hecho, la segunda población en importancia de la Isla, por su riqueza pecuaria y su provechoso comercio de reses y corambres.

Varios de los rescatadores habituales que vivían en los puertos de la región noroccidental de La Española, desmantelada en esta época por la Corona con objeto de contener las incursiones foráneas al Caribe y el comercio de rescate, se trasladaron en el transcurso de este año a Santiago de Cuba y a Bayamo con objeto de retomar las actividades del tráfico ilegal y engrosar las filas de los rescatadores existentes en esta zona.

La isla de Cuba, como fiel reflejo de la bonanza económica que experimentaba en el período (a pesar de que los informes que se envían a la Corona intenten demostrar lo contrario), asiste a un nada despreciable crecimiento demográfico. En este sentido, resulta notorio destacar que la población de Cuba aumentaba "… dos veces más aprisa que la población de España en la misma época, lo cual presupone una inmigración considerable, libre o esclava, pero más seguramente de esta última clase […]"[692].

Sobre este particular, conviene hacer notar que en la Isla se introducían legalmente solo 33 esclavos por año; aunque es de suponer que era mucho mayor la cantidad que se traía de forma ilegal en un momento en el que la producción azucarera se expandía por todo el territorio.

En el estudio del *Catálogo de pasajeros a Indias,* se ofrecen los nombres de numerosas personas que viajaban a la Isla y de otras que lo hacían a lugares vecinos, pero que finalmente terminaban estableciéndose en Cuba. A estas se deben sumar aquellas que se enrolaban en las flotas con el único fin de trasladarse a estas tierras, o quienes lo hacían de manera fraudulenta.

Cuba, habitada por numerosos correligionarios y parientes, creyentes o no, pero en iguales circunstancias y ocupando cargos más o menos importantes, constituía refugio natural y seguro para todos aquellos que deseaban interponer el Océano entre su persona y el Santo Oficio. Trampolín seguro para estas escapadas eran las Islas Canarias, especialmente Tenerife. Estos viajes aumentaron al establecerse en Canarias el Santo Oficio.

Gobernaba Santiago de Cuba Juan de Villaverde y Uzeta, Capitán de los Reales Ejércitos y persona muy enfermiza, el cual siempre estaba con calenturas y males intestinales. En medio de una de esas recaídas, un miembro de su séquito le recomendó a una india, ya entrada en años, llamada Mariana

Nava, conocida por algunos como La Bruja, de la cual se decía que hacía curaciones maravillosas. De inmediato se dieron las órdenes para que la curandera acudiera a atender al Gobernador, el cual sanó rápidamente.

En recompensa a sus servicios, Villaverde y Uzeta propuso al Cabildo de Santiago de Cuba que Mariana Nava ejerciese el oficio de médico[693] –ya que no existía ninguno en esa población– con un sueldo de cincuenta ducados mensuales. El Cabildo se mostró renuente durante años a esta designación.

Por esta época, la población de la reserva indígena de Los Caneyes[694] era estimada en 77 indios. Esta comunidad, ubicada en las cercanías de Santiago de Cuba, comenzó "[...] a cumplir, prácticamente desde su surgimiento, tareas específicas de apoyo a los intereses de la administración colonial en el Departamento Oriental, relacionadas muchas de ellas con la construcción de caminos, fortificaciones y defensas [...]"[695].

El 13 de febrero, el Cabildo de La Habana acordó en la sesión celebrada este día que se celebrasen las fiestas de la canonización de San Raimundo, tal como lo había dispuesto la Corte. Por tal motivo, se ordenó que se levantasen gradas o andamios para el Cabildo y para los jueces del juego de la sortija[696], lo cual demuestra la celebración en La Habana (cuya población había aumentado notablemente) de singulares torneos públicos.

De las diversiones existentes en el período, las más generalizadas eran los juegos de azar, al extremo que en 1604 se expidió una Real Cédula prohibiendo estos y otros entretenimientos similares. Esto solo se pudo lograr en las casas de los particulares; no así en la de los generales de las flotas y armadas, quienes se negaron a cumplir la disposición del Monarca. La Corona resolvió este asunto dando licencia para jugar al menos en las fortalezas, en donde los beneficios de las tablas de juego se contaban entre las honras, gracias y preeminencias del Sargento Mayor, quien defendía a capa y a espada –y contra toda intrusión– el monopolio del que gozaba.

El 6 de marzo el Consejo de Indias consultó al Rey sobre la conveniencia de que Pedro de Valdés fuese visitado o no por uno de los oidores de la Real Audiencia de Santo Domingo, a causa de las acusaciones que se habían acumulado en su contra. El Consejo alegó que el Gobernador había cometido "[...] algunos excesos enderezados a demasía de codicia y intereses particulares suyos en daño de la Real Hada [Hacienda] [...] y situados de aquel presidio y de los vecinos y gente de la tierra [...]"[697].

Las acusaciones que más pesaron sobre Valdés fueron hechas por Cristóbal Ruiz de Castro, Tesorero y Oficial Real, y Marcos Valera Arceo, Tesorero de la Fábrica y Fundición de Artillería de La Habana. Ambos alegaron a la Corona que había grandes irregularidades en la forma de gobernar y de administrar del Gobernador. De este modo, se vengaron, junto a Juan Villaverde, de las acusaciones y detenciones que habían sufrido por orden de Valdés.

Por estos días se vio también en el Consejo la carta que Pedro de Valdés había remitido al Rey el 22 de septiembre de 1603. Referido al almacenaje del bizcocho destinado a las flotas y guarnición de La Habana en un sitio alto, construido al efecto para impedir se echase a perder; se indicó al Gobernador no hacer obras nuevas sin dar primero cuenta de ellas al Consejo, con objeto de que este proveyera lo que era más conveniente.

En relación con las obras de defensa que se ejecutaban por entonces en La Habana y los jornales que se debían pagar a los que trabajaban en ellas, se ordenó a Valdés que: "... no tome dineros fuera del situado pa. [para] obras de Caja ni de almojarifazgo [...]"[698].

En relación con las torrecillas de defensa que el Gobernador afirmaba debían hacerse en la boca de los ríos Cojímar y La Chorrera, se dijo que informara Juan Maldonado Barnuevo "... lo q. [que] hay en esto y si conviene y llévese a la Junta de

Guerra / y ordénese a don Luis de Córdova y que allí llegare lo vea informe con su parecer [...]"[699]. Por último, se acordó que la Junta de Guerra evaluara el aumento que había experimentado el contrabando.

Entre el 22 de marzo y el 23 de abril de 1604, en el transcurso de la Cuaresma y antes de las Pascuas de Resurrección, el obispo fray Juan de las Cabezas Altamirano llegó a Bayamo, tras una relampagueante visita[700] a las parroquias, iglesias y parroquias de varias poblaciones. El Prelado halló la Villa aún revuelta debido al reciente alzamiento en masa de los bayameses, como consecuencia de las pesquisas realizadas en esa población por el licenciado Melchor Suárez de Poago, quien había sido enviado a este lugar para combatir el contrabando.

> ¿Qué ocurrió allí? ¿Qué conversaciones se efectuaron entre el Obispo y las autoridades locales? ¿A qué acuerdos llegaron? No es posible precisarlo. De lo que sí no cabe duda es que Cabezas Altamirano cambió profundamente sus ideas sobre el contrabando, la actitud de los bayameses y el lugar hacia donde debía ser trasladada la Catedral. Si tomamos como referencia su carta al rey Felipe III del 2 de julio de 1604, su simple presencia en Bayamo resolvió definitivamente los problemas del contrabando. Según su versión, al llegar a esa Villa halló que todos estaban negociando con franceses, italianos y flamencos, pero al mismo tiempo critica el método empleado por Suárez de Poago para poner término a esa situación porque, al condenar a muerte a muchos vecinos, había ocasionado que todos escaparan de la Villa y continuaran sus negocios ilícitos [...][701].

En una misiva fechada el 2 de julio, Cabezas Altamirano informó a Felipe III que se había reservado el caso porque con "...el rigor no hacía nada por bien [...]"[702]. De este modo, en complicidad con los rescatadores bayameses, lanzó una venenosa saeta contra Suárez de Poago y puso manos en este asunto, en aras de brindar un mejor servicio a la Corona. Para lograrlo, luego de concertarse con los alcaldes ordinarios Gregorio Ramos y Pedro Patiño, "... hechuras de la oligarquía bayamesa [...]"[703], dio "... licencia a confesores señalados para que asolvieran[704] a los Regatantes[705], supuesta la enmienda y la satisfacción de los derechos Reales de V. [Vuestra] Magd. [Majestad] y el diezmo de la Iglesia [...]"[706].

> ... Nada nuevo había inventado Cabezas; era la variante de una vieja fórmula de los rescatadores, consistente en sobornar a la *justicia*, para que los castigara levemente por sus delitos, con benignas penas pecuniarias, lo que les permitía vivir - bajo el amparo de la *cosa juzgada* en un perpetuo estado *de borrón y cuenta nueva*, sin causas pendientes. La única diferencia estribaba en que él usurpaba el papel de los funcionarios reales en aquel enjuague y, naturalmente, quien se embolsillaba el fruto.
> Todo esto lo narraba el Prelado a Felipe III en un pío lenguaje –tras el cual parece escucharse un aletear de ángeles– y le cuenta cómo el descarriado rebaño, conducido por su benemérito pastor, ha renunciado al contrabando de tal manera que los mercaderes extranjeros[707], que estaban en la costa con sus navíos, se *morían de hambre* [...][708].

Agregaba luego que, como resultado de sus gestiones, casi todos los habitantes de Bayamo "... se vinieron a la Villa y se presentaron, y en más de veinte y siete días no hubo rescate de consideración [...]"[709]. Todo parece indicar que lo que hizo el Obispo fue ocultar al Monarca la persistencia del contrabando en la región. La intervención de Cabezas Altamirano en estos asuntos debe de haber exasperado a Pedro de Valdés, pues de inmediato escribió al Monarca denunciando la benévola actitud de Prelado con el "... goliardesco cura de Baracoa [...]"[710].

Los piratas saquearon la Iglesia Catedral de Santiago de Cuba en 1602

Después de haber arreglado a su conveniencia la situación de Bayamo, el Obispo partió de esa Villa en el mes de abril, luego de la Pascua de Resurrección. Llevaba como propósito el de visitar las haciendas del rico legado de Francisco de Paradas, sitas en Yara, las cuales tenían fama desde hacía varios años por el tráfico que realizaban con sus frutos –aprovechando su proximidad a Manzanillo– los eclesiásticos a su cargo. En este sentido:

> ... Si se sabe que la única actividad comercial de la zona era el rescate y que, por tanto, de ser suprimida, los habitantes se verían condenados al ostracismo, no era presumible que desistieran de tan necesario comercio.
> Todo parece indicar que entre Gregorio Ramos y Pedro Patiño, representantes de los contrabandistas de Bayamo, por una parte, y el Obispo, por otra, se llegó a un acuerdo

muy favorable para este último. En ello no puede pasarse por alto que el Obispo conocía que la Iglesia administraba y deseaba poseer, pues aún estaban en litigio, las extensas haciendas legadas por Parada. Estas, vinculadas al comercio de rescate, le garantizarían rentas potencialmente mayores que en otras partes de la Isla, y tal es, sin duda, la causa de su cambio sobre el lugar de residencia de la Catedral, coincidente con las observaciones que, con anterioridad, había hecho el obispo Castillo de que debía trasladarse a Bayamo. ¿Fue este el precio que pagaron los alcaldes de Bayamo al Obispo para que rindiera un informe que testificara el arrepentimiento de los habitantes de la Villa? [...][711].

Mientras tanto, en el transcurso del propio mes de abril de 1604, atracaron en Manzanillo, con el ánimo de tomar parte en algún negocio de contrabando, tres naos de diferentes naciones. Estas estaban tripuladas por unos doscientos ingleses, franceses y flamencos mandados, según una carta escrita por el propio Obispo, por el capitán Gilberto Girón: "... corsario francés –con patentes inglesas– que apareció inopinadamente en la pacífica y mercantil rada manzanillera, sin ninguna consideración al amistoso comercio que allí tenía lugar, ni a los intereses de los mercaderes de distintas naciones allí congregados [...]"[712] y que parecía que se hallaba, como bien afirmó con posterioridad el obispo Pedro Agustín Morell de Santa Cruz, "... poseído del demonio [...]"[713].

Enterado de que Cabezas Altamirano se hallaba en la hacienda Yara –ubicada en las proximidades del litoral que recorría–, Girón, a la cabeza de dos docenas de piratas, desembarcó en la madrugada del 29 de abril y secuestró al Prelado y a sus acompañantes: el canónigo Francisco Puebla y el fraile Diego Sánchez.

Estos sucesos dieron lugar al "... el hecho más resonante de la primera mitad del siglo XVII en Cuba [...]"[714], el cual motivará la elaboración en 1608 de una de las primeras obras literarias escritas en la Isla, el poema *Espejo de Paciencia*, que involucra como personaje central al propio Cabezas Altamirano.

La presencia de mercaderes de distintas naciones en Manzanillo era la mejor prueba de que el Obispo había mentido a Felipe III al informarle que el comercio de rescate había desaparecido en su Jurisdicción Eclesiástica. "… La sorpresa de los comerciantes que *permanecían* en Manzanillo, cuando el corsario regresó de Yara con sus prisioneros, debe haber sido mayúscula […]"[715].

Aquel corsario francés ponía en juego los negocios del Obispo, que incluían posiblemente gruesas sumas al crédito. Por tal motivo, sus intereses deben de haberlo hecho solidarizarse con los escandalizados bayameses –prestos siempre a negociar, pero nunca a dejarse agredir–; y puso, sobre todo, especial empeño en librarse de cualquier sospecha de complicidad con Gilberto Girón. El corsario francés, al decir del ya citado Morell de Santa Cruz, "… como otros Judas, pasó a ejecutar el delito más enorme y la acción más bárbara que puede discurrirse […] manistó[716] [al Obispo] como al reo más famoso y vil […]"[717].

Resulta curioso que en otros documentos, como ocurre en una carta escrita por Cabezas Altamirano el 18 de agosto de 1604 y en otra redactada por Gregorio Ramos, fechada el 5 de julio de ese mismo año, se llame al secuestrador Señor de la Ferrier o Mosur de la Ferrier. Las misivas suscritas por Ramos y por el Obispo "… son ya notables por la coincidencia de ambos en una explicación de los hechos que permite emitir sugerencias y justificaciones. En las del Prelado se coloca como un verdadero héroe a Gregorio Ramos, y en la de este último, se pone como ejemplo de Obispo a Cabezas Altamirano. Esta explicación, doblemente intencionada, pretende demostrar que Gilberto Girón actuó contra el Príncipe de la Iglesia '… por haber persuadido a sus feligreses no resgatasen[718] ni traten con ellos […]'"[719].

> ... En este aspecto del relato existen algunas cuestiones que tienen el abierto interés de ocultar la verdad. En realidad, ¿qué hacía Girón por las haciendas de Parada? ¿Se trataba de un simple pirata ajeno al comercio de contrabando o era un bucanero habitual de la zona? ¿Quién era verdaderamente el señor de La Ferrier? Según Morell de Santa Cruz, los captores de Cabezas Altamirano estaban comerciando en la costa y no duda de que eran los mismos *que un año antes quemaron la Iglesia*[720]. Jacobo de la Pezuela[721] agrega otra información de interés acerca del desembarco de Girón por Manzanillo, *después de haber despojado las embarcaciones en que venían de España el gobernador de La Florida Pedro de Ibarra y el asesor teniente gobernador de La Habana, Melchor Suárez de Poago [...]*[722].

Aunque según Cabezas Altamirano, Gilberto Girón era de nacionalidad francesa, en realidad servía a los mercaderes ingleses e incluso venía a la Isla por orden de uno de ellos, el cual lo armó para ejercer el pillaje. Por tal motivo, hay que destacar el hecho de que Girón no era un simple y temido corsario o pirata, sino un comerciante y contrabandista que conocía bien la zona y era conocido en ella, ya que la visitaba con frecuencia. Esta aseveración queda sustentada cuando se sabe que recorrió cinco o seis leguas desde Manzanillo hasta el sitio en que se hallaba el Obispo sin ser molestado, ni tampoco sus acompañantes. Consta además que, al regresar de la hacienda, Girón y sus hombres se toparon con varias personas de la zona, las cuales no se asombraron de ver por aquellos lugares al señor de la Ferrier.

No obstante, "... si todo indica que Girón tenía tratos con los bayameses y había actuado como aliado de estos contra Suárez de Poago, ¿por qué apresó al obispo? [...]"[723]. Ello ocurría:

> ... Porque pese a las relaciones entre contrabandistas residentes en la zona y mercaderes –bucaneros– filibusteros de

diversas nacionalidades, periódicamente se jugaban, entre ellos, malas pasadas. Cuando un bando veía la oportunidad de perjudicar al otro, lo hacía sin ningún cargo de conciencia. Con anterioridad, otro corsario francés, llamado Richard, fue atacado por sorpresa por los bayameses[724], mientras negociaba con ellos el rescate de una fragata española. Sin el menor titubeo fue ahorcado con todas sus gentes, incluido un niño de diez años. El hijo de Richard, en venganza, tomó y saqueó Santiago de Cuba[725],[726].

Al parecer, la visita de fray Juan de las Cabezas Altamirano a las haciendas pertenecientes al legado de Francisco de Parada tenía relación con los negocios de contrabando, emprendidos por el canónigo y visitador Francisco Puebla con los cueros de ganado que en ellas obtenía. Lo cierto es que, según su propio relato, después de dejar resuelto el *problema de Bayamo*, el Obispo "... tuvo necesidad de ir a visitar las haciendas [de Parada] con el administrador de ellas [...] el Padre Franco. [Francisco] Puebla [...]"[727]. La visita era justificada por él, además, con la necesidad de "... sacar un brazo de río por otra parte de donde corría porque perecían los caballos de las dhas [dichas] haciendas en el potrero por falta de agua [...]"[728].

No obstante, volviendo al punto de partida:

> ... Si se tiene en cuenta que el padre Francisco Puebla, que acompañaba a Cabezas Altamirano, era al mismo tiempo el Administrador de las haciendas de Parada y la persona acusada de ser uno de los mayores rescatadores de la zona y del país, la visita del Obispo puede haber estado vinculada a otras razones. Existe la posibilidad, deducible de la documentación de la época, de que Cabezas intentara en realidad organizar en beneficio propio el comercio de contrabando que realizaban diversos miembros de la Iglesia, a quienes, además, protegió a partir de ese momento [...][729].

Cabezas Altamirano constantemente se niega a aceptar su participación en el comercio de rescate, afirmando que había ido a Yara y a otras haciendas cercanas "... porque le dijeron que en aquel tiempo los negros de las dhas [dichas] haciendas se ocupaban en resgates[730] y así partimos de aquí el Alcalde Gregorio Ramos y yo para este efecto [...]"[731].

El capitán Gilberto Girón, quien conocía bien el lugar, fue directo al bohío en donde acostumbraba pernoctar el cura Puebla, quien se hallaba dormido y en compañía del Prelado. Según contó después Cabezas Altamirano:

> ... Estando durmiendo en el bohío principal, que es una casa de paja, al amanecer sentimos ruido el visitador y yo, que allí estábamos solos, y cuando salimos en camisa a ver lo que era, por presto que nos retiramos hubieron de peligrar nuestras vidas, porque un capitán francés llamado Gilberto Girón, había rodeado el bohío con sus postas y había herido de muerte a un negro de las haciendas y a un español de los tres que estaban durmiendo en la antepuerta, y muriera otro si no fuera por un perro que conmigo llevaba que hirió el capitán cuando le tiró al español. El francés mandó a poner fuego al bohío, y así no tuvimos tiempo ni armas con qué resistir. Entraron los soldados y a mí me sacaron en camisa, maltratado y con muchos golpes, de manera que con el mosquete me hubieron de quebrar una pierna, y al salir me tiró uno una estocada, y si no me hubiera visto la corona de la cabeza, me matara [...][732].

De inmediato, sigue contando el Obispo:

> ... nos ataron con los brazos atrás, y al visitador lo mancornaron con otro español que llevaban atado. Ambos íbamos desnudos y descalzos y yo solo en camisa, con una sábana revuelta al cuerpo, que al poco tiempo me quitaron. Y un español que había llegado de La Habana aquella noche y que

iba también atado, de dos pares de calzones que llevaba me dio uno. Pasamos mucho trabajo por el gran sol que había y estar la tierra quemada. Verdad que a las seis leguas de la playa apareció un hidalgo de Puerto Príncipe, llamado Juan Rodríguez de Cifuentes, que vivía en un hato cercano, el cual, arriesgando su vida, me ofreció el caballo en que viajaba y me acompañó a pie hasta el navío, porque aunque me dejaron subir al caballo, y en otro al visitador, nos pusieron a cada uno un francés de guardia a las ancas [...]⁷³³.

El Obispo estuvo en el navío cerca de ocho días; y aunque el Capitán no quiso hablar enseguida con él, en cuanto tuvo oportunidad, el Prelado le preguntó cuáles eran las causas de su actitud hacia él, a lo que este contestó:

> ... que un mozo que había ido a rescatar con ellos ropa por unos cueros a nombre mío se les había ido con la ropa y aún estaban esperando los cueros, y que un clérigo cuyo nombre callo, pues ya su Prelado ha tomado a cargo el castigarle, les había burlado de la misma manera. Y que en total la gente de Bayamo le debía como seiscientos cueros, y que esperando esta paga se hallaban sin [nada] de comer, por lo que irritados habían hecho lo que hicieron⁷³⁴ [...]⁷³⁵.

Cabezas Altamirano le propuso a Girón que lo soltase para ir a buscar, con objeto de pagar la deuda, los seiscientos cueros. Mientras tanto, el Cabildo de la villa de Bayamo decidió realizar una investigación para saber si los que comerciaban con Girón lo habían traicionado en realidad. Asimismo acordó requerir al secuestrador, lo más pacíficamente posible, para que pusiese en libertad al Obispo.

El señor de La Ferrier cometió un grave error al no avenirse a las propuestas del Prelado y del Cabildo de Bayamo, pues llegó a creer que su posición era más ventajosa y quiso sacar de ella el mejor partido. Por tal motivo, exigió que se le pagase lo que se le debía y además un rescate de cinco mil piezas de cuero, dos mil ducados y otras ganancias.

A esta petición siguieron varias conversaciones; se aceptó finalmente reducir la cantidad de ducados a 1500, al parecer como pago de las ropas que le habían robado; pero Girón exigió que se le dieran, a cambio del Obispo, 1080 piezas de cuero[736], sesenta cargas de cazabe y doscientos escudos.

Gracias a la intervención de un capitán llamado Pompilio Gaetano[737], el cual pasaba por el lugar de los hechos, se logró que Girón enviase a tierra al Prelado, por hallarse enfermo y peligrar su vida. No obstante, se acordó que el cura Francisco Puebla quedara en poder de los secuestradores hasta que los bayameses pagaran el rescate convenido de antemano.

Según el propio fray Juan de las Cabezas Altamirano, cuando salió del navío se le hicieron "... salvas y mucha fiesta. La segunda vez llevé siete armas de fuego para mi defensa, acudió Jácome Milanés y me informó de cómo los franceses saltaban cada día a tierra con tanta seguridad como si estuvieran en Francia, y que era fácil cogerlos [...]"[738].

El Cabildo de Bayamo determinó no cumplir con lo pactado y atacar con objeto de destruir a Girón y a su gente. Para aniquilar a los corsarios, las autoridades bayamesas contaron desde el primer momento tanto con la ayuda de los contrabandistas extranjeros, cuyos barcos se hallaban surtos en la rada manzanillera, como de los pobladores españoles y de los indios y negros de la zona, armados muchos de ellos con sus instrumentos de trabajo.

Finalmente, el capitán Gregorio Ramos, "... a título de que iba para que los franceses no me ofendiesen, llevó consigo a todos los que encontró en el camino, de manera que entre negros e indios, la gente española y la que conmigo estaba, se juntarían hasta veintisiete personas. Se enviaron unos cueros por delante y una carta al capitán francés para que los saliese a recibir y les entregara a Francisco Puebla, que tenían como rehén [...]"[739].

Temiendo una celada, los hombres del capitán Gilberto Girón no quisieron entrar en tratos con el negro que llevaba los cueros y la carta pero, como al pirata "… le pareció cosa de poco valor que los suyos titubeasen con diez y ocho hombres bien armados con diez mosquetes y ocho picas […]"[740], trajo a Francisco Puebla.

El alcalde Gregorio Ramos, a pesar de ver al capitán Girón "… tan bien puesto en orden de guerra […]"[741]; "[…] dio el Santiago[742] y salió a ellos se dio la batalla y mataron al Capitán […]"[743]. Fue el negro esclavo Salvador Golomón, quien se destacó durante el transcurso del combate por su valor y audacia, el que le cortó al corsario francés con un machetín la cabeza. A pesar de las pocas armas de fuego con que contaban los bayameses, como resultado de la refriega, solo tres o cuatro franceses lograron escapar con vida.

> … ¿Qué determinó a los naturales de la Villa a tomar venganza de su antiguo aliado? Sin lugar a duda, después del *alzamiento* de los bayameses contra Suárez de Poago, un nuevo escándalo, como el que provocaría el conocimiento por parte de las autoridades reales de la Isla, así como por la Audiencia de Santo Domingo e, incluso, por el Consejo de Indias, del rapto del Obispo por un contrabandista, sería suficiente para provocar una acción directa contra los insubordinados bayameses. En la lógica del Cabildo de la Villa, si ellos actuaban a favor del Prelado crearían una situación que contrarrestase el efecto negativo que el secuestro de Cabezas Altamirano necesariamente iba a crear. Esta fue la causa por la que los bayameses, en lugar de cumplir el pacto con el señor de La Ferrier, decidieron prepararle una emboscada.
> Pese a que presentaron el encuentro armado como *fiero combate* —según la documentación, duró menos de un cuarto de hora—, lo cierto es que se trató de una emboscada donde Girón y su gente fueron sorprendidos y asesinados cuando descansaban y jugaban en la playa totalmente desprevenidos. Una vez concluido el incidente, el Obispo, el alcalde Grego-

rio Ramos –quien había ideado la acción y la había ejecutado– y otras figuras locales se dieron a la tarea de presentar los hechos bajo la dimensión de lo heroico motivado por su fidelidad al rey y a la religión.

Dos héroes, en particular, nos presentan sus escritos: el Alcalde y el Obispo. De la valentía y fidelidad de Gregorio Ramos habla el Obispo, insistiendo en el fin del contrabando[744].

Fray Juan de las Cabezas Altamirano pidió el 2 de julio a Felipe III que premiara por sus servicios al alcalde Gregorio Ramos, agregando: "Yo en su nombre como Prelado de esta Isla vengo indigno a V. [Vuestra] Magd. [Majestad] pido y supco. [suplico] que los culpados en materia de resgate[745] y que se hallaren en esta refriga[746] V. Magd. les conceda perdón pues proponen la enmienda en lo adelante y al Capitán y a los que en esta materia no están culpados, V. Magd. les premie como de tan larga mano espera [...]"[747].

En esta petición, como bien puede apreciarse, el Obispo presenta al Monarca como héroes a los principales contrabandistas de Bayamo, al mismo tiempo que le informaba que el comercio de rescate había sido eliminado en esa región de Cuba. Operaciones realizadas poco tiempo después, por armadas enviadas por el Gobernador para combatir el contrabando, demuestran hasta qué punto el Prelado había mentido al Soberano.

Al final, lo que dio mayor transcendencia al secuestro de fray Juan Cabezas Altamirano y a su rescate –en el cual los únicos heridos de la tropa bayamesa de Gregorio Ramos fueron indios– fue la elaboración, en 1608, del poema *Espejo de Paciencia*[748] por el escribano de origen canario, radicado en la villa de Santa María del Puerto Príncipe, Silvestre de Balboa Troya y Quesada,[749] quien se inspiró en estos sucesos para "... mostrar al Obispo como *espejo de virtudes* [...]"[750].

Finalmente, fray Juan de las Cabezas Altamirano entró triunfalmente a Bayamo, pero poco después se trasladó a Santiago de Cuba, en donde su secuestro había provocado gran consternación; a tal punto que en los templos y casas particulares santiagueras se elevaron plegarias y rogaciones diarias, que fueron en aumento según transcurrieron los ochenta días que duró el cautiverio del Prelado.

El Obispo halló la Catedral de Santiago de Cuba reducida a cenizas por los corsarios que la habían atacado en 1603. De inmediato dio órdenes de repararla, al igual que al resto de los templos dañados. También dedicó sus esfuerzos a la construcción de una residencia episcopal. Al regresar a La Habana, Cabezas Altamirano ordenó fabricar, en la calle de los Oficios, una casa para que sirviera de morada a sus sucesores.

Viendo el estado en que se hallaba la Iglesia Catedral de Santiago de Cuba, el Prelado volvió a insistir en su traslado a La Habana. La firme oposición del Cabildo Catedralicio y del gobierno de la más calurosa de las ciudades cubanas dio al traste con su petición.

Por esta misma época, Cabezas Altamirano compró el hato de Ocaña, comprendido entre Guantánamo y Sagua de Tánamo, aunque se desconoce si puso o no a producir estas tierras. Por cierto, los constantes movimientos de compraventa que ocurren en esta zona durante este período apuntan a que estos terrenos fueron adquiridos a través de usufructos; ya que los dueños alegaban con frecuencia ante las autoridades coloniales la pérdida de documentos en desastres causados por incendios, ataques de piratas u otras causas, con lo que justificaban el derecho de beneficio de estas. Lo anterior indica que, en la mayoría de esos casos, los propietarios se establecieron en tierras realengas sin permiso alguno, amparándose en el casi total despoblamiento de la región y en el poco interés que mostraban las autoridades coloniales por esta.

A pesar de lo narrado con anterioridad, a partir de 1604 disminuyeron los ataques piráticos de que eran objeto las costas, embarcaciones y principales poblaciones de la Isla; esto fue consecuencia directa de la muerte de Isabel de Inglaterra, a la que sucedió en el trono el rey de Escocia Jacobo Estuardo, cuyo gobierno se caracterizó por la puesta en práctica de una política pacifista. Esta estrategia condujo a la firma en Londres, en este propio año, de un Tratado que ponía fin a la larga guerra entre España e Inglaterra, en el que se prohibía la piratería y la revocación de las comisiones y cartas otorgadas para ejercer esta actividad.

En coincidencia con el secuestro de fray Juan de las Cabezas Altamirano en Yara, se nombró en Valladolid, por Real Provisión[751] del 25 de abril, a Hernando de Avendaño (quien residía en Cuba) como Escribano y Notario Público de las Indias. Semanas más tarde, en el mes de mayo, se enviaron varias comunicaciones[752] desde España al Tribunal de la Inquisición de Lima, Perú, las cuales ordenaban que las autoridades de este tuviesen buena correspondencia con el Virrey de la Nueva España en todo lo relativo al nombramiento, en la ciudad de La Habana, de comisarios y familiares del Santo Oficio. Se envía, además, fe de las denuncias que habían interpuesto varias personas contra los curas que habían solicitado dichos nombramientos; e incluso se pide aceptar como Familiar a un tal García de Herrera, el cual no estaba casado[753].

A principios del mes de mayo, se proveyó en México para Comisario en La Habana del Tribunal del Santo Oficio a fray Francisco Carranco. En este mismo mes y año, llegó a La Habana el recién nombrado funcionario. Aunque el Gobernador de la Isla lo recibió bien, muy pronto el nuevo Comisario –quien dio comienzo a su cometido dilucidando cuestiones relacionadas casi todas con la hechicería– sostendrá enconados enfrentamientos con el Obispo fray Juan de las Cabezas Altamirano, con el inquisidor y con los clérigos locales.

Fray Carranco nombró al parecer, como delegado suyo, al carmelita fray Pedro de Frómeta, según se desprende de una *Instrucción de lo que en los negocios pertenecientes al Santo Oficio ofreciera en los lugares de la tierra adentro de esta isla [...] de Cuba debe [...] hacer y el orden que en ellos ha [...] de guardar el padre Fray Pedro de Frómeta, carmelita teólogo [...] predicador de la Orden del Carmen, persona ante quien han de pasar los dichos negocios de inquisición por particular comisión y carta mía*[754], la cual aparece firmada por el recién nombrado Comisario del Santo Oficio.

La Habana en 1603

Ajena a estas disputas, la Habana se preparaba para celebrar la fiesta del Corpus Cristi. Prueba de ello resulta el hecho de que el 14 de mayo se deje constancia, en el Acta de la sesión del Cabildo correspondiente a este día, de la celebración de una colecta entre los taberneros de la Ciudad para la confección de la Tarasca[755]. También se pidió que se suministraran por el Cabildo doce cirios para la referida fiesta.

El propio 14 de mayo, Pedro de Valdés escribió a Felipe III para comunicarle que, cansado de las truhanerías del fraile baracoense Alonso de Guzmán –o queriendo, quizás, convertirlo en chivo expiatorio– había procedido contra él: "... Habiéndole prendido por esta culpas y con orden mía un Capitán que envíe a [...] Baracoa y remitido al Obispo para que le castigase he sabido que sin hacerlo le soto[756] y volvió a enviar a la dha [dicha] villa de Baracoa y que procede contra el Cappn [Capitán] por haberle prendido, lo cual me ha dado cuidado [...]"[757].

En este sentido, resulta conveniente apuntar que:

> ... La actitud de Cabezas Altamirano con respecto [...] [a] dos curas acusados de estar entre los mayores comerciantes de contrabando de la Isla, así como otros hechos relacionados con su rápido enriquecimiento, inducen a pensar que ya había iniciado sus actividades ilícitas. La visita del Cura y el Obispo a las haciendas de Parada, y los sucesos que allí ocurrieron, indican que ambos habían ido a realizar un importante negocio. Y llama la atención que, mientras Cabezas Altamirano afirma que alcaldes y curas han renunciado al contrabando, encuentra ocasión para culpar a los más humildes de mantener el comercio de rescate [...][758].

En la primera mitad del mes de mayo, la Corona fue prevenida de que los holandeses habían propuesto al Rey de Inglaterra apoderarse de Cuba, pues consideraban que hacerlo sería una empresa fácil. La proposición en concreto se basaba en la solicitud hecha al Monarca de que les facilitasen tres galeones con sus tripulantes, vituallas y municiones para emprender el ataque a la Isla.

Los holandeses, por su parte, prometieron a los británicos armar con este propósito diez o doce navíos. Asimismo, Holanda instó al rey británico a que se estableciera en la mejor parte de las Indias y le prometió ayudarle a sostenerse allí. La monarquía española reaccionó de inmediato y, por temor a la intrusión extranjera, tomó varias medidas defensivas, las cuales no se hicieron firmes hasta 1605.

El 2 de junio, a través de una carta[759] enviada al Consejo de Indias, el obispo fray Juan de las Cabezas Altamirano, con fingido escándalo y para encubrir sus actividades ilícitas, denunció que en la Isla hasta los negros esclavos vestían de seda gracias al comercio de rescate. Esta afirmación no solo demuestra la participación en esta actividad de la porción más desposeída de la sociedad cubana, sino también la baratura de los artículos importados como parte del masivo ejercicio del contrabando.

Un mes más tarde, el 2 de julio, Cabezas Altamirano volvió a escribir al Rey, esta vez para expresarle lo que ya el Monarca debía de saber de memoria ante tanta insistencia de él en afirmárselo: la visita pastoral emprendida por él, después del mes de septiembre de 1603, había estado relacionada con los escándalos provocados por la actitud de los bayameses contra el teniente Melchor Suárez de Poago, en represalia por las acciones emprendidas por este para poner fin al contrabando.

Tal como lo había informado más de una vez al Rey el Gobernador, los piratas que asolaban las costas cubanas se defendían de los ataques de las armadillas y guarniciones formadas por Valdés desde buques de construcción española que habían arrebatado a sus armadores y que estaban dotados de cañones fundidos en la Península Ibérica o en sus colonias, los cuales seguían adornados con las humilladas armas reales de Su Majestad. Además, sus tripulaciones se hallaban amparadas por los vecinos de las poblaciones con las que acostumbraban a rescatar, los cuales les avisaban de cualquier movimiento hostil. "Este daño –expresaba Valdés al Monarca– o yo no lo he sabido representar cuán grave es o en el Cons [Consejo] no debe de haber de consideración pues sobre él no habido resolucions. [resoluciones] algunas ni a mí se me ha respondido nada cerca[760] de ello [...]"[761].

El 12 de julio, Pedro de Valdés acusó recibo de una Real Cédula, fechada el 6 de septiembre de 1603, mediante la cual se le ordenaba remitir un informe, redactado de la manera que procedía en esos casos, sobre Francisco de Ballesteros, Fundidor de la Fábrica y Fundición de Artillería de La Habana. En el documento debía plasmarse si era cierto que, por ocuparse en fundiciones particulares de campanas y otros objetos similares, Ballesteros dejaba de servir y acudir a la referida industria o lo hacía de mala gana. También el Rey pedía información acerca de si era verdad que Ballesteros no daba buena cuenta del metal que se consumía en la Fábrica y Fundición de Artillería de La Habana, así como de las herramientas que obraban en su poder.

El Gobernador le comentó al Rey que había estado indagando sobre estos hechos y quedado convencido de que la información que le habían suministrado había sido: "... muy siniestra y falta de verdad – porq [porque] el dho [dicho] Franco. [Francisco] de Ballesteros ha acudido a todo lo tocante a su oficio, con mucha puntualidad y diligencia y sobre todo con mucha fidelidad – a lo que se ha alcanzado a entender demás de haber visto mucho de ello, por vista de ojos respeto de haberme hallado en perssa. [persona]– a las fundiciones en mi tpo. [tiempo] [...]"[762].

Además, Pedro de Valdés aseguró al Monarca que, si bien era verdad que algunas piezas fundidas en la Fábrica y Fundición de Artillería de La Habana habían salido con dificultades, no pensaba que esto había sido por causa del fundidor, sino por dos razones fundamentales: la primera, los materiales (piedra y teja) que se habían podido conseguir para la construcción del horno no eran los más apropiados, aunque esta situación se había procurado enmendar lo mejor posible; mientras que la segunda razón y principal causa había sido, a su entender:

> ... por querer fundir la dha [dicha] artillería con solo la primera fundición del metal porque la experiencia que se ha hecho de ello – ha mostrado q. [que] tiene la tercia parte de escoria – y su parecer del dho [dicho] Ballesteros ha sido siempre y el mío también que se hiciese segunda fundición del metal y primero que se fundiese la artillería y el no haber hecho esto ha dado causa de que se [ilegible] la fundición de algunas piezas con la falta también de la bondad de los materiales q. he dho y no he hallado que sea cierto - que el dho Ballesteros - haya dejado de acudir a su ministerio y offo. [oficio] con puntualidad por fundir campanas ni otras cosas porque solo ha fundido algunos pocos duelos[763] de calderas para ingenios de azúcar y esto en tpo. [tiempo] desocupado [...][764].

El Gobernador manifestó al Rey que no tenía por qué reprender ni agraviar a Ballesteros por no haber continuamente fundición y que respecto a que, además de su sueldo, recibía diez reales más cada día que trabajaba y cinco de cada quintal de metal que fundía, comentó que merecía muy bien ese estipendio "... por el mucho trabajo q [que] tiene – atento ser solo y no tener ningún ayudante de fundición [...]"[765].

Al momento de redactar Valdés su carta y en muchas otras ocasiones, Ballesteros no tenía metal que fundir, por lo que se afectaban con frecuencia sus emolumentos; mientras que, por la misma causa, los oficiales reales y las demás personas que trabajaban en la Fábrica y Fundición de Artillería de La Habana, quienes gozaban –al decir de Valdés– de "... gruesos sueldos [...]"[766], llevaban sin ocuparse en cosa alguna bastante tiempo.

El Gobernador había escrito por dos o tres vías al capitán Francisco Sánchez de Moya, a cuyo cargo seguían las minas de cobre de Santiago del Prado; le refería la urgente necesidad de metal que tenía la Fábrica y Fundición de Artillería de La Habana, pero este le había respondido que no tenía orden para ello, sino para embarcar el metal hacia España.

Sobre estos y otros asuntos similares habían advertido también a Felipe III Marcos de Valera Arceo y Francisco de Redondo Villegas, oficiales de la Fábrica y Fundición de Artillería de La Habana, quienes dieron cuenta al Monarca del estado en que se hallaban:

> ... las casas de esta Fundición y que la causa de no haberse fundido más piezas de las que fueron en una relación que se ynvio[767] al Real Consso [Consejo] ni fundirse entonces si no solo una fundición que se había de hacer de cuatro piezas del metal que había quedado de las fundiciones pasadas dos grandes y dos pequeñas era porque el Cappan. [Capitán] Franco. [Francisco] Sánchez de Moya a cuyo cargo está no ynviava[768] metal aunque tenía sacados más de mil y cien quintales según avisaba desde las minas de Santiago de Cuba donde residía por decirse le había mandado le ynviase[769] a España de que se siguian[770] los ynconvinientes[771] que sinificamos[772] [...][773].

El 3 de agosto quedó nombrado en Valladolid, por Real Provisión, Jerónimo de Quero[774] como Sargento Mayor del Presidio de La Habana, en sustitución del recién fallecido Martín de Montalbán[775]. Poco después, durante el transcurso del mes de agosto, llegó:

> ... un cossario[776] francés[777] a la Canal Vieja y dejando allí su navío entre unos cayos se embarcó en dos lanchas bien equipadas y se puso con ellas veinte leguas a barlovento de este

puerto[778] donde tenía ya tomado cinco o seis presas de los navíos del trato de esta Isla cargados de carnes y bastimentos para este puerto y para la Armada de los galeones y viendo el daño que de esto se seguía me pidieron los mercaderes y vecinos de la tierra les diese licencia para armar contra él a su costa y así le envié a buscar y hallándole le tomaron y mataron al Cappn. [Capitán] y quitaron las presas que habían tomado y informándome de la poca fuerza que quedaba en el navío envíe luego en busca del y lo tomaron sin sacarse gota de sangre ni costase un real de la Hacienda de V. [Vuestra] Mag. [Majestad] y entraron aquí con él dentro de ocho días las presas que habían tomado se volvieron a sus dueños el navío y lo que traía se venderá en almoneda y lo que procediere se repartirá entre los armadores y gente que los tomaron los franceses que quedaron vivos que son hasta veinte y cuatro los he condenado a que sirvan en las fábricas del Morro hasta que V. Mag. mande otra cosa parece que este navío estuvo en la isla de Guadalupe y de las naos que allí se perdieron de la Flota de Nueva España sacaron diez piezas de artillería de bronce y las siete más gruesas las vendió el Cappn. a un holandés que estaba rescatando en Guanaibes a pagar en la ciudad de Ruan de Francia las otras tres que son de diez hasta doce qes. [quintales] quedan aquí para hacer de ellas lo que V. Mag. mandare – [...][779].

El 7 de septiembre, estando el Gobernador enfermo y en cama, se suscitó un sonado altercado entre él y los oficiales reales. Estos no permitieron que el capitán Pedro de Valdés –quien había sido designado por la máxima autoridad de la Isla para hacerlo– inspeccionara una nave que, procedente de Islas Canarias y a cargo del maestre Manuel Pérez, acababa de entrar, cargada de vinos, en el puerto de La Habana.

Según un documento[780] redactado este mismo día por el Escribano de Registros Luis Pérez Cotilla, cuando el capitán Pedro de Valdés intentó visitar el navío con los oficiales reales "... en virtud de una Cédula Real[781] q. [que] presenta q. pide se les lea y notifique [...]"⁷⁸², el Tesorero Cristóbal Ruiz de Castro y el Contador Juan de Eguiluz se lo impidieron alegando que, en ausencia del Gobernador, solo podían hacer la visita al navío los oficiales reales.

El capitán Pedro de Valdés protestó de inmediato y pidió testimonio de este asunto al Escribano de Registros, al tiempo que recordaba al tesorero Cristóbal Ruiz de Castro y al Contador Juan Eguiluz que:

> ... la causa porque dho [dicho] señor Gobernador no se puede hallar a la visita es legítima pues él se encuentra enfermo en la cama y q. [que] no será justo por eso se deje de hacer el serviº [servicio] de Su Majestad y lo que manda por su Real Cédula q. les vuelve a requerir le dejen hacer con ellos la dha [dicha] visita protestando q. si por no hacerse se redundare en deservicio de Su Magd. [Majestad] sea por su culpa y cargo y protesta de dar de ello cuenta al dho [dicho] señor Gobernador para q. dé aviso a Su Magd. como los dhos [dichos] oficiales reales impiden el cumplimto. [cumplimiento] de sus reales cédulas [...]⁷⁸³.

Al final, Cristóbal Ruiz de Castro y Juan Eguiluz hicieron solos la visita a la embarcación pero, por estar seguro de que no la habían hecho con el cuidado y diligencia necesaria, el Gobernador fue a inspeccionar el navío al día siguiente y halló que:

> ... venían en él sin licencia de V. [Vuestra] Mag. [Majestad] dos hombres casados con sus mujeres y otra soltera que dicen ser de Sevilla y un fraile franco. [franciscano] en hábito de marinero a todos los cuales prendí y procedí contra el maestre dueño del navío y al fraile lo entregué al guardián de la casa que hay aquí de su Orden y habiendo puesto la causa en estado de Sentencia por no tener Teniente la remito al Consejo para que en él se vea y determine y para este efecto va

ahora testimonio de ello está conclusa y las partes afianzadas para lo que se juzgare y sentenciare – [...]⁷⁸⁴.

El 14 de septiembre de 1604, Valdés recibió la carta que Felipe III le había escrito el 31 de mayo de este mismo año, en la que le ordenaba que estuviera: "... con mucho cuidado y vigilancia teniendo las fuerzas proveidas y todas las demás cosas en la buena orden y forma que es menester para la defensa de ellas y de esta Ciudad por el aviso que se ha tenido de que en los estados rebeldes de las islas de Holanda y Zelanda hay alga. [alguna] inquietud y podrían tener intincion⁷⁸⁵ de enviar Armada a estas partes [...]"⁷⁸⁶. El Gobernador informó al Rey, días más tarde, que había quedado "... advertido de ello y todo se hará como V. [Vuestra] Mag. [Majestad] lo manda y me desvelaré en ello con el mayor cuidado y diligencia que pueda - [...]"⁷⁸⁷.

El 19 de septiembre falleció en La Habana Pedro Méndez Carrafeo, Escribano de la Gobernación la Isla. El oficio quedó vacante "... por haber expirado en él la segunda vida [...]"; por tal motivo, Valdés solicitó al Monarca que dispusiera de él. No obstante, como no podía esperar que se buscara la persona adecuada para ocupar el cargo, comunicó a Su Majestad que lo procuraría:

> ... en la forma que mejor esté al Servo. [servicio] de V. [Vuestra] Mag. [Majestad] arrendándole V. Mag. dándole en fialdad⁷⁸⁸ y para lo que toca a disponer de este offo. [oficio] si V. Mag. fuere servido que se venda sea de advertir que perderá mucho de su valor por un pleito que los escribanos públicos tractavan⁷⁸⁹ con el dho [dicho] Po. [Pedro] Méndez que pende en el Consejo y tienen sentencia de vista en su favor y está para determinarse en revista y si se confirma la dha [dicha] sentencia queda el dicho offo. [oficio] en menos predicamento que cualquiera de los públicos por tanto si en razón de esto conviniere hacer alguna diligencia será V. Mag.

> servido mandar al Fiscal que la haga antes que el dho pleito se acabe [...]⁷⁹⁰

Marcos de Valera Arceo y Francisco de Redondo Villegas volvieron a escribir al Rey por estos días para comunicarle que se habían fundido, en la Fábrica y Fundición de Artillería de La Habana, cuatro piezas de artillería:

> ... saliendo la fundición muy buena en catorce de este mes de septiembre y se quedan las piezas reparando y poniendo en orden de lo que es necesario hasta que quedan en toda perficion⁷⁹¹ –
> Con esta fundición habrá de cesar por algunos días esta Fábrica porque el dicho Cappan. [Capitán] Franco. [Francisco] Sánchez de Moya escribe desde las dichas minas que aunque tiene sacadas más de mil y trescientos quintales de cobre y que el gobernador de Cartagena [de Indias] le escribe tiene orden de V. [Vuestra] Magd. [Majestad] para que el dicho Cappan. le provea del que hubiere menester para que allí se funda artillería para la defensa de ella y que en teniendo el orden de Va. [Vuestra] Magd. proveería del cobre que hubiese menester para ello para fundirse en esta Ciudad no ynviaria⁷⁹² ninguno hasta que tuviese orden de V. Magd. por haberla tenido de que lo ynviase⁷⁹³ a España de que se siguen muchos ynconvinientes⁷⁹⁴ como es el Maestro Fundidor que tiene Va. Magd. para estas fábricas y Maestro de Carpintería que hace las cureñas y encavalgamentos⁷⁹⁵ de las piezas que se funden que no se hallan todas veces y los tiene V. Magd. aquí con salarios y jornales están sin hacer alguna cosa por no ynviarse⁷⁹⁶ metal y se les paga holgando – [...]⁷⁹⁷.

Para evitar parte de los gastos que de ello se derivaban, se acordó notificar a los maestros fundidor y carpintero que:

> ... acabándose de poner en orden y reparándose las piezas que al presente han fundido y haciéndose los encavalgamentos⁷⁹⁸

necesarios para ellas les ha de cesar los jornales que se les da cuando trabajan pues no tienen qué trabajar y solamente se les ha de pagar su sueldo ordinario a lo cual por ellos ha sido dicho y respondido que ellos no tienen culpa ni pueden perder los jornales pues no se les da qué trabajar y están prestos y presentes de hacerlo como se les dé y habiéndoles de expirar los dichos jornales no se pueden sustentar ni entretener con solamente el dicho sueldo pidiéndonos les diésemos licencia para poderse ir donde quisiesen y por nos visto y que son personas que se hallan pocas veces de sus oficios y que con mucha costa del hacienda de V. [Vuestra] Magd. [Majestad] les trajeron a estas partes para servir en estas fundiciones y que no era justo despedirlos sin tener orden los remitimos a Va. [Vuestra] Magd. para que mande y provea en ello lo que fuere servido – [...][799].

Alrededor del 25 de septiembre, partieron de La Habana los galeones a cargo del general Luis de Córdova. El gobernador Pedro de Valdés aprovechó la ocasión para enviar al Rey una misiva en la que le acusaba recibo de una carta fechada el 28 de marzo de este mismo año en la que el Monarca, en respuesta a todo cuanto tenía escrito desde su llegada a Cuba sobre los más diversos sucesos, se daba por:

… deservido de lo que hice desmontar en la Zanja [Real] diciendo que ha parescido[800] caso muy mal considerado y mirado por los grandes inconvenientes que se representan de haber abierto aquel camino por ser la expuracion[801] del monte la principal defensa que por aquella parte tenía esta Ciudad / y la segunda que he intentado obras nuevas y que de aquí adelante no eceda[802] en esto sino que cumpla lo que se me ordenare con apercibimiento que V. [Vuestra] Mag. [Majestad] mandara castigarme con todo rigor –
Si yo he dado causa para que V. Mag. me reprehenda con tan graves razones y he merescido[803] que mis servicios vengan a rematarse en el disgusto que V. Mag. muestra tener más castigo se me había de dar pues habiéndome V. Mag. honrado

con mandarme que viniese aquí y fiar de mí esta llave, de cuya seguridad, pende tenerla lo que cada un año[804] va de estas partes / Rodearse las cosas de manera que de ninguna que haga ni escriba no se tenga más satisfacción de lo que hecho deber me tiene con la mayor lástima y aflicion[805] que he pasado en todos cuantos trabajos he tenido pues veo que estas demonstraciones[806] las causan / o no haberme dado a entender / o no tener el crédito que meresce[807] mi fidelidad y lo escribo y que le tiene todo lo que contra ello se debe haber informado por hombres que no pretenden sacar más fructo[808] que ponerme en desgracia de V. Mag. y del Consejo poniendo defectos en las cosas que no los hay y siendo cuanto he hecho después que vine lo que realmente conviene al servicio de V. Mag. como constara por lo que dijeren el Gnal. [General] Don Luis de Córdova a quien V. Mag. ha mandado verlo y otros de los que van con él que lo han visitado y andado todo y como testigos de vista y la planta que llevan del río y Zanja en lo que a lo luengo de ella se rozó [...][809].

La Planta que acompañaba esta misiva fue titulada por Cristóbal de Roda, su autor, como *Plano de la fortificación hecha en La Habana, entre el fuerte de la Punta y el bosque*[810]. Fue realizado en colores, posee una explicación, en cartela, al pie, y su escala es de 500 pies los 137 mm. El original mide 287 x 426 mm.

Como parte de su misiva, Valdés explicó al Rey que la ciudad de La Habana no corría ningún riesgo por haberse abierto un camino, por orden suya, en las inmediaciones de la Zanja Real, porque se hallaba:

... muy apartada del río de La Chorrera y estar entre ella y el dho [dicho] río tan gran distancia de monte como está y ser tan tupido y cerrado que no se puede romper ni menos irse por el río arriba hasta la presa de donde comienza la Zanja por haber dos leguas desde la mar a la dha [dicha] presa y que por el río ni por las riberas no pueden andarse mayormte. [mayormente] que si los enemigos tomasen trra. [tierra] no tenían necesidad de ir a buscar la presa para venir por la Zanja a esta Ciudad pues poco más arriba del ingenio de Don Juan Maldonado hallarán Camino Real ancho y espacioso por donde podrían venir por ser el Camino Real por donde se trajina toda la Isla y tan antiguo como ella desde que se descubrió no se ha cerrado ni puede cerrar si no es en un caso muy forzoso y porque la planta que va con esta está hecha con tanta verdad que nadie puede negarla por ella debe V. [Vuestra] Mag. [Majestad] juzgar lo que yo he hecho y no por relaciones de enemigos y así confío que habiéndose entendido será V. Mag. servido darlo por bueno pues no he abierto camino que tenga nescesidad[811] de los reparos que V. Mag. manda hacer – [...][812].

Valdés comunicó al Rey que había sido el ex gobernador Juan Maldonado Barnuevo quien había abierto los caminos que se hallaban representados en el Plano ejecutado por Cristóbal de Roda, con objeto de comunicar los edificios que había ordenado construir:

... en La Chorrera una legua de esta Ciudad y media de la boca por donde entra en la mar cuya marea cresce[813] hasta la Sierra del agua la cual y el ingenio de azúcar que hizo un poco más el río arriba debria[814] V. [Vuestra] Mag. [Majestad] mandar quitar y que se cerrasen los dos caminos por ser por donde podría tener esta Ciudad el peligro que se ha dado a entender que tiene con lo que yo hice porque los dos caminos con las granjerías de la sierra e ingenio se van ensanchando y aclarando más cada día y talando el monte a raíz así para las grandes rozas de leña y plantíos de caña que se hacen para el ingenio como con lo mucho que se corta para que labre la sierra todo lo cual es de tan gran daño cuanto manifiesta la planta y más pues pueden los enemigos llegar en lanchas hasta la misma sierra del agua y venir a esta ciudad por los caminos que desde ella y el ingenio están abiertos Y si entre tanto hubiere algo que remediar lo haré de manera que se evite el daño que por allí puede rescebirse[815] esto estaba hecho cuando yo vine y así no lo he quitado V. Mag. mandará en ello lo que fuera servido – [...][816].

El Gobernador aprovechó la oportunidad para recordar a Su Majestad que él no había construido otros edificios, a pesar de que —en carta fechada del 25 de septiembre de 1602— le había comunicado la necesidad que había de que en la boca de los ríos de La Chorrera y Cojímar se hicieran dos pequeñas torres para impedir que los enemigos de España desembarcaran en sus cercanías. En este sentido, aclaró que dichas torrecitas nunca comenzaron a construirse "... esperando ver lo que V. [Vuestra] Mag. [Majestad] mandaba sobre ello ni se harán pues tampoco acertado ha parescido[817] lo que en razón de esto tengo escripto[818] –"[819].

Según reveló Valdés al Monarca, el castillo de La Punta se hallaba, en esta época, en el mismo estado que había informado en sus misivas anteriores, y agregó que:

> ... reformado el Alcaide y la gente de la primera plana y en pie toda la demás y los caballeros que tenía ecepto[820] uno que se desmantela que a Don Luis le ha parescido[821] que no será de inconveniente[822] quedar en pie – No conviene tocar a lo que de esta fuerza ha quedado sino que permanezca en el estado que está con un Teniente y los soldados y artilleros que antes tenía pues ahora y siempre serán menester para defenderla como hasta aquí lo han sido –
> Y para que más claramente lo mande V. [Vuestra] Mag. [Majestad] ver envío con esta una copia del acuerdo que por mandado de V. Mag. hicieron Don Franco. [Francisco] Coloma y Don Juan Maldonado en octubre del año de 94[823] sobre la gente que sería menester en cada una de estas fuerzas en el cual para darles la que les repartieron alegaron cuantas causas pueden ahora considerarse que yo las tengo por muy evidentes y ciertas – [...][824].

Felipe III y La Dorada

Cabildo Abierto efectuado el 6 de abril de 1603 en La Habana para tratar acerca de la fundación de un convento para las jóvenes casaderas y sin pretendientes

Al referirse a la trinchera que se había construido entre el castillo de La Punta y el llamado bosque vedado, Valdés aclaró que esto era lo único que se podía atribuírsele a él como obra nueva; y agregó que iba:

> ... designada en la planta[825] y para cuanto puede ofrescerse[826] es la más importante que hay porque con ella queda por aquella parte cerrada esta Ciudad de manera que no podrán entrarla los enemigos ni con la resistencia que de ella se les podrá hacer parar en toda la playa – diralo Don Luis que lo ha visto de más de parescer[827] así por la planta – y si se me atribuye a obras nuevas aunque lo son los dos baluartes que se hicieron el uno en el camino de La Chorrera junto a la Atalaya y el otro de la otra parte del Morro hacia el río de Cojímar fueron muy necesarios y se hicieron con el trabajo y faenas de los soldados sin ocuparse en ellos de las fábricas

263

más que un cantero y dos negros cosa de veinte días que tardaron en acabarse – [...]"[828].

Al escribir Pedro de Valdés esta carta al Rey, hacía siete meses que no se realizaban trabajos –salvo dos piezas de hasta treinta quintales cada una que se habían fundido con "... las mazavocas y sobras [...]"[829] de las fundiciones anteriores– en la Fábrica y Fundición de Artillería de La Habana. La causa de ello seguía siendo la decisión del capitán Francisco Sánchez de Moya de no "... enviar metal para esta Fundición [...] y es lástima que por este respecto estén aquí tantos offes. [oficiales] ganando sueldo sin hacer nada el Fundidor Franco. [Francisco] de Ballesteros se queja y con mucha razón porque como no funde pierde sus aprovechamientos el cual está pobre cargado de mujer e hijos y no se puede sustentar suppca. [suplica] a V. [Vuestra] Mag. [Majestad] le mande despedir o dar en que entienda [...]"[830].

El Gobernador manifestó al Soberano que, cumpliendo con lo que se le había ordenado mediante una Real Cédula fechada en Barajas el 10 de marzo de 1604, no tomaría jamás para el situado del Presidio y fábricas a su cargo[831], a trueque de la plata que viniera de la Nueva España, los reales que trajeran las flotas y armadas que arribaran a La Habana.

Valdés se comprometió con el Monarca a enviar "... persona a Nueva España para que el Virrey haga batir los reales con tiempo y enviar los situados en ellos como V. [Vuestra] Mag. [Majestad] se lo manda por otra Cédula y si todavía los enviare en plata haré las pagas con ella aunque de ello ha de resultar deservir a V. Mag. – [...]"[832].

La Corona española invertía en este período en Cuba un promedio de 88 952 ducados anuales. A lo anterior debemos añadir que el situado de La Florida se quedaba en la Isla pues, cuando llegaba, ya estaba gastado. Asimismo la invernada de la Flota en Cuba le significaba cada año al Real Erario un desembolso de más de 100 000 ducados, sin contar en ello lo que gastaban en La Habana quienes venían a bordo: "... de 6000 a 9000 hombres: gente de mar y de guerra, funcionarios, representantes del comercio de Cádiz, pacotilleros, clérigos y aun simples viajeros [...]. Era gente toda, quien más quien menos, que regresaba con la bolsa repleta y no muy decidida, por cierto, a sofocar en el sollado de galeones anclados frente a una Ciudad amable y bien surtida [...]"[833].

En relación con la cerca o muralla que se planeaba construir en torno a La Habana para defenderla de posibles ataques enemigos, el Gobernador informó al Rey que había: "... hecho Don Luis de Cardona la diligencia que V. [Vuestra] Mag. [Majestad] le mandó y él informará lo que le ha parescido[834] que convendrá hacerse la orden que yo he tenido se cumplió con la planta y relación de ella y de lo que ha de costar envié y hasta ver lo que V. Mag. manda resolver sobre lo que Don Luis de Córdova dijere no tengo que hacer en lo q. [que] a esto mas de advertir a V. Mag. que los vezos. [vecinos] de esta Ciudad son tan pobres que no podrán hacer ayuda de consideración para tan grande obra y costa como esta tendrá si se hace [...]"[835].

Valdés remitió al Monarca el informe emitido sobre este particular por el ingeniero Cristóbal de Roda, quien estaba en contra de la construcción de las murallas tanto a lo largo de la bahía de La Habana como por la parte de tierra; para oponerse a ello, alegó la carencia de personal suficiente para guarnecerlas y el alto costo de las obras, aun haciendo los cimientos y las esquinas de sillería y el resto de adobe. Roda prefería –y así lo hizo saber a Felipe III– que se concluyera la fortaleza de El Morro y dotar a esta y a la de La Punta de artillería y provisiones de boca suficientes para hacer frente a un ataque enemigo.

Después de haber partido de La Habana los galeones a cargo del general Luis de Córdova, llegaron a ese puerto varios navíos cargados de vino procedentes de Islas Canarias, los cuales fueron inspeccionados por el gobernador Valdés y los oficiales reales. Durante el transcurso de la visita, según informó el Gobernador al Rey, no se halló:

> ... cosa prohibida ni hubo manifestación de nada porque de las islas[836] jamás aquí se admitió de cosa que no viniese de allá registrado y habiendo yo tenido después noticia que traían ropa y algunas pipas de vino de por registrar puse en ellos guardias e hice las causas de cuanto trajesen contra lo dispuesto por las ordenanzas de la contratación parescieron[837] ciertos fardos de lencería que condené por perdidos y de tres pipas de vino y ciertos cajones de brea venían en el uno de los navíos el Maestre que lo traía huyendo de mí porque no se lo condenase ocurrió[838] a los oficiales reales y socolor de decir que lo habían manifestado al tpo. [tiempo] de la visita no siendo así hicieron la causa teniéndola yo como digo prevenida y dentro de una hora la concluyeron y sentenciaron rematando las pipas a 39 ds. [duros] cada una y cada cajón de brea a once reales [...][839].

Ante esta situación, el Gobernador hizo traer los autos ante él y, no obstante su sentencia, prosiguió su causa:

> ... condenándolo por perdido y descaminado y lo saqué en almoneda e hice rematar a 63 ds. [duros] cada pipa de vino y a 25 rs. [reales] cada cajón de brea y apliqué lo procedido conforme a las ordenanzas de la contratación juzgando por descompostura que teniendo yo hecha la causa mucho antes que ellos y guardas en el navío me la quisieron quitar de las manos socolor de que se había manifestado lo venía perdido pues cuando fueron así habiéndome yo hallado en la visita donde quieren decir que se hizo la manifestación para guardarse bien el decoro que se debe a lo que aquí representa mi persona había de ser Juez de cualquier causa

que de la dha [dicha] visita resultará cuanto más teniéndola prevenida y héchola mucho antes que ellos como de los autos constara – [...]⁸⁴⁰.

Poco después, se formó otra causa relacionada con:

> ... cinco decenas de cordobanes⁸⁴¹ que un portugués trajo de Nueva España el cual no los había allá registrado ni tampoco los manifestó después de haber llegado en este puerto y huyendo de pagar los derechos de ellos los sacó del navío y los llevó a su posada sin despacharlos por la aduana vendiólos 29 ds. [ducados] la docena y antes que escribisse⁸⁴² el [roto e ilegible en el original] tuvo noticia de ello un Alcalde Ordinario aquel comenzó [roto e ilegible en el original] proceder de offo. [oficio] y habiéndolo averiguado y hecho embargo de los cordobanes y de cierto dinero que tenía además de ello el portugués vino a darme qta. [cuenta] del nego. [negocio] porque los alcaldes desconocen aquí de semejantes causas dejóme el proceso [...]⁸⁴³.

Estando pendiente este proceso en la Contaduría, los oficiales reales de La Habana pusieron, al pie del registro del navío en que habían venido los cordobanes:

> ... la manifestación de ellos y en virtud de esto sacaron fe del Contador Ju. [Juan] de Eguiluz de cómo se habían manifestado y presentáronla ante mí para que mandase volverlos⁸⁴⁴ al dueño hace averiguado ser todo esto falso y tengo sobre ello presos dos oficiales de la Contaduría que son los que lo hicieron por 116 Rs. [reales] que el dueño de los cordobanes les dio y así mesmo⁸⁴⁵ tengo preso un Procurador que trazó esta falsedad con el uno de los dhos [dichos] offes. [oficiales] y contra estos y el mismo portugués se ha nombrado Fiscal para castigarlos como lo haré para que no haya semejantes fraudes doy qta. [cuenta] de

esto a. V. [Vuestra] Mag. [Majestad] y envío de ello testimonio para que sepa lo que aquí pasa y de la manera que se procede y cómo se apadrinan estas cosas por los offes. [oficiales] reales para que ante mí se oscurezcan y no salgan a la luz – [...]⁸⁴⁶.

Durante el transcurso del mes de octubre de 1604, llegó a La Habana, procedente de La Florida (territorio perteneciente a su diócesis), fray Juan de las Cabezas Altamirano. Como al Obispo no le cayó bien la llegada a La Habana en mayo de este mismo año del Comisario Francisco Carranco, mandó a publicar en la Iglesia que en las cosas de fe se acudiese a él y no al delegado de la Santa Inquisición. Asimismo, Cabezas Altamirano se quejó al Tribunal del Santo Oficio de México de la crueldad del Comisario Carranco, alegando que se extralimitaba en sus funciones.

El 30 de octubre se emitió una Real Cédula[847], dirigida a la Real Audiencia de Santo Domingo, para que pusiera especial cuidado en el despacho de las provisiones que disponían el envío de presos de la isla de Cuba a aquella institución, evitando hacerles tal vejación salvo en los casos que la gravedad de los delitos cometidos lo requiriera.

El Gobernador escribió el 24 de noviembre de 1604 una carta a Felipe III, en la que adjuntó un duplicado de su misiva del 25 de septiembre de este mismo año, por si los galeones a cargo del general Luis de Córdova (con los cuales había enviado el original) no habían llegado a España "...por haber sido muy de año del bisiesto los tiempos q. ha hecho en ellas después que salieron de aquí que como hayan alcanzado a los parajes por donde la Armada iba tememos le habrán hecho algún daño [...]"[848].

Valdés informó en su misiva al Soberano que, además de la causa que había enviado:

> ... remitida al Consejo [de Indias] contra Juan Yánez dueño de un navío que llegó aquí de las islas de Canaria por haber traído ciertos pasajeros contra lo V. [Vuestra] Mag. [Majestad] tiene mandado hice después de la partida de los galeones otra causa contra el mismo por otros nuevos pasajeros que se averiguó que había traído y entre ellos tres que eran marido y mujer y una criada a los cuales viniendo por la costa de Sto. [Santo] Domingo por cierta motina que tuvo con el marido los echó en trra. [tierra] en un siermo despoblado y los dejó allí y se vino con la demás gente que traía por esto le condené en 200 dos. [ducados] y en todos los daños que esta gente paresciere[849] haber resdo. [recibido] para los cuales y para cualquier Hacienda con que de ellos se hubiere quedado y la condenación V. Mag. fuere servido mandar hacerle por la traída de estos y de los demás pasajeros que por la causa va averiguando que traía queda afianzado como por ella se verá sírvase V. Mag. de mandarlo ver y determinar y que se me avise la resolución que en ello se tomare y lo que en de semejantes casos conviniere que yo haga de aquí adelante para que lo ponga en ejecución en los que se ofrescieren – [...][850].

Los oficiales reales de La Habana andaban por esta época desavenidos entre sí y con mucha competencia en cuanto a:

> ... los previlegios[851] que cada uno de ellos pretende tener en el uso de su offo. [oficio] llevarse han mal y adonde interviniere Xpoval [Cristóbal] Ruiz de Castro no faltaran discordias por ser de tan extraño proceder que no puede vivir sin procurarlas han tenido conmigo un atrevimiento que no es justo dejar de dar qta. [cuenta] de ello a V. [Vuestra] Mag. [Majestad] y es que a viva voce me niegan ser su Juez en civil ni criminal y que ni deudas que deban ni muertes que hagan no se les pueden pedir si no ante V. Mag. que les dio los oficios que tienen como se verá por la información que con esta envío suppco. [suplico] a V. Mag. mande verla y

hacer declaración de lo que en esto convenga que ellos y yo guardemos – [...]⁸⁵².

En este período se había iniciado un pleito entre el ingeniero Cristóbal de Roda y el Contador Juan de Eguiluz, Veedor de las obras de fortificación que se ejecutaban en La Habana:

> ... en razón de las preeminencias que tocan a cada uno de los dhos [dichos] offes. [oficiales] conforme a las cédulas y recaudos que tienen de V. [Vuestra] Mag. [Majestad] en el cual se echará bien de ver [...] los daños que su Real Hacienda padesce[853] de que el Contor. [Contador] Ju. [Juan] de Eguiluz haga el dho [dicho] offo. [oficio] de Veedor porque no puede cumplir con las obligaciones del con el que tiene de Contador y porque creo ambas las partes envían testimonio de los autos con el que yo proveí declarando lo que a cada uno del les toca no le envió con esta aviso irá en el prim. [primero] que se ofrezca para que V. Mag. mande resolver lo que más fuere de su servo. [Servicio] en lo q. [que] a este offo. de Veedor – [...][854].

Valdés aprovechó la ocasión para enviar al Monarca un informe de las obras constructivas que se estaban realizando en las fortificaciones habaneras, con objeto de que se viera en la Corte la utilidad de ellas y, sobre todo, se entendiera que él no era: "... disparatado como por ella me hacen y que atiendo a lo que conviene al servyo. de V. [Vuestra] Mag. [Majestad] y guardia de esta Ciudad la cual tengo tan en defensa que creo tiene pocas V. Mag. que más lo estén para cualquier ocasión que se ofrezca – [...]"[855].

En su misiva, luego de recordar al Soberano que no se había hecho más nada en la Fábrica y Fundición de Artillería de La Habana –por no haber enviado Francisco Sánchez de Moya el metal necesario para ello–, Valdés volvió a repetir lo mismo porque: "… lastima ver holgar tanta gente sírvase V. [Vuestra] Mag. [Majestad] de dar orden que trabajen pues hay con q. [que] y es tan menester y que Franco. [Francisco] Sánchez no retenga el cobre como lo hace sino que lo envíe aquí porque el fundidor está perd. [perdido] y desdeñado y desea irse si no le dan qué hacer - […]"[856].

Asimismo suplicó al Rey que le mandara avisar qué debía hacer con los franceses que se habían capturado en un navío de esa nacionalidad, los cuales no estaban aún a disposición de la justicia: "… hasta ver la orden q. [que] V. [Vuestra] Mag. [Majestad] manda darme y saber el estado en que andan las cosas con Francia […] y hasta saber la voluntad de V. Mag. quedan ocupados en las fábricas[857] del Morro por forzados para trabajar en ellas – […]"[858].

Casi al finalizar su misiva, Valdés informó al Monarca que las cuentas del tesorero Marcos de Valera Arceo habían quedado resueltas, por lo que se irían cobrando de:

> … los alcances que hay en ellas de que constará a V. [Vuestra] Mag. [Majestad] por este testimonio que envío al Fiscal para que si por parte del Tesorero intentare hacer contra ellas alguna diligencia está advertido de lo que hay y lo defienda entretanto se llevan las qtas. [cuentas] las cuales irán con la Flota y por ellas se verá el cuidado con que se han tomado y la justificación con que se ha procedido que ha sido tanta que de ella han nascido[859] mil quejas impertinentes que se han dado de quien las tomó como al fin se verá […][860].

Por último, el Gobernador suplicó a Felipe III que se acometiera cuanto antes por sus oidores la averiguación de todo cuanto se había escrito contra él, pues el tema iría al Consejo de Indias. En este sentido, manifestó que las pesquisas debían hacerse en la propia Isla, para que en ese órgano de gobierno se supiera "… La verdad con fundamento y V. [Vuestra] Mag. mande castigar a quien lo meresciere[861] lo mismo suppque. [Supliqué] a V. Mag. en la del 25 de septbre. [septiembre] y espero de su real clemencia me hará esta mrd. [merced] porque vivo con mucho disgusto de la poca satisfacion[862] que de mí se tiene y de que malas relaciones de enemigos hayan obrado tanto que me quieran quitar por esta vía la gracia de V. Mag. [...]"[863].

Finalmente resultó comisionado por el Consejo de Indias, para hacer la visita al gobernador Pedro de Valdés, el Licenciado Marcos Núñez de Toledo, quien debía averiguar si eran ciertas o no las acusaciones que pesaban sobre su persona. Núñez de Toledo salió de la isla de Santo Domingo el 22 de diciembre de este mismo año, pero no llegó a La Habana hasta el mes de abril de 1605, ya que hizo escala, para fundamentar sus pesquisas, en varios sitios de la Isla. Aunque el gobernador Valdés autorizó a que el Licenciado Núñez de Toledo se entrevistara con los vecinos de La Habana, estos se negaron a hacerlo.

Para cumplir su cometido, al Oidor se le señalaron, según informó Valdés a Felipe III, "… dos meses de término con diez ducados de salario al día además de la venida y vuelta a la dicha Isla[864] y todo lo que esto montase y la saca de la dicha visita mandó V. [Vuestra] Magd. [Majestad] que lo cobrase de mí si me hallare culpado y no lo estando de cualquier Hacienda de V. Magd. que hubiese en la Rl [Real] Caja de esta Isla [...]"[865].

A pesar de las difamaciones de que era objeto, el Gobernador de la Isla —excelente marino ante todo— se hallaba enfrascado en este período en la construcción, en la bahía de Cabañas, de un buque mercante de su propiedad, de más de setecientas toneladas de porte y nombrado *La Criolla*. Por cierto, ya que hablamos de construcciones navales, debemos decir que durante el transcurso de 1604, para facilitar la labor de los marinos y navegantes que visitaban con frecuencia la Isla, el conocido cartógrafo Mateum Pecciolem había realizado un nuevo mapa de Cuba.

El carpintero de ribera Miguel Goada construyó en este año la fragata nombrada *La Catalina*, en río de Puercos, por la cantidad de 250 ducados. En los documentos relacionados con la nave, se especificó que la embarcación era de mil cueros de porte. Este curioso modo de medir el desplazamiento de un buque era, al parecer, común en esa época, pues al consignarse en este mismo año la venta de la mitad de una "… lancha de cubierta […]"[866] por Gaspar Francisco, vecino de Trinidad (en donde es probable que hubiera sido construida), se especifica que tenía seiscientas arrobas de carne de porte. El comprador, el soldado de El Morro Manuel Fernández, pagó 850 reales por la embarcación.

Antes de que finalizara el año 1604, Gaspar de Luquina envió a Felipe III, a través de Juan de Ibarra, miembro del Consejo de Indias, una carta –suscrita a nombre de los oficiales reales de la Fábrica y Fundición de Artillería de La Habana– en la cual le recordaba al Monarca que ya se le había informado con anterioridad:

> … del estado que tiene aquella Fábrica y Fundición y como a causa de que el capitán Franco. [Francisco] Sánchez de Moya a cuyo cargo está el metal que se saca para ellas en la isla de Cuba no les quiere ymbiar[867] el metal necesario para la Fábrica aunque tiene sacado y en su poder más de mil y trescientos quintales de ello se dejan de hacer en la dha [dicha] Fundición muchas piezas de artillería que pudieran estar hechas además de las que se han hecho si les obiera[868]

> ymbiado[869] el dicho metal que no ymbia[870] diciendo que tiene orden de Vra. Ma. para ymbiarlo[871] a España todo de que se siguen muchos ynconvinientes[872] en mucho daño gasto y costa de vra. Real Hacienda como son que la dha Fundición está parada y no se labra ninguna cosa por la falta del dicho metal que los maestros fundidor y carpintero piden licencia para irse a buscar donde tengan ocupación porque mis partes les han notificado que en acabándose de poner en perfecion[873] cuatro piezas que últimamente se fundieron y haciéndose los encabalgamitos. [encabalgamientos] necesarios les ha de cesar los jornales que se les da cuando trabajan pues no hay en qué se ocupar ni trabajar y que solo se les ha de pagar su sueldo, porque dicen que si no trabajan no queda por ellos sino por no se les dar el dho [dicho] metal ni lo que es necesario para hacer la dicha fundición porque con solo el sueldo no se pueden sustentar // a los cuales no se les da licencia para que se vayan por ser personas necesarias y pues con dificultad se hallan maestros de este arte y hasta tener orden de Vra. Ma. de lo que en ello se debe hacer [...][874].

Luquina informó al Rey que, tal como le habían comentado Marcos de Valera Arceo y Francisco de Redondo Villegas (oficiales reales de la Fábrica y Fundición de Artillería), en La Habana se hallaban construidas:

> ... las casas y horno de la Fundición y se puede hacer allí de aquí adelante toda la artillería necessa. [necesaria] para proveer las fuerzas de las Indias para cuyo efeto[875] se fundó aquella Fábrica y Fundición y se puede traer allí de la isla de Cuba el dho [dicho] metal con menos costa que a esta parte y los oficiales que hay en ella muy diestros y otras personas que acuden a ello por lo cual si se deja de hacer allí sería de muy deservicio de Vra. [Vuestra] Ma. [Majestad] pues se dejaría en el tiempo que mejor se podrá dejar de ver la bondad de las minas y el provecho

que daban y la bondad de la dha [dicha] Fundición a que Vra. Ma. no debe dar lugar pues según el mucho metal que se saca de las dhas [dichas] minas y la mucha más cantidad q. [que] se sacará si se ymbiasen[876] los ciento y diez y ocho negros que faltan de proveer para aquellas fábricas se podría acudir a lo uno y a lo otro ordenando al dho Capitán Franco. [Francisco] Sánchez que les proveyese del metal necesario para la dha fundición de la Habana y enviando a España lo que más obiese[877] pues la fertilidad de las minas es bastante para todo habiendo los dhos negros [...][878].

Además, Luquina suplicó al Monarca que mandara que se diera una Real Cédula para que Sánchez de Moya enviara "... el metal necesario para hacer las dhas fábricas y fundiciones de manera que no se esté holgando la gente y se les paguen salarios y jornales sin tener ocupación o se provea por Vra. [Vuestra] Ma. [Majestad] lo que se debe hacer en esto / [...]"[879].

Por último, el funcionario comunicó al Rey que las piezas de artillería que hasta ese momento se habían fundido en La Habana se habían llevado al castillo del Morro y a la Fuerza Vieja, y entregado al Mayordomo de la Artillería y Tenedor de Bastimentos de las mencionadas fortalezas, en donde se hallaban:

> ... en guarda y custodia por avello[880] pedido así el general Don Pº [Pedro] de Valdés de donde se podrán llevar y repartir donde Vra. [Vuestra] Ma. [Majestad] fuese servido aunque allí son necesarios y porque el Tesorero de aquella fábrica no tiene recaudo bastante de ella suplico a Vra. Ma. mande que el Cappn. [Capitán] de la Artillería se lo dé o que sea recaudo bastante las cartas de pago del dho [dicho] Mayordomo de la Artillería / o que sobre ello Vra. Ma. provea lo que más sea de su real servy [servicio] [...][881].

A finales de 1603, los altercados entre Pedro de Valdés y
el Capitán Juan Villaverde, Alcaide del castillo del Morro,
se hicieron cada vez más frecuentes

VI

En los primeros meses del año 1605, el obispo fray Juan de las Cabezas Altamirano, quien se hallaba por entonces en Santiago de Cuba, escribió una carta a Felipe III. En la misiva, el Prelado retomó la idea –sabe Dios por qué motivos– de que la Iglesia Catedral se trasladase a La Habana. Para lograrlo, reiteraba al Monarca su propuesta de:

> ... sustentar cuatro canónigos y tres dignidades sin que V. [Vuestra] Magd. [Majestad] pusiese para el efecto cosa alguna de su Real Caja sino solo cumpliendo el Real Patronazgo siendo la traza que para esto daba el incorporar todas las capellanías y tres beneficios curatos que allí hay con el de Guanabacoa que es como arrabal de La Habana media legua de ella y las dos sacristías la de este curato y la de la Perrochial[882] de la Habana juntamente con los diezmos que pertenecen a la mesa capitular aunque confieso se pedía a V. Magd. para esta traslación la sisa de aquella Ciudad o los siete por ciento pero aunque no interviniera esta mrd. [merced] con sola la licencia de V. Magd. y el mandarnos alcanzar esta gracia del Pontífice de la traslación dicha nos contentamos y conviniendo así al real servicio de V. Magd. me ofrezco a poner en ejecución lo dicho – [...][883].

El Prelado estaba consciente de que, cuando se trasladase a La Habana la Iglesia Catedral, se pondría en peligro la seguridad del puerto santiaguero:

... que es de los buenos que V. [Vuestra] Magd. [Majestad] tiene en estas partes y teniéndole por suyo el enemigo sería de grande deservicio de V. Magd. y de mucho peligro de estas reales minas del cobre las cuales son de grandísima importancia para la cristiandad por el mucho metal y bueno que cada día se descubre y las fundiciones que por experiencia he visto hacer y no es de poca consideración la riqueza grande que se ha descubierto del azúcar con la sementera de la caña cosa digna de que V. Magd. la sepa pues en tiempo de aguas hecho surco o un pequeño hoyo se siembra allí la caña y no ha menester más de un desyerbo para que cada año cortándola y aprovechándose de ella vuelve a nacer sin otro género de beneficio pero el poco pusible[884] de la gente tiene tan acobardados los ánimos y el vivir como se vive con tanto recelo del enemigo que no da lugar a que esto luzca y parezca aunque ya alguno se ha animado de su corte que cogerá él solo más de setecientas arrobas de azúcar y otros mucha miel con lo cual el año que viene siendo Dios servido certifico a V. Magd. se dará mucho menos de la Real Caja y habiendo el siguro[885] de este puerto me atrevo a afirmar a V. Magd. que habrá en los diezmos para la paga de los eclesiásticos y aun para ayuda de la defensa que para este puerto se pide [...][886].

Oficiaba por entonces, en la Parroquial Mayor de La Habana, Gonzalo de Silva, quien ofreció este año sus servicios al Cabildo de la Ciudad para impartir lecciones de órgano y de canto llano. Gonzalo de Silva está considerado el **primer profesor de música que tuvo la ciudad de La Habana**.

El 21 de marzo se envió al Fiscal de Su Majestad desde Valladolid una copia[887] de la carta que Felipe III había despachado en 1603 al Gobernador y a los oficiales reales de la Isla de Cuba, indicándoles el orden que debían tener en la distribución de los cuarenta mil ducados que se prestaron por su Majestad a los vecinos de La Habana que poseían ingenios para hacer azúcar. El envío de esta copia del documento tenía el propósito de que se realizara, a su debido tiempo, la cobranza del préstamo.

El 3 de abril se emitió una Real Cédula solicitando a Pedro de Valdés que enviara información sobre el Hospital existente en La Habana, el cual había sido trasladado de sitio y se hallaba regido por los Hermanos de San Juan de Dios. En el documento[888] se pedía al Gobernador que informara quién lo fundó, por qué se trasladó de sede, quién lo regía y quién llevaba sus cuentas y bienes.

Esta petición de alguna manera estuvo relacionada con la decisión de fray Juan de las Cabezas Altamirano de desalojar a los religiosos que atendían el Hospital de los locales que este ocupaba para fundar allí –en virtud de lo dispuesto por el Santo Concilio de Trento– un Seminario en el que debían impartirse clases de latín y de religión.

Los hermanos de la Orden de San Juan de Dios no se quedaron de brazos cruzados y entablaron pleito con el Prelado por el derecho de posesión del edificio. El Obispo, por su parte, respondió con una carta a Felipe III en la que expresó que, al pasar inspección al Hospital para convencer a los religiosos de que lo abandonaran, se escandalizó al verlos comer en vasijas de plata en vez de barro, más adecuadas para sus votos de pobreza[889].

Desalojados los hermanos de San Juan de Dios, abrió en 1606 sus puertas en el edificio del Hospital el llamado Seminario Tridentino, el cual tuvo mejor fortuna que la iniciativa adoptada por el Cabildo habanero de asignar cien ducados de retribución a un profesor de gramática para que enseñara latín a los hijos de los vecinos de la Villa; de este propósito se tuvo que desistir, pues no llegó nunca a contar con la aprobación real. Por este motivo, la enseñanza de la gramática quedó en manos de los sacerdotes agustinos que, con subvención del Cabildo, la impartieron durante años en el Convento que poseían en La Habana.

Debido a que su Iglesia Catedral se encontraba en Santiago de Cuba, el Obispo se sintió obligado a fundar, en esa Ciudad, un Seminario tal como lo había hecho ya en La Habana, esta vez bajo la advocación de San Basilio "El Magno". Su establecimiento debió de calmar las protestas del Cabildo santiaguero y del catedralicio, y además satisfacer las necesidades del culto en las pocas parroquias e iglesias de esta zona. Santiago de Cuba, abandonada, pobre y amenazada por los enemigos de España, pudo contar desde 1605 con este Seminario, el cual se considera, por haber desaparecido muy pronto el de La Habana, el más antiguo de Cuba.

El Seminario Tridentino de La Habana, llamado también Colegio por algunos historiadores, fue sufragado con los auxilios que fray Juan de las Cabezas Altamirano pudo obtener del Cabildo de La Habana y de los vecinos de esa Ciudad.

> ... La posibilidad de que la institución creada por Cabezas en La Habana fuera un Colegio y no un Seminario, se sustenta en el hecho de estar la sede catedralicia en Santiago de Cuba, y según el Concilio tridentino, la creación de seminarios debía efectuarse en lugares donde hubiera Catedral.
> Refuerza el criterio a favor de la fundación de un Colegio un acta del Cabildo de La Habana del 10 de mayo de 1607, según la cual un grupo de *vecinos criadores de ganado* decidió por voluntad propia, por contar el prelado con la requerida Real Cédula y haber designado ya rector y maestros de gramática [latín], *artes e otras virtudes,* ... *que de sus ganados, así mayor como menor que se pesare en la carnicería de esta ciudad desde hoy en adelante, para siempre jamás, se dé al dicho colegio dos reales de carne cada día, uno de vaca e otro de puerco, é para que quedase en costumbre pidieron é suplicaron al dicho Cabildo mandase que los diputados regidores é fiel ordenasen en la carnicería que se diese.*
> Al parecer, el *siempre jamás* del suministro de carne apenas duró tres años, y pudo no ser estable, pues el documento

especificaba que *no se haga fuerza* a los ganaderos por ser dicho aporte voluntario. Por otra parte, el acuerdo no se refirió a la entrega de dos reales por cada res *de tarros o de cerda*, como exponen algunos autores, sino de dos reales de carne cada día *uno de vaca é otro de puerco*. Se le facilitaba al colegio comida, no dinero.

Acaso el generoso ofrecimiento del cabildo habanero se debiera a que se trataba de un Colegio, donde podría estudiar cualquier hijo de *vecino*, lo cual no hubiera sido así de haberse creado un Seminario, excepto para quienes se decidieran por la carrera eclesiástica [...] [890].

En 1610 Cabezas Altamirano fue trasladado a Guatemala y, por tanto, cesó su apoyo al Seminario Tridentino de La Habana, al que no pudo dotar de una renta capaz de mantenerlo en su ausencia. La existencia del Seminario "... ha sido puesta en duda, pero en las libretas manuscritas del doctor Manuel Pérez Beato, obrantes en la Sala Cubana de la Biblioteca Nacional, aparecen referencias a varios documentos sobre el tema [...]"[891]. Los referidos manuscritos, fechados entre 1607 y 1608, y otras referencias bibliográficas y documentales, confirman que la institución existió, pero resulta evidente que su existencia fue corta, quizás entre 1605 y 1608.

El 6 de abril de 1605 se emitió en Valladolid una Real Cédula[892] mediante la cual se ordenaba a Pedro de Valdés que enviara información sobre la cantidad de maravedíes que eran necesarios para mantener limpia y adecentada la Zanja Real y sobre cuánto dinero se ganaba en La Habana en un año del impuesto de la sisa[893] aplicado al vino, al jabón y a la carne.

Doce días más tarde, el 18 de abril, el capitán Francisco Sánchez de Moya comunicó[894] a Felipe III que en ese propio mes y año, un capitán francés –quien tenía bajo sus órdenes trescientos hombres– proyectó tomar el Real de Minas de Santiago del Prado a su cargo, con el propósito de llevarse el mineral allí almacenado, el cual tenía mucho valor en Francia. A tal efecto, desembarcó en la Isla a un mulato criollo, natural de Santo Domingo, para explorar los caminos y obtener información sobre los efectivos que custodiaban las minas; pero fue capturado y se le encausó por sus actividades como espía. Poco después, habiendo confesado sus culpas, se le dio garrote y se le descuartizó, colocándose sus restos a lo largo de la costa de acuerdo con la costumbre de la época y, sobre todo, a modo de advertencia para sus cómplices.

El 29 de abril se despachó una Real Cédula en la que se le informaba al Gobernador del nacimiento del hijo de Felipe III y del estado de salud en que había quedado la Reina luego del alumbramiento. Unos días después, el 13 de mayo, se conformó en la Casa de Contratación de Sevilla el Expediente de Información y Licencia de pasajero a Indias[895] de Jerónimo de Quero, recién nombrado Capitán y Sargento Mayor de la gente de guerra del Presidio de La Habana.

Este mismo día, el Cabildo de la citada Ciudad abordó –como consecuencia directa de la Real Orden del 6 de abril de este año– el pleito existente contra los herederos del alcalde ordinario Hernando Manrique de Rojas, al cual le había sido encomendada la construcción de la Zanja Real. Por tal motivo, en el Acta Capitular del 13 de mayo, se hizo constar que el difunto había cobrado 5400 ducados por sobre la tasación propia para las obras y que, sin embargo, faltaban edificios por construir y la terminación de algunos trabajos. Mariana y Gonzalo Manrique de Rojas, sus hijos, tuvieron que responder a la reclamación del Cabildo por incumplimientos en la ejecución de la obra, para cuya terminación había estado cobrando su padre, durante años, el dinero de la sisa.

Finalmente, se ordenó el sobreseimiento de la herencia de Hernando Manrique de Rojas hasta que el Consejo de Indias se pronunciara al respecto. Asimismo se acordó nombrar como tercer tasado al ingeniero militar Cristóbal de Roda, para que, de conjunto con el de la Ciudad y el que había sido nombrado por los herederos de Manrique de Rojas, determinasen la cantidad de dinero por devolver y elevasen el dictamen correspondiente –con objeto de someterlo a su aprobación– al Gobernador.

Entre el 21 y el 24 de mayo de 1605, se emitieron en Valladolid varias reales cédulas relacionadas con Cuba. En la primera de ellas[896], fechada el 21 de mayo, se ordenó a la Real Audiencia de Santo Domingo que despojara del oficio de Regidor de la ciudad de Santiago de Cuba a Andrés de Chinchilla por haber transcurrido el tiempo para el que se le había concedido el cargo (que había comprado en veinte ducados a Francisco de Baraona[897]). Además, se mandó por esta Real Cédula que se viera la posibilidad de vender otros cargos similares existentes en la ciudad de Santiago de Cuba y que se averiguase cuánto se podría obtener por ellos y si habría compradores potenciales.

Sobre este particular, Valdés informó al Rey, unos meses más tarde, que había enviado:

> ... al Thime. [Teniente] que tengo nombrado para la tierra dentro orden para que en razón de ello haga las diligencias necessas [necesarias] por cartas suyas y relación de otras personas de fe de quien yo me he informado consta que la dha [dicha] ciudad de Sanctio [Santiago] de Cuba está muy acabada y falta de beandad y q. [que] por esta causa se hallará con dificultad quien compre en ella ningún regimyto. [regimiento[898]] y q. cuando los haya no valdrán de 30 ds. [ducados] a [ilegible] no por no ser de aprovechamto. [aprovechamiento] estoy aguardando las diligencias que ha de enviar el dho [dicho] Teniente y por ellas entenderá V. [Vuestra] M. [Majestad] esto más en particular y proveerá lo que más convenga a su real servicio [...][899].

El propio 21 de mayo, se emitió otra Real Cédula[900] mediante la cual se ordenó al Gobernador que vendiera el oficio de

Escribano Mayor de Gobernación, vacante desde la muerte de Pedro Méndez Carrasco, así como cualquier otro oficio que estuviera disponible en la Isla. También se emitió en esta misma fecha una Real Cédula[901] mediante la cual se ordenaba a Valdés que enviara información con su parecer sobre la venta de algunos cargos de la ciudad de La Habana que se hallaban libres y sobre cuánto se podría obtener por ellos.

Unos días antes se había emitido también una Real Cédula dirigida al Gobernador, en la que se le mandaba que obligara a todos los que compraran un oficio a traer, durante el transcurso de los tres años que estaban estipulados, confirmación de Su Majestad. También se le ordenó que no prorrogara dichos oficios "... más tpo. [tiempo] para ello lo cual cumpliré –afirmó unos meses más tarde– como V. [Vuestra] Magd. [Majestad] me lo manda [...]"[902].

El 21 de mayo otra Real Cédula[903] indicó a Pedro de Valdés que entregara a Antonio Osorio, Gobernador, Capitán y Presidente de la Real Audiencia General de Santo Domingo, cincuenta soldados equipados de todo lo necesario y con su Capitán, procedentes del Presidio de La Habana, para limpiar de rescatadores varios pueblos de la región.

Tres días después, el 24 de mayo, una Real Cédula[904] comisionó al Gobernador para que, junto con Alonso de Sotomayor –Caballero de la Orden de Santiago, Gobernador y Capitán General y Presidente de la Real Audiencia de Tierra Firme– y Luis Fernández de Córdova y Sotomayor –Capitán de la Armada de la Guarda de la Carrera de Indias– estudiaran la posibilidad de no proceder a desmantelar el castillo de la Punta, cuya reconversión en plataforma de defensa se había ordenado el 27 de septiembre de 1601. Con anterioridad, el 11 de mayo, se habían dictado también en Valladolid dos Reales Cédulas[905] con igual propósito, pero destinadas a los citados Fernández de Córdova y Alonso de Sotomayor.

El 24 de mayo se emitió una Real Cédula[906] con la que se ordena a Valdés que enviara información con su parecer sobre la petición que hacía Pedro Marmolejo, Fiscal del Consejo de Indias, de suprimir uno de los cargos que poseía Juan de Eguiluz —Contador de la Real Hacienda y Veedor de fábricas de La Habana—, quien no podía atender con eficacia ambas ocupaciones.

El 6 de junio se emitió una Real Cédula[907] en Valladolid, mediante la cual se le otorgó comisión a Juan de Eguiluz para que —en compañía de Pedro Redondo de Villegas, Contador de la Fábrica y Fundición de Artillería de La Habana— tomara las cuentas del aumento del impuesto de la sisa cobrado al vino, jabón y carne durante seis años, a fin de hacer las obras necesarias para llevar el agua procedente de La Chorrera a la Ciudad así como para hacer frente a otros gastos del Cabildo.

A Eguiluz y a Redondo de Villegas se les ordenó, además, que enviaran información al Consejo de Indias con su parecer de la investigación que ambos llevaran a cabo para saber cómo se había gastado el dinero cobrado de más a estos productos. Se indicó también que, si alguno de los dos no pudiera hacerlo, se hiciera entonces el trabajo con el auxilio de Cristóbal Ruíz de Castro, Tesorero de la Real Hacienda de La Habana.

El propio 6 de junio, Felipe III remitió a Pedro de Valdés una Carta Real[908] fechada en Valladolid, en respuesta a su misiva del 25 de septiembre de 1604. En esta comunicación, el Monarca abordó varios temas relacionados con el apresamiento de un bajel francés, al que se le quitaron los tres cañones que llevaba; el hallazgo de seis pasajeros sin licencia, dos hombres y una mujer soltera, y un fraile franciscano en un navío de Tenerife atracado en el puerto, y varias órdenes sobre el castillo de la Punta.

El Gobernador acusó recibo al Rey de un despacho del Comisario General de los franciscanos:

> ... para enviar preso a esos reinos el fraile que vino en hábito de marinero en el navío de Frao. [Francisco] Yánez y para

que así se cumpla le entregué al Guardián del Convento que la Orden tiene aquí el cual le obedesció[909] y dice que enviará el dho [dicho] fraile como se le ordena yo haré lo mismo en cuanto a la mujer soltera y dos hombres casados q [que] vinieron con sus mujeres en el dho [dicho] navío –
Y en lo que toca a los pasajeros que adelante se offrescieren[910] ejecutaré sin remisión lo q V. [Vuestra] Mg. [Majestad] tiene mandado – [...][911].

El 4 de junio, el obispo fray Juan de las Cabezas Altamirano envió a Felipe III una carta para comentarle que había comprobado durante su visita a esos parajes que, en el interior de la Isla:

> ... a doscientas y trescientas leguas o más donde hay iglesias y doctrinas la tierra es tan corta y miserable y poco poblada que en muchas partes el Sacristán allí Regidor y Contador Real es una misma persona y no se halla quién sirva de manera que es necesario que la tal iglesia se sirva de ruego y no hay quién quiera ir ni venir a oponerse a los tales beneficios tantas leguas y por tierra tan poco tratada ni comunicada que pueda pasarse un año y más sin poderse tener aviso y por esperarse aguardar los términos y modos del edito[912] y el Patronazgo Real no es posible estar bien provistas las dichas iglesias y más respeto[913] de que los oficiales reales no quieren pagar a la persona o Sacerdote Cura o Sacristán que sirven la tal iglesia o beneficio en el ínter que se prov. [provee] de propietario conforme al Patronazgo [...][914].

Atendiendo a ello, el Obispo suplicó al Monarca que ordenara que:

> ... en los pueblos principales como son la sabana de Puerto Príncipe y el Bayamo que son de consideración se guarde el dho [dicho] Real Patronazgo y su forma en las presentacio-

nes de sus beneficios y doctrinas en curas y sacristanes y en los demás pueblos que son de poca consideración y tiene los daños ni posibilidad de ynconviniente[915] [ilegible] se mande de q. [que] sin presentación del Gobernador lo provea el Obispo y esto sea por los años o tiempo que V. [Vuestra] A. [Alteza] fuese servido en el ínter que la tierra se mejora y aumenta[916] y puebla para que haya personas que acudan a ponerse y quieran servir y hay vecindad en los pueblos suficiente para sustentarse = [...][917].

Además, rogó a Felipe III que mandara a los oficiales reales que:

... a las personas que sirvieren los tales beneficios y doctrinas y sacristías en el ínter que se provean conforme al Real Patronazgo se les acuda y pague el salario como a los propietarios como se hace en otras partes y porque con menos dilación y daño se provean las iglesias y beneficios de aquella Isla // Suppca. [Suplica] a V. [Vuestra] A. [Alteza] mande de que el Govenad. [Gobernador] os nombre y elija dentro de un buen término de quince o veinte días y presente luego como el dho [dicho] Obispo hubiere propuesto los beneméritos al que hubiere de presentar porque suele haber mucha dilación de parte del Gobernador de que se sigue mucho daño en que nro. [nuestro] Sr. será servido [...][918].

Este y otros asuntos similares se investigaron con los oficiales reales hasta la saciedad, y se comisionó para ello a Francisco de Tejeda. Asimismo se buscó lo prevenido sobre este tema, que se vio en el Consejo de Indias, y se acordó en Valladolid que "... no ha lugar [...]"[919] a lo que pedía el Obispo.

El 29 de junio se emitió en Lerma una Real Cédula[920] mediante la cual se ordenó a Pedro de Valdés que aplicara las penas establecidas por los documentos y leyes correspondientes a los veinticuatro corsarios franceses que habían sido apresados en Cuba en fecha reciente.

Por otra parte, el 2 de julio se redactó en Valladolid una Real Cédula[921] mediante la cual se ordenaba al Gobernador que, asesorándose por personas de experiencia, enviara información sobre lo que ocurría en realidad en la Fábrica y Fundición de Artillería de La Habana; ya que persistían por entonces las desavenencias entre los oficiales de esta industria y el capitán Francisco Sánchez de Moya, administrador del Real de Minas de Santiago del Prado.

El quid de la cuestión estaba en que el capitán Sánchez de Moya continuaba negándose a enviar a La Habana el cobre necesario para garantizar el trabajo de la Fábrica; pues el que había sacado hasta entonces, 1300 quintales, tenía órdenes de enviarlo a España. Sánchez de Moya afirmaba además que, si se quería extraer más cobre en las minas a su cargo, tendría que contar con más de 118 esclavos.

Por estos días, se hallaba aún en La Habana el oidor Marcos Núñez de Toledo, quien había sido enviado a la Isla en 1604 para averiguar si eran ciertas o no las acusaciones que habían sido hechas en la Corte contra Pedro de Valdés. El 10 de julio escribió al Rey el oidor –cuya misión había concluido en el mes de junio– y le dijo que tenía entendido, por habérselo dicho algunos de sus amigos, que había sido trasladado a la Real Audiencia de Guatemala o a la de México.

Según comentó el Gobernador al Monarca, el oidor Núñez de Toledo, antes de acabar el término de su comisión en la Isla:

> ... dio a entender por medio de algunas personas [...] que el [...] salario y las costas de la visita lo quería cobrar de la RL [Real] Caja aunque con resguardo de que había de quedar embargado en ella otra tanta cantidad de mi salario como el cobrase hasta ver lo que V. [Vuestra] Magd. [Majestad] mandaba – y aunque el ter° [término] de la dicha comisión se acabó en fin de junio y después hice con él muchas diligencias para que declarase la cantidad que me embargaba de

mi sueldo para ir cobrando sobre ella lo que se me debiese por no tener otra cosa de que me poder sustentar ni al [ilegible] a las obligaciones que trae consigo este oficio – Lo fue difiriendo y dilatando sin quererlo declarar [...]⁹²².

El obispo de Cuba fray Juan de las Cabezas Altamirano

El 9 de agosto de 1605, fue ejecutado el portugués Simón de Araujo, residente con su familia en la villa de Baracoa. Araujo estaba considerado:

> ... uno de los hombres que en materia de rescates ha hecho más daños en esta Isla [...] era conocido de los enemigos que se andaba siempre con ellos enseñándoles los puertos y

metió una vez tres navíos de alto bordo de ingleses en Baracoa donde él vivía tenía su mujer y suegro los cuales les quemaron y saquearon el lugar e hicieron muchos daños a los que en él había tuve pocos días ha noticia que estaba cinqta [cincuenta] leguas de aquí con ciertas ropas de rescate en un barco envié por mar y por trra. [tierra] por él y fue preso y triduo[923] a esta Ciudad a donde en muy breves días e hice el proceso y por estar conocido de sus culpas y haber confesado muchas de las que había cometido le hice ahorcar [...][924].

Con posterioridad a la ejecución del portugués Simón de Araujo, Pedro de Valdés dio cuenta a Felipe III, en una misiva fechada el 16 de agosto, que el situado de Puerto Rico no se había enviado con la Flota por culpa de:

> ... Juan de Gardea Zaval que le trya. [traía] a su cargo y para que si acudieren sobre ello quejas a V. [Vuestra] Mag. [Majestad] se sepa la culpa que este hombre tiene diré aquí con toda puntualidad lo que realmte. [realmente] ha pasado y consta por los autos que se han hecho en que paresce[925] que habiendo partido de Sto. [Santo] Domingo el Licdo. [Licenciado] Marcos Núñez de Toledo para venir en comisión de V. Mag. a visitar fue a Puerto Rico y se embarcó con toda su casa y Hacienda en el navío que iba de allí por el situado a Nueva España el cual le había de dejar aquí pues no torcía camino y en lugar de venir a este puerto que lo pudieran hacer en espacio de diez o doce días a lo más largo por la Canal Vieja, arribaron a Stiago. [Santiago] de Cuba que es 225 leguas de distancia de esta Ciudad por la banda del sur de la Isla y viéndose allí el Oidor pidió a este Juan de Gardea y a Juan Catalán que llevaban a su cargo el navío que le echasen en el puerto del Matavano[926] a nueve leguas de aquí por la dha [dicha] banda del sur y pudiéndolo hacer sin torcer camino no quisieron por lo cual y por no venir el Oidor con la bibreria[927] y hatos de su casa tanta distancia de trra. [tierra] se lo dejó en el navío y los dhos [dichos] Juan de Gardea y

Juan Catalán le hicieron Cédula del rescibo[928] de ello para entregárselo en esta ciudad a donde el Licdo. Marcos Núñez lo estuvo esperando hasta que volvieron de Nueva España y habiéndoselo pedido dijeron que lo dejaban en S. [San] Juan de Olua[929] [...][930].

Como esto era en contra de la orden que les había dado el Oidor, este presentó:

> ... ante mi Thente. [Teniente] Gnal [General] la Cédula pidiendo que estos hombres le diesen qta. [cuenta] de su ropa y Hacienda y habiéndola reconoscido[931] se dio mandamiento de ejecución contra las persas. [personas] y bienes de Gardea y contramaestre, en virtud del cual se fue al navío para embargarles los bienes que tenían y andando en busca de ello se hallaron muchas cajas de ropa y mercaderías de que se hizo denunciación porque se halló que venían sin registrar y no saberse cuyo era y fueron presos los dhos Juº [Juan] de Gardea y contramaestre que lo traían después de haber pasado todo esto vino a mí noticia las dos causas que se habían habido contra ellos una sobre esta ropa y otra sobre la Hacienda y menaje de casa del Oidor y porque no dejase por ella de ir el situado a Puerto Rico les hice notificar muchos autos que diesen fianza de estar a derecho y pagar lo juzgado y sentenciado y que se fuesen con su navío y situado aunque una vez las ofrescieron[932] y tuvieron intención de darlas después no quisieron ni consentir que el situado se encomendase a ninga. [ninguna] persa. [persona] de confianza que le llevase en conserva de la flota diciendo que nadie podría dar qta. [cuenta] del sino quien le había cobrado que era el dho Juº [Juan] de Gardea y haciendo sobre esto muchas protestas y requerimientos mediante los cuales y por no querer reducirse a dar las dhas fianzas dejaron de irse con el dho situado en conserva de la flota - hanse hecho sobre ello autos de que consta la mucha culpa que tiene el dho Gardea [...][933].

Valdés comunicó al Monarca que, para que el situado estuviera seguro, lo había hecho "... meter en las cajas reales de aquí con qta. [cuenta] y razón y paresce[934] que dado venía registrado faltan cinco mil pesos que debieron de emplear en la ropa de que está denunciado y ahora despacho una fragata para dar aviso al Goveror. [Gobernador] de Puerto Rico de todo y que envíe una docena de soldados en bajel que sea a propósito para que se lleve y vaya con la guardia necesaria [...]"[935].

Como parte de esta misiva, el Gobernador explicó a Felipe III que:

> ... Después del bando que el preste. [Presidente] de Sto. [Santo] Domingo ha hecho en nombre de V. [Vuestra] Mag. [Majestad] y de haber despoblado los lugares de la banda del norte de aquella Isla se han pasado de ella a vivir en esta más de ciento y tantas personas que como están habituados a rescatar no se hallarán sino es viviendo en lugares donde puedan repetirlo y aunque yo he enviado un Juez que los eche de la Isla, creo que no podrá, porque tendrán en ella, mucha acogida de los que tratan en lo que ellos por lo cual y porque cada día se irán viniendo de La Española los que pudieren de los que vivían en los lugares despoblados conviene q. V. Mag. se sirva de mandar darme la orden que he de tener con ellos porque sin duda se pasará a esta Isla todo lo que en materia de rescates había en La Española si con tiempo no se remedia – [...][936].

Por último, el Gobernador comunicó que, después de que había partido la Flota de La Habana, recibió de parte del Marqués de Montes Claros "... un pliego en que venía para V. [Vuestra] Mag. [Majestad] la que va con esta que me encarga la enviase muy a recaudo y en la primera ocasión como lo hago [...]"[937].

En esta época, el Lic. Melchor Suárez de Poago, Teniente General del Gobernador de la Isla, se hallaba en la Península Ibérica. Prueba de ello es el hecho de que se conformara en la Casa de Contratación de Sevilla, entre el 22 y el 30 de agosto, el Expediente de Información y Licencia de Pasajero a Indias[938] de él mismo y de sus criados Bernardo y Pedro López de la Puerta (naturales y vecinos de Cea) y de Andrés López de la Mesa, nacido en Madrid, ciudad en la que residía.

El 26 de agosto de 1605, el obispo fray Juan de las Cabezas Altamirano envió al Rey una carta en la que le decía, acerca de la conversión del Hospital de *San Felipe el Real o de San Felipe y Santiago* –atendido por la Orden de San Juan de Dios– en Seminario Tridentino, y de las protestas realizadas sobre este particular por los referidos religiosos, que había tratado:

> ... de los Heros. [Hermanos] y de algunas personas honradas de la Ciudad alguna conveniencia de suerte que las limosnas que se dieron para el Seminario y lo que en esto se gastó se componga en forma q. [que] haya paz y quietud y que el Hospital no pierda ni se deje de dar a cada uno lo que es suyo satisfaciéndose V. [Vuestra] Magd. [Majestad] de que la relación hecha se fundó en pasiones que hasta V. Magd. esté satisfecha después fue siniestra la relación y que de mi parte no hubo ofensa en su real servicio no habrá jamás buena correspondencia pero enterado V. Magd. de que no le han informado de la verdad en todo lo demás perderé fácilmente de mi der° [derecho] y de lo que en esto hubiere avisaré en la Flota // Venidera // [...][939].

Cabezas Altamirano aprovechó la ocasión para informar al Monarca que el 26 de agosto se había tomado posesión:

> ... por parte de los padres q. [que] aquí vienen de St. [San] Agustín a fundar un Convento con esto me parece q. habrá doctrina suficiente en esta ciudad y q. no será necesario otro Convento ni pienso dar licencia para él //

Se ha pretendido fundar un Convento de monjas y desde el día q. llegué a esta tierra hasta la hora de ahora y en razón de tratarse con tantas becas y habérmelo así pedido toda la Ciudad la cual ha puesto los ojos en la casa que llaman de la Fundición[940] q. V. [Vuestra] Magd. [Majestad] ha tenido en esta Ciudad me atrevo a suplicar por entender se pedirá pa. [para] otros fines cesando la Fundición que de esta manera supº [suplico] a V. Magd. se entienda lo q. pide y [...] no se disponga de ella habiéndose de acomodar pa. otros fines q. para la Fundición no haga V. Mgd. [majestad] mrd [merced] de ella habiéndola de hacer sin atender a este bien puco. [público] que por ser la partida de los galeones tan breve no se propone más q. de suplicar a V. Magd. siga la petición de esta Ciudad toda antes q. V. Magd. haga mrd. de lo sobredicho y esto hago por entender q. algunos órdenes van con este intento y importa más al servicio de Dios y de V. Magd. el bien común y de las hijas deudas y parientas de los conquistadores capatines[941] y offes. [oficiales] de guerra q. han servido y actualmte. [actualmente] sirven a V. Magd. que lo que pueden alegar religiosos pues está como he dicho con este Convento de St. Agustín proveída esta tierra y ya que de Justa. [Justicia] no se pida esto a V. Magd. me pareció ser conviniente[942][...][943].

Ante la cercanía del término del plazo dado por el Rey para pagar el préstamo de los cuarenta mil ducados que había hecho en 1600 a los propietarios de ingenios de la Isla, varios de los beneficiados se dirigieron al Obispo Cabezas Altamirano para que implorara al Monarca una nueva prórroga. Por tal motivo, el Prelado suplicó a Felipe III que:

... la exon. [Ejecución] de aquesto[944] se suspenda por algunos pocos años porq. [porque] esta tierra esta hasta ahora oprimida y no ha podido levantar cabeza y ahora q. [que] va saliendo cobrar el enprestamo[945] sería cortar las alas a los q. van en esta República echando raíces con el favor q. V.

[Vuestra] Magd. [Majestad] les ha hecho del enprestamo[946] porq. [porque] su caudal es poco el ánimo bueno de servir a. V. Magd. y hasta aquí con el favor de V. Magd. se han puesto en que no del todo sino en cómo han podido y V. Magd. verá en el aumento que ha habido en los doce mil reales y diez mos. [maravedíes] que según me consta son en tanta cantidad q. V. Magd. no ha perdido en el enprestamo[947] sino antes ganado ni perderá en lo adelante habiendo espera como por la obra se verá [...][948].

Para intentar convencer al Monarca de la justeza de su petición, el Obispo concluyó su carta recordándole que:

... Aquí todos han sido encomenderos y este puerto as.[949] ha sido como venta[950] y así no habido hombre que ponga los ojos en arraigarse en esta tierra hasta q. [que] V. [Vuestra] Magd. [Majestad] con la mrd. [merced] tan grande q. les [ilegible] en préstamo les levantó los pensamientos comienzan a echar raíces y pedirle ahora el enprestamo[951] sería dar el edificio facilmte. [fácilmente] en tierra de que V. Magd. en su real saber se siguiria[952] gran daño y esta República total perdición [...][953].

Los días 29 y 30 de agosto, se celebraron en La Habana importantes fiestas con motivo del nacimiento, en el mes de abril de este propio año, del futuro rey Felipe IV. La noticia había llegado a la Isla el propio 29 de agosto, mediante una Real Cédula fechada el 29 de abril. Tanto Pedro de Valdés como:

... todos los demás vasallos de V. [Vuestra] Md. [Majestad] de esta Ciudad e Isla [a quienes luego lo hice saber] rescibimos[954] la alegría y contento que de tal subcesso[955] deben tener los que con tanto amor y fidelidad militan sirviendo a V. Ma. [Majestad] y en señal del se pusieron y hubo aquella noche luminarias en todas las casas y calles y se hicieron grandes salvas con la artillería y mosquetería de las fuerzas y otro día después se juntó toda la clerecía y cofradías y los frailes de los conventos y se ordenó la más solemne procesión q. [que] aquí se ha visto de gente insignias y cera[956] y hubo misa y sermón con todo el aplauso posible dando todos [ilegible] y grandes infinitas gracias a Dios por tan soberana mrd. [merced] – y suplicándole con instancia por la salud de V. Md. y del príncipe y reina nros. [nuestros] señores y que no los guarde y prospere con aumento de mayores estados, como la xpiandad[957] lo ha menester – [...][958].

El Gobernador hizo saber al Rey que, en aquella memorable y feliz ocasión:

> ... acabado el offio. [oficio] divino por la tarde hubo una muy gallarda máscara[959] en que no quedó hombre de a caballo ni mozos ni estudiantes ni muchachos de escuela q. [que] no sacase cada uno su invención con muchas letras que sembraban por las calles todo enderezado a regocijo y alegría – y después se ordenaron juegos de cañas y hubo un carro triumphal[960] de mucha música y personajes, y se corrieron 24 toros en dos días diferentes con nuevas luminarias y salvas así de las fuerzas como de las naos que se hallaron en este puerto a lo uno y lo otro y las libreas que sacaron los de los carros pudieran parecer bien en esa corte todo lo cual se hizo en cumplimiento de lo que V. [Vuestra] Md. [Majestad] mandó y conoscí[961] en los ánimos de todos particular deseo para ello nacido de la natural obligación y amor q [que] como tan fieles vasallos de V. Md. tienen a las cosas de su leal servyo. [servicio] a que siempre acudirán con la demostración q. se verá en lo que del se offresciere[962] [...][963].

El 16 de septiembre, el Tesorero del Cabildo de La Habana informó, en la sesión correspondiente a este día, que la danza que se hizo como parte de la procesión que se realizó con motivo del nacimiento del príncipe fue concertada en cien reales, más cuatro reales que se gastó en los danzantes. El máximo órgano habanero decidió que se le diera libranza al referido Tesorero para proceder a pagar el precio acordado de antemano.

Cuatro días después, el 20 de septiembre, la Casa de Contratación de Sevilla envió al Consejo de Indias, firmada por varios de sus funcionarios, una carta mediante la cual se informaba que –cumpliendo con lo que se ordenaba en una misiva del 2 de julio de este mismo año– teniendo en cuenta que los oficiales reales de la Fábrica y Fundición de Artillería de La Habana avisan que la referida industria está:

> … parada por no enviar a ella el capitán Francisco de Moya el metal que será menester diciendo que tenía orden de enviarlo a España por lo cual y porque se les había notificado a los maestres de la dicha Fundición que acabadas de poner en perfecion[964] las cuatro piezas que últimamente se habían fundido no se les habían de pagar jornales ellos habían pedido licencia para irse y buscar dónde ocuparse la cual no se les había concedido porque no dejase desierta la dha [dicha] Fundición porque en ella se podía de aquí adelante fundir toda la artillería necesaria para prover[965] las fuerzas de las Indias y habiéndolo conferido y tratado con personas que han estado en aquella Isla y visto las fundiciones que se han hecho hallamos que se hacen con mucha costa y gasto de Hacienda de V. [Vuestra] Md. [Majestad] por los muchos salarios que para esto se pagan y por ser muy grandes los jornales que ganan los oficiales de la dha [dicha] fundición además de sus salarios y que por la mucha humedad de la tierra no se enjugan bien los moldes ni el barro es a propósito pa. [para] ellos y esto es causa de que muchas piezas de las q. [que] se han fundido no hayan salido limpias ni de provecho y así nos parece que si es V. [Vuestra] Md. [Majestad] servido se podrá mandar que el cobre se traiga a esta Ciud. [Ciudad] pues se puede hacer con mucha facilidad

embarcándolo en los galeones o flotas que allí hay y que aquí se hiciese la fundición de la artillería que sería menos costosa p. [pues] hay mayor comodidad de oficiales y de los demás metales y aparejos pa. [para] él y se puede llevar a la dha Isla y otras partes de las Indias en los galeones y flotas y siendo tan abundantes las minas de donde se saca el cobre sería muy conveniente enviar los ciento y diez y ocho negros q. se piden para que habiendo el metal en los reinos de V. Md. no fuese necesao. [necesario] traerlo del rrestranjeros[966] [...][967].

El contenido de esta carta se vio en el Consejo de Indias el primero de octubre de 1605, y se ordenó que se juntaran todos los que tenía que ver con el asunto para luego tomar una decisión al respecto.

Cuando todos en la Isla creían que el Rey había olvidado la cobranza de los cuarenta mil ducados que había prestado mediante Real Cédula de 24 de julio de 1600 a los propietarios de ingenios, otra Real Cédula vino a confirmarles que estaban equivocados. Esta se redactó el 9 de octubre en Valladolid y estaba dirigida a los oficiales de la Real Hacienda de Cuba, a quienes se ordenaba que enviaran una relación exhaustiva de los dueños de ingenios y sus fiadores, entre quienes se repartieron los citados cuarenta mil ducados.

Esta Real Cédula parece estar muy relacionada con las acusaciones que circulaban por entonces contra Valdés por no haber tenido en cuenta, al repartir el empréstito, a catorce importantes vecinos de La Habana, a pesar de que estos poseían "... grandes cañaverales y algunos trapiches de moler fechos[968] [...]"[969].

El primero de noviembre la Flota de Tierra Firme, a cargo del capitán Luis Fernández de Córdova y Sotomayor, navegaba por las aguas del Atlántico. Las embarcaciones se dirigían desde Cartagena de Indias a La Habana, lugar desde donde zarparían hacia España. Varias de las naves nunca llegaron al puerto habanero, pues a los cinco días de iniciada la travesía, un huracán que pasaba por la misma ruta azotó con toda sus fuerzas a la Flota en el pasaje de Las Víboras y La Serranilla.

La inclemencia de la tempestad desvió el curso de los navíos, y cuatro de ellos terminaron estrellándose contra un Cayo. En el naufragio perecieron más de mil hombres; entre ellos el capitán Luis Fernández de Córdova. Los buques restantes, una nao y tres galeones, trataron de buscar tierra firme y llegaron poco después, sin mayores contratiempos, a Jamaica y a Cartagena de Indias.

Según un aviso enviado por el capitán Joan de Haro al gobernador Pedro de Valdés en un barco que, procedente de Jamaica, llegó a La Habana en diciembre de este mismo año, los hechos ocurrieron de la siguiente manera:

> ... viniendo con buen tpo. [tiempo] domingo a 6 de noviembre en 15 grados y medio entre los bajos de la Serrana y Serranita les dio al anochecer un tpo. [tiempo] de viento fuerte que les hizo pedazos las velas de su galeón S. [San] Gregorio con tenerlas agoladas y que fue arreciándose de manera q. [que] a la medianoche estuvieron para perderse con estar a árbol seco y estando pidiendo hachas para cortar el árbol mayor le rompió el viento por los jambonetes de la primera cubierta y se vieron en harto trabajo de cortar la jarcia y q. fuese al agua porque en todo el galeón no hallaron más de una hacha y esta se le rompió q. a las dos y media saltó el viento de corvatán al norte con tanta fuerza que les llevó el trinquete por tres codos bajo de la gavia y la obencadura y jarcia como si fuera de lana sin que nadie la cortase y quedaron con muy gran peligro de hundirse por los grandes balances que el galeón daba y golpes de mar q. los encapillaba y se libraron con la buena diligencia q. pusieron en acudir a las bombas y partes por donde les entraba el agua y amanescieron[970] solos y recogieron 27 personas del patache de la Armada q. estaba a barlovento raso y sin remedio de salvarse y descubrieron otro navío q. al parecer tenía el mismo daño que ellos y habiéndose metido la cebadera q. era el árbol que

les había quedado aribaron⁹⁷¹ sobre él y se hablaron como a las 5 de tarde y conoscieron⁹⁷² ser el galeón S. [San] Martín y ambos galeones fueron la vuelta de la suerte en busca de la Capitana y los demás galeones y al terzo [tercer] día descubrieron otro navío sin árboles más que la mesana y era la nao St. [San] Po. [Pablo] en que viene el dho [dicho] Don Alonso de Sotomayor⁹⁷³ y q. habiéndose juntado acordaron de arribar al puerto más cercano por verse tan mal parados todos y traer desde Cartagena [de Indias] mucha falta de bastimentos y sobre esto habérseles mojado mucha parte de los q. tenían y desfondado con los balances muchas pipas de vino y de agua q. tomaron con mucho trabajo el puerto de Jamaica adonde entró dho galeón St. [San] Gregorio martes a 15 de noviembre y la nao St. [san] Po. [Pablo] viernes a 18 y el galeón S. [San] Martin a 27 del dho mes porque se sotaventaron y corrían contra ellos las aguas y aunque allí han hallado carne y muy buenos árboles para aderezarse tienen mucha falta de los demás bastimentos jarcia velas y clavazón hilo y agajas⁹⁷⁴ de que piden socorro y q. han enviado la vuelta de Cartagena [de Indias] adonde sospechan habrán arribado los demás galeones por no saber de ellos – [...]⁹⁷⁵.

La noticia del naufragio de esta Flota golpeó duramente a la Corona que, aunque lamentó la muerte de sus tripulantes, sintió más que un cargamento gran magnitud desapareciera en las profundidades del mar. Entre la mercancía declarada, había ochenta toneladas de oro, setenta kilos de esmeraldas y quinientas toneladas de plata, además de las joyas y objetos personales de las 1300 personas que fallecieron en el siniestro. A ello se sumaban los artículos que salían de contrabando, práctica que era bastante común.

Felipe III ordenó organizar de inmediato varias expediciones para tratar de ubicar –y, sobre todo, de rescatar– el jugoso botín, pero las búsquedas realizadas siempre resultaron infructuosas⁹⁷⁶.

El 11 de noviembre la Real Audiencia de Santo Domingo comisionó al Oidor licenciado Francisco Manso de Contreras, quien temporalmente se hallaba sin ejercer, para que se trasladara a Cuba (en donde había estado combatiendo el contrabando a inicios de 1605) con objeto de investigar, en esta ocasión, acerca de la presencia en la Isla, sin autorización, de numerosos emigrantes, los cuales habían sido desalojados de la región de Guanaibes. Estos emigrados se habían establecido en Santiago de Cuba y Bayamo, poblaciones que aumentaron considerablemente su vecindario y riqueza debido a que los nuevos habitantes y vecinos pusieron en práctica en ellas la experiencia acumulada en el ejercicio del comercio de rescate.

Le orden contemplaba que se les ordenara, en nombre de la Corona, regresar a La Española. Manso de Contreras, quien no llegó a la Isla hasta febrero de 1606, no se apuró en cumplir la disposición. Tampoco lo hizo el Gobernador, quien –aunque había tratado de expulsar a los recién llegados– reconocía que no era tarea fácil debido a que los emigrados habían tenido en Cuba, desde el primer momento, muy buena acogida.

Se supo por entonces en Santiago de Cuba que una nave inglesa y una lancha se hallaban rescatando en el puerto de Guanaibes, en La Española, por lo que "... considerando los alcaldes ordinarios Hernando Despinosa[977] y Manuel Ventura de cuánta utilidad sería así al servicio de Dios como al de su Majestad armar contra el dicho dieron orden de pertrechar tres bajeles y una lancha [...] yendo de cabos de todos Hernando Despinosa[978] [...]"[979].

Los tripulantes de las embarcaciones recorrieron toda la costa de La Española, entre los cabos Tiburón y San Nicolás, sin poder capturar a los rescatadores; alegaron que las naves que buscaban se habían escapado por ser más veleras. Lo anterior:

> ... puede ser cierto o no - la afirmación se hace sospechosa por lo frecuente - pero es el hecho que reportaban la aprensión de *veinte y siete piezas de esclavos hembras y varones entre chicos y grande*. Esta es la **primera empresa de este tipo que**

conocemos, realizada por los santiagueros, y creemos que la llevaron a cabo con la sana intención de eliminar un competidor. De aquí su preocupación por servir *a Dios y a su Majestad*. Si el inglés, en vez de comerciar en Guanaibes lo hubiese hecho en Santiago, casi seguro que esa preocupación no hubiera existido [...][980].

El 18 de noviembre el Oidor Marcos Núñez de Toledo, quien había sido enviado a la Isla para averiguar si eran ciertas o no las acusaciones que se hacían contra Pedro de Valdés, pretendió cobrar en la Real Caja de La Habana, sin avisar al Gobernador, la cantidad de:

> ... tres mil doscientos y tantos duos. [duros] – diciendo que allende de los dos meses de término se le deben ciento y un días que tardó de Santo Domingo a esta Ciudad habiendo podido venir en doce y tenido para ello embargada en Santo Domingo más de tres meses una fragata de tres mercaderes de aquí en la cual no quiso después embarcarse echando voz que era mía – y teniendo por testigos falsos a los mismos dueños que después en mis descargos juraron ser suya y no tener ni haber yo tenido jamás parte en ella – tasa también cuarenta días de la vuelta diciendo que por dichos pilotos le consta serán menester para ir de aquí a Santo Domingo lo cual no se le debe pagar porque no ha de hacer el dicho viaje por estar promovido a Guatimala[981] y tener V. [Vuestra] Magd. [Majestad] proveida en otro la plaza que él tenía en Santo Domingo - Así mismo tasa el tiempo que se detuvo en trasladar la vista y dar su parecer en ella y hasta que la registró para enviarla al Consejo lo cual de más de que no lo dispone la Comisión y que es contra el tenor de ella se lo tiene V. [Vuestra] Magd. [Majestad] satisfecho y pagado con el salario de su plaza que mandó V. Magd. que le [ilegible] servirla como consta de la dicha Comisión -
> Tasa además los autos originales de la vista y dos pesos de salario cada día para un alguacil y el tiempo que se detuvo

hasta que hubo navío para Santo Domingo en que se pudiera volver no dándole V. Magd. ninguna de las tres cosas por la comisión y cuando se le diera y él hubiera de volver a Santo Domingo esto se había de entender tomando el viaje derecho y no con los rodeos y dilaciones con que el dicho Oidor le hizo cuando vino aquí y fletando a su costa bajeles para ir y venir pues usaba veinte ducados cada día de salario diez de su plaza y diez de la Comisión y porque es mucho essesso[982] querer llevar tres mil y doscientos duos. [duros] en lugar de seiscientos que V. Magd. le señala para que de su Rl. [Real] Hacienda ni en mi perjuicio se le pagase cosa indebida proveí un Auto cuya copia va con esta para que los oficiales res. [reales] de aquí no le paguen nada fuera de lo que en la Rl. [Real] Comisión de V. Magd. se expresa y que no exeda[983] de ella y remitan a V. Magd. y al Consejo lo demás que el [ilegible] Oidor pretende con apersibimito. [apercibimiento] que no se les rrescibiria en cuenta lo que de otra manera le pagaren = [...][984].

Secuestro en 1604 por el Capitán Gilberto Girón del obispo de Cuba fray Juan de las Cabezas Altamirano

La Flota de Tierra Firme[985] al mando del general Francisco del Corral, que había salido el 18 de noviembre del continente americano, arribó a La Habana el sábado 3 de diciembre. Ajeno al desastre marítimo que había ocurrido unas semanas antes, el General informó al Gobernador que la Armada de los Galeones había partido de Cartagena de Indias el primero de noviembre, pero que no se había topado con ella ni sabido nada de ella tampoco.

Francisco del Corral comunicó también a Valdés que el 5 de noviembre, cuatro días después que salieron, habían tenido "... un norte que recaló hasta la dha [dicha] Cartagena [de Indias] [...]"[986]; por lo que entendía que los galeones debían estar aún allá o se habían refugiado en Santa Marta o en Honduras. Como el Gobernador suponía que los galeones venían faltos de bastimentos, despachó de inmediato (de acuerdo con Francisco del Corral y con Sancho Pardo, General y Almirante de la Flota, y con los oficiales reales de La Habana) dos navíos acompañados de algunos de socorro para que fueran "... en busca en busca de ellos con que se remediara la necesidad que trajeren – Para después que hayan llegado aquí tienen para su aviamiento muy mal recado [...] así de bastimentos como de pertrechos y ellos ni Don Luis de Córdova no han avisado como otros años suelen hacer q. [que] se les tengan prevenidas las cosas de q. traerán falta pero sin embargo tengo prevenidas muchas y se pondrá la diligencia q. convenga en su buen despacho – [...]"[987].

El 9 de diciembre de 1605, se vio con todos los integrantes del Consejo de Indias la carta que había enviado en 1604 Gaspar de Luquina al Rey, sobre el funcionamiento de la Fábrica y Fundición de Artillería de La Habana. Sobre este particular, como había diversidad de opiniones, se ordenó que se juntaran todos los papeles que hubiera sobre la referida fundición y las órdenes que estaban dadas de enviar a España el cobre que se extraía de las minas de Santiago del Prado, con objeto de abordar de nuevo el tema.

Cuatro días después, el 13 de diciembre, el Gobernador escribió una carta a Felipe III rogándole –luego de contarle los pormenores de los tropiezos que había tenido con el Oidor Marcos Núñez de Toledo acerca del salario que este debía recibir por la Comisión desempeñada en la Isla– que le ordenara qué debía hacer para solucionar este conflicto.

Además, Valdés informó al Soberano que le enviaba, en compañía de esta misiva, un grupo de importantes informaciones sobre el licenciado Núñez de Toledo:

> … una del tiempo que tuvo detenida en Santo Domingo la fragata en que no quiso venir diciendo que era mía y otra de cómo no tardó la dicha fragata más que catorce días de Santo Domingo hasta un puerto que se dice el Matabano[988] que está a nueve leguas de esta Ciudad = y suppco. [suplico] a V. [Vuestra] Magd. [Majestad] que en la resolución que en esto y en la determinación de la visita se tomare y se considere que soy el hombre más necesitado y antiguo de cuantos V. Magd. tiene en su servio. [servicio] y que he tratado siempre verdad y la dije en mis descargos contra mí propio por estimar y tener en más ser fiel a V. Magd. como a mi Rey y Señor que es que todas las haciendas del mundo lo cual confío que bastará para que con su Rl [Real] y acostumbrada clemencia sea servido de mandar se me remita y perdone cualquier condenación que meresciese[989] por los cargos de la dicha visita […][990].

Así andaban las cosas en Cuba cuando se produjo el fallecimiento del Oidor. Finalmente, Pedro de Valdés quedó limpio de polvo y paja en el Juicio de Residencia que se le siguió, pero se elevó a tanto la cifra de culpados que el propio Gobernador se vio obligado a solicitar perdón para sus enemigos. En este sentido, resultó muy afortunado Valdés por poder terminar con vida el resto de su gobierno.

El Gobernador escribió el 13 de diciembre otra carta al Monarca en la que le dio cuenta de la llegada a La Habana de la Flota de Tierra Firme y de las acciones que se habían realizado con vistas a socorrer a la Armada de los Galeones. El propio 13 de diciembre, el Gobernador dirigió a Felipe III otra comunicación, esta vez para explicarle que, a petición del tesorero Cristóbal Ruiz de Castro, se habían despachado los duplicados:

> ... de ciertas cédulas en que manda V. [Vuestra] Mag. [Majestad] que el sobredho [sobredicho] firme las libranzas y concurra en las muestras y otros despachos con el contador Juan de Eguiluz y aunque es cosa conveniente que así se haga para la puntualidad con que es razón que se proceda en la administración de la Real Hacienda de V. Mag. por no se haber esto usado aquí hasta ahora lo ha sentido el Contador mucho paresciendole[991] que no se hace de él la confianza que de sus antecesores y por esta causa se han desavenido los dos de suerte que no se spera[992] que no podrá haber jamás paz entre ellos y se dilata mucho el despacho de las cosas que están a su cargo porque no hay juntarlos sino con mucha dificultad para lo que han de hacer de que resulta quejarse de ellos generalmente los negociantes y no andar como conviene la cobranza y paga de la Real Hacienda de V. Mag. lo cual no podrá remediarse sino es dividiéndolos doy aviso de ello A V. Mag. para que provea lo que más fuere servido [...][993].

Las misivas de Valdés fueron enviadas a España en un barco de aviso que despachó en la Nueva España el general Alonso de Chávez Galindo, el cual entró por estos días en el puerto de La Habana. Al partir se le dio orden de que no lo hiciera, debido a los muchos nortes que se le presentarían durante la travesía.

Aunque el general Chávez Galindo y el Gobernador estuvieron de acuerdo en detener el barco de aviso "... hasta que pudiera llevar noticias de los galeones [...]" de la Armada, finalmente les pareció a ambos "... conviniente[994] despacharle para si fuera menester q. [que] V. [Vuestra] Mag. [Majestad] mande hacer prevención de artillería y dineros para el despacho de los galeones q. han de venir el año que viene q. no se dilate con la esperanza de la llegada de estos pues no podrá ser a tpo. [tiempo] que para este efecto pueda servir lo que llevasen y porque esta no sirve de más este aviso – [...]"[995].

El 14 de diciembre llegó al puerto de La Habana otro barco de aviso, esta vez procedente de Jamaica, el cual había sido enviado por Alonso Sotomayor (Caballero de la Orden de Santiago, Gobernador y Capitán general y Presidente de la Real Audiencia de Tierra Firme) y por el capitán Joan de Haro. Este último dio cuenta a Valdés del naufragio protagonizado por la Armada de los Galeones el 6 de noviembre de 1605.

Según informó Pedro de Valdés a Felipe III, al recibir la noticia del naufragio, hizo juntar al General de la Flota de Tierra Firme Francisco del Corral, a su Piloto Mayor, a Sancho Pardo, su Almirante y a los oficiales reales, y acordó que se socorriera a los náufragos enviándoles (en un navío que se despachó con ese fin) doscientos kilos de bizcocho y toda la jarcia y pertrechos que creyeron necesarios y que pudieron hallar en La Habana:

> ... sacando los más de ello de las naos de la Flota de dho [dicho] Don Franco. [Francisco] porq. [porque] la [ilegible] estaba muy necesitada de todo hoy se va embarcando lo que se ha de llevar el navío y se hace todo lo posible para que salga mañana 16 del presste. [presente][996] con este aviso para que desemboquen juntos y después tome cada uno su derota[997] el navío q. [que] va con este socorro lleva lo necesario para poder venir los dos galeones y una nao q. está en Jamaica y van en él para su seguridad treinta soldados de guarnición de los de la Flota.
> Los demás galeones se entiende no tendrán tanto descalabro como estos por ser más fuertes q. ellos y se tiene por cierto

q. habrán aribado⁹⁹⁸ a Cartagena [de Indias] o a Honduras espero con mucha brevedad aquí aviso de ellos y luego procuraré q. se despache navío que le lleve a V. [Vuestra] M. [Majestad] de lo que les hubiere sucedido[…]⁹⁹⁹.

El 15 de diciembre, el Gobernador escribió otra carta al Rey, esta vez para darle cuenta de haber recibido una Real Cédula fechada el 11 de mayo, mediante la cual le ordenaba que hiciera:

> … guardar y cumplir las leyes, cédulas y ordenanzas que están dadas sobre q. [que] no traten ni contraten extranjeros en estas partes y habiendo considerado yo los que hay en esta Isla de quien se pudiera echar mano para atajar no solamente los ynconvinientes¹⁰⁰⁰ q. V. [Vuestra] Mag. [Majestad] en la dha [dicha] Cédula apunta pero los rescates que tan introducidos están en ella no hallo sino portugueses de que hay mucha cantidad avecindados y casados con mujeres e hijos y casas pobladas en esta Ciudad y en todos los lugares de la tierra dentro los cuales tienen tiendas y mercadean públicamente y en Sevilla sus correspondientes de la misma nación a cuyas manos va a parar todo el dinero oro y plata q. de aquí envían y aunque conforme a las ordenanzas de la Contratación esta gente no puede pasar a estas partes veo q. se tolera en ellas después que Portugal se agregó a la Corona de V. M. y por esto no he hecho con los dhos [dichos] portugueses ninguna demostración en virtud de la dha Real Cédula hasta dar cuenta de esto a V. M. a quien suppco. [suplico] q. mande avisarme lo q. sobre ello he de hacer que al punto lo cumpliré – […]¹⁰⁰¹.

El Gobernador comentó al Rey que en la Isla vivían: "… Algunos otros extranjeros […] franceses e italianos y flamencos gente pobre y q. [que] unos viven de pescar otros de aserrar maderas y ser carpinteros y oficiales de mando y ha mucho tpo. [tiempo] q. están avecindados y casados viviendo pobremente q. por no ser de perjuicio no se ha hecho hasta ahora caso de ellos si V. [Vuestra] M. [Majestad] es servido q. se estén y si no se echarán luego de aquí paresciendo[1002] que conviene sin q. quede ninguno – [...]"[1003].

Por último, Valdés le explicó al Monarca que:

> ... De Cartagena [de Indias] han venido dos fragatas una este año y otra el pasado despachadas para España fuera de Flota y Galeones y toda la gente de ellas portugueses y siempre se ha divulgado que para salir de la dha [dicha] Cartagena [de Indias] engañan al Gobernador pidiendo licencia para Puerto Rico y otras partes donde dicen van a cargar sus bajeles y que socolor de esto se van [ilegible] con mucha cantid. [cantidad] de oro y plata q. llevan procedido de sus contrataciones convendrá q. [que] V. [Vuestra] M. [Majestad] mande su aviso al Gover. [Gobernador] de Cartaga. [Cartagena] [de Indias] para q. mire la gente q. se despacha en la fragatas q. allí salen y q. a mí se me envíe orden de lo que he de hacer con las que aquí vinieren en la forma va dha [...][1004].

Aunque el Gobernador esperó instrucciones acerca de las medidas que debía tomar contra los portugueses radicados en la Isla, que sepamos, durante su gobierno no se tomó disposición alguna contra ellos, a pesar de que varios de estos lusitanos –como es el caso de un portugués apellidado Mota– constituían un verdadero peligro para la Corona.

El tal Mota, casado y residente en la ciudad de La Habana, en donde también vivían sus hijos, comenzó a piratear y a contrabandear en 1605 con los enemigos de España. Era un hombre muy práctico en las costas de Cuba, las cuales recorría con frecuencia. Solía robar a todas las fragatas y navíos que encontraba a su paso. Desarrolló una intensa actividad hasta que, finalmente, resultó muerto como consecuencia directa de sus actividades ilegales.

Durante el transcurso de este año, sobre el canal de Bahamas y a sus entradas, se enfrentaron la Flota del almirante Aramburu con la de Mauricio de Nassau, quien había puesto base para sus pillajes en la isla de Gonaives. Los asaltos de holandeses, franceses e ingleses a la navegación española alrededor de la bahía de Nipe, Santiago de Cuba y Manzanillo eran muy frecuentes. Por esta causa, los desastres navales eran corrientes, especialmente los de los pataches y las urcas que navegaban entre La Española, Cuba y Jamaica.

Por esta época, la reacción de los holandeses ante el éxito de Luis de Fajardo en Araya, sitio en el que había logrado capturar muchos cargueros de sal neerlandeses, no se hizo esperar. Como consecuencia directa de ello, se agudizaron la guerra, el corso y las incursiones holandesas al Caribe. A España, además, llegaron rumores de que en Holanda se preparaba una represalia masiva contra las Indias Occidentales.

El bloqueo holandés a la costa ibérica forzó a los españoles a ordenar a Diez de Armendáriz (general de la Flota de la Nueva España) que, una vez en La Habana, no la abandonara hasta la llegada de la Armada que debía proteger a los galeones de la Flota de la Plata. Las instrucciones enviadas especificaban que solo podría zarpar después de cierta fecha y seguir únicamente, después de salir del Canal de Bahamas, la ruta que se le prescribía hasta poner rumbo al cabo Finisterre, el cual se suponía seguro.

Una vez en este lugar, el General debía esperar que se le comunicara la disposición de la Flota holandesa. Evidentemente, a los españoles les inspiraba un profundo temor lo que pudiera sucederle a los tesoros que transportaban sus embarcaciones si estas eran atacadas por los holandeses, quienes conocían muy bien el Caribe gracias a las precisas cartas náuticas levantadas por sus cartógrafos. Por cierto, uno de ellos, Cornelio Witfliet, realizó en 1605 el mapa titulado *Cuba et insula et Jamaica*[1005].

Durante el transcurso de este año, ocurrieron varios naufragios en las costas de Cuba. Entre los más renombrados, estuvieron el de un navío de aviso[1006], acontecido en las cercanías de Cayo Romano, y los de las embarcaciones *San Juan Evangelista*, que venía de Tenerife, y *Trinidad*, ambos en las proximidades de La Habana.

Poco antes de finalizar 1605, el 28 de diciembre llegó al puerto de La Habana un barco procedente de Cartagena de Indias, el cual había sido despachado por Felipe Manrique, capitán de la Gente de Guerra del galeón *San Cristóbal*, quien escribió a Pedro de Valdés una carta[1007] en la que le hacía relación de la tormenta que habían padecido el 6 de noviembre, cuando formaban parte de la Armada de los Galeones. Asimismo, le contó que habían arribado al puerto de Cartagena de Indias:

> ... sin haber sabido de los demás y para que V. [Vuestra] Mag. [Majestad] lo sepa y por la duda de la llegada del otro aviso que va de Nueva España y salió de aquí a los 17 nos hemos resuelto Don Franco. [Francisco] del Corral y yo en despachar este por duplicado de lo que el otro llevó para que V. Mag. provea lo que más convenga a su real Servicio en razón de la lleva de esta plata y la que ha de bajar el año que viene de que V. Mag. será servido mandarnos avisar para que acudamos a lo que nos tocare con la brevedad que fuere menester –
> Y porque habiendo estado el galeón St. [san] Xpoval[1008] tan a pique de anegarse fue: Dios servido salvarle lo que sabemos de mar tenemos por cosa muy cierta que los demás galeones están a salvamento en Puertobelo[1009] o en otro algún paraje de la costa cerca de allí por ser la trra. [tierra] que pudieron ir a buscar con la tormenta que corrieron en teniendo aviso de ellos se dará a V. Mag. a toda diligencia [...][1010].

VII

Aunque las primeras semanas del año 1606 fueron relativamente tranquilas, muy pronto se conoció en La Habana la noticia de que Luis de Fajardo[1011] –quien había demostrado tener aptitudes para tomar enérgicas medidas contra corsarios, herejes y piratas– había ordenado el 22 de enero a su almirante Juan Álvarez de Avilés que se dirigiera a la costa sur de Cuba para batir a los buques enemigos que hallaban en esta zona rescatando.

Las naves que componían la Armada[1012] de Álvarez de Avilés, aunque estaban mal preparadas para acometer esta empresa, recalaron el 25 de enero en Santiago de Cuba y apresaron en este lugar un patache inglés que tenía a bordo algunas mercancías. El 27 de enero las embarcaciones fondearon en Cabo Cruz y el 2 de febrero arribaron a Manzanillo; pero las 31 naves[1013] de contrabandistas que se hallaban surtas en este lugar –veinticuatro holandesas, una inglesa y seis francesas (cinco de guerra y una de rescate)– habían soltado amarras tres días antes y se habían marchado a toda prisa del lugar. Gerónimo Torres, Alcalde de Bayamo, fue acusado de avisar a las naves[1014].

Juan Álvarez de Avilés terminó persiguiendo las embarcaciones y hallando, el 7 de febrero, primero una flota de dieciséis naves y luego catorce más, en otro sitio, muy cerca de las primeras. Álvarez de Avilés, demostrando su audacia, las combatió a todas, probablemente a la antigua usanza española; pues al dar la señal de ataque, su Almiranta abordó a la Capitana enemiga, que se incendió y voló, con lo que se llevó al fondo a su rival. La escuadra de los contrabandistas aprovechó el siniestro para alejarse del lugar.

El Almirante declaró con posterioridad que había perdido de vista al enemigo al oscurecer y que lo había buscado en vano durante toda la noche y el siguiente día. Un piloto que capturó le aseguró que las embarcaciones habían huido a la Isla de Pinos; a ese sitio se dirigió por aguas de las que ingenuamente dijo que no eran conocidas muy bien por los marinos españoles, por lo que tuvo que recurrir a un piloto portugués que había recogido en Santo Domingo, el cual resultó ser el notorio pirata Antonio Hernández.

Hernández, intencionadamente —así lo creyó Álvarez de Avilés— varó los buques españoles en los Jardines de la Reina, sitio en donde se perdieron el galeón que servía de Capitana y el filibote nombrado *San Luis,* según comentaron a Felipe III el almirante Juan Álvarez de Avilés y el general Don Sancho Pardo Osorio en sendas cartas[1015] fechadas el primero de abril de 1606.

Para colmo de males, un huracán dispersó los galeones, y Álvarez de Avilés tuvo que dedicar parte de sus energías a proteger los navíos que sobrevivieron al desastre. El Almirante arribó poco después, todo maltrecho y con lo que pudo salvar, a La Habana. Al llegar a España las noticias de lo que había hecho el piloto portugués Antonio Hernández, se ordenó a la Casa de Contratación de Sevilla que procediera contra él con todo rigor.

Por estos días se dijo que Hernández había venido de España con Francisco Puebla, el Provisor del obispo Cabezas Altamirano. En medio de este proceso, se aseguró a la Corona que los portugueses eran quienes habían comenzado los rescates en la Isla y que sostenían con tesón este negocio. Se afirmó, además, que su comercio legítimo con esclavos africanos encubría muchos negocios turbios. Ante esta situación, Felipe III decidió expulsar a los portugueses de Cuba. Estos eran muy numerosos, estaban avecindados, tenían domicilio en La Habana y en otras partes la Isla, hacían buenos negocios con toda libertad, poseían corresponsales en Sevilla y ostentaban documentos en los que constaba que las autoridades de esa Ciudad les habían concedido permiso para comerciar con el Nuevo Mundo.

El 18 de enero de 1605, se conformó en España un Expediente[1016] para ratificar, en el oficio de Alguacil Mayor de la villa de Bayamo, a Francisco Vázquez de Valdés Coronado. Un mes más tarde, el 16 de febrero, Pedro de Valdés escribió al Rey una carta –la cual llevó un barco de aviso de la Nueva España– con objeto de informar al Monarca que nada se sabía aún de las cuatro embarcaciones que faltaban del naufragio de la Armada de los Galeones[1017].

Además, el Gobernador dio a conocer que tampoco habían traído:

> ... razón de ellos los navíos que fueron en su busca a Honduras y la ensenada de Vacalar habiéndose escapado de aquel naufragio tardan ya mucho en dar razón de sí y como por allá no hayan enviado aviso a V. [Vuestra] Exa. [Excelencia] sin que tocase en este puerto que es el último juicio que aquí se puede echar no sé qué diga a V. Exa. de ellos y de la detención del oidor Marcos Núñez que no quiere salir de aquí con que por todas las vías vivo martirizado suppco. [suplico] A V. Exa. lo remedie por amor de Dios -
> El navío que fue de socorro a los galeones que arribaron a Jamaica llevó muy buen tiempo y espero que estarán aquí en todo este mes [...][1018].

Una semana más tarde, el 21 de febrero, Valdés volvió a escribir al Rey, esta vez para comunicarle que el barco de aviso que debía llevar a España una misiva suya y otras importantes comunicaciones no había podido hacerlo "... por tener el tiempo contrario [...]". Asimismo le informó al Soberano que el 20 de febrero había entrado en la rada habanera:

> ... el Cappn. [Capitán] del pataje que traía la Armada de Don Luis de Córdova q. [que] viene de Jamaica con cartas para mí de Don Alo. [Alonso] de Sotomayor y del Cappn. [Capitán] Juan de Haro las cuales van con esta para Q. V. [Vuestra] Magd. [Majestad] las mande ver y por ella se entenderá lo que hay que avisar así de los galeones que arribaron allí como del que arribó en Cartagena [de Indias] de donde tengo noticias que han de venir dentro de pocos días unas fragatas q. van a desembocar para la laguna de Maracayo y con ellas spero[1019] que habrá las nuevas que se desean de los cuatro galeones que faltan porque en Cartagena [de Indias] están sperando[1020] tres fragatas que habían ido de allí a Puertobelo[1021] y por causa que en este tpo. [tiempo] suelen reinar mucho en aquella costa las brizas y las corrientes no habían podido volver para darlas de ellos por serles contrario lo uno y lo otro y hasta saber lo que estas fragatas dicen no pierdo la speranza[1022] del buen subcesso[1023] [...] –[1024].

Por último, el Gobernador dio cuenta al Rey de que había acordado con el General Francisco del Corral:

> ... enviar al cabo de Corrientes una fragata con el socorro que piden los de Jamaica porque de enemigos que tengan fuerza de consideración no hay nueva ninguna ahora por aquí si al tpo. [tiempo] que esta llegue no estuviere dada la orden de lo que se ha de hacer de esta plata y la que viniere en los galeones de Jamaica será V. [Vuestra] Magd. [Majestad] servido mandar que luego se dé y que se nos avise lo que habemos[1025] de hacer y entre tanto por mí se hará todo aquello que viere que conviene al servy. [servicio] de V. Magd. sin que se pierda en ello punto de tpo. como hasta ahora no se ha perdido en lo que me ha tocado[1026].

Felipe III y La Dorada

El obispo Cabezas Altamirano pasó inspección en 1605 a los hermanos de la Orden de San Juan de Dios, los cuales regenteaban el Hospital de San Felipe El Real

El 14 de marzo, "... por cuaresma [...]", llegó fray Juan de las Cabezas Altamirano, Obispo de Cuba, a La Florida, cumpliendo un mandato de Felipe III y una petición de Pedro de Ibarra, Gobernador de esa región[1027]. Según confesó el Prelado al Rey, para poder realizar esta visita tuvo que dejar de cumplir con algunas obligaciones propias de su oficio: "... en particular el Sínodo provincial que tenía echado para Sancti Espíritus lugar que está en el riñón de la isla de Cuba de que tanta necesidad tiene todo este Obispado respeto[1028] de no se haber jamás hecho en él dicho Sínodo que ha sido causa de no haber modo de vivir ni reforma de vida y costumbres así en los eclesiásticos como en los seglares por falta de constituciones sinodales que son la regla de bien vivir en lo que toca a lo espiritual y en las cosas a lo espiritual añejas [...]"[1029].

317

La visita del Obispo de Cuba fue muy bien acogida por las autoridades civiles y eclesiásticas de La Florida, especialmente por el gobernador Pedro de Ibarra, quien ordenó que se cumpliese "... en todo y por todo [...] la Real Cédula [...]"[1030] que traía consigo "... por la cual V. [Vuestra] Magtd. [Majestad] manda sea recibido en estas provincias como Prelado de ellas y que para el ejercicio y la ejecución de mi oficio se me dé todo el favor y ayuda necesario [...]"[1031]. Cabezas Altamirano también fue recibido con beneplácito por la población del lugar, pues hacía más de cuarenta años que ningún Obispo pisaba ese territorio.

Durante su estancia en La Florida, el Obispo visitó todos los sitios habitados de la zona y aprendió para ello los rudimentos de la lengua aborigen. Todo ello fue informado por Pedro de Ibarra al Rey, en carta fechada el 8 de abril de este año.

Dos meses después, el 26 de junio, el Gobernador de La Florida envió otra carta al Soberano en la que le daba cuenta de los resultados de la visita realizada por el Obispo y le solicitaba que, si no se le hiciera otra merced, al menos se le diera una ayuda monetaria en compensación de lo que le había costado viajar y de los peligros que había corrido. Pedro de Ibarra aprovechó la oportunidad para informar al Rey que, durante la Semana Santa, Cabezas Altamirano se había dedicado a consagrar:

> ... el santo óleo y crisma predicar hacer órdenes y confirmar padres hijos y nietos después haber ido a hacer lo mismo así a todas las provincias de San Pedro Iguale como de la Agua Dulce visitado las doctrinas de ellas y ponerlo todo en razón aseguro a V. [Vuestra] Magd. [Majestad] los trabajos y peligros que ha pasado [...][1032].

En el mes de marzo, llegó a la Isla en la goleta *Palomera*, procedente de Santo Domingo, de donde partió en el mes de febrero de este mismo año el Oidor Mayor de la Justicia de esa

Real Audiencia, Francisco Manso de Contreras, acompañado de su mayordomo, Alonso Patilla. Manso de Contreras, quien temporalmente estaba sin ejercer, había sido comisionado por la referida Real Audiencia de Santo Domingo para que se trasladara a Cuba, con objeto de investigar sobre la presencia sin autorización, en la Isla, de emigrantes llegados de las zonas que la Corona había ordenado despoblar en La Española.

Inicialmente, el Oidor se instaló en la villa de San Juan de los Remedios del Cayo[1033], sitio en el que:

> ... Oyó impasible... las reclamaciones de los nativos. Puso coto a las ambiciones de los colonizadores. Atendió a las víctimas y castigó sin miramientos de alcurnia ni blasones a los vulneradores de la Ley... Organizó expediciones a los cayos inmediatos a la costa y comenzaron nuevas redadas de forzados a galeras a desfilar por los campos antes plagados de bandoleros y contrabandistas y nuevos patíbulos a recibir incesantemente carne de horca sembrando el terror en aquellas aguas que habíanse convertido en madrigueras de corsarios, piratas y salteadores de la navegación hacia las rutas de España
> Hubo un compás de espera... [...] Volvieron a dormir satisfechos los vecindarios de los cayos y sobre sus verdes aguas a navegar seguras las naves pescadoras, las goletas que aprovisionaban las costas floridanas, los galeones que marchaban a España confiados en que no encontrarían piratas en su ruta marinera [...][1034].

Durante su estancia en Cuba, Manso de Contreras se dedicó a limpiar las costas, cayos e islotes de los piratas y corsarios que los infestaban; y persiguió además, con saña, a los contrabandistas.

> Su cercano parentesco con el privado duque de Lerma le brindó poderosos medios para cumplir su misión aun a costa de no dejar descansar al verdugo... En tres años y medio,

> Santo Domingo y sus islas inmediatas quedaron limpios del espectro amenazador de los corsarios... Convencidos estos de que su adversario no era espíritu que se amedrentase y sintiendo cómo su organización se debilitaba para nutrir los patíbulos del Oidor Mayor y las galeras del Rey, optaron sabiamente por huir a otras costas y tierras donde poder continuar su encanallado tráfico... Pero el Comendador de Calatrava tenía jurisdicción real sobre el nuevo campo y mar elegido por los corsarios bajo el cielo antillano y en impecable tarea los persiguió hasta las playas cubanas... Sus medidas duras, extremadas, sin cuartel ni gracia para los temibles delincuentes, sufrieron los efectos de un ciclón sobre las tierras del Oriente criollo... A medida que Don Francisco Manso de Contreras avanzaba por los caminos de lo que hoy son zonas o términos de Guantánamo, Santiago de Cuba, Bayamo, Manzanillo y Holguín, las cuerdas de forzados a galeras se multiplicaban y raro era el día que en la plaza de algún villorio no se alzaban los siniestros maderos donde la justicia dejaba balanceándose al aire el cuerpo de algún asesino [...][1035].

Manso de Conteras, después de algunos retrasos y aventuras, llegó a La Habana el 4 de junio de 1606, según informó el Gobernador al Rey. Este agregó que había recibido con su llegada y sobre todo, con la misión que se le había encomendado:

> ... particular alegría por el mucho deseo que he tenido de que este exceso se remediase y que los vasallos de V. [Vuestra] Mag. [Majestad] anden en su real servicio con la lealtad que deben de las diligencias que ha comenzado a hacer se echa bien de ver la gran prudencia y cordura que tiene y que en materia de averiguación se le esconderán pocas cosas porque como ha asistido en estas partes tanto tiempo tiene muy conoscida[1036] la condición de los que viven en ellas lo cual para otros es de harta dificultad y aunque esta Isla es muy aparejada para asconderse[1037] los que huyen de la justicia creo

que su venida ha de ser de mucho efetto[1038] y que con ella cesan esta insolencia [...][1039].

Aunque no se ha hallado en los archivos el título del Oidor de Manso de Contreras, se sabe que más adelante surgió una cuestión acerca del alcance y duración de su cometido. Tenía entendido la Corona —según se desprende de una Real Cédula fechada el primero de mayo de 1606— que había viajado a Cuba para que hiciera cumplir la decisión de la Real Audiencia de que los emigrantes de la región de Guanaibes, en La Española (que habían sido desalojados de esa zona e instalados en Santiago de Cuba y Bayamo), se marchasen y se establecieran de nuevo en Santo Domingo. Sin embargo, al llegar a La Habana, dijo que venía con el propósito de investigar los rescates en general, y Valdés lo aceptó como persona autorizada para hacerse cargo de esta labor de la mayor importancia.

Si el Gobernador conocía las limitaciones del título que traía el Oidor, o si (habiendo sido expedido por ocho meses) dicho nombramiento había expirado el plazo antes de que llegara a La Habana, aparentó ignorarlo. Por esta época, incluso, se llegó a afirmar que Valdés había anunciado que el título de Manso de Contreras era infinito y eterno.

El 15 de junio dio inicios a sus rigurosas pesquisas el Oidor, quien estaba dispuesto a combatir a fondo el contrabando; detuvo por esta causa a unas doscientas personas en La Habana, quienes pronto obtuvieron la libertad mediante el pago de elevadas fianzas. "... Debe tenerse en cuenta que la comisión de este funcionario era perseguir el contrabando en Cuba, en beneficio de quienes lo practicaban, en evidente contubernio con la Real Audiencia de Santo Domingo, en la región meridional de La Española, que no habían vacilado en promover el despoblamiento de otras comarcas de aquella Isla. Una pugna por el monopolio de ese comercio daba lugar a estas persecuciones, siempre llevadas a cabo en jurisdicciones extrañas [...]"[1040].

Manso de Contreras escribió a la Real Audiencia de Santo Domingo el 2 de julio para pedir que fuera ampliado el plazo de su nombramiento, y el 23 del mismo mes se dirigió a la Corona para que aprobara su actuación. Hizo constar en ambos casos que, como Oidor, tenía autoridad para hacer todo cuanto creyera conveniente al servicio de Su Majestad, sin que importara el lugar donde estuviera.

El funcionario informó al Rey que toda Cuba se hallaba contagiada del vicio de rescates y que no había en la Isla hombre ni mujer, ni clérigos ni seglares, que no lo practicaran. Sin embargo, dijo que, aunque su intención era castigar duramente a los culpables, procedía con suavidad. Según él, muchas personas se presentaron espontáneamente a confesar su propio delito y el de otros. Manso de Contreras examinaba detenidamente todo lo que comía y bebía pues, según confesó a Felipe III, estaba en permanente peligro de morir envenenado o de forma violenta. Como consecuencia de su labor, el Oidor logró averiguar que en los rescates estaban implicadas unas 360 personas; pero antes de finalizar 1606, la cifra se elevó a 500, de los cuales más de la mitad eran vecinos de Puerto Príncipe y de Bayamo.

Por estos días, Manso de Contreras recibió una carta firmada por fray Pedro de Fromesta, en la que este denunciaba que la población negra había aumentado en Cuba gracias a la labor de quienes obtenían sus esclavos mediante el comercio de rescate y luego justificaban su posesión, alegando que el enemigo los había dejado abandonados en la costa. Esta aseveración necesitaba una buena dosis de ingenuidad o de complacencia para ser creída por las autoridades de la Isla.

Mientras el oidor Francisco Manso de Contreras actuaba en la Isla contra los rescatadores, se emitía en Valladolid, el 27 de marzo, una Real Cédula[1041] mediante la cual se ordenaba a

Gerónimo de Torres y Portugal (General de la Armada de la Guarda de la Carrera de Indias) que, junto con sus capitanes y almirantes más cualificados, viera si era necesario demoler o no los edificios e ingenios de azúcar que había mandado a construir el ex gobernador Juan Maldonado Barnuevo en las cercanías de La Chorrera; pues se tenían noticias de que estas edificaciones ponían en peligro la Ciudad, ya que por sus caminos podían entrar con facilidad los enemigos de la Corona para saquearla.

El martes 28 de marzo de 1606 llegaron al puerto de La Habana, "... a salvamento [...]"[1042], dos galeones y una nao que sobrevivieron al naufragio de la Armada del 5 de noviembre de 1605 y que, según comentó el Gobernador al Rey, habían arribado antes a Jamaica. Por tal motivo Valdés, para que viajaran a España "... con mayor siguridad[1043] y sin riesgo de enemigos [...]"[1044], despachó:

> ... a los cabos de St. [San] Antón[1045] y Corrientes cinco naos de Armada las tres del cargo de Juan Álvarez, Almirante de Don Luis Fajardo y dos de las de la Flota del cargo del Gnal. [General] Don Frco. [Francisco] del Corral de que fueron por cabos el Almirante Don Sancho Pardo y el mismo Almirante Juan Álvarez cada uno de los que le tocaba partieron de este puerto a los cinco del dho [dicho] mes de marzo quedanse todos aderezando y previniendo de muchas cosas de que tienen necesidad para estar a punto y seguir la orden q. [que] V. [Vuestra] Magd. [Majestad] fuese servido darles la cual esperan por momentos [...][1046].

El 2 de abril, el Gobernador redactó una carta (que envió en un navío despachado al efecto) dirigida a Felipe III para informarle que las fragatas que habían partido de Cartagena de Indias con destino a Portobelo –con objeto de saber si en toda aquella costa de tierra firme se habían tenido noticias de los cuatro galeones que se perdieron el año anterior en el naufragio de la Armada de los Galeones– habían vuelto al punto de partida sin tener:

> … nueva ninguna de ellos más de que en el Escudo de Veragua se había hallado un bauprés entero con su jarcia y vélame enjamelgado el cual dicen era de la Cappna. [Capitana] o Almiranta porque los llevaban ambas con jimelgas y por haber parescido[1047] entero se juzga que el bajel de quien era se abrió por medio y respecto de esto y no haberse tenido hasta ahora otra nueva de los cuatro galeones que faltan se tiene por cierta la pérdida de ellos de que todos los criados de V. [Vuestra] Mag. [Majestad] vivimos con la lástima y pena que es razón de tan desastrado subcesso[1048] así por la mucha Hacienda que en él V. Magd. pierde como por la que venía de particulares los cuales por la mayor parte habían cargado lo que traían en estos cuatro galeones por ser los más fuertes y bien pertrechados de la Armada y hay muchos de ellos aquí que vinieron en la Flota que siendo hombres de muy gruesas haciendas y caudales han quedado tan nescesitados[1049] como cuando los comenzaron a adquirir y es una lástima y compasión muy grande ver la necesidad en que se hallan porque ni tienen con qué ir a esos reinos ni edad para tornar a buscar su vida en las partes de donde venían sírvase Dios con todo el cual alumbre a V. Magd. para que él elija lo que más conviniere para remedio de la aflicción en que con este trabajo se han de ver todos sus vasallos [...][1050].

Valdés dio cuenta al Monarca de que, por tener seguridad de la pérdida de los galeones:

> … y no haber que esperar ni de mi parte faltado en todas las diligencias que se han podido hacer para saber el subcesso[1051] he hecho una que solamte. [solamente] restaría después de haberle creído que es enviar dos fragatas bien pertrechadas de gente de mar y guerra y con pilotos prati-

cos[1052] de los parajes adonde subcedio[1053] el temporal para que recorran todos los bajos de ellos por si acaso toparen con los dos galeones porque no es posible sino que se perdieron tocando en los dos bajos y aunque la mar los desviese[1054] la carga que traían por ser tan pesada había de quedar en el fondo sobre los planes llevan para esto buzios[1055] y para si los hallaren un Escrvo. [Escribano] Real ante quien se inventaríe lo que se sacare y la orden e instrucción cuya copia va con esta para todo lo que sobre ello hubieren de hacer si por caso toparen con alguno de los dos navíos en volviendo daré a V. [Vuestra] Magd. [Majestad] aviso de lo que hubiere y para lo que pudiere suceder iré entre tanto previniendo otros bajeles de mayor porte y fuerza que estén de manera que puedan salir con mucha brevedad a recoger lo que restare antes que los enemigos tengan noticias de las partes donde estuviere – [...][1056].

Para dejar constancia de su decisión, el Gobernador redactó un documento[1057], una copia del cual mandó al Rey. Según el manuscrito, Valdés encargó al capitán Juan Martínez de Hirujeta (Teniente Alcalde del castillo del Morro) y a Pedro Costa (Alférez de la Compañía de la Fuerza Vieja), quienes estaban al frente de las fragatas *San Diego* y *San Simón*, que se dirigieran con presteza al lugar donde había ocurrido el naufragio con objeto de socorrer a los sobrevivientes y de sacar y poner a salvo el oro y la plata y demás objetos de valor que iban a bordo de las naves. El pliego contenía, además, las instrucciones necesarias para llevar a feliz término la operación, incluidos los sitios que no debían dejar de visitar los comisionados y lo que debían hacer con el oro, la plata y demás valores que se rescataran de las embarcaciones naufragadas.

El 7 de abril de 1606, se promovieron en Lima, Perú, unas *Informaciones de oficio y parte por Gerónimo Rodríguez de Valdés, juez de las minas de oro del Bayamo, en Cuba, juez de las minas de cobre de Santiago de Cuba, teniente de capitán general de la isla de Cuba y capitán de infantería en el Callao. Información y traslado de títulos y certificaciones*[1058]. A través de la documentación contenida en este expediente, Rodríguez de Valdés recuerda a Felipe III que había servido a su padre y a él en América desde 1592, siendo primeramente Juez de las minas de oro de Cuba.

Con posterioridad, Gerónimo Rodríguez fue Juez de las minas de cobre de Santiago del Prado, "… con comisión particular para que a costa de Su Mgd. [Majestad] supiese la calidad de aquellas minas y le informase de la sustancia de ellas lo cual yo hice con mucho trabajo y mediante él fue Su Magd. enterado por las espiriencias[1059] y muestras que le ynbie[1060] de donde resultó el fundar la Fábrica y Fundición de Artillería de la Habana y haberse aprovechado aquellos castillos de artillería – […]"[1061].

Rodríguez de Valdés también fue "… Teniente de cappan. [Capitán] General en toda la dha [dicha] Isla y con comosson. [comisión] para tomar cuenta a las cajas reales y la misma orden que yo di en todos los lugares de la Isla se guarda hoy hasta venir de socorro a La Habana en todas las ocasiones y requentros[1062] – […]"[1063].

Después fue nombrado "… Cappan. [Capitán] de Infantería española en la propia Isla en el presidio de La Habana pagada con el castillo de adentro más de tres años acudiendo a todos los rebatos y ocasiones que fueron muchas todo con títulos y nombramientos y certificaciones de don Juan Maldonado Cavº [Caballero] del hábito de Santiago Govor. [Gobernador] y Capitán General de aquella Isla – […]". Por último, al llegar "… el Sr. conde de Monte Rey a la Nueva España por ser de su casa con su orden y la del dho [dicho] Gobernador […]"[1064], pasó a la Nueva España. Desde allí cumplió otras misiones militares en Puerto Rico, La Habana y México, entre otros lugares del continente americano.

El masivo comercio clandestino existente en la Isla y los incesantes actos de rapiña perpetrados contra Cuba por piratas y corsarios hicieron que la Junta de Guerra estudiara, en el mes de abril de 1606 –según consta en un documento titulado *Consulta de la Junta de Guerra de las Indias*[1065]– la formación de un escuadrón bajo el nombre de Armada de Barlovento; este debía estar compuesto de diez navíos, entre grandes y pequeños, los cuales debían tener en su conjunto 2300 toneladas. Se estimaba que para alistar esta Armada harían falta 130 000 ducados.

Al cabo de varios meses, la parsimoniosa burocracia castellana no había tomado ninguna decisión sobre este asunto, por lo que –aunque estaba previsto que en diciembre de 1606 la Junta tenía que recomendar a Felipe III la fundación y despacho de la referida Armada– nada se resolvió al respecto.

El primero de mayo se remitió al Gobernador de la Isla, en respuesta a su carta del 15 de diciembre de 1605, una Carta Real[1066], fechada en Aranjuez, en la que se le agradecía el cuidado que había puesto en socorrer a los dos galeones y al navío de la Flota a cargo del general Luis de Córdova, que habían arribado en el mes de marzo al puerto de La Habana, destrozados y faltos de bastimentos.

El 2 de mayo, ante la inminencia de las fiestas del Corpus Christi, el Cabildo de La Habana acordó, como en años anteriores, comprar doce cirios blancos, y que se hiciera este día una Tarasca y una danza.

Dos días después, el Gobernador recibió, a través de Pedro Franqueza, una carta de Su Majestad, en la que le daba las instrucciones para resolver varios asuntos de sumo interés para la Corona. De inmediato, Valdés –quien había recibido el 19 de mayo un duplicado de la misiva– despachó para la Nueva España y la Tierra Firme los barcos que el Rey había enviado a La Habana con importantes despachos (relacionados, casi todos, con el naufragio en 1605 de la Armada de los Galeones) destinados a los virreyes de esos territorios. Poco tiempo después, recibió un aviso de la llegada a su destino de los documentos. La noticia fue traída a La Habana:

> … por la misma persona que los llevó [a la Nueva España y a la Tierra Firme]. No fue necesario enviar a Honduras porque no han aportado allá los galeones[1067] ni ninguna persona de ellos, lo cual se sabe de cierto, así por las fragatas que yo he enviado a buscarlos, por todas aquellas costas – como por otras que de allá han venido y las naos Cappna. [Capitana] y Almiranta que se despacharon para allí y van en esta Flota por lo cual y porque otras dos fragatas que yo despaché a recorrer los bajos del paraje adonde padecieron la tormenta y los demás donde se entendía que pudieran abordado no han traído nueva de ellos ni hallaron rastro ni señal de nadie. Se puede tener por cierta la pérdida de los dos galeones como ya antes lo avisé a V. Magd. con el postrer navío que partió de aquí a los tres de abril pasado […] –[1068].

El General Francisco del Corral, en vísperas de partir, cumpliendo órdenes del Rey, hacia el Cabo de San Antonio "… con las seis naos que se le mandaron reforzar para limpiarle de corsarios y aguardar allí la flota de la Nueva España y los navíos de Honduras […]"[1069]; solicitó al Gobernador treinta piezas de artillería de todos los calibres "… para llevarlas a esos reinos en algunas naos de las de su cargo que señaló para llevar la plata que estaba aquí y la que viene en la Flota de Nueva España […]"[1070].

Sobre este particular, dijo Valdés al Rey: "… anduvieron papeles y réplicas de una parte a otra a causa de haber rehusado juntarse conmigo para tratar de lo que convendría hacer resentido porque le contradije la toma <u>de veinte mil ducados que sacó a los maestres de plata para el adohío de sus naos Cappna. [Capitana] y Almiranta</u> […]"[1071].

Felipe III y La Dorada

El 10 de mayo, a pesar de las contradicciones existentes entre ellos, el Gobernador le ofreció al General Francisco del Corral:

> ... toda la artillería que de estas fuerzas se le podía dar no tuvo necesidad de ninguna para poner en effeto[1072] lo que V. [Vuestra] Magd. [Majestad] le mandó - pues cuando la orden se hallaron en este puerto seis naos de guerra armadas, artilladas y bastecidas y dadas carena y con toda la gente de mar y guerra necesaria que son las dos Cappna. [Capitana] y Almiranta de la Armada Real del mar Océano que trajo Juan Álvarez Almrte. [Almirante] de Don Luis Fajardo y los otros dos galeones de la Armada de Don Luis de Córdova, que habían arribado a Jamaica con los cuales pudo salir otro día después que recibió la orden de V. Magd. [...][1073].

Según informó Valdés al Rey, Francisco del Corral dilató su partida de La Habana hasta el 24 de mayo:

> ... gastando aquellos días en trazar cómo podía dejar como en efetto[1074] dejó en este puerto las dhas [dichas] sus naos Capp. [Capitana] y Almiranta habiendo tanto tpo. [tiempo] que están ganando sueldo a costa de V. [Vuestra] Magd. [Majestad] y solo salió con cuatro naos y dos patajes sin haber querido llevar consigo a Don Sancho Pardo su Almirante ni al dho [dicho] Almirante Juan Álvarez porque no le abatió la bandera de cappna. [Capitana] que estrujó y que no se llevase en esta ocasión otra más que la suya [...][1075].

El 25 de mayo, veinticuatro horas después de haber partido del puerto habanero, el general del Corral "... topó dos navíos de enemigos que llevaban bandera de Cappna. [Capitana] y Almiranta y los tuvo en medio de los suyos a la vista de este puerto no los rindió y los dejó ir diciendo después que por no ponerse en riesgo él y los bajeles que llevaba con que el

329

enemigo y rapublicando nra. [nuestra] cobardía y mediante ella los que lo fueren tendrán con nra. nación de aquí adelante mayores atrevimientos que hasta aquí - [...]"[1076].

En noviembre de 1605 se produjo el naufragio de la Flota de Tierra Firme, a cargo del Capitán Luis Fernández de Córdova y Sotomayor, quien falleció en el siniestro

Con motivo de este suceso, Francisco del Corral y sus hombres regresaron al puerto de La Habana el 28 de mayo "... Sin tener para ello –en opinión del Gobernador– necesidad ni tiempo que le obligase [...]"[1077]. El primero de junio volvió a salir con los mismos bajeles utilizados la vez anterior, pero "... por nueva que hubo de que a doce o catorce leguas a sotavento de aquí andaba otro navío de enemigos con quien topó y aunque le fue dando caza tampoco le tomó [...]"[1078], regresó a la rada habanera el 15 de junio:

> ... diciendo que en esta ocasión no quería ganar ni perder y se estuvo hasta los veinte y cuatro que vinieron nuevas de

que en el Cabo andaban otros dos navíos de enemigos y por haberle enviado la persona que las trajo y a decir que viese el peligro que corría por su dilación la Flota y los navíos de Honduras tornó a salir en busca de ellos de manera que en estas entradas y salidas gastó cincuenta y tres días entreteniéndolos en la Cappna. [Capitana] de la Flota que todos los de ella <u>afirman por cosa cierta que es propia suya y que la trae puesta en cabeza de uno que llaman Fermín de Ynurriza y que por esto no ha querido que saliese de este puerto ninguno de los dhos [dichos]</u> viajes <u>a cumplir</u> lo que V. Magd. le mandó –
Y para desaguar las culpas que en esto tiene ha querido cargármelas haciéndome muchos protestos y requerimientos sobre que le entregase el artillería señalada para poner en las naos que de las de su cargo dispuso para llevar la plata [...][1079].

Finalmente, Valdés no entregó al general del Corral las treinta piezas de artillería que este le había solicitado para proteger las naves a su cargo porque, según notificó al Rey, la orden que había recibido se limitaba a que le facilitase las armas para que fuera al cabo de San Antonio a recibir la Flota de la Nueva España y las naos de Honduras, y no para que se las llevara a España.

Además, el Gobernador significó al Monarca que no había llegado a sus manos:

> .. Orden de V. [Vuestra] Magd. [Majestad] sobre esto ni de lo que se ha de hacer después que la dha [dicha] Flota y naos de Honduras entrase en este puerto y porque en caso que V. Magd. mande vaya la plata con las dos flotas tampoco es necesaria dar esta artillería pues para llevarlo con seguridad hay diez naos de guerra artilladas y con la gente de mar y guerra y las demás prevenciones necesarias que son las seis que van referidas y las cuatro naos cappnas. [capitanas] y almirantas de la Flota de la Nueva España y de Honduras y otras dos naos que sin estas se pueden armar

con la artillería y gente de mar y guerra que sobra de la conque llegó aquí el Almirte. [Almirante] Juan Álvarez que se recogió de los dos galeones y un felibote[1080] que se le perdieron peleando con los enemigos y en los Jardines de donde yo hice traer nueve piezas de artillería de bronce que quedaban allí anegadas y sin estas doce naos van en conserva de ellas otras cuarenta de marchantía todas de alto bordo muy fuertes y las más de ellas del primer viaje de manera que jamás se ofrecía aquí tal recado así para salir Don Franco. [Francisco] al cabo de St. [San] Antón[1081] en cumplimiento de la Orden que V. Magd. le envió como para llevar la plata con seguridad a esos reinos y por ser cierto que si V. Magd. entendiera que había aquí estas prevenciones no mandara que se diera artillería ni gente de estas fuerzas por la mucha falta que hiciera en ellas pues en cualquier tpo. [tiempo] que parezca hay más seguridad pueden correr mayor peligro Se ha hecho de mi parte el deber en mirarlo todo y dejarlas con la que antes estaban y Don Franco. ezedio[1082] en pedir la dha [dicha] artillería para llevar a esos reinos sin haber para ello orden de V. Magd. ni ser necesaria para la seguridad de la plata [...][1083].

Mientras estos sucesos tenían lugar en La Habana, Felipe III emitía en Aranjuez, el 15 de mayo, una Real Cédula[1084] mediante la cual se encargaba a fray Juan de las Cabezas Altamirano que guardara el Patronazgo Real y respondiera sobre supuestos entremetimientos en materia de cobro de diezmos, nombramiento y pago de salarios de curas y mozos de coro de la Iglesia Catedral de la Isla.

Por estos días, se intentaba fundar un Tribunal Inquisitorial en La Florida. Fue esta la manera que halló el Obispado de México para intentar afianzar su autoridad sobre Cuba, al tratar de extender sus dominios a San Agustín. No resulta casual, entonces, que fray Cabezas y Altamirano se vea obligado a recibir en audiencia a un fraile mexicano, quien llega a La

Habana con intenciones de convertirse en Comisario Inquisitorial de La Florida.

Ante estas y otras maniobras de muy diverso tipo, el Obispo de Cuba escribió desde San Agustín de La Florida una misiva, la cual envió a través de "… uno de los honrados clérigos que tengo en este Obispado, el cual ha sido Visitador y Provisor General mío […]"[1085], en la que hizo saber a sus superiores que se le había dado noticia, de parte de la Santa Inquisición de México:

> … de cómo S. [Su] M. [Majestad] mandaba que se pusiese en La Habana Comisario, y así fue nombrado el padre fray Francisco Carranco, de la Orden de Sant [San] Francisco: ha pretendido el dicho padre extenderse no solo a la isla de Cuba, pero aun a la isla de Jamaica y a estas provincias de La Florida, para lo cual supliqué a aquellos señores de México y al padre comisario se sirviesen de que yo diese noticia del paño que por aquí había, dando a S.M., a V. [Vuestra] S. [Santidad] Ilma. [Ilustrísima] y a ese Sancto[1086] Tribunal entera relación, para que conforme a lo que hallase, determinase. […][1087].

El 17 de mayo, llegó a manos de Valdés la Real Cédula fechada el 4 de septiembre de 1604, mediante la cual Felipe III ordenaba un grupo de restricciones tocantes a los juegos de azar que se practicaban en La Habana y en otras ciudades de América, sobre todo durante la estancia en ellas de las flotas. Según informó al Monarca el Gobernador, el propio 17 de mayo hizo pregonar el contenido del documento, el cual hizo asentar en los libros del Cabildo habanero, y se reformaron de inmediato "… algunos juegos de poca consideración que había en casas de particulares en esta Ciudad […]"[1088].

El 7 de junio, se emitieron en Madrid un conjunto de cédulas reales relacionadas, en su gran mayoría, con Cuba. La primera de ellas[1089] ordenaba a Pedro de Valdés que en la primera ocasión informara de las causas por las que había hecho rematar las escribanías mayores de gobernación y la de minas y registros en una sola persona, poniéndola en pregón por un tiempo menor que el establecido.

Otra Real Cédula[1090] advertía al Gobernador que cualquier cosa que tuviera que venderse por cuenta de la Real Hacienda, que estuviera relacionada con mercancías o navíos apresados al enemigo, no podía ser rematada por él ni por quienes le sucedieran en el cargo sin asistencia e intervención de los oficiales reales de la Isla.

Una tercera Real Cédula[1091] mandó a Valdés –a la vista de dos cartas de los oficiales reales (fechadas el 8 de julio y el 10 de agosto de 1605)– a que explicara los motivos que le habían llevado a quitar las causas de denuncia a dichos oficiales en primera instancia, además de otras vejaciones. Se le mandó además a guardar lo dispuesto en ordenanzas y cédulas reales, sin entrometerse a tomar cuentas ya fenecidas.

El 7 de junio se emitió también una Real Cédula[1092] dirigida al Gobernador de San Juan de Puerto Rico, con objeto de que informara los motivos por los que no se había cumplido con cierto capítulo de una Carta Real del 15 de octubre de 1603, que disponía el envío a los oficiales reales de La Habana de cierta cantidad de plata. El documento ordenaba cumplir lo dispuesto con la mayor brevedad posible y dar aviso de ello a la Corona.

Como complemento de la citada Real Cédula, se envió desde Madrid, con igual fecha, una Carta Real[1093] dirigida a los oficiales reales de Cuba. En el pliego se les encargó continuar las diligencias que debían hacer con el Gobernador y oficiales reales de Puerto Rico para que les remitieran las barras de plata y otros objetos similares.

El 15 de junio, se escribió por Felipe III una Carta Real[1094] dirigida al Gobernador de Cuba y fechada en Aranjuez, como respuesta a sendas misivas suyas fechadas el 16 de agosto y el 14 de diciembre de 1604. En esta se trataban asuntos relacionados con el ajusticiamiento del rescatador portugués Simón de Araujo; la llegada a la Isla, tras el despoblamiento de la banda norte de La Española, de personas que habían rescatado y el encargo de remediar los daños que de esta inmigración pudieran derivarse; los entremetimientos del Obispo de Cuba en contra del Patronazgo Real y el envío de ciertos duplicados de documentos que se le solicitaron.

Poco después, el 20 de junio[1095], falleció en La Habana el oidor Núñez de Toledo. Pedro de Valdés hizo saber al Soberano que, aunque había juzgado una "… gran mrd. [merced] y particular favor […]"[1096] de Su Majestad, la visita que le había realizado Núñez de Toledo, al parecerle:

> … que prometían su edad y obligaciones sacar a luz verdades y con la que he tratado las cosas del servicio de V. [Vuestra] Mag. [Majestad] desinteresadamente, y sin los respetos, que han querido persuadir los que me han caluniado[1097] pero dio a esto lugar el proceder del Juez tan deseoso de averiguar culpas y que no tuviese descargo en ellas que si alguno deponía algo contra su pretensión era de manera lo que se ofendía de ello y repreguntas y malos tratamientos que les hacía que sería gran milagro ninguno hubiese dho [dicho] cosa que me aprovechase y son tantos los que esto han publicado y tan grande la pasión que le conocieron que yo no sé a qué lo atribuya sino a la ambición de ganar honra a costa de la mía con fin de que V. Mag. le hiciese mrd. [merced] de plaza en México que con esta ansia se fue al otro mundo donde habrá ya dado cuenta de la parcialidad con mis émulos y no trato por ser muerto otros agravios […][1098].

El Gobernador aprovechó para manifestar al Rey su inconformidad con los juicios de residencia que se les seguían con frecuencia a los gobernadores de las posesiones españolas en América y, sobre todo, con los injustos métodos empleados por los comisionados del Monarca para realizar esta labor; le recordó, además, que en la Corte no se hallaría nunca ningún:

> ... memorial ni papel mío en que yo pidiese este oficio V. [Vuestra] Magd. [Majestad] me hizo mrd. [merced] del y yo le acete[1099] pareciéndome que hacía algún servicio en ello pero esto con las cargas y pensiones de semejantes oficios que es dar qta. [cuenta] y residencia de ellos haciéndome cargo y dándome nombres de testigos para que los que no fueran mayores de toda ecesion[1100] y mis émulos lo alegase lo cual es impusible[1101] en visitas donde el enemigo y mal intincionado[1102] se le offresce[1103] ocasión de venganzas y puede disponer seguramente lo que le pareciere confiado que no se ha de saber su nombre ni la causa que a infamar ni proceder le mueve así que estos juicios de visitas secretas son odiosos y tras ordinarios en oficios temporales y no de otro efetto[1104] que por tomar motivo V. [Vuestra] Mag. [Majestad] de si conviene o no hacer novedad en la provisión de ellos pero para condenar en penas pecuniarias y otras como pretende el Fiscal ha de ser en residencia que es la condición del oficio y para esto Suppco. [Suplico] a V. Mag. le provea y persa. [persona] que tome la residencia en la forma que a los demás y con esto es justo y a derecho conforme, que pare y suspenda la determinación de la dha [dicha] visita y las condenaciones que de ello hubieren resultado pues no me pueden parar perjuicio y merezcan tantos años de servicio a V. Mag. y al Rey nro. [nuestro] Sr. [Señor] que se me haga mrd. [merced] con justicia la cual espera de la clemencia de V. Magd. [...][1105].

Fray Juan de las Cabezas Altamirano se hallaba aún, el 24 de junio, en San Agustín de La Florida. Desde allí, redactó este día en una extensa carta al Rey, en la cual le agradeció, en primer lugar, su decisión de:

> ... mandar ahuyentar con su poderosa mano a los herejes piratas enemigos de Dios nro. [nuestro] Señor y de V. [Vuestra] Magtd. [Majestad] que tan ocupada han tenido todas estas costas puertos y navegaciones procurando señorearse de todos los puertos y pasos pues según me han informado y escrito ha inviado[1106] V.

Magtd. Armada Real para el efecto la cual no habrá dejado de servir manderecha como yo espero y deseo porque al fin Dios es justo y ha de volver por esta causa por ser suya propia
Muchas son y muy grandes las obligaciones que los capellanes de V. Magtd. tenemos de encomendar a Dios a V. Magtd. cada día en nuestros sacrificios y oraciones como de hecho lo hacemos yo y todo el clero en este Obispado pero este beneficio tan universal en estas partes es tan grande que solo bastaba por total causa aunque no hubiera otra de esta antigua obligación porque a V. Magtd. certifico que con este remedio de limpiar con Armada Real estas Indias y costas de ellas que es el único y no hay otro se habrán redimido muchas vidas restaurándose muchas haciendas y estorbado a muchos el camino del infierno porque este maltrato de los resgates[1107] todos estos daños y otros muchos acarreaba, lo cual todo ahora cesará sin duda ning. [ninguna] [...][1108].

Luego de comunicar al Monarca que le había escrito con anterioridad "... por vía de la Habana en un navío que de aquí fue aquel puerto y entiendo alcanzaría la Flota [...]"[1109], con objeto de darle cuenta de su viaje a La Florida y la causa de haber acelerado su partida "... dejando algunas cosas a que acudir de la obligación de mi oficio [...]"[1110], el Obispo le expresó que el portador de su misiva era:

> ... el padre Franco. [Francisco] Puebla Provisor que ha sido muchas veces y Visitador en este Obispado por mi antecesor y por ejercer por mi nombramiento este oficio en la ciudad de Sanctiago[1111] de Cuba y por sus buenas parte le señalé por uno de cuatro que puse en aquella Catedral conforme a una Cédula Real que tengo en que me manda V. [Vuestra] Magtd. [Majestad] sirvan a aquella iglesia cuatro clérigos beneméritos los que yo pusiere en defeto[1112] de no haber persona presentada por V. Magtd. en su Real Consejo el cual dará a V. Magtd. entera relación de las diligencias q. [que] cerca[1113] de la averiguación de esta entrada he hecho en razón de que a V. Magtd.

> no se le hagan gastos excusados en estos tiempos, es testigo de vista de lo que ha pasado en estas provincias y pasa en la Isla y ciudad de Cuba[1114] y de lo que en estas partes se padece por no tener quién en esa Corte dé noticia a V. Magtd. de cosas que al servicio de Dios y de V. Magtd. convienen de las cuales como persona de crédito podrá informar a V. Magtd. siendo V. Magtd. servido [...][1115].

El Prelado suplicó a Felipe III, en nombre de la ciudad de Santiago de Cuba –tal como lo había hecho antes a través de la Real Audiencia de Santo Domingo– que: "... tuviese por bien de que esta gente de La Española que allí había venido se pudiese avecindar allí alegando de mi parte el aumento que se seguía a aquella Ciudad y puerto y seguro de las reales minas y bien de toda aquella tierra que en otro tiempo fue el seminario de la conquista de muchas partes de las Indias siendo aquel puerto la llave como ahora lo es el de la Habana [...]"[1116].

Para fundamentar su petición, Cabezas Altamirano envió a Su Majestad, acompañando a su carta, un Padrón de Santiago de Cuba extraído:

> ... del libro de las confesiones que cada año mando hacer a los curas y se hizo allí el año de seiscientos y cinco[1117] entiendo será cuenta cierta y que conforme a ella habrá más de seiscientas almas sin que en este número entre la gente española ni esclavos que V. [Vuestra] Magtd. [Majestad] tiene allí en sus reales minas del cobre. Verdad sea que habría hasta doce casas en este padrón de gente que se vino de la Yaguana[1118] a la voz de que se volvía a poblar la ciudad de Cuba[1119] y con cudicia[1120] del descubrimiento de la labranza de la caña que allí de poco tiempo a esta parte se ha echado de ver que como he escrito a V. Magtd. por otra es milagrosa pues solo vez que se plante la caña y otra que se deshierbe[1121] es juro perpetuo sin más otro beneficio y también por la Revolución que hubo en la isla Española [...][1122].

La ocasión fue propicia para que el Obispo recuerde al Soberano que en Santiago de Cuba se hallaba la Iglesia Catedral de la Isla, la cual –en su opinión– era:

> … la total causa de que aquella Ciudad esté poblada y los vecinos por aquel consuelo de tener aquel templo allí donde se sirve a nro. [nuestro] Señor con el cuidado posible se han avecindado más que de antes viendo no se ha trasladado a La Habana como yo a V. [Vuestra] Magtd. [Majestad] ofrecí poniendo los ojos en el bien que de esta traslación se había de seguir y escribiendo las dificultades que por una parte y otra había.
> V. Magtd. me parece se sirve de que la Catedral no se mude de la ciudad de Cuba siendo esto así justo será que los vznos. [vecinos] de allí ponen con V. Magtd. por la Iglesia el seguro de sus personas vidas tierras y haciendas y que los ministros de aquel altar le tengamos también para que con seguridad podamos descargar la conciencia de V. Magtd. cumpliendo con nuestras obligaciones en la administración de los Sanctos[1123] Sacramentos de las almas arriba dichas y de otras muchas que después acá que se hizo el padrón se han multiplicado que de otra que de la poderosa mano de V. Magtd. Dios mediante no se puede esperar el seguro que se pide [...][1124].

Cabezas Altamirano suplicó también al Monarca que –para lograr la seguridad de la Iglesia Catedral de la Isla, de sus sacerdotes y de los vecinos de Santiago de Cuba– ordenara que hubiera:

> … en aquella Ciudad o puerto siquiera [...] treinta plazas[1125] aunque sean incorporadas en los vecinos obligando con esto a que todos los vecinos residan en la Ciudad de ordinario y no en sus estancias sino fuere para acudir a sus labranzas y cosechas que en la entrada del puerto en la boca en el lugar que para este efecto se señaló antiguamente se ponga un fuertesuelo y plataforma con seis piezas las cuales se pueden fácilmente fundir en las minas y prover[1126] de pólvora

y munición de Cartagena [de Indias] el cual seguro basta para que aquella iglesia y sus ministros y Ciudad le tengan y se obie[1127] que los enemigos no entren en el puerto atacar los bajeles que las fragatas salgan del puerto sin riesgo y que la gente de las fábricas de las reales minas tengan guardadas las espaldas. Los esclavos de las minas y de la Ciudad no se atrevieran a alzarse seguirse ha también de este seguro que los vecinos acudirán a sus labranzas habrá vela[1128] de día y de noche para poder estar en aquella Ciudad prevenidos cuando el enemigo viniese y más siendo allí las noches algunas veces tan claras como los días sería de mucha importancia haber vela en el puerto de razón y de obligación como es a la que los soldados suelen estar obligados porque siempre que los enemigos han cogido aquella Ciudad ha sido de sobresalto por falta de vela de noche [...][1129].

El Prelado manifestó a Felipe III que sería de mucha utilidad que no se obligara a los indios que vivían en la ciudad de Santiago de Cuba, por no querer hacerlo los españoles avecindados en ella, a realizar la vigilancia de las costas:

> ... porque certifico a V. [Vuestra] Magtd. [Majestad] que por esta causa han dejado muchos naturales y dejan cada día de vivir en Cuba[1130] por ser muy maltratados con este trabajo siendo la paga tarde y mal y por mal cabo lo cual me consta porque algunos naturales de allí he mandado volver a hacer vida maridable[1131] con sus mujeres y huyendo este trabajo me les han a mí de andar buscándoles con censuras y no solo los indios pero aun los españoles que se ven libres dejan la tierra por no poder acudir a labrarla porque a cada vela[1132] que aparece les ocupan los quince y veinte días en la Ciudad con las armas a cuestas sin acudirles para su sustento con cosa ninguna fuera de esto los derechos de V. Magtd. irían en aumento y los diezmos de suerte que V. Magtd. no pusiese nada de su Real Caja para suplir lo que falta el estipendio señalado a los eclesiásticos [...][1133].

Con el propósito de asegurar la defensa de la Ciudad y el puerto de Santiago de Cuba, Cabezas Altamirano solicitó a Su Majestad que:

> … mandase que juntamente con la merced dicha se hiciese a aquella tierra otra y es que cuando la Flota o galeones pasan a Cartagena [de Indias] se ynbiase[1134] un bajel a Cuba[1135] por el cobre de aquellas reales minas que limpiase aquella costa o puerto como lo hace el que V. [Vuestra] Magd. [Majestad] envía a la Margarita por las perlas pues es tan fácil la ida desde Cuba[1136] a Cartagena [de Indias] y aun podría V. Magd. ahorrar muchos ducados a lo que me he informado allí en Cuba[1137] si V. Magd. mandase poner allí la Fundición[1138] pues hay tanta comodidad que entiendo no falta cosa ninguna por lo que he visto en las campanas que tiene V. Magd. en el cobre fundidas allí […][1139].

En esta misiva, el Prelado dio cuenta a Su Majestad de los inconvenientes que traía el hecho de que:

> … los tenientes que proven[1140] los gobernadores de La Habana a la tierra adentro no tengan salario y particularmente que yendo con Título de tenientes a guerra no lleven expresados los casos que son a guerra por lo cual se quita mucha Jusisdicion[1141] a la Audiencia Real de V. [Vuestra] Magd. [Majestad] de Sancto[1142] Domingo porque en habiendo un Teniente un caso de guerra no admite apelación y en todo lo dicho padecen los vasallos de V. Magd. mucho porque habiendo de comer y de tratarse los dichos tenientes como se tratan por fuerza ha de ser a costa de pobres y se han de buscar culpas o culpados de que se echa de ver el inconviniente[1143] que puede haber […][1144].

Asimismo el Obispo alertó al Monarca de lo justo y necesario que era que:

> ... en la tierra adentro reconozcan los vasallos de V. [Vuestra] Magtd. [Majestad] que hay Gobernador en La Habana y que está allí por V. Magtd. para amparo de los buenos y para ynbiar[1145] a castigar a los malos pero, si Baracoa es un pueblo que está en el extremo de la Isla y de los menores de toda ella donde más son indios podrá echar de ver V. Magtd. de que puede vivir un Teniente y un Capitán a Guerra que allí asista siempre no niego que inbiar[1146] a visitar la Isla es muy justo cuando hay causas que lo pidan lo que propongo a V. Magtd. se evite un soldado sin soldados y en pueblos cortos y tierra pobre y en materia de gobierno, puede poco alcanzar y así serán grandes sus borrones y dignos de remedio pues aun los que estudian cada día para ejecutar sus letras y estudios se hallan ordinariamente alcanzados en la judicatura [...][1147].

El Prelado informó, además, a Felipe III que le habían escrito de La Habana para comunicarle que:

> ... Pedro de Valdés Gobernador y Capitán General por V. [Vuestra] Magtd. [Majestad] en aquella Isla ha dado en imponer un género de imposición extraordinaria la cual nunca he visto allí en sus antecesores y es que a todos los que salen de aquel puerto hace pagar ocho reales por su firma de la licencia y otros ocho a su secretario sin excepción de eclesiástico ni seglar. Yo entiendo que es de los casos contenidos en la Bula de la Cena del Señor donde se manda que ninguno que tuviere superior a quien reconozca no puede por sí imponer nuevas imposiciones por ningún título que guelan[1148] a gabelas que llama el derecho a que se reduce esta exacción.
> A esto se ha añadido que el padre Comisario fray Franco. [Francisco] Carranco que allí ha venido por parte de la Sancta[1149] Inquisición de México por Comisario ha ordenado que ningún barco ni navío salga sin firma suya. Por manera que a la entrada es visitado el barco y a la salida es menester pagar cada persona aunque sea eclesiástica y vaya en busca de

sus órdenes donde yo estoy los derechos dichos y ultra de esto aguardar a que el padre esté desocupado y se abran las puertas de su Convento para llevar firma suya y quien en esto padece son los pobres vasallos de V. Magtd. que aunque es justo que cuando hay ocasión de alguna sospecha se espere el barco y se visite antes de salir por parte mía o del dicho comisario hacer regla de esto sin excepción persuadome[1150] que es de grandísima incomodidad para un puerto tan frecuentado y así quejas que han llegado a mis oídos en todo lo dicho me mueve a proponer lo que siento a V. Magtd. [...][1151].

En 1606 se produjo lo que parece ser, hasta que se demuestre lo contrario, la primera salida ilegal de Cuba

Aunque Felipe III había hecho a Cabezas Altamirano la merced:

> ... de la media nata de los años que estuvo vaco este obispado de la parte de los frutos señalada para el obispo conforme la erecion[1152] que montaría poco más de mil ducados en cuatro años y más de vacante por no haber tantos diezmos en aquel tiempo como ahora que han subido por la labranza de la caña mostré a los oficiales reales de La Habana la cédula Real de V. [Vuestra] Magtd. [Majestad] de esta merced y por ella me dieron de la vacante lo que les pareció que había caído en La Habana de los frutos pertenecientes al Obispo y cédula suya para que los oficiales reales de la tierra adentro hiciesen lo mesmo[1153] en sus partidos. Llegué con estas cédulas al Bayamo y con harta necesidad de dinero por haber salido de una celda pobre a ser Obispo y gastado de las navegaciones y caminos largos obedecieron allí los oficiales reales la cédula y en cuanto al cumplimiento respondieron que no había lugar porque esos diezmos se habían metido en la Caja Real como real haber y que el Ldo. [Licenciado] Poago[1154] como Teniente General había tomado todo el dinero que había en la caja y así me pagaron con darme una certificación de que en aquella caja no había dineros y se me debían tres mil y tantos reales a su cuenta para que se me pagasen en La Habana y esta es la hora que no sé qué tal dinero se haya podido cobrar [...] como se quemó la ciudad de Cuba[1155] y se perdieron muchos papeles buscando yo la erecion[1156] me la vino a dar el padre Joan de Estrada y dijo se había hallado la erecion[1157] en casa de un venero que la tenía pensando no era papel de consideración [...][1158].

Como parte de su comunicación, Cabezas Altamirano informó al Rey que:

> En Sanctiago[1159] de Cuba ha sido costumbre [...] pagar un tanto de la Real Caja de V. [Vuestra] Magtd. [Majestad] a los

hijos de los vecinos muchachos que sirvan en aquella Iglesia de acólitos el Thte. [Teniente] Poago visitando allí los oficiales reales les mandó no acudiesen a los dichos mozos de coro con cosa ninguna no bastando alegan la costumbre tan antigua y que dos gobernadores de V. Magtd. habían tomado allí las cuentas y habían pasado por ello fúndase a lo que entiendo en que no parecía cédula Real y lo otro en que no eran propuestos por el gobernador Don Pedro de Valdés [...] y los que hacen este oficio son muchachos que con una vez que se les riña se van a su casa y nos hacen buscar otro y para cada uno de los mozos de coro acudir doscientas y veinte y cinco leguas a La Habana por su presentación no entiendo es puesto en razón –

Suplico a V. Magtd. se sirva de mirar que esta es limosna que se hace a algunos hijos de vecinos y pobres cuyos padres desean que sus hijos aprendan virtud y comiencen desde pequeños a servir a Dios en su templo y también que aquella iglesia y templo está robado y hay mil necesidades para el culto divino y ahora que se procura entablar aquello justo será que V. Magtd. quiera por ahora no permita se nos quite la merced que hasta aquí a aquella Iglesia en nombre de V. Magtd. se ha hecho [...][1160].

También informó el Prelado a Felipe III que:

... en la isla de Cuba hay dos villas la una es Sancti Espíritus la otra es Puerto del Príncipe son de los pueblos que hay de consideración en la Isla y de tanto número de gente que excepto el Bayamo son los que tienen más feligreses no es pusible[1161] descargar la conciencia de V. [Vuestra] Magtd. [Majestad] ni yo el descargo con un cura que cada pueblo de estos tiene suplico a V. Magtd. sea servido de mandar que en cada pueblo de estos haya dos curas uno que sea el principal y el otro beneficiado simple o quadjutor[1162] señalándoles a cada uno de por sí el salario conveniente mandando se les distribuya la parte de los diezmos que señala la erecion[1163] para el cura y el beneficiado simple supliéndose lo demás de que se les señalare por estipendio de la Caja Real de V. Magtd. como se hace en otras partes de la Isla como en el Bayamo y en La Habana. [...][1164].

Altamirano suplicó a Felipe III:

... que caso que no haya cuatro prebendados en la Catedral de Cuba[1165] presentados por V. [Vuestra] Magtd. [Majestad] que en tal caso en ser vacante tengan los clérigos que el Obispo allí pusiere conforme la cédula Real de V. Magtd. que para ello hay voz y voto en Cabildo por manera que nunca falten cuatro votos ora sean de los presentados por V. Magtd. ora sean de los propuestos por el Obispo conforme a la Real cédula ora sean de los presentados y propuestos como hayan tomado la posesión porque de lo contrario se siguen muchos inconvinientes[1166] y tantos que si no proveyera Dios de que de Cartagena [de Indias] despachara yo quien tomara la posesión del Obispado sucedieran allí casos muy escandalosos como sucedieron en el Bayamo por no haber más de un canónigo presentado por V. Magtd. y haber dejado la Catedral y haberse salido a la visita de donde nació que cada cura quiso ser juez y el que más favor tenía ese prendía y arrastraba al otro y al mesmo[1167] canónigo dicho por llegar dos días antes mis recaudos no le sucedió lo mesmo[1168] y esto todo se puede remediar conque V. Magtd. se sirva de dar por presentados en tiempo de sede vacante a los presentados antes por el Obispo pues el derecho del Patronazgo Real no contradice esto [...][1169].

Por último, luego de solicitar a Felipe III que si le hiciera "... alguna merced más de la que tengo la cual confieso no merecer se me hiciere sea en tierra firme pues a V. [Vuestra] Magtd. [Majestad] le consta de mis sucesos cuan contraria me es la mar [...]"[1170], el Obispo informó al Monarca que:

... Los naturales de Cuba[1171] piden a V. [Vuestra] Magtd. [Majestad] sea servido de mandar dar algún salario para tener por sí cura en su Iglesia[1172] la cual está distancia de legua y media de Santiago de Cuba y siendo naturales y de los primeros vasallos que V. Magtd. tuvo en estas partes[1173] justo es que V. Magtd. les haga merced así en esto como en mandarles eximir del trabajo de velar aquel puerto solo advierto que en las tierras grandes es razón acudan a oír misa a la Catedral porque de otra suerte sería desaparroquiar la Catedral mucho porque muchos españoles en semana santa y pascuas se aprovecharían de esta gracia que se hace a los naturales [...][1174].

Sancho de Alquiza, quien fue nombrado Gobernador de la Isla en 1616, realizó a mediados de 1606 los preparativos necesarios para viajar a Cuba en compañía de su criado Pedro de Pando[1175]. Por tal motivo, el 25 de junio se conformó en la Casa de Contratación de Sevilla el *Expediente de información y Licencia de Pasajero a Indias*[1176] de ambos. Sancho de Alquiza permaneció poco tiempo en Cuba, pues partió de aquí casi de inmediato hacia Venezuela, en donde tomó posesión del cargo de Gobernador de ese territorio.

El 25 de julio, Pedro de Valdés, los generales Francisco del Corral y Toledo y Alonso de Gaves Galindo, y otras personalidades enviaron en un barco de aviso que salió de La Habana una carta a Felipe III con objeto de informarle que:

... en cumplimiento de la orden q. [que] V. [Vuestra] Mg. [Majestad] dio [...] salió de este puerto [...] Don Franco. [Francisco del Corral y Toledo] con cinco naos reforzadas y dos patajes a recorrer y limpiar de corsarios el cabo de San Antón[1177] y a aguardar allí la Flota de Nueva España y las naos de Honduras para venir haciéndoles escolta hasta este puerto adonde entraron a los 14 del presente mes[1178] idas [ilegible], y por causa de haber V. [Vuestra] M. [Majestad] mandado al general Alonso de Gaves Galindo, que habiendo entrado aquí no salga sin que para ello y lo que se debía de hacer en el viaje a esos reinos haya una orden de V. M. por no haber venido esta orden estamos con un grande y general desconsuelo por la perplejidad y confusión en que nos hallamos y que por no exceder de lo que V. M. manda no se dispone la partida [...][1179].

Los remitentes de la misiva expresaron al Rey que, sabiendo que lo que llevan las naves, es:

... tan necesario en esos reinos [...] para llevarlo con siguridad[1180] tenemos la mayor Armada que en estos reinos se ha juntado y además de ella cinqta. [cincuenta] naos de acompañamiento fuertes nuevas y casi todas de primer viaje muy bien artilladas y pertrechadas de lo necesario con que podríamos ir seguros por medio de los enemigos [...] por acuerdos que sobre ello habemos[1181] tenido nos habemos[1182] resuelto de aguardar a que venga orden de V. [Vuestra] m. [Majestad] para lo que habemos[1183] de hacer y para que se nos imbie[1184] con más brevedad despachamos este aviso a toda diligencia y por la que tiene se lo habemos[1185] encargado, suplicamos a V. Md. pues tanto importa esto a su real servicio mande que luego se nos avise su voluntad para que la cumplamos [...][1186].

En cumplimiento con lo ordenado por el Monarca en una Real Cédula dictada en 1605, el Gobernador pregonó en La Habana, en el mes de julio de 1606, tres escribanías que se hallaban vacantes: la de Gobernación, la de Minas y Registros, y una pública. Como resultado de esta labor, se remataron estos oficios, según informó Valdés al Rey, de la siguiente manera:

... la de Gobernación en Juan Batista de Borroto en mil quinientos y veinte ducados y la de registros en Luis Pérez Costilla escribo. [Escribano] del Ayuntamiento de esta Ciudad en tres mil ducados y la pública en Hernando de Abendario en otros tres mil ducados de manera que valieron siete mil quinientos y veinte ducados [por solar a vida de los compradores] por los cuales tienen hechas obligaciones y dadas fianzas para [...] pagar dentro de un año porque de contado no se halló nadie que lo pudiese hacer y a los offes. [oficiales] res. [reales] de esta Ciudad a cuyo contento y satisfacción se dieron las dhas [dichas] fianzas tengo encargada la cobranza en nombre de V. [Vuestra] Magd. [Majestad] y les he ordenado que habiéndola hecho remitan el dinero a la Casa de la Contratación [...]"[1187].

El 3 de agosto, Valdés escribió a Felipe III, esta vez para recordarle que en todos los presidios que tenía la Corona española en América –y muy particularmente, en los sitios en los que había un hospital real– se hallaba fundada "... la parroquia de los soldados con consideración de que [...] allí se curan de sus enfermedades y acuden con las limosnas, que se les sacan de las pagas parece justo que en el sean sacramentados y enterrados cuando se mueren por corresponderse tanto en la pobreza y necesidad que de ordinario tienen [...]"[1188].

Más adelante, el Gobernador recordó a Su Majestad que La Habana existía un hospital, nombrado de *San Felipe y Santiago El Real*, administrado aún por los hermanos de la Orden de San Juan de Dios, adonde acudían los soldados del presidio de La Habana para curarse de sus enfermedades:

> ... y en reconocimiento del bien que en ello reciben le dan al tiempo de las pagas las limosnas ordinarias y tienen fundada en él una Cofradía de Nra. [Nuestra] Señora de la Soledad que es la de mayor devoción y de más número de gente que hay en esta Ciudad la cual sustentan con mucho gasto que hacen cada un año -
> Los Soldados que han muerto de enfermedades se han enterrado siempre en él sin contradicción alguna

y lo mismo los que han muerto fuera de heridas violentas [...][1189].

Sin embargo, al haber fallecido hacía pocos días un soldado como resultado de una herida que le infringieron:

> ... hubo diferencia sobre que los curas de la Parroquial le pidieron e hicieron resistencia en quererle llevar y que se les pagasen los derechos de la funeralia[1190] lo cual por ser cosa nueva no consentí sino que se llevase al Hospital y se enterrase en él como los demás –
> Pero considerando que no obstante lo dho [dicho] según el estado presente no le falta razón a la Parroquia pues no hay otra para evitar que no haya sobre esto diferencias de aquí adelante pues este presidio ha de ser perpetuo es justo que los soldados del la tengan señalada como los demás y que esta sea el dho Hospital atentas las causas referidas y que en él no se les pidiran[1191] dros. [derechos] de funeralías[1192] como las que el Cura y clérigos pretenden sino que si algún sueldo dejaren servido se gastará voluntariamte. [voluntariamente] en hacer bien por sus ánimas y su pobreza y necesidad no sufre los grandes derechos, que en la Iglesia Mayor[1193] se llevan por ser muy particular devoción, la que con este Hospital tienen los dhos [dichos] soldados, así por tener en él fundada su Cofradía como por los demás beneficios que del reciben [...][1194].

Al concluir su misiva, Valdés, teniendo en cuenta la petición que le habían formulado los soldados del Presidio habanero, suplicó a Felipe III que mandara que se instituyera en el Hospital Real de La Habana una Parroquia pues: "... para el servyo. [servicio] de ella además del Capellán ordinario, que el Hospital tiene hay otros dos capellanes del mismo presidio que acudirán a la administración de los Sanctos[1195] Sacramentos con que se ampliará el servicio del culto divino y los soldados tendrán conjuntos los remedios spírituales[1196] y corporales y crecerá en ellos la devoción de su Cofradía, y la que siempre han tenido a este

Hospital todo lo cual cesaría y quedarían muy desconsolados si V. Magd. no les hiciese esta mrd [merced] [...]"[1197].

A pesar de que el 17 de mayo de 1606, se había pregonado en las calles de La Habana y se había asentado en los libros del Cabildo el contenido de la Real Cédula del 4 de septiembre de 1604 –referente a la necesidad de poner en práctica un grupo de restricciones relacionadas con los juegos de azar– estas al parecer no fueron cumplidas por los generales y almirantes de la Flota de la Nueva España y naos de Honduras que entraron en la rada habanera el 14 de julio. Ello se desprende de una carta dirigida por el Gobernador al Soberano, en la cual le informaba que: "... los [generales y almirantes] de estas flotas han ezedido[1198] en haber tenido muy grandes juegos en sus casas sin embargo de que yo les he hecho en razón de ello muchas amonestaciones [...] porque en estos juegos pierden muchos pasajeros las haciendas que traen y vienen en las flotas gentes de mal vivir y que no tienen otro trato más que jugar [...]"[1199].

No fue esta la única queja formulada por Valdés acerca de la actuación de los generales y almirantes de las Flotas de la Nueva España y de las naos de Honduras durante su estancia en La Habana; pues el día 3 de agosto escribió otra carta para manifestarle a Felipe III que:

> ... el Gnal. [General] Don Franco. [Francisco] del Corral intentó que los acuerdos que entre él y mí se hiciesen pasasen ante el Escribano de su Flota y porque no se lo consentí se quiso descomponer de manera que de allí adelante siempre anduvo torcido conmigo y él y Alo. [Alonso] de Chávez Galindo han procurado que los acuerdos no se hiciesen en mi casa y porque no nos hallásemos a ellos yo ni los almirantes Juº. [Juan] Álvarez y Juan de Salas ni los offes. [oficiales] res. [reales] para encaminar mejor sus pretensiones, han hecho muchos en la mar y en casa del mismo Gnal. [General] Alonso de Chávez con las personas que les han parecido determinando a solas para salir de este puerto el mismo día de la conjunción siendo contra lo que

a V. [Vuestra] Magd. [Majestad] se escribió en los avisos que se despacharon a los 25 del mes pasado y aunque por mi parte se les requirió que no saliesen el dho día y que se juntase acuerdo e hiciese Junta de Pilotos para determinar el día efetibo[1200] en que hubiese de salirse y de la manera que se había de proceder en la navegación durante el viaje y que cada uno supiese el puesto que ha de tener en las ocasiones de enemigos que podrían topar y cuál de los dhos [dichos] dos gnales. [generales] había de llevar el farol a quien las naos de estas flotas han de seguir de noche para no apartarse e ir juntas en conserva unas de otras y las instrucciones secretas que se habían de dar a los capitanes de lo que hubiesen de hacer no han querido como consta de los autos q. van con esta además sin comunicarme nada han echado bandos a toque de cajas en esta Ciudad y quiso levantar gente de guerra en ella el dho Alo. [Alonso] de Chávez y aunque yo se lo prohibí por ser el mayor absurdo que jamás aquí se ha intentado con la voz que echó de que quería rescibir[1201] gente se me ha escondido en sus naos mucha de la de este Presidio – [...][1202].

El Gobernador acusó también al general Francisco del Corral de haberse hecho dueño, sin orden de Su Majestad, de: "… los bastimentos que estaban aquí de respetto[1203] en poder del factor de Juan Núñez Correa para los galeones que se esperaban del cargo de Don Luis de Córdova haciéndolos embarcar en su nao Cappna. [Capitana] sin haberme dho [dicho] nada ni haber precedido para ello acuerdo mío y de los offes. [oficiales] res. [reales] como fuera justo que le hubiera, y no ha consentido que los dhos [dichos] oficiales reales interviniesen en los dhos bastimentos ni a ninguna de las compras que aquí se ha hecho a qta. [cuenta] de la Hacienda de V. [Vuestra] Magd. [Majestad] para la provisión de su Armada y Flota – [...]"[1204].
Además, Valdés dio cuenta a Felipe III de que, aunque se había acordado por los generales y almirantes así como por los oficiales reales en una reunión convocada por él al efecto, se tomase muestra general:

... de la gente de la armada del dho [dicho] Don Franco. [Francisco] y la de los galeones que arribaron a Jamaica [Jamaica] y las de las escuadras de la Armada de la Mar Océano con que llegó aquí el Almirante Juan Álvarez para saber qué había e faltaba para el repartimiento que se hubiese de hacer de ella en las naos en que va la plata y que conforme al número de la dha [dicha] gente se proveyese del bastimento que hubiese menester y que hubiese qta. [cuenta] y razón en la administración de la Real Hacienda de V. [Vuestra] Magd. [Majestad] solo se tomó la dha muestra a la gte. [gente] del cargo del Almirante Juan Álvarez y don Franco. no consintió que se tomase muestra de la demás gente con intervención de los dhos oficiales res. [reales] – [...][1205].

También el General Francisco del Corral, durante su estancia en La Habana:

... contra la opinión y parecer de los que mejor aquí le tenían pudiendo yo toda esta plata y la grana que se lleva en ocho naos por tener más de las 50 toneas. [toneladas] q. [que] V. [Vuestra] Magd. [Majestad] tiene concedidas para lo que de ordinario se lleva en las armadas tomó otras dos naos más de las de su flota y las rescibio[1206] muchos días ha a sueldo y de su monto las ha abastecido sin haber consentido que sobre esto se hiciese acuerdo con los offes. [oficiales] res. [reales] ni otras persas. [personas] que lo querían contradecir por ser derechamte. [derechamente] contra el asiento q. V. Magd. mandó tomar sobre la Armada de los Galeones que andan en esta Carrera [...][1207] de Indias.

Luego de formular sus acusaciones, el Gobernador recalcó que, en todo cuanto le había relatado, se había procedido:

... con la mayor libertad y exorbitancia que se ha visto y para que V. [Vuestra] Magd. [Majestad] mande remediar estos excesos le doy qta. [cuenta] de ellos y para que sea servido de mandar que pues los gobernadores representamos aquí su real persa. [persona] se hagan en su casa los acuerdos que los generales de armadas y flotas hubieren de hacer y que se llamen a ellos los offes [oficiales] res. [reales] y pasen ante el Escrvo. [Escribano] Mayor de Registros por tocar siempre a la Real Hacienda de V. Magd. y ser sobre cosas dependiente de ella y que se asienten en un libro que yo he mandado hacer para los dhos [dichos] acuerdos a donde permanecerán para que V. Magd. pueda saber lo que se acordare y que no se puedan hacer los dhos acuerdos de otra ninguna manera para lo cual se despache la Cédula y recado que fuere necesario con que se excusarán encuentros y pesadumbres y los daños que en esta van referidos – [...]"[1208].

A pesar de la gravedad de las acusaciones hechas por Valdés, la respuesta del Soberano y de su Consejo se limitó a ordenar que se enviase copia del capítulo de la misiva correspondiente a la información de que había aviso público con toque de tambor habido por parte de los generales y almirantes, al Juez de Residencia de la Flota "... para Q. [que] trate en ella de esto [...]"[1209].

La estancia en La Habana durante varios meses de tantas naves y hombres causó otros graves problemas al Gobernador y a los vecinos de La Habana en general pues, según comunicó Valdés al Rey en una de sus misivas, a diferencia de otros lugares del continente americano –como Cartagena de Indias y Portobelo, por ejemplo– en que no se dejaban bajar a tierra a los soldados y tripulantes de las naos de las flotas y armadas:

> ... aquí salen y de ordinario son gente inquieta y sediciosa hacen mil excesos de día y de noche sin que para el remedio y castigo de ellos yo tenga más mano que los vecinos a quien ofenden lo cual debe V. Magd. ser servido mandar remediar y que aquí se proceda diferentemente así por ser de mayor calidad este Presidio que ninguno de estas partes como porque pues los vecinos acuden con todo cuanto crían y cultivan para

el sustento de las dhas [dichas] armadas y flotas es justo que su Gobernador tenga mano para ampararlos y castigar a los que de ellas los ofenden digo esto porque, durante el tiempo que ha estado aquí Don Franco. [Francisco] del Corral han sucedido muchas pendencias heridas y muertes desastradas que los de su Flota han hecho a muchos vzos. [vecinos] de esta ciudad y en los oficiales y soldados de este Presidio así en los cuerpos de guardia del como en otras partes con el que le he tenido inquieto y en términos de perderse porque ningún delito que los de la Flota han hecho se ha castigado y los delincuentes han tenido por refugio acogerse a las naos de ella donde sin recibir otra ofensa están seguros [...] -[1210].

Silvestre de Balboa, escribano público y autor del conocido poema *Espejo de Paciencia*

Valdés achacaba estos conflictos y molestias a:

> ... la mucha mano que se dio por la instrucción y cédulas particulares al dho [dicho] Don Franco. [Francisco] y haber él consentido mucho ezesso[1211] de juegos pucos. [públicos] contra lo que por V. [Vuestra] Magd. [Majestad] le está mandado y porque tanto mejor se haría el servicio de V. Magd. cuanto más encogidas tuviesen las alas los generales pues por usar de su imperio se detienen en estas partes más de lo que conviene sería bien que en la orden que de aquí adelante se les diere se cercenen los dhos [dichos] inconvenientes y que habiéndolos compuesto en la forma que mejor a V. Magd. pareciere quede la instrucción firme sin que pueda añadir ni quitar de ella cosa alguna y los generales que se proveyeren de aquí adelante la guarden y tengan por ley inviolable con que demás[1212] de remediarse los dhos daños se excusarán mil pedimytos. [pedimentos] y novedades que cada General intenta en proveyéndole con los cuales cansan a V. Magd. y a sus ministros y se detienen en solicitar la resolución de ellas el tiempo que después les hace falta para abreviar su salida [...][1213].

Visto en la Corte el contenido de esta carta y el de sus similares, solo se acordó –de seguro influido Su Majestad por la actitud del Gobernador, quien afirmó no había escrito estas misivas con la intención de que el General Francisco del Corral fuese "... reprehendido ni castigado. – [...]"[1214]– que se llevasen al Consejo de Indias las cédulas que se habían dictado sobre las supuestas indisciplinas cometidas por generales y almirantes de las flotas y armadas en La Habana, para tomar las decisiones más acertadas.

El 3 de agosto de 1606, Valdés informó a Felipe III haber puesto en práctica las tres ejecutorias libradas en el Consejo de Indias, mediante las cuales se le ordenaba que cobrase y metiera en la Real Caja de La Habana los seis mil reales que debían pagar algunos de los vecinos de esa Ciudad, que habían sido condenados en el Juicio de Residencia del ex gobernador Juan Maldonado Barnuevo.

Pedro de Valdés dio cuenta al Monarca de que solo se habían podido cobrar 107, 69 reales a Diego Ochoa de la Vega y al Tesorero Marcos de Valera Arceo porque, habiendo sido oficiales reales juntos, no los cobraron a Agustín de Mora. Además, se pudieron recuperar 1006 reales, los cuales pagó Juan Maldonado Barnuevo, y 206,41 reales, correspondientes a algunos regidores del Cabildo de La Habana. Finalmente, los seis mil reales fueron depositados en la Real Caja, y quedó su custodia a cargo de "… los oficiales reales como parece por la certificación del Contor. [Contador] Juan de Eguiluz que va aquí con que se cumplió el efecto de las dichas ejecutorías […]"[1215].

El Gobernador informó, además, que en los próximos días escribiría al Rey el oidor Manso de Contreras para informarle acerca de las averiguaciones que había realizado en la Isla en torno al comercio de rescate y, sobre todo, para proponer qué debía hacerse para remediar este mal. El Gobernador indicó al Soberano que:

> … convendría mucho que se prohibiese la contratación que se tiene de esta Isla y de la de Sto. [Santo] Domingo en las costas de Caracas Laguna de Maracayo Cartagena [de Indias] y toda Trra. [Tierra] Firme Cumana y La Margarita porque las fragatas que de estas dos islas se despachan para las dhas [dichas] partes socolor de que llevan carne salada y otros frutos de la trra. [tierra] van cargadas de sedas y ropas rescatadas y por esta vía tienen salida de ellas con lo cual hay tanta sobra que cuando llegan las flotas a Trra. Firme no hallan salida de las mercaderías que llevan y quedan perdidos los cargadores porque las dan por mucho menos de ella que les han costado – […][1216].

Por cierto, se sabe que con frecuencia los mercaderes cubanos trocaban en el continente americano sus mercancías por los productos de cada virreinato, los cuales alcanzaban un mejor precio en La Habana que en su lugar de origen y obtenían así una nueva ganancia. Esto cuando se embarcaba para España, ya que en el caso de que se vendieran a extranjeros, la utilidad debe de haber sido mayor. Esta cadena de operaciones comerciales constituía el mayor estímulo para los rescatadores locales; pues el aliciente principal del contrabando no era la ganancia excesiva, sino la facilidad que proporcionaba para tener en constante actividad los capitales empleados en esta lucrativa actividad económica.

A inicios del mes de agosto de 1606, se decidió que partieran hacia España las naves de las armadas y flotas que se hallaban desde hacía varios meses surtos en la rada habanera; al considerar el Gobernador que:

> … la falta de los cuatro galeones de la Armada de Don Luis de Córdova y las necesidades que a V. [Vuestra] Magd. [Majestad] habrá causado la plata que se perdió en ellos y el natural deseo con que sus criados y vasallos vivimos de que se acuda con tiempo a socorrerlas ha dado motivo a los que nos hallamos aquí para acordar que las dos flotas que están en este puerto, partan luego, con la plata que trae la de Nueva España y la que estaba en estas fuerzas del año pasado sin que se aguarde más la orden de V. Magd. prometida […].

Para custodiar el tesoro que conducirían las naves a la península ibérica, trabajaron, de manera intensa y durante varios días, Pedro de Valdés y los oficiales reales, almirantes y generales de las armadas y flotas. De este modo, quedó:

> … prevenido todo el recado necesario con la mayor ventaja de artillería armas bajeles y gente de guerra y mar que jamás para semejante effetto[1217] se ha juntado en este puerto y ade-

más en ambas flotas cincuenta naos de acompañamiento todas fuertes y bien pertrechadas con lo cual y salir a tan buen tiempo como salen se asegura el deseado suceso del viaje y se excusan los daños e yncombinientes[1218] referidos en el acuerdo que eran infalibles y no se pudieran evitar [...][1219].

El 26 de agosto, demostrando que en España la hoja del tabaco[1220] había encontrado acérrimos enemigos, fue dictada en San Lorenzo El Real una Real Cédula[1221] que prohibía sembrar esta planta en Cuba, Santo Domingo y otras partes de América y Europa, "... por tiempo de diez años, para que con esto los naturales traten de labrar minas y en otras granjerías de más utilidad y beneficio para ellos y mis rentas y derechos reales [...]" [1222]. En este sentido, se ordenó al Gobernador que remitiera informe a la Corona en caso de existir algún inconveniente o, de lo contrario, hiciera ejecutar lo dispuesto. Además, se le indicó que publicara el contenido del documento en los distintos lugares de la Isla y, sobre todo, que pusiera especial cuidado en que se cumpliera su contenido.

Estas restricciones, que obligaron a los vegueros criollos a comerciar mediante el contrabando sus producciones, constituyeron un serio obstáculo a un cultivo que comenzaba a convertirse en una importante fuente de riqueza para el intercambio comercial. A pesar de la prohibición[1223], el tabaco continuó cultivándose libremente en Cuba.

El 9 de septiembre, se emitió en San Lorenzo El Real una Real Cédula, mediante la cual se dio comisión a los oficiales reales de La Habana para que hicieran las diligencias pertinentes a fin de saber qué mercaderías se habían llevado sin registro en los galeones de la Armada de la Guarda de la Carrera de Indias y en las naos Capitana y Almiranta; y, sobre todo, cuánto de ello se había desembarcado en el puerto habanero, a fin de proceder contra los culpados y otorgar las apelaciones necesarias para el Consejo de Indias.

Considerando que para el éxito de su misión resultaba importante visitar el interior de la Isla, Manso de Contreras activó su labor en La Habana y se dispuso a partir hacia esa región. Valdés accedió a facilitarle una escolta armada, sin la cual —estaba convencido el Oidor— sería peligroso entrar a los lugares en donde los rescatadores campeaban por su respeto. Manso de Contreras había asegurado a Felipe III poco antes que los colonos de Cuba eran "[...] la gente peor y más declarada contra el servicio de V. [Vuestra] M. [Majestad] que ha habido en estas partes [...]"[1224].

Además, afirmó al presidente de la Real Audiencia de Santo Domingo que "[...] frailes y clérigos son rescatadores [todos] y tienen particular familiaridad con corsarios y los más desleales y rebeldes vasallos que ha tenido rey ni príncipe en el mundo, y que si estuviera entre ellos V. [Vuestro] S. [Soberano] le venderían por tres varas de ruan y aun sin precio ninguno porque no hay para ellos cosa más aborrecible que la voz del Rey y sus ministros [...]"[1225].

El Gobernador de la Isla reconoció siempre la gran prudencia y cordura del Oidor, y aseveró que "[...] como ha asistido en estas partes tanto tiempo tiene muy conocida la condición de los que viven en ellas [...]"[1226].

Manso de Contreras partió de La Habana a comienzos del mes de noviembre de 1606, escoltado por una tropa de sesenta hombres asignada por Valdés para oponerse a cualquier sublevación que pudieran provocar las medidas que tomara contra los rescatadores en la tierra adentro. Una vez en ella, el Oidor pudo realizar pocas averiguaciones y menos aún dictar sentencias, a pesar de que salió convencido de que tanto Puerto Príncipe como Bayamo eran los mayores centros de contrabando existentes en Cuba; pues existían estrechas relaciones entre los rescatadores de una y otra Villa.

En Santiago de Cuba, Bayamo y Puerto Príncipe, Manso de Contreras encontró que aquellos que mandaba a detener huían poco después en complicidad con los cabildos y alcaldes de estas poblaciones. En Bayamo, según su informe, sus habitantes tomaron el mismo camino que cuando fueron encausados en 1603 por Suárez de Poago: el monte.

Estos sucesos tenían lugar dos años después de que el obispo Cabezas Altamirano hubiera asegurado a Felipe III que se había terminado con el comercio de rescate. Precisamente, las personas a las que el Prelado hacía referencia en su misiva de 1603 (los alcaldes ordinarios Gregorio Ramos y Pedro Patiño) se hallaban ahora acusados de ser los principales comerciantes ilegales de Bayamo.

El Teniente Gobernador de la región oriental, capitán Juan de Treviño –al tener noticias de que Contreras se dirigía a su Jurisdicción con el propósito de detener y enjuiciar a los rescatadores que hasta ese momento él había amparado– decidió hacer una parodia de justicia, negando toda autoridad al Oidor de la Real Audiencia de Santo Domingo.

A esos efectos, se constituyó en Juez de una causa mediante de la cual inculpó a varios indios ajenos a toda actividad de contrabando, a quienes condenó al destierro y a la horca. Una vez que dictó sentencia, movilizó a la población bayamesa y le aconsejó que se internara en los bosques y resistiera, si fuera preciso, a la tropa de Manso de Contreras. Pocos días después, Treviño se embarcó a Santo Domingo con 150 bayameses, para apelar la causa incoada por Manso de Contreras.

El Oidor, por su parte, volcó su ira sobre el Capitán y le inició una sumaria en la que lo acusaba, entre otros cargos, de haberse dejado sobornar por el indio trinitario Juan de Oviedo, hallado culpable de practicar el comercio de rescate, por lo que le había pagado mil reales a cambio de recibir una condena benigna.

Mientras tanto, el Alcalde Ordinario de Bayamo y Tesorero de las minas de cobre de Santiago del Prado, el criollo Marcos Varela Arceo, ordenó ahorcar a un peninsular para librarse de todo tipo de responsabilidad personal en las actividades de rescate. Decidido a oponerse por todos los medios a Manso de Contreras, decidió alzarse con los vecinos en las cercanías de la Villa cuando supo que este se acercaba a Bayamo con su tropa.

De acuerdo con el testimonio de Manso de Contreras, Varela Arceo se insubordinó con unos doscientos hombres, "... en cuadrillas de 20 y 40, a caballo y con lanzas, los cuales entraban en los pueblos de noche y dieron de lanzadas a uno de los soldados que tenía de guardia [...]"[1227]. Finalmente, el Alcalde Ordinario de Bayamo fue detenido cuando se metió subrepticiamente en la Iglesia de esa Villa, de donde lo sacaron y encarcelaron los soldados de la escolta del Oidor.

Conscientes del peligro, los principeños y bayameses abandonaron en masa sus villas y se fueron, virtualmente alzados, a los campos. Mientras tanto, los reos que no escapaban de las manos a Manso de Contreras no podían ser embarcados por la oposición de los oficiales reales. No obstante –escribía asustado a Felipe III el Oidor– a pesar de "... tener yo soldados se atreven de diez en diez a caballo y con lanzas los fugitivos a pasear de noche el pueblo [de Bayamo] [...]"[1228].

En Puerto Príncipe, Manso de Contreras acusó como principales rescatadores al Escribano de origen canario Silvestre de Balboa (autor del famoso poema *Espejo de Paciencia*), su hermano Rodrigo de Balboa, a Juan Rodríguez de Cifuente, a Pedro de la Torre, a Cristóbal de la Coba y a Bartolomé Sánchez, autores estos últimos de algunos de los sonetos laudatorios que anteceden a la citada composición literaria. En Bayamo, por su parte, fueron acusados cuatro de los personajes que aparecen en el importante texto: Jácome Milanés, Gregorio Ramos, Gonzalo de los Lagos Mejía y el portugués Miguel de Herrera.

A principios de 1607, el desalentado Oidor se hallaba de regreso en La Habana. Había fracasado estrepitosamente, a tal punto que su incursión por el interior de la Isla llegó a tener, finalmente:

> ... aspecto de una extorsión, pues antes de salir de La Habana, el 6 de octubre, escribía al Rey, sumándose a la petición de Valdés, el Obispo Cabezas Altamirano y el Cabildo habanero, para que se concediese un perdón general[1229]. Se habían conciliado todos los intereses y, como suele decirse, *aquí no ha pasado nada*. El dinero debe de haber corrido en aquella ocasión y hasta deben de haber fletado un barco para conducir las peticiones -donde quizá iban algunos talegos para el Monarca-, pues en el breve término de poco más de dos meses, el 22 de diciembre de 1606, se dictaba una Real Cédula indultando a los rescatadores. Llama la atención la celeridad con que se despachó aquel asunto, en una época que se caracterizaba por la lentitud en resolver cualquier cuestión [...][1230].

El Oidor manifestó en todo momento a Felipe III que había procedido de manera tan imparcial y con tal habilidad que el Cabildo de la ciudad de La Habana y el Gobernador de la Isla temían que, si se castigaba a los culpables de practicar el contrabando, Cuba quedaría despoblada y arruinada. Manso de Contreras pidió, además, al Monarca, excluir del perdón que se solicitaba a todos los que habían actuado como intermediarios entre los piratas y los hacendados, a los sacerdotes que habían aprobado la práctica del comercio de rescate y a los portugueses.

> ... No había alternativa. Estaba tres veces demostrado que castigar a los rescatadores de una manera eficaz era empeño superior a las posibilidades del gobierno español. Existía un precedente para ello: ya en agosto 6 de 1603 se había obtenido para los rescatadores de La Española, y se accedió con prontitud para Cuba. Se hizo constar que

habiéndose *cerrado la puerta* por la despoblación de las costas de La Española y Venezuela, era la benignidad el remedio de más eficacia. El perdón se concedió con fecha 22 de diciembre de 1606. Decía, simplemente, que los vecinos habían traficado con el enemigo y que, con objeto de que pudieran regresar a sus hogares y cultivar sus tierras, se les perdonaba por completo las ofensas de esta índole cometidas antes de la concesión del perdón. No había excepciones. El comerciar en adelante en esta forma constituía un crimen castigado con pena de muerte, y con la confiscación de bienes [...][1231].

Accediendo a lo que Manso de Contreras había solicitado a la Corona, se dispuso también que las personas culpadas por el delito de rescate pagaran el sueldo que este tenía asignado y sus gastos. De este modo:

... La *gente de la tierra*, como llamaba el gobernador Valdés a los criollos, que ya eran mayoría en la Isla, había ganado su primera batalla a la metrópoli al enfrentarse por primera vez abiertamente los intereses de una y otra.
Tras los sucesos de principios de siglo y el perdón de los contrabandistas, celebrado con grandes fiestas en toda la Isla, el rescate fue por mucho tiempo el medio normal de comerciar con el exterior de los vecinos de Cuba. De tiempo en tiempo se perseguía a los contrabandistas, sin que nadie resultase a la postre castigado [...][1232].

El 20 de noviembre, se emitió en El Pardo una Real Cédula[1233] mediante la cual se encargaba al Obispo de Cuba que informara sobre la conveniencia o no de mudar la villa de Trinidad a un sitio más cercano a la ciudad de Santiago de Cuba con el fin de evitar los rescates que allí se realizaban. Este mismo día se emitió otra Real Cédula[1234] para encargar a Pedro de Valdés que notificara a la Corona sobre la utilidad de cambiar o no hacia la tierra adentro una estancia ubicada en las cercanías de la bahía de Matanzas, a fin de evitar que los holandeses se proveyeran en ella de alimentos.

El interés del Monarca por este y otros temas similares estaba muy relacionado con la noticia que había recibido durante el transcurso de este año, relacionada con la intención de los holandeses de organizar una flota de ochenta naves, tripuladas por unos seis mil hombres, cuyo principal objetivo era tomar la ciudad de La Habana. Finalmente, este plan no se llevó a efecto.

El 8 de diciembre, el Oidor Manso de Contreras escribió al Rey para manifestarle que tanto Puerto Príncipe como Bayamo se hallaban muy distantes del centro de Gobierno de la Isla, lo cual facilitaba el comercio de rescate. Esta misiva "... constituyó la semilla de la ulterior división de la Isla en dos gobiernos [...]"[1235].

Precisamente, el 2 de diciembre, se dictó en El Pardo la Real Cédula mediante la cual se encargaba a Juan Maldonado Barnuevo –quien había sido Gobernador de Cuba– que informara al Consejo de Indias sobre la conveniencia o no de dividir el gobierno la Isla en dos; se aplicaría a uno de ellos todo lo concerniente a La Habana y poblaciones de su distrito hasta cincuenta leguas en dirección tierra adentro, y se encargaría al otro lo tocante a Santiago de Cuba, Bayamo y Puerto del Príncipe.

Mientras el licenciado Manso de Contreras enfrentaba la resistencia de los principeños y de los bayameses, ocurrió un suceso –relatado en unos autos promovidos en Bayamo el 27 de diciembre de 1607– que prueba, una vez más, "... que los criollos comerciaban alegremente con cualquiera que llegase vendiendo barato y pagando bien por los productos del país, pero, en cambio, eran inexorables con quienes viniesen con otras intenciones [...]"[1236].

El suceso ocurrió cerca de Santa Cruz del Sur, cuando el sargento y guarda mayor de los puertos Diego Guillén Basurto o Basulto capturó en el hato de Gaspar Hernández a un bucanero francés que, acompañado de un mulato extranjero, estaba curando carne y cueros para los piratas. Guillén hizo ahorcar al mulato mientras que al francés lo mató de un lanzazo la gente que estaba a sus órdenes.

Con posterioridad, el Sargento y Guarda Mayor de los puertos apresó, en el puerto de Yaguabo "… dos tangomanes[1237] uno que llaman Alonso Jiménez que traje a esta Villa con cuatro negros de contrabando y el otro tangomango que se decía Antonio de nación saboyana extranjero que muchas veces se había huido y vuelto a los enemigos […] lo dejé ahorcado en el asiento de Yaguabo […]"[1238]. Al desafortunado saboyano, nombrado Antonio de Codo, no le costó la vida el estar contrabandeando esclavos, sino el haber estado "… alzado con los enemigos luteranos muchos años […]"[1239]. Guillén lo "… ajorco[1240] de un jobo hasta que murió naturalmente […]"[1241].

El 29 de diciembre escribió a Felipe III el sargento mayor Jerónimo de Quero, quien le comunicó que, por entonces, se hallaban trabajando en las obras del castillo de El Morro 32 prisioneros franceses y flamencos. Asimismo Quero informó al Rey que todos los años salían de La Habana uno o dos buques cargados de oro, plata y dinero en efectivo. Estas embarcaciones, simulando una arribada forzosa, aportaban en las Islas Canarias, sitio desde el cual las riquezas que transportaban pasaban a los enemigos de la Corona.

Es muy probable que estos caudales representaran "… el pago del saldo a favor de los contrabandistas europeos […]"[1242]. Además, el Sargento Mayor dio cuenta al Soberano de la cantidad de dinero que había sobrado, en las nóminas correspondientes a años anteriores, de las plazas vacantes de soldados existentes en el Presidio de La Habana.

Felipe III, por su parte, ajeno aún al contenido de estas y otras misivas similares, dictó el 22 de diciembre una esperada Real Provisión[1243] mediante la cual indultaba a los rescatadores encausados por el Oidor Manso de Conteras. El documento, redactado y fechado en Madrid, disponía el perdón general para aquellos vecinos que hubieran delinquido en materia de rescates con enemigos hasta ese momento y la condena a muerte de quienes cometieran este delito a partir de la publicación del Perdón Real. Mediante esta Real Provisión se mandó, además, a cumplir la orden dada por el Soberano y a pregonar el contenido de esta en las partes y lugares de Cuba que pareciera necesario al Gobernador.

El Monarca, por recomendación expresa de sus consejeros y ministros, emitió en Madrid, el propio 22 de diciembre, una Real Cédula[1244] en la que disponía que el Perdón General concedido no era aplicable a quienes habían llegado a Cuba desde La Española dos años antes de la publicación de la indulgencia que, con igual fin, se había dado para los rescatadores de esa región.

Durante el transcurso de 1606, se produjeron en las costas de Cuba varios naufragios de importancia. Entre ellos se destacan los de la Capitana y el de una urca de la Flota de la Plata, las cuales naufragaron cerca de los Jardines del Rey. Como consecuencia directa de este suceso, se mandó a apresar a un piloto y se envió una carta[1245] al Rey para darle cuenta del desastre.

También, se produjo la pérdida del navío español *San Francisco,* el cual se hundió en la costa noroccidental de la Isla, en las inmediaciones de la actual provincia de Pinar del Río. Asimismo, se promovió un pleito[1246] entre Domingo de Licona –vecino de Sevilla y dueño de la nao *La Trinidad*– con Juan Gallego del Campo –Maestre que fue de dicha nao– la cual naufragó en las inmediaciones de La Habana al ir en conserva de la Flota que fue este año a la Tierra Firme, bajo el mando del General Francisco del Corral y Toledo.

Durante el transcurso de este año, el monasterio habanero de San Francisco fue elevado al rango de Convento en Custodia. La instalación de este retiro franciscano se había iniciado en 1574, aunque la licencia para su fundación no se presentó por fray Gabriel Sotomayor hasta 1576.

Otros sucesos notables ocurridos en 1606 fueron la elaboración por el cartógrafo Mercatoris de un mapa de la Isla, el inicio por Fernando de Silva de sus clases de órgano y canto en La Habana, y el establecimiento en la citada Ciudad del cirujano y flebotomiano Juan Pérez. Parecida connotación tuvo el fallecimiento en La Habana de Rodrigo Carreño y Ortiz[1247], quien había sido varias veces (entre 1569 y 1575) Diputado, Regidor y Tenedor de Bienes Difuntos del Cabildo. Rodrigo Carreño fungió también como Veedor de la construcción del castillo de la Real Fuerza, carga de la cual se le destituyó en 1575.

El 30 de diciembre, en vísperas del inicio del nuevo año de 1607, el Gobernador escribió una carta al Monarca para informarle que, desde mucho antes de que él viajara a Cuba a servir a Su Majestad, los virreyes de la Nueva España se quejaban con frecuencia al fallecido rey Felipe II, su padre, de que:

> … aquel reino se hinchia[1248] de gente inútil que de ordinario iba de aquí de la que suele quedarse de las flotas y armadas y que no teniendo allá modo de vivir daban en ser salteadores por los caminos / Deseando yo que en mi tiempo se remediasen estos inconvenientes y cumplir lo q. [que] V. [Vuestra] Mgd. [Majestad] tiene mandado cerca de que no queden en estas partes los que para ello no trajeren su Real Licencia y que se prendan y castiguen los maestres de los navíos en que vinieren – he hecho muchas diligencias y en particular cerré desde el principio la puerta para no dar licencia a nadie que sin tenerla de V. Magd. quisiese pasar a Nueva España – y aunque de ello han procedido muchas quejas contra mí he hecho poco caso de ellas por cumplir lo que soy obligado – y como han visto que por esta vía no hay remedio de pasar buscan mil modos para ello – […][1249].

Profundamente indignado, Valdés contó al Monarca que, a pesar de sus esfuerzos, Gerónimo de Torres (Capitán General de la Armada de la Guarda de la Carrera de Indias), contraviniendo sus órdenes, había concertado con la mayor discreción "…un tropel de pasajeros y entre ellos algunos vecinos casados y con muchas deudas en esta Ciudad […]"[1250], para:

… ir en un navío de los que estaban surtos en este puerto que el mismo Don Gerónimo para disfrazar el hecho me dijo que le había elegido para llevar por pataje de los de la Armada de su cargo y se embarcaron secretamente en él y salieron de este puerto en la dha [dicha] Armada y estando fuera de la vista del Morro les dio Don Gerónimo licencia para que se fuesen a Nueva España como en efecto se fueron y entre ellos su Sargento Mayor y otros hombres de consideración de la Armada y ocho leguas de St. [San] Juan de Ulúa se perdió el navío en que iban y se ahogaron catorce de los dhos [dichos] pasajeros si los generales han de tener libertad para hacer esto no habrá para qué V. Magd. envíe órdenes en contrario porque importará poco que yo las guarde si ellos de una vez dispensan con los que a mí están importunando todo el Año […]¹²⁵¹.

Por Real Cedula del 8 de octubre de 1607 Felipe III ordenó, como nueva medida para combatir el contrabando, la división de Cuba en 2 gobiernos

Acompaña a esta carta –en la que el gobernador Valdés denuncia lo que parece ser, hasta que se demuestre lo contrario, **la primera salida ilegal de Cuba**, que no la última– un documento con un resumen del contenido de la misiva y la orden de que se llevara este asunto a la Junta de Guerra que se celebraría en Madrid el 23 de marzo de 1607; para esto se pidió un informe sobre esta asunto a Gerónimo de Torres, Capitán General de la Armada de la Guarda de la Carrera de Indias.

El 30 de diciembre, Valdés escribió otra misiva al Rey, esta vez para recordarle que había dado muchas veces cuenta de cómo:

> ... los generales de las armadas y flotas y en particulatmte. [particularmente] los que han sido de la Andalucía no hacen salva al tpo. [tiempo] de la salida de este puerto a las fuerzas que en él tiene V. [Vuestra] Magd. [Majestad] contraviniendo a lo que sobre esto les está mandado no solo por las instrucciones que traen pero por Cédula particular que hay aquí conforme a la cual pudiera hacer cañonear sus bajeles por este exceso y lo he dejado de ejecutar por ir siempre las capptanas[1252] y almirantas muy ocupadas con el tesoro de V. Magd. y ser todas de sus reales armadas en que hubiera mucho inconveniente y porque parece que desde el primer viaje de Don Luis de Córdova han introducido con él esta novedad los generales Don Franco. [Francisco] del Corral Alonso de Chávez Galindo y Don Hermo. [Gerónimo] de Torres convendrá que pues las salvas que se hacen a las fuerzas es en reconoscimiento[1253] de la obediencia y respeto que se debe [...] V. Magd. mande so alguna grave pena que este abuso se remedie para adelante y que a la entrada y salida todas las naos de las armadas y flotas y otros bajeles de particulares que llegaren a este puerto cumplan con las obligaciones q. tienen en hacer las salvas que deben a estas fuerzas pues son de V. Magd. que si fueran de algún particular no tuvieran el término que con ellas han tenido [...][1254].

El Gobernador escribió el propio el 30 de diciembre otro mensaje a Felipe III en el que, luego de recordar al Soberano que en carta del 4 de agosto de este mismo año, había avisado de "… la novedad que intentaron Don Franco. [Francisco] del Corral y Alonso de Chávez Galindo en hacer en sus casas los acuerdos ante sus escribanos sin avisarme nada ni quedar copia de ellos aquí […]", solicitó que, teniendo en cuenta los muchos inconvenientes que hechos como estos tenían, mandara que se remediara este asunto:

> … porque los gnales. [generales] siempre enderezan a lo que les está bien y no quieren hallar contrapunto en sus disignios[1255] de persona que los entienda y como no hallándonos yo ni los oficiales reales en los acuerdos y juntas que hacen los demás que para ellos llaman vienen a orden suya por lo cual no osan contradecir nada de lo que proponen Don Gerónimo de Torres y Portugal hizo lo mismo que los demás y me dicen que para ello trajo Cédula de V. Magd. y así ni para tratar de su partida ni cosa que aquí se le ofreciese se juntó conmigo a acuerdo sino es para comunicarme la necesidad que tuvo de bastimentos y que se los proveyese como lo hice por no haber venido de Nueva España los que para su Armada se esperaban – Dejo aquí dos galeones tan separados de mis órdenes y Juridicion[1256] como si él quedara con ellos/ o yo sirviera a diferente Rey del que acá le envío sentido de esto y de que no han acudido a mí sino para que les hiciese buscar la gente que se les iba por los montes huida y que los proveyese de carne y otras cosas que les faltaban [de que no me he escusado aunque pudiera] […][1257].

Valdés comentó al Rey que le informaba de estas indisciplinas e irregularidades no por lo que tocaba a su "… pundonor sino a su real servicio por los daños que se experimentaran sino se pone en esto remedio […]"; le advertía que en la Carrera de

Indias cada día quedaban menos personas que obedecieran órdenes, pues todos querían mandar y no ser mandados.

Para poner remedio a esta situación, aconsejó al Monarca que le diera el rango de Virrey, en correspondencia con la complejidad y "... calidad de esta plaza para hacer poner en ejecución lo que conviniese sin réplicas de los que lo ignoran pues la noticia que de ello les falta convierten en las novedades que hacen [...] —"[1258].

VIII

El primero de enero de 1607, el Gobernador de la Isla notificó a Felipe III el fallecimiento del Regidor del Cabildo de La Habana Rodrigo Carreño, hecho ocurrido el 31 de diciembre del año anterior. En la escueta misiva, Valdés expresó al Monarca que, como su oficio estaba "... vaco y porque tenía hechas diligencias en vida para pasarle en Nicolás Carreño su hijo y acá no hay orden de V. [Vuestra] Magd. [Majestad] para disponer del será necesario q. [que] V. Magd. lo envíe de su voluntad que al punto que la reciba la pondré en exon. [ejecución] [...]"[1259]. Visto este asunto en la Corte, se indicó que se le vendiera el cargo de Regidor a Nicolás Carreño y que, del dinero que se recibiera por ese concepto, se apartara lo que procediese.

El Obispo de Cuba también escribió el primer día de este año al Rey, en esta oportunidad con objeto de complacer al padre Ponce Román, quien le había solicitado diera al Monarca referencias acerca de su actuación en la Isla. Cabezas Altamirano expresó al Soberano que el mencionado sacerdote, quien había venido a Cuba en compañía de otro Obispo, había:

> ... servido en este obispado mucho tiempo tengole por sabio y suficiente para su ministerio y no he sabido en materia de sus costumbres cosa que impida el no recebir[1260] md. [merced] de V. [Vuestra] Magd. [Majestad].
> Verdad sea que yo actualmte. [actualmente] estoy visitando los clérigos y no sé lo que de la visita resultará hasta ahora

tengole en la posesión arriba dicha y he tenido todo el tiempo que he estado en este Obispado fuera de aquí por no haber sabido cosa en contrario [...]"[1261].

El 4 de enero arribó a La Habana un barco procedente de la Nueva España, el cual era portador de dos cartas dirigidas al Gobernador por el general de la Flota de la Plata Lope Diez de Armendáriz y el Tesorero de la Flota Pedro Coco Calderón. En sus misivas ambos funcionarios relataron a Valdés "... cómo Don Pedro de Acuña ganó el Maluco con pérdida de solo treinta hombres y que dejó por Gobernador de Terranate[1262] a Juan de Esquivel con quinientos soldados y trayendo preso consigo al Rey de aquella tierra y a un hijo suyo a Manila en llegando murió Don Pedro [...]"[1263].

De inmediato, Valdés escribió una carta al Monarca para expresarle lo mucho que sentía el fallecimiento de Pedro de Acuña, "... cuya falta he sentido mucho por haber perdido en él V. [Vuestra] Magd. [Majestad] un vasallo de tanto valor y la estrecha amistad que yo con él tenía pero sin embargo pido albricias del suceso y doy a V. Magd. mil norabuenas[1264] del [...]"[1265].

Poco después, el 27 de enero, se ordenó por la Corona que se escribiera al Oidor Manso de Contreras, enviándole duplicado de la Real Cédula que se emitiría al efecto, lo cual se dictó en Madrid el 12 de febrero de este mismo año[1266], para que –conforme a lo solicitado por él en carta fechada el 6 de septiembre de 1606– publicara y excusara "... luego el perdón general q. [que] se ha concedido, a la Isla de Cuba tocante a rescatadores sin excepon. [excepción] ninguna [...]"[1267], y enviara testimonio de ello al Consejo de Indias.

De seguro esta orden se cumplió al pie de la letra, con objeto de demostrar que este funcionario no había perdido su crédito y también con el propósito de que le fuera más fácil cobrar los haberes y gastos que le concedían su título de Oidor. La indulgencia alcanzó también a los vecinos de La Española que se habían refugiado en Cuba, después de haber sido condenados por participar en los rescates. Estos inmigrantes fueron indultados por Real Cédula fechada el 29 de enero, aunque desde el 27 de este mismo mes y año, se había solicitado por el Consejo a Felipe III que comunicara que: "… todos los vecinos de la isla Española q. [que] se ausentaron de ella por razón de los rescates dos años antes de la publicación del Perdón Real en aquella Isla y fueron a la de Cuba, se les conceda dho perdón con condición q. se vuelvan a vivir a la dha isla de Santo Domingo a las nuevas poblaciones dentro de seis meses de la publicación del Perdón en la de Cuba y no de otra manera – […]"[1268].

La Corona dispuso también, el 27 de enero, que se le diera el encargo a Manso de Contreras para que distribuyera entre los culpados:

> … todas las costas que huvie. [hubiere] hecho en razón de su comisión y también sus salarios a razón de diez ducados cada día todo el tpo. [tiempo] q. [que] hubiere ocupado en ella desde q. llegó a la dha [dicha] isla de Cuba hasta q. salga de ella señalándole un mes más para la vuelta a Santo Domingo y otro desde que salió de allí hasta q. llegó a Cuba y otro en que precisamte. [precisamente] se le señala para q. acabe la comisión desde q. llegare el Perdón General a su poder p.[1269] que imbie[1270] relación al Consejo de la cantidad q. huvie. repartido así en costas como en salarios y a quién y cómo y testimo. [testimonio] de la publicación q. se huvie. hecho del Perdón y como mismo se escriba a los gobernadores de las demás islas a quien comprende el Perdón […][1271].

Mientras tanto, el 12 de febrero, se emitía en Madrid una Real Cédula[1272] en la que se ordenaba a Pedro de Valdés que no publicara (en caso de no haberlo hecho aún) el Perdón

General concedido a los contrabandistas de la Isla, con objeto de que lo hiciera el oidor Manso de Contreras de conformidad con la orden que se le había enviado el 27 de enero.

El 13 de marzo se reunió en Sevilla una comisión integrada por el alcaide Bernardino Delgadillo, por Francisco de Nart y por Juan Bautista de Broca; entre todos determinaron que el puerto de La Habana era el más conveniente para que la Armada de la Guarda de los galeones de la Carrera de Indias:

> ... inverne y tenga su almacén de pertrechos a lo menos estos primeros años, mientras el tiempo descubre otra cosa, por ser el puerto tan capaz y seguro, y haber allí un número de oficiales carpinteros, calafates y herreros, y cantidad de buena madera para su aderezo, y por la abundancia que suele haber de clavazón, hierro, brea, y nardia, lienzos y otras cosas que para la fábrica de naos, se llevan allí por vías de mercaderías que cuando faltase por algún suceso la provisión que se hiciese en la dicha Armadilla, no por eso pararían sus efectos, pues hallarían en dicho puerto con que suplirlo, con que es mayor comercio de la dicha Habana que el de todos los puerto de Barlovento [...][1273].

Al día siguiente de haberse tomado esta decisión, se emitió en Madrid una Real Cédula[1274] dirigida al Gobernador de la Isla; en ella se ordenaba que sacara del castillo del Morro a todos los prisioneros locales y extranjeros que hubiera en dicha fortaleza y los encerrara en la Cárcel Pública de la Ciudad, hasta tanto se les pudiera enviar a la Casa de Contratación de Sevilla. Se dispuso, además, la forma en que debían hacerse las guardias para custodiar a los reclusos.

El propio 14 de marzo, se dictó otra Real Cédula[1275], dirigida en esta ocasión a Juan de Villaverde, Alcaide del Morro, en la que se informaba de lo dispuesto sobre la guardia y custodia que debía ponerse en la Cárcel Pública de La Habana a los prisioneros locales y extranjeros; le pedía, además, poner especial cuidado en que no hubiere en ello ningún descuido o negligencia. También, se le advirtió al Alcaide Villaverde que, si el Gobernador no ejecutara lo ordenado, lo hiciese él mismo y sin dilación.

No serán estas las únicas reales cédulas y órdenes referidas a Cuba dictadas en el mes de marzo de 1607 por Felipe III, pues entre el 25 y el 27 de dicho mes, emitió en Madrid varias de ellas. La primera[1276], redactada el día 25, sirvió para aprobar la venta y remate que se había hecho recientemente al capitán Pedro Romero de cierta nao criolla que –por ser propiedad del Gobernador– se había vendido en 20 500 ducados, pagaderos en los plazos convenidos en un primer remate a cuenta de la condenación que se le había hecho a Valdés en la visita y Juicio de Residencia que se le tomó. Este acto se hallaba refrendado por una Real Cédula del 6 de febrero de 1606.

Al día siguiente, el 26 de marzo, el Soberano dispuso, mediante una Real Cédula[1277], que en la primera ocasión, el Gobernador enviara a España –en los galeones o Flota que surtiera de la rada habanera– todo el metal de cobre que se hubiera traído o se trajera en el futuro a La Habana, en cumplimiento de un capítulo de una carta suya del 19 de septiembre de 1602. Lo mismo se ordenó, mediante otra Real Cédula[1278] fechada este mismo día, a los oficiales reales de la Fábrica y Fundición Artillería de La Habana, la cual fue cerrada definitivamente como consecuencia directa de estas decisiones.

También, el 26 de marzo se avisó mediante una Real Cédula[1279] a los oficiales reales de la referida Fábrica la orden dada a Valdés sobre este asunto. Además, se les indicó que, en caso de que el Gobernador no enviara a la península ibérica el cobre, lo hicieran ellos lo antes posible.

El Monarca mandó asimismo a Valdés, el 26 de marzo, mediante una Real Cédula[1280], que remitiera a la Casa de Contratación de Sevilla hasta cincuenta tozas o maderos y cien tablones de caoba para encabalgamientos y ruedas de artillería, a fin de experimentar el coste que tendrían dichos materiales puestos en España y procurar excusar su costo si este llegara a ser considerable. Sobre este tema se avisó también a los oficiales reales de la Isla, mediante otra Real Cédula[1281], a fin de que ayudaran al Gobernador en lo que se le ofreciera sobre este particular; se les indicó que mandaran ellos mismos la madera, en caso de que Valdés no pudiera hacerlo.

Finalmente, el 27 de marzo, se emitió una Real Cédula[1282], mediante la cual se ordenaba a Gaspar Ruiz de Pereda, futuro Gobernador de la Isla, el cierre de la Fábrica y Fundación de Artillería de La Habana y el envío a la Casa de Contratación de Sevilla de todo el cobre que se extrajera del Real de Minas de Santiago del Prado. Es muy probable que, en esta decisión, pesaran mucho los poderosos intereses sevillanos, dispuestos siempre a monopolizar toda actividad provechosa que tuviera relación con el continente americano.

En coincidencia con la fecha de esta disposición, se otorgó el corral San Marcos, ubicado en la actual provincia de Sancti Espíritus, a Francisco Juárez Figueroa. También se entregó este año, el 12 de julio, la zona de Viñales; y el 6 de agosto, el corral Santa Isabel de Borges, situado en la zona de Mantua, ambos en la actual provincia de Pinar del Río.

Poco antes de que se tomara la decisión de dividir la Isla en dos gobiernos, la Junta de Guerra recomendó para el cargo de Gobernador y Capitán a Guerra del Departamento Oriental –comprendido entre la línea imaginaria trazada a cincuenta leguas al este de La Habana y la punta de Maisí– al Capitán Juan de Villaverde. Según el documento titulado *Consulta de la Junta de Guerra de las Indias*[1283], fechado el 9 de enero de 1607, hacía 39 años que el funcionario propuesto servía:

> … en plazas de Alférez Capn [Capitán] y Cabo, en el socorro de Malta y en los Estados de Flandes con el Duque de Alúa,

hallose en algunos cercos de donde herido y en la Jornada de Portugal y en la Inglaterra fue Capn. de uno de los galeones del Armada de la Carrera de las Indias y rindió la Almiranta de Ricart ha sido Cabo de cuatro compañías y assitio[1284] tres meses a la fotificacion[1285] de Tánger y después volvió a las Indias con su Compa. [Compañía] y Galeón y estendo[1286] sirviendo fue proveído por Capn. y Castellano del fuerte de Buenos Aires y por haber cesado al ponerse allí presidio se le hizo mrd. [merced] de la plaza de Alcaide de la fuerza del Morro de La Habana a donde está sirviendo de cinco años a esta parte con satisfacción [...][1287].

Llama poderosamente la atención que, aparte de la extensa y valiosa hoja de servicios de Villaverde y su indiscutible experiencia, se le señalase para desempeñar tan importante cargo, aun sabiendo de sobra el Rey y sus ministros "... la independencia y fuerza de carácter que había mostrado en sus relaciones con Pedro de Valdés, con quien había rivalizado hasta por simples cuestiones de precedencia. Da la impresión que la Corona pretende recortar los poderes del Capitán General de Cuba y situarle una contrafigura en Santiago [...]"[1288] de Cuba.

El capitán Juan de Villaverde había llegado a la Isla con Pedro de Valdés. Durante el viaje el Gobernador y Villaverde tuvieron algunas diferencias, las cuales se recrudecieron en Cuba; por lo que Valdés recibió con marcado disgusto su nombramiento para el gobierno de Santiago de Cuba[1289]. Y no era para menos, puesto que, precisamente, el individuo que él había tenido que encausar por faltas a la disciplina y a la jerarquía militar, era el que la Corona había designado para compartir con él el mando de la Isla.

Como complemento de la Real Cédula del 8 de abril, Felipe III tomó en Madrid, el primero de mayo, la decisión de nombrar[1290] como gobernador y capitán general de la isla de Cuba y de la ciudad de San Cristóbal de La Habana a Gaspar Ruiz de Pereda, Caballero de la Orden de Santiago. Según su Real Título, emitido el 28 de octubre de este mismo año, Ruiz de Pereda fue nombrado para el cargo por cinco años y con un sueldo de dos mil pesos anuales.

También, el primero de mayo se emitió en Aranjuez una Real Cédula[1291], mediante la cual se disponía que Juan de Eguiluz dejara de ejercer el oficio de Veedor de las obras de fortificación que se ejecutaban en la Isla y quedara solamente ejerciendo el de Contador de la Real Hacienda. La medida pretendía que cada uno de estos oficios fuera desempeñado por personas diferentes. En este sentido, se ordenó que, en el ínterin, Valdés proveyera quién debía ocupar la plaza de Veedor.

Además, se dispuso de inmediato, mediante una Real Cédula[1292] fechada el primero de mayo en Aranjuez, que los oficiales reales de Cuba observaran las cédulas que iban insertas en el documento, relativas al ejercicio de sus oficios, y que el contador Juan de Eguiluz entregara al Tesorero de la Real Hacienda una copia de las listas y memorias de los soldados y demás gentes que formaban parte de la guarnición de las fortalezas de La Habana.

El 26 de mayo, el Gobernador recibió una Real Cédula fechada el 5 de marzo de este mismo año, cuyo contenido estaba relacionado con el castigo que se debía dar a los oficiales y soldados de la Armada de las Indias que se quedasen en Cuba. Valdés prometió al Rey que, por ser este asunto "... tan conveniente al servyº [servicio] de V. [Vuestra] Magd. [Majestad] lo pondré en ejecución y haré para ello todo el tiempo que estuviere en esta Isla las diligencias necesarias de que siempre iré dando qta. [cuenta] a V. Magd. [...]"[1293].

Este mismo día llegó a manos del Gobernador un aviso de Su Majestad, mediante el cual se le informaba que los enemigos de la Corona tenían la intención de viajar a la Isla con una Armada "... en venganza de los rescates q. [que] se le han quitado y del daño que en Araya les hizo Don Luis Fajardo [...]"[1294]. Aunque Valdés aseguró al Monarca que el puerto de

La Habana estaba "… tan en defensa [...] que creo que por muy pujante que el enemigo se halle es imposible que pueda entrar en él [...]"[1295], le alertó que la Ciudad tenía:

> … evidente riesgo de perderse por el ingenio de azúcar y sierra de agua que una legua de ella dejó hecho Don Juan Maldonado en el río de La Chorrera [...] porque además de que el enemigo puede llegar con las lanchas hasta la misma sierra y tomar tierra por allí con la labor de ella y del ingenio están tan abiertos los caminos y talados los montes que hay desde ellos a esta Ciudad que sin impedimento alguno la puede tomar y allende de que cada día se van abriendo más los dhos caminos y talando los montes crece el daño con que en las casas del ingenio puede tener el enemigo toda la gente bastimento artillería y municiones que quisiere y atrincherarse de suerte que con quinientos hombres que allí ponga no será poderosa toda esta Isla para desalojarle y para tomar esta Ciudad no ha menester mejor comodidad que aquella sin que se lo puedan resistir las fuerzas que tiene V. [Vuestra] Magd. [Majestad] aquí ni se puede temer daño por otra parte [...][1296].

Para que Felipe III y sus ministros tuvieran claridad sobre este asunto, el Gobernador sugirió al Monarca que examinaran los planos de la ciudad de La Habana que le había enviado "… con Don Luis de Córdova y el Cappn. [Capitán] Juan de Haro para q. [que] V. [Vuestra] Magd. [Majestad] fuese servido mandarlo remediar con que yo cumplí con la obligación que tengo y entretanto que se hace viviré siempre con la vigilancia y cuidado necesario como V. Magd. me lo manda [...]"[1297].

Valdés recibió el 6 de junio la Real Cédula del 24 de marzo de este año, mediante la cual Felipe III disponía la forma en que se debían hacer las guardias en el Castillo del Morro, poniéndose gente de confianza en ellas y pertrechándolas de bastimentos y municiones para su defensa. La Real Orden disponía, además, que tanto el Gobernador como los funcionarios de la Isla vivieran "... con mucho recelo y vigilancia [...]"[1298], lo cual, en opinión del Gobernador, se había "... hecho siempre después que yo estoy aquí y se hará en lo de adelante [...]"[1299].

Dos días después, el 8 de junio, mediante una Real Orden, el Rey contestó favorablemente a una solicitud del Obispo de Cuba para penetrar en los bosques húmedos de las cuchillas de Baracoa, en donde –según informó– existían poblados indígenas aislados y prácticamente desconocidos hacia los cuales huían, cuando se cimarroneaban, los esclavos del Rey y de los vecinos de la Villa Primada. La solicitud había sido realizada por el multifacético y rollizo Prelado desde 1606, año en que indicó al Monarca que entre Baracoa y Santiago de Cuba había una población de indios[1300] en donde se refugiaban los esclavos fugitivos, por lo que pedía a Su Majestad autorización para hacer una incursión a este lugar con treinta o cuarenta hombres.

Los documentos del Perdón General concedido por el Rey a los rescatadores el 22 de diciembre de 1606 y las reales cédulas complementarias que le acompañaban fueron recibidos oficialmente el 10 de junio por el Gobernador, el Teniente Gobernador, los oficiales reales y el oidor Manso de Contreras. Al día siguiente, se pregonaron con la mayor solemnidad posible desde las puertas de las casas del Cabildo de La Habana y en la Plaza, junto a la Cárcel Pública. A la ceremonia asistieron los más altos oficiales de la Colonia.

Según el certificado de publicación, emitido por las máximas autoridades coloniales de la Isla, el Perdón se pregonó asimismo en otras poblaciones de la tierra adentro; el emisario que lo llevaba actuaba como agente de Manso de Contreras, con atribuciones para cobrar en su nombre. Puede que los encausados discutieran las cuentas que se le presentaron, pero sin lugar a dudas las pagaron sin dilación.

Desde la proclamación del Perdón Real y hasta bien entrado el mes de agosto de 1607, el oidor Manso de Contreras manifestó reiterativamente a Felipe III que los antiguos rescatadores no pecarían de nuevo, ya que les había quitado toda noción de volver a dedicarse a ese fraudulento negocio. *Gloria a Dios,* exclamó en algunas misivas al Monarca, pues la Isla estaba al fin limpia y aterrorizada. Además, tanto él como otras autoridades aseguraron a Su Majestad que el *diabólico vicio* que había contagiado a los colonos –de comerciar con los enemigos de la Corona y de la Santa Fe Católica– había desaparecido para siempre del archipiélago cubano.

Hubo testigos que manifestaron, en los testimonios que se recogieron a lo largo y ancho de toda la Isla, que los buques piratas que se hallaban en las cercanías de las costas disparaban en vano sus cañones para avisar a los posibles clientes, pero ningún comprador respondía. Además, los caminos por los que antes se les llevaban las pieles, en largas recuas de mulas, se hallaban ahora cubiertos de maleza.

El 26 de junio, por si las moscas, se acordó se nombrasen cabos y soldados que asistieran, siempre con diferentes sueldos, en algunos pueblos y en las fortalezas de La Habana, con objeto de asegurar y mantener el orden. Dos días más tarde, el 28 de junio, el obispo Cabezas Altamirano escribió una carta al Rey para –dando por cumplido lo ordenado por Su Majestad en una Real Cédula fechada en Ventocilla el 30 de octubre de 1604, en la que daba las gracias al Prelado por las gestiones realizadas para eliminar el comercio de rescate– informarle de la actividad que, en materia de contrabando, seguía realizando fray Alonso de Guzmán, miembro de la Orden del Carmen y Cura de Baracoa.

Sobre este sacerdote, el Prelado comentó que, al llegar al puerto de La Habana para tomar posesión del Obispado de Cuba, lo primero que le habían pedido el Gobernador y su teniente de gobernador, Lic. Melchor Suárez de Poago, era que quitase a fray Alonso de Guzmán del curato de Baracoa:

> … castigándole y que pusiese otro en su lugar hícelo como he referido a V. [Vuestra] Magtd. [Majestad] en vra. [vues-

tra] primera cédula y llegando a la Trinidad puerto que me parece estará en el comedio de esta Isla yendo yo a tomar la posesión de este Obispado a la Catedral encontré al dicho padre en el dicho puerto de la Trinidad y lo prendí y le eché con grillos y cadena en la sacristía de aquella sancta[1301] iglesia oile[1302] y hallé que Gonzalo García de Ayadi le había aprendido estando en su casa quieto una noche a título de que en otro tpo. [tiempo] había resgatado[1303] en razón de lo cual le secresto[1304] sus bienes como Tiniente[1305] a Guerra y Juez de Resgates[1306] que era en aquel puerto y le hizo su causa condenándole en la sentencia que le dio en perdimiento de bienes aplicado para gastos de guerra para sí y lo tercero para el denunciador dicen vino de Baracoa en un barco inglés lo cual no creo porque venía con él Franco. [Francisco] Vázquez Valdés vro. Alguacil Mayor del Bayamo hombre honrado y a lo que entiendo bien nacido y otra gente honrada [...][1307].

Cansado de esperar por el cobro de los cuarenta mil ducados concedidos por él a varios dueños de ingenios de azúcar de La Habana, Felipe III dictó en 1607 una Real Cédula apremiando la devolución del préstamo

El Obispo envió a su costo un Notario Fiscal y Juez de Comisión para que averiguase, a petición de fray Alonso de Guzmán, todo lo relacionado con este caso y "... sacase la verdad en limpio [...]"[1308]. Como resultado de las pesquisas, se pudo comprobar que Gonzalo García de Ayadi había hecho prisionero al padre Alonso de Guzmán, en virtud de una carta del Gobernador, cuyo tenor tenía Cabezas Altamirano. En la misiva, Valdés ordenaba a García de Ayadi que embarcase al padre Guzmán:

> ... secrestandole[1309] sus bienes sin hacer cuenta del Obispo que el dicho Ayadi no solo le había preso pero aun lo había sentenciado el Juez que fue de mi parte le declaró por descomulgado y visto el dicho Ayadi lo mal que había procedido vino a mí y se presto. [presentó][1310] diciendo no quería estar descomulgado por todo el mundo y alegando que la causa del padre fray Alonso había sido la carta de don Pº [Pedro] de Valdés vro. [vuestro] Gobernador estaría medio día preso el dho [dicho] Ayadi en la iglesia de Parada porque no le quise oír de otra suerte a las tres o a las cuatro de la tarde le mandé soltar y que se fuese a ejercitar su oficio de Teniente a Guerra con caución[1311] de que estaría a derecho y así le envié dando los dineros y avío para volverse porque me significó que como temeroso de las censuras no había traído aún con qué volverse [...][1312].

Finalmente, el Prelado, según informó al Rey, condenó al padre fray Alonso de Guzmán: lo privó de su oficio y le ordenó que:

> ... se fuese a su Convento a España halláronsele seis mil reales poco más apliqué la una parte para gastos de justicia que conforme vuestras leyes reales mil ducados serán poco por la distancia tan grande de la mar y haber de fletar barco los ministros la otra parte para el sobredicho padre porque

era viejo y tenía tantas llagas en las piernas que podía pedir en una puerta de la Iglesia para Sant[1313] Lázaro la tercera parte apliqué a su Orden por darme V. [Vuestra] Magtd. [Majestad] licencia para aplicarla a la bula de la Sta. [Santa] Cruzada y gozarla yo como Comisario de ella durante esta predicación porque como ladrón de casa sé cómo reciben en las órdenes los religiosos viejos que van de acá sin llevar con qué sustentarse
Por manera que aun puse de mi casa en este pleito
Decían tenía este padre catorce mil ducados y estos debieron de hacer tanto ruido que llegasen a oídos de V. Mgtd. pero los que vi y doy fe fueron un negro y una negra y otras cosas que montaron los sobredichos seis mil reales y estos no tocaron en resgates[1314] pues Pedro Gil del dinero de vuestra caja los compró en La Habana para el dicho Pe. [Pedro] el cual dicho padre fue presentado en tpo. [tiempo] de don Juº [Juan] Maldonado conforme vro. [vuestro] Real Patronazgo por la falta que aquí había de sacerdotes [...][1315].

Fray Juan de las Cabezas Altamirano dio a conocer, además, que había puesto en Baracoa a un clérigo, y enviado desde Santiago de Cuba al padre Puebla para que le entregase al Capitán Tremiño, Teniente General de la tierra adentro, el padre Guzmán y otros dos frailes que andaban sin licencia en la Isla. El Obispo dijo al Rey que en este asunto, así como en su labor para combatir el comercio de rescate, no había habido descuido de ninguna índole; sino que, por el contrario, esta actitud le había costado su "... prisión[1316], y muchos trabajos y pérdida de Hacienda [...]"[1317].

El 7 de julio se emitió en San Lorenzo una Real Cédula[1318], a través de la cual se mandaba al Gobernador sacara a la venta el oficio de Regidor de la ciudad de La Habana, vacante por la muerte de Rodrigo Carreño. El documento ordenaba que se ingresara lo que procediera de la referida venta en la Caja Real de La Habana para su envío, en cuenta aparte, a la Casa de Contratación de Sevilla.

Aprovechando la próxima partida hacia España de la Flota de la Nueva España a cargo del General Lope Díaz de Armendáriz, la cual se hallaba surta desde hacía varias semanas en el puerto de La Habana, Valdés escribió varias cartas al Rey. En una de ellas, comunicó al Monarca que enviaba en las naves de la Flota "… 28 prisioneros extranjeros que había en estas fuerzas repartidas en las naos de ella y en la cappna. [Capitana] se lleva a la Contratación[1319] relación de las causas de sus prisiones […]"[1320].

El Gobernador significó a Su Majestad que: "… saliendo de este puerto la Flota se meterán los bastimentos que para esta fuerza se han traído de Nueva España y se escogerá la gente que en ella obiere[1321] de servir y pondrá en ejecución todo lo demás q. [que] V. [Vuestra] Magd. [Majestad] manda de que irá recado para que conste de ello en los galeones que se esperan de Tierra Firme sin que haya en ello falta […]"[1322].

La ocasión fue propicia para que Valdés diera cuenta al Rey de haber recibido el día 23 de junio "… el despacho de la mrd. [merced] q. [que] V. [Vuestra] Magd. [Majestad] hizo a los vecinos de esta Isla culpados en los rescates perdonándoles los delitos que en razón de ellos tienen cometidos la cual ha sido digna de la grandeza de V. Magd. a quien por ella en nombre de esta miserable gente bosso[1323] cien mil veces los pies – […]"[1324].

El Gobernador comunicó al Monarca que la publicación del perdón y todo cuanto se mandaba al respecto se había hecho tanto en la ciudad de La Habana como en el resto de los lugares de la tierra adentro. Sobre este particular, afirmó, se encargaría de informar al Rey el oidor Manso de Contreras "… por cuya mano pasa todo, como V. [Vuestra] Magd. [Majestad] lo manda en cédula de 12 de Febrero de este año que rescibi[1325] a los seis del dho [dicho] mes de junio – 17 días antes que llegase el perdón […]"[1326].

Valdés significó a Felipe III que los vecinos de la Isla quedaban "… con obligación de perpetua enmienda y con los que no la tuvieren y volvieren a reincidir se usará del castigo q.

[que] V. [Vuestra] Magd. [Majestad] manda en el dho [dicho] perdón [...]"[1327].

En cumplimiento de lo que se le había ordenado mediante la Real Cédula del 26 de marzo de 1607 –la cual había recibido el 26 de mayo de ese mismo año–, el Gobernador hizo entrega al general Lope Díaz de Armendáriz, a cuyo cargo estaba la Flota de la Nueva España, de veinticuatro tablones de caoba de dieciocho a veinte pies de largo cada uno y del grueso que debían tener para fabricar con ellos cureñas de artillería. También, le confió cinco maderos para peinazos y <u>sesenta</u> ejes de sabicú de seis pies de largo y cerca de una cuarta de ancho.

Como los maestres de las naos Capitana y Almiranta de la Flota –en donde fueron embarcadas las piezas de madera– manifestaron que no cabían por las escotillas, quedaron en La Habana once maderos o tozas que Valdés había hecho poner "... a la lengua del agua [...]"[1328]. El Gobernador manifestó al Monarca que:

> ... llevarlas han los galeones con las demás que se fueron trayendo del monte y con ellas se enviará la razón de lo que cuestan para q. V. [Vuestra] Magd. [Majestad] lo tenga entendido ha sido muy acertada la resolución que se tomó en mandar conducir estas maderas por ser las mejores del mundo para cureñas y ruedas de artillería y que durará quince años y más cada encabalgamiento que de ellas se hiciere si se tratan bien de mi parte se cumplirá lo q. [que] V. [Vuestra] Magd. [Majestad] manda así en hacer prevenir de aquí adelante maderas para estos efectos como en procurar que sea a la menos costa que fuere posible y al Presidente y jueces oficiales de la casa de la Contratación de Sevilla escribo avisándoles lo que ahora va para que lo resciban[1329] y hagan de ello lo q. [que] V. Magd. fuere servido [...][1330].

Luego de la partida de la Flota, Valdés –tal como había prometido al Monarca– hizo:

> ... meter en la fuerza del Morro[1331] cuatrocientos quintales de bizcocho de seiscientos que se trajeron de Nueva España y los doscientos restantes se metieron en la Fuerza Vieja por ser el bastimento más necesario y de que ordinariamente hay más falta aquí porque carne y cazabe y vino siempre hay abundancia en esta Ciudad y en cualquier ocasión que se ofrezca se podrá meter en las fuerzas cuanto en ella se hallare dentro de doce horas y así se escusa que sea la breve currucion[1332] que suele tener por qta. [cuenta] de la Hazda. [Hacienda] de V. [Vuestra] Magd. [Majestad][1333].

El Gobernador realizó poco después una revisión general de las fuerzas destacadas en el Presidio de La Habana y halló doce plazas vacantes de soldados en la guarnición del Castillo del Morro. Valdés mandó al Alcaide de la fortaleza y a sus oficiales "... que los buscasen para hincharlas y hasta ahora no lo han hecho el Alcaide es áspero de condición con la gente que sirve en aquella fuerza y por esta causa desean servir más en las otras que en ella – [...]"[1334]. A pesar de estas dificultades, el Gobernador aseguró al Soberano que El Morro estaba "... muy en defensa y lo mismo las demás q. [que] V. [Vuestra] Magd. [Majestad] tiene aquí y para cualquiera ocasión que haya de enemigos se vive con el recato necesario como V. Magd. lo manda [...]"[1335].

El 14 de julio, luego de haber recibido los oficiales reales de La Habana la Real Cédula fechada el 26 de marzo de este mismo año, el contador Francisco de Redondo Villegas escribió al Monarca para dar cuenta del cumplimiento del documento; pues acababan de embarcar en las naos de la Flota de la Nueva España, que se disponía a partir del puerto de La Habana[1336] bajo el mando del General Lope de Armendáriz:

> ... mil y ochocientos y cincuenta y siete quintales de cobre que aquí había al presente y habían quedado de las fundicio-

nes pasadas los ochocientos y cincuenta y siete qs. [quintales] la nao capna. [Capitana] y los mil restantes la Almiranta Dentro de diez días saldrán de aquí tres fragatas que van a las minas por más de mil y trescientos quintales de cobre que el Capitán de Artia. [Artillería][1337] [ilegible] tendrá sacados [...][1338].

Redondo y Villegas le aseguró al Monarca que el cobre que se fuera trayendo a La Habana desde el Real de Minas de Santiago del Prado se enviaría lo más rápido posible a España. El Contador comentó al Rey que, al recibirse su Real Cédula, se estaban probando y perfeccionando dieciocho piezas de artillería, las cuales "... salieron todas muy buenas [...]"[1339].

El funcionario manifestó al Rey que no creía oportuno que se cerrara la Fábrica y Fundición de Artillería de La Habana ya que, estando hecha la Casa de la Fundición y existiendo aquí maestros fundidores y el personal necesario para llevar adelante los trabajos, estos saldrían a menos costos que si se hicieran en España.

Redondo y Villegas sugirió que si se necesitara cobre en la Península, con llevarse solo la mitad de lo que se sacara en el Real de Minas de Santiago del Prado, se podrían seguir fundiendo nuevas piezas de artillería. Por tal motivo, solicitó que el Rey y sus ministros valoraran este particular y, sobre todo, qué debía hacerse con el personal de la Fábrica y Fundición de Artillería de La Habana, especialmente con los fundidores y con el maestro de hacer las cureñas en caso de que esta industria cesara sus labores.

El Contador anunció al Soberano que, para que se viera en Sevilla lo que era capaz de producir la Fábrica, se enviaban –en la Capitana y en la Almiranta de la Flota de la Nueva España, que se disponían a partir– ocho piezas, cuatro pedreros y cuatro tercios cañones de doce quintales. El propósito de este envío era que Su Majestad comparara estas piezas con las que se hacían en Sevilla y decidiera si debía cerrarse o no la Fundición habanera.

Durante el transcurso de 1607, el Gobernador remitió una carta al Rey para recordarle que se habían juntado por orden suya algunas armadillas en el puerto y ciudad de La Habana así como en Bayamo y Santiago de Cuba, para combatir a los enemigos de la Corona y acabar con el comercio de rescate. Estas armadillas se habían equipado a costa de varios particulares, sin que en ello se hubiera gastado nada de la Real Hacienda de Su Majestad.

Como al "… recorrer y guardar la costa de los dhos [dichos] enemigos e impedir los rescates que van a hacer les han tomado alguas. [algunas] lanchas y fragatas con las ropas que iban a rescatar y aunque es en poca cantidad por ser pequeñas y en que nunca se ha hallado pieza de artillería ni arma mayor y en consideración del cuidado y trabajo con que de ordinario junta las dhas [dichas] armadillas y al poco salario y mucho gasto y obligaciones que tiene con la dha [dicha] plaza – […]"[1340], Pedro de Valdés, a punto de dejar en otras manos el Gobierno de la Isla, suplicó al Monarca que le concediese merced:

> … del quinto que de las dhas [dichas] presas le toca pues es Cappn. [Capitán] Gnal. [General] de aquella Isla que lo que descontados los gastos de las dhas armadillas sobra lo puede repartir entre los armadores y gente que se ha hallado en las faciones[1341] y que todo esto se entienda así en las hasta aquí se han hecho como en las demás que subcedieren[1342] durante el tiempo que estuviere allí sirviendo a V. Magd. en el dho [dicho] cargo pues V. [Vuestra] Magd. [Majestad] fue servido aprobar por cédula de seis de junio del año de 605[1343] el repartimiento que en la dha forma hizo de una presa francesa que se tomó en la Boca de Carabelas el año de 604[1344] con lo cual [cual] además de que todos se animaran a hacer las dhas [dichas] faciones[1345] rescibiran[1346] muy crescida[1347] mrd. [merced] de V. Magd. […][1348].

La respuesta de Felipe III no se hizo esperar, pues el 18 de julio se emitieron en San Lorenzo dos reales cédulas sobre este particular. La primera de ellas[1349] ordenaba al Gobernador que, con la intervención de los oficiales reales, declarara los apresamientos hechos en las costas durante su mandato, el valor de estos y el quinto que correspondía a la Real Hacienda, y que se repartiera el resto de su valor entre los particulares que habían costeado las armadillas. El segundo documento mandaba a los oficiales reales de Cuba que informaran a la Corona sobre los armadores que costearon los navíos, la calidad y el valor de las capturas y el quinto que de ellas correspondió a la Corona.

El 28 de julio se dictó en San Lorenzo una Real Cédula[1350] para que, tras la llegada a La Habana de un patache que iba fuera de la Flota –por haberse suspendido la salida de la Nueva España– el Gobernador hiciera que las mercaderías que transportaba el navío fueran entregadas a sus destinatarios. También, se emitió una Nota de Despacho dirigida a los oficiales reales en la que se daba aviso de la orden dada al Gobernador para que velaran por su cumplimiento.

Casi al finalizar el mes de julio, el día 24, fray Juan de las Cabezas Altamirano –quien se hallaba en la villa de Trinidad como parte de una visita que realizaba al interior de la Isla para verificar el pago de los diezmos correspondientes a la Iglesia– remitió al Rey unos documentos redactados y refrendados por Nicolás Guilisasti, Notario Público del Juzgado Eclesiástico de la Audiencia del Prelado.

En los manuscritos aparece la declaración bajo juramento del Capitán Pedro Ruiz de Valdivia, Teniente de Tesorero, Juez y Oficial Real de la villa de Trinidad desde 1601, quien expresó que: "… siempre ha hecho la división él de los diezmos que en esta Ciudad se manifiestan […] y hace partido el procedido de los dhos [dichos] diezmos conforme a la erección de este obispado libremente sin que sus Rma. [Reverendísima][1351] ni sus Vicarios se hayan entrometido en estorbarle cosa ninguna [...]"[1352].

El Obispo se trasladó con posterioridad a Sancti Espíritus, desde donde remitió al Rey un pliego en el que lo alertaba de cuán siniestra había sido la relación que se le había hecho por parte de la persona que le había escrito; decía que él se "... entremetía en los diezmos y que mandaba pagar con excomuniones cosa muy ajena del proceder que tengo con vros. [vuestros] vasallos cuanto más con vros. oficiales reales – [...]"[1353]. Además, manifestó:

> ... Yo estoy puesto en Cuba[1354] donde está la Catedral en distancia de doscientas y veinte y cinco leguas y donde sirvo paresce[1355] conforme a drº [derecho] que tenga el premio y si los quinientas mil mrs. [maravedíes] se han de pagar en la Hava. [Habana] imbiando[1356] por ellas por la mar es renta incierta y por tierra es una cosa y un trabajo inmenso y de mucha costa por manera que por mar o por tierra no puedo cobrar y en este Obispado no hay otra renta – [...][1357].

El 12 de agosto Pedro de Valdés escribió varias cartas al Rey. En una de ellas informó al Soberano que no había podido enviar a la Península[1358] con la Flota de Tierra Firme, cuyas naves estaban ancladas en ese momento en el puerto de La Habana, gran cantidad de maderos, tablones y ejes de madera; porque el General Francisco del Corral, quien la tenía a su cargo, se excusó de llevarlas "... diciendo q. [que] van muy embarazados y cargados por lo cual se quedan hasta que haya ocasión de embarcarlo y entretanto se prosiguira[1359] ir cortando y juntando de estos géneros las más piezas que fuere posible como V. [Vuestra] Magd. [Majestad] lo manda y para que los generales no se excusen de llevarlo convendrá q. [que] V. Magd. les mande dar orden para ello [...]"[1360]. Para responder a la solicitud del gobernador Valdés, se ordenó de inmediato que se mandara a Gerónimo de Torres que trajera a España, en sus galeones, la referida madera.

De singular importancia para conocer en detalle a los vecinos foráneos que habitaban en La Habana de esta época, e incluso acerca de la vida cotidiana de la Isla, resulta la carta que redactó Pedro de Valdés el 12 de agosto para dar cumplimiento a una Real Cédula del primero de mayo de 1607. Según informó el Gobernador al Soberano, todos los extranjeros que aparecen mencionados en esta larga relación habían viajado a la Isla:

> … sin licencia de V. [Vuestra] Magd. [Majestad] y viven en esta Ciudad la demás gente extranjera q. [que] había de Flandes Alemania Italia poco a poco los he echado de aquí de manera que con los que ultimamte. [últimamente] fueron en la Flota no tengo noticia que haya quedado ninguno V. Magd. será servido dar orden de lo que sea dado hacer con los arriba contenidos y los que viven en los lugares de la tierra adentro de esta Isla que la mayor parte de los vecinos de ellos son portugueses […][1361].

Si se examinan con detenimiento las características de este grupo de extranjeros, puede apreciarse con facilidad que está conformado por 44 personas, de las cuales veintinueve son comerciantes y propietarios, con un amplio espectro económico. Cuatro de ellos son mujeres, y los quince restantes viven de sus oficios, generalmente bien remunerados. Entre ellos figuran tres artesanos que ya habían hecho alguna propiedad, en particular el alarife quien, al adquirir un corral, logró entrar en las filas de los terratenientes.

Llama la atención que, al referirse a los dueños de ingenios, en el documento no se menciona ningún esclavo, por lo que suponemos que estaban implícitos al mencionar estas propiedades. Resulta de interés, en la relación de vecinos, las figuras de Sebastián Fernández Pacheco, quien parece ser el propietario más rico del momento aunque no se aclara a cuánto asciende su fortuna, y la del piloto Francisco López, quien poseía tienda de loza.

En aquella época se vendía en Cuba gran cantidad de mercancías procedentes de China, entre las cuales figuraba la porcelana, traída en la mayoría de los casos de contrabando a través de la Nueva España. Por cierto, en las excavaciones arqueológicas realizadas en La Habana Vieja, entremezcladas con restos de mayólica española y mexicana, se han hallado cuantiosas evidencias de porcelana. "... Cabe pensar que dentro de los huacales –en que debe haberse transportado esta frágil mercancía– que contenía cerámica novohispánica, viniese la de procedencia oriental, llamada genéricamente *China*, aunque también se encuentran numerosas piezas de origen japonés [...]"[1362].

También, destaca la presencia en La Habana de un Maestro de Azúcar, Antonio de Matos, natural de Madeira, quien había sido, según la autorizada opinión del Gobernador, el que introdujo aquí "... la labor de los ingenios [...]"[1363]. Estaba casado con una mujer natural de Cuba y hacía más de doce años que vivía en la Isla.

Al escribir la misiva del 12 de agosto de 1607, Pedro de Valdés había recibido ya la Real Cédula del 11 de mayo de 1605, que prohibía a los extranjeros negociar con la Isla. El documento era la respuesta de la Corona a sus escritos, en los cuales se quejaba con frecuencia de la preponderancia que tenían en Cuba los extranjeros, especialmente los portugueses, los conversos y los judíos. Sin embargo, al parecer, el Gobernador había considerado la inconveniencia que significaría para los vecinos de La Habana perder a los comerciantes de vino, al panadero, al zapatero y sobre todo, al Maestro de Azúcar.

> ... Es por ello que a pesar de toda la alharaca verbal de la correspondencia con la Metrópoli, los expedientes inquisi-

toriales relativos a Cuba en los Tribunales de Lima [1570], Nueva España [1571] y Cartagena de Indias [1610] testimonian, en mucha menor escala que en otras colonias de Hispanoamérica, detenciones, bienes confiscados, destierros y condenas a galera de mercaderes que –a través de las casas europeas y de sus redes en Curazao, Jamaica, Surinam, y Río de la Plata– comerciaban o vivían en Cuba. A pesar de estas detenciones, transcurridas entre los siglos XVII y XVIII, nunca nuestra Isla, devenida paraíso recobrado y tierra de promisión para los hijos de Sefaradí [los judíos], dictó pena de muerte en la hoguera contra ninguno de ellos como erróneamente se ha afirmado [...]"[1364].

Durante el transcurso de 1607, fue encausada en La Habana por el Tribunal del Santo Oficio, por asuntos de limpieza de sangre, la vecina Leonor Millán de Bohórquez, nieta del conquistador Joan Millán, cuyo origen judío no se descarta. Lo más probable "... es que la acusación se basara en la abuela materna de Leonor, quien era india. Otras causas podían estar en juego, puesto que por entonces varias familias importantes de la villa descendían de los indios, en especial por vía materna, y no fueron molestadas. El origen judío de la familia de su padrastro, los Pérez Borroto, y el estar casada Leonor con el Escribano del Santo Oficio pudieron haber contribuido y no poco, dada la lucha entre autoridades, que se encontraba en pleno apogeo [...]"[1365].

El 12 de agosto de 1607, Valdés dio cuenta al Soberano de haber recibido, el 4 de mayo de este mismo año, una carta de Su Majestad, fechada el 30 de octubre de 1604, en la que le mandaba que avisara del estado en que se hallaban la plataforma nueva que se había construido en el castillo del Morro y las piezas de artillería que se habían colocado en esa fortaleza, y que se indicara su calibre. El Gobernador expresó al Rey que hacía más de tres años que la plataforma se había terminado y que tenía "... de largo cien pies y veinte y cinco de ancho y veinte pies de alto la muralla con el parapeto hay en ella doce piezas de artillería de bronce [...]"[1366] de varios calibres.

A partir de aquí, Valdés hizo una pormenorizada descripción de las piezas de artillería para continuar diciendo: "... en la dha [dicha] fuerza hay además otras treinta y una piezas de artillería gruesas de hierro colado [...]"[1367], las cuales describe de forma minuciosa, para finalizar expresando al Monarca que: "... Esta es la artillería que hay en la dha [dicha] fuerza con la cual tiene la que ha menester para estar en defensa por ser todas piezas muy escogidas y estar bien puestas – y con muy buenos aparejos y encabalgamientos y para cualquier ocasión hay en los almacenes de esta fuerza la batería y pólvora necesaria [...]"[1368].

El 12 de agosto Valdés escribió también una escueta carta al Rey, esta vez para informarle que había recibido el 6 de agosto una Real Cédula, despachada el 25 de marzo de 1607, en la que se le solicitaba que a los indios existentes en la Isla: "... que se redujeren de nuevo a nra. [nuestra] Sta. [Santa] Fe [Fe] católica y obediencia de V. [Vuestra] Magd. [Majestad] por solo la predicación del evangelio no se cobre tributo por tpo. [tiempo] de diez años ni se encomienden y que tenga gran cuidado del buen tratamiento de ellos y asista en lo necesario a los religiosos que entendieren en su conversión [...]"[1369].

El Gobernador expresó al Rey que: "... los pocos indios que han quedado en ella [...]"[1370] hacía muchos años que estaban convertidos y no pagaban "... tributo alguno ni le han pagado jamás por su gran pobreza no hay qué hacer en lo que por la Rl. [Real] cédula manda V. [Vuestra] Magd. [Majestad] de mi parte les asisto y hago todo buen tratamiento y se le haré siempre sin que haya queja de lo contrario como creo hasta ahora no le ha habido [...]"[1371].

El 15 de agosto, coincidiendo con la partida hacia España de la Flota de Tierra Firme, Pedro de Valdés, en cumplimiento de lo que le había sido ordenado por una Real Cédula del 5 de marzo de 1607, hizo pregonar que:

> ... se registrasen y manifestasen todos los que de ella se hubiesen quedado y con esas y otras diligencias que hice fueron presos seis soldados y cinco grumetes[1372] a los cuales condené conforme a la dha [dicha] Real cédula como consta del testimo. [testimonio] que de ello razones da y hasta que puedan llevarse a esos reinos a cumplir el tenor de la sentencia quedan los grumetes en fiados y los soldados sirviendo por soldados en las fábricas del Morro
> Asimismo se quedaron perdidos muchos muchachos de 13 a 14 años que venían en los dhos [dichos] galeones sin plaza de los cuales se tomó a 24 la declaración por donde consta y por no ser de edad suficiente no se han castigado [...][1373].

El 16 de agosto, por una Real Cédula que de seguro costó una buena cantidad de dinero a los interesados, Felipe III autorizó a los vecinos de la Isla a trasegar y llevar a cualquier parte de América los productos importados de beber y comer que les sobrasen. "... Es fácil comprender que esta nueva merced ampliaba la capacidad de aquellos incansables traficantes de contrabandear con el continente. La rivalidad comercial era intensa y motivaba que se imputase a los portugueses controlar el pequeño comercio, por ser panaderos, zapateros, taberneros, etcétera [...]"[1374].

El 28 de septiembre, fray Juan de las Cabezas Altamirano envió desde Puerto Príncipe una carta al Rey, para recordarle que hacía algún tiempo le había escrito desde La Habana –sin haber obtenido aún respuesta– sobre tres aspectos que le habían parecido:

> ... convenían al servicio de Dios y de V. [Vuestra] Md. [Majestad] que son la primera hacerse allí una Iglesia más capaz porque la q. [que] al prte. [presente] hay[1375] no lo es para la semana sta. [santa] actos pucos. [públicos] y sermones y también porque en ocasión de suceder poder venir el enemigo a la dha [dicha] Habana se había de echar por tierra

el templo que hay por poderse fortificar en él el enemigo, según estoy informado de personas expertas que tratan de la milicia. La segunda el conservar el Seminario[1376] que allí dejé, pues es tan conforme a lo que manda el sagrado Concilio de Trento y a una vra. [vuestra] Real cédula que para ello tengo y para el descargo de vra. [vuestra] conciencia atento que La Habana es cabeza de esta Isla y donde hay número de eclesiásticos y necesidad de letras. La tercera es un Convento de Monjas para obviar muchos y graves pecados y desgracias que por momentos allí suceden, y para la conservación del honor de los que allí están dedicados al servicio de V. M. [Majestad] en la milicia [...][1377].

El Obispo agradeció al Soberano la merced que había hecho a toda la Isla:

> ... con el Perdón Gnal. [General] que con tan liberal mano le ha concedido en la materia de resgates[1378], el cual ha sido parte o mejor decir el todo, para que hayan cesado de todo punto, y así lo he visto, y certifico a V. [Vuestra] Magd. [Majestad] en lo que he andado que es hasta el puerto de el Príncipe de donde escribo esta a V. Magd. ciento y cincuenta y cinco leguas de la Habana la tierra adentro de esta Isla de Cuba, donde estoy de presente continuando la visita de este Obispado y lo mismo entiendo según estoy informado, que hay en todos los demás pueblos de la Isla de los cuales escribiré a V. Magd. si hubiere cosa en contrario, que a mí no se me podrá esconder [...][1379].

Cabezas Altamirano se permitió en su misiva recomendar a Felipe III que, para que la gracia que había concedido a los rescatadores de la Isla fuera "... adelante de parte de los que la reciben, y no tenga ocasión de entrada esta contagiosa peste [...]"[1380], mandara:

> ... acudir al remedio de la necesidad de estos pueblos de la tierra adentro, con darles licencia, para que pueda venir cada uno o dos años un navío de esos reinos con registro de Vra. [Vuestra] Magd. [Majestad] a esta Villa q. [que] llaman Puerto de el Príncipe y en uno de sus puertos que son el que llaman de Yguey o en el de la Guanaja hacer su drecha. [derecha] descarga porque en esta tierra las posesiones y haciendas de los vezos. [vecinos] son vacas, y ganado menudo o menor, que las sementeras de ella son trigo de las Indias llamado maíz, y Cacabi[1381], que es mantenimº [mantenimiento] que a lo que entiendo en solo estas partes se gasta, y vale un cuero de toro ocho reales y uno de vaca seis puestos en los embarcaderos q. el q. más cerca está de esta Villa dista doce leguas de ella, y el más apartado catorce [...][1382].

El Obispo comentó, además, al Soberano que en Puerto Príncipe:

> ... las mercaderías se venden tan caras, por traerse de La Habana de revendedores, y aquí venderse por recatones, que vale ahora actualmte. [actualmente] una vara de ruan veinte reales, y una de canamazo[1383] ocho reales, y una de seda dieciséis reales, y una de Holanda vasta, sesenta reales, y un cuartillo de vino tres, y cuatro rs. [reales] cuando más barato y no teniendo como no tiene la gente para sustento y vivienda de cosecha de la tierra como tengo dicho a V. [Vuestra] Magd. [Majestad] más que cazabi[1384] que se hace de raíces de árboles pequeños[1385], carne de vaca y tocino, mal podrán suplir sus necesidades, siendo los precios del vino paño y ropa tan excesivos si V. Magd. no lo remedia en la forma dicha, y en esta parte se persuada V. Magd. que no ha sido tanto la cudicia[1386] cuanto la summa[1387] necesidad la que ha abierto la puerta a los resgates[1388] y con esta mat. [materia] y concesión no tendrán ocasión de volver a los dhos [dichos] resgates[1389] [...][1390].

Para interesar al Rey en el asunto, Cabezas Altamirano le aseguró que, al conceder la licencia solicitada por él, se obtendría un notable beneficio en su Real Hacienda, ya que volvería a España: "… el dho [dicho] navío todas las veces que viniere, cargado de cueros, por haberse en solo esta villa del Puerto del Príncipe de doce mil cueros arriba en cada un año sin otros muchos q. [que] se pueden conducir a ella de otros lugares de esta Isla. Y si los gobernadores de V. [Vuestra] Magd. [Majestad] pudieran ver por los ojos las necesidades referidas, como yo las he visto y veo en razón de haberlo todo visitado por mi persona entiendo que hubiera muchos días que estuviera esto remediado – [...]"[1391].

El Prelado solicitó a Su Majestad que diera el permiso necesario para que los vecinos de la villa del Puerto del Príncipe y de otros puertos de la Isla pudieran "… como solían llevar libremte. [libremente] de esta Villa [...] mantenimientos[1392] a las provincias de la Florida [...] de que resulta haber en las dhas [dichas] provincias de la Florida grande hambre y necesidad y excesiva carestía de mantenimtos [mantenimientos][1393], en especial de carne de vaca y tocino [...]"[1394].

El Obispo envió al Monarca, junto con esta misiva, varios documentos, los cuales contienen las averiguaciones realizadas por él en la tierra adentro, en torno al pago de los diezmos correspondientes a la Iglesia. Entre ellos hay uno de particular importancia, pues demuestra que por esa época (como bien se dice en la carta-dedicatoria que Silvestre de Balboa Troya incluyó en su poema *Espejo de paciencia*) se conocieron el Prelado y el Escribano-Poeta de Puerto Príncipe. La ocasión fue de seguro propicia para que Silvestre de Balboa supiera de primera mano, ya que no estuvo presente en 1604 en el secuestro y posterior rescate del Obispo, los detalles de ambos sucesos.

El documento, que constituye una prueba fehaciente de la conexión que existió en tiempo y espacio entre Silvestre de Balboa y Troya, Fray Juan de las Cabezas Altamirano y el notario público Nicolás Guilisasti, fue redactado en los siguientes términos:

> Yo Silvestre de Balboa Troya Escribano Público y del número de esta villa de Santa María del Puerto del Príncipe que es en esta isla de Cuba y de presente no hay otro escribano si no yo solo doy fe y verdadero testimonio a los que la presente vieren como Nicolás Guilisasti de quien va firmada la información de atrás es Notario Público del juzgado eclesiástico de la audiencia de Su Sa. (Santísima) Rma. (Reverendísima) el maestro don Fray Juan de las Cabezas y Altamirano obispo de la isla de Cuba y a los autos que ante él pasan se le ha dado y da entera fe y crédito en juicio y fuera del como notario fiel y legal y para que de ello conste lo firmé de mi nombre en el Puerto del Príncipe en veinte seis días del mes de septiembre del mil seiscientos y siete años
>
> *Silvestre de Balboa*
> *Notº (Notario) Puco (Público)*[1395].

Meses después, el 18 de enero de 1608, fue vista y decretada, por el Rey y su Consejo, el contenido de la carta del Obispo al Rey fechada el 28 de septiembre del año anterior. En este sentido, se ordenó que el Gobernador de la Isla informara "… de la Iglesia[1396] y pareciéndole q. [que] se debiera hacer otra Iglesia Mayor cómo y a qué costa[1397] [...] se podría hacer [...]"[1398].

En 1607, durante su estancia en la villa de Santa María del Puerto del Príncipe, Cabezas Altamirano decidió a favor de los indios principeños el pleito existente por entonces entre mercedarios y franciscanos, por la posesión de la ermita de Santa Ana. Este templo había sido construido en 1550 por los aborígenes y sus descendientes.

En 1587, Diego Sifontes hizo entrega del legado de 1500 ducados dejados por el indio mestizo Guillermo Olón al franciscano fray Francisco Amado para levantar un edificio mejor para la Ermita, de cal y canto, que sustituyera al anterior, con la condición expresa de que se erigiera un convento en la Villa. El litigio surgió porque en 1589 –pasados dos años sin que se construyera– Sifontes trasladó el donativo al mercedario fray Fernando Collantes, establecido en Puerto Príncipe desde 1587, con el propósito de levantar un monasterio bajo la advocación de la Virgen de la Merced. Los franciscanos se negaron a entregar la ermita de Santa Ana, por lo que se inició un largo litigio[1399] entre ambas órdenes, que se agravó durante la visita del Obispo debido a la decisión tomada por este a favor de los legítimos dueños de la Ermita.

Después de consultarlo en varias ocasiones con Pedro de Valdés y con los oficiales reales de Cuba así como de analizar en su Consejo[1400] los pro y contra de esta disposición[1401], Felipe III decidió, como nueva medida contra los rescates, reorganizar la administración de la Isla. Para lograrlo, dividió a Cuba –mediante una Real Cédula[1402] firmada en Madrid el 8 de octubre– en dos gobiernos, los cuales dependerían, en lo judicial, de la Real Audiencia de Santo Domingo. Esta división perduró hasta 1827, año en que el Capitán General Francisco Dionisio Vives decidió realizar una nueva.

El primero de los gobiernos tendría a su cargo la ciudad y puerto de San Cristóbal de La Habana y los pueblos de su distrito, como eran el puerto del Mariel y el pan de Cabañas, Bahía Honda y la bahía de Matanzas[1403], en una extensión de cincuenta leguas tierra adentro, y por el mar, de una a otra parte. El segundo sería cabecera de la ciudad de Santiago de Cuba y de los pueblos de su comarca como eran Bayamo, Baracoa y el Puerto del Príncipe.

En el documento se establecía que el Jefe del primero de los gobiernos llevara el título de Gobernador y Capitán General de la isla de Cuba y de la ciudad de San Cristóbal de La

Habana, como se había hecho hasta ese momento, con un salario anual de 2000 pesos de 450 maravedíes cada uno; y el del segundo, el de Gobernador y Capitán General de Guerra de la ciudad de Santiago de Cuba y su distrito, con un salario anual de 1800 pesos de 450 maravedíes cada uno.

Por la Real Cédula se mandaba que el Gobernador de la ciudad de Santiago de Cuba y su distrito estuvieran subordinados al Capitán General de la Isla en todo lo referido al gobierno y a la guerra, y que los casos criminales de la gente de la milicia a su cargo, con sentencia de pena de muerte o galera, se remitieran a La Habana. De este modo, el Monarca hizo oficial el traslado de la sede del gobierno de Santiago de Cuba hacia La Habana[1404].

También se ordenó que el Consejo de Indias despachara los títulos y nombramientos necesarios para los que ocuparan ambos cargos y para sus sucesores. Por su importancia, el Real de Minas de Santiago del Prado quedó sujeto al control directo del Gobernador de la Isla. La comunidad de este lugar sumaba por esta época un poco más de doscientos individuos, de los cuales el setenta por ciento eran esclavos e indios.

Por último, se mandó a resolver a cuál de los dos gobiernos correspondería un pueblo de pocos vecinos llamado La Trinidad, situado a una legua del mar y a sesenta y cinco leguas, poco más o menos, de las ciudades de La Habana y Santiago de Cuba. Tanto Trinidad como Remedios y Sancti Spíritus –gobernadas por sus respectivos alcaldes, quienes ejercían, además, funciones militares– consideraron, apoyándose en la soberana decisión, a sus gobiernos autónomos.

El Gobernador de la región oriental y el Cabildo de Santiago de Cuba contaban, para realizar sus gestiones, con los impuestos llamados de propios, así como con una cierta cantidad de dinero enviado con este fin por la Corona. Esta suma era empleada en el pago de funcionarios y soldados, arreglo y mejoras de la Ciudad, mantenimiento y construcción de obras defensivas, etcétera. La Capitanía General enviaba generalmente poco efectivo, y hubo años en que no se envió, lo cual limitaba la entrada en circulación de dinero fresco, reducía el mercado interior y, sobre todo, imposibilitaba a los potentados aumentar sus capitales.

> … La división de la Isla en dos gobiernos tuvo varias consecuencias: la primera fue que Santiago, totalmente abandonada desde que los gobernadores habían trasladado su residencia para La Habana, cobró nueva vida y recibió algunas mejoras; sobre todo cuando al frente de su gobierno tuvo gobernadores capaces. […] a las frecuentes y enconadas fricciones que ya existían entre el gobernador y los oficiales reales, con el alcaide del Morro o con los almirantes de las flotas, se unieron las dificultades con el gobernador de la región oriental; ya que no había quedado bien determinado el grado de dependencia de éste con respecto al Capitán General en la cédula divisoria […][1405].

El 14 de junio de 1608 arribó a La Habana, con cuatro navíos a su cargo, el nuevo Gobernador y Capitán General de la Isla Gaspar Ruiz de Pereda

405

Al producirse la segmentación de la Isla, el Obispo trató de traspasar la sede episcopal a La Habana, pero la oposición –tanto del Cabildo civil como del eclesiástico de Santiago– se lo impidió. Cabezas Altamirano insistió sin ambages en el aspecto económico de la cuestión, pues afirmaba que el adelanto de los ingenios y de los diezmos permitiría, en unos seis años, cubrir con amplitud los gastos del Prelado y del clero.

La Corona y el Consejo de Indias se negaron a conceder el traslado de la Iglesia Catedral e iniciaron una actitud que se repetirá sistemáticamente a lo largo de más de siglo y medio ante pedidos similares de los sucesores del Obispo. No obstante, a partir de la Real Cédula del 8 de octubre de 1607, todos los obispos de la diócesis cubana mantuvieron su residencia en La Habana.

Con motivo de la división de la Isla en dos gobiernos, se hizo una especie de censo de la población existente, el cual arrojó la existencia en La Habana de unos tres mil vecinos. Todo parece indicar que la cifra comprendía la totalidad de todos los pobladores, por desconocer quienes brindan este dato "... sus diferentes status, pero si aceptamos esta cifra como buena –que nunca puede ser superior a la real pero sí inferior, dada la costumbre de reducir la importancia de la Ciudad, para obtener beneficios económicos– es patente el rápido crecimiento de la población [...]"[1406].

La cantidad de habitantes de la Isla aumentaba, en esta época, dos veces más aprisa que la de España, lo cual presupone la existencia de una emigración considerable, libre o esclava. Si se tiene en cuenta que, de manera legal, solo eran introducidos en Cuba alrededor de 33 esclavos por año, debe suponerse que las entradas de ilegales eran cuantiosas en un momento en que se expandía la manufactura azucarera, necesitada siempre de una creciente fuerza de trabajo.

Para introducir clandestinamente los esclavos, se alegaba que se les tomaba a los enemigos de España, quienes los dejaban abandonados en la costa, pretexto que requería una buena dosis de credibilidad y tolerancia por parte de los gobernadores y los oficiales reales. Según lo informado por el Cabildo de La Habana a la Corona, en 1607 había en Cuba más de veinte mil esclavos, cifra que denota el implícito reconocimiento de la trata clandestina.

Durante el transcurso de este año, se autorizó a la curandera de ascendencia aborigen Mariana Nava a asistir a los enfermos de Santiago de Cuba, por no haber cirujano en esa Ciudad. En La Habana ejercía como médico, siguiendo las huellas de sus familiares más cercanos, Bartolomé de Cárdenas y Vélez de Guevara, quien había estudiado en México. Por esta época, se mejoró el primitivo hospital de *San Felipe y Santiago* y se abrió al culto, bajo la advocación de San Juan de Dios, la iglesia adjunta. Esta institución continuó dando cabida a los enfermos sin recursos, y a los soldados y marinos.

El 20 de septiembre, se emitió en Madrid una Real Cédula[1407] en la que se mandaba a los oficiales reales de Cuba que enviaran a la Corte, en la primera ocasión, una relación del tiempo en que Francisco de Angulo se ocupó de tomar las cuentas de la Isla. El documento debía ser acompañado de otro, más breve y sumario, con el resultado de estos cálculos.

Este mismo día, se dictó otra Cédula[1408] en la que se ordenaba a Gaspar Ruiz de Pereda –nuevo Gobernador y Capitán General de la Isla y de la ciudad de La Habana– que, tras su llegada, informara su parecer sobre los casos en los que no se habían cumplido las cédulas que establecían el registro de las mercancías que salían para España y para otras partes del mundo, así como las causas y el porqué de ello. Asimismo, se mandaba que hiciera efectivo su cumplimiento para evitar fraudes contra la Real Hacienda. Un documento similar se envió, poco después, a los oficiales reales.

El 3 de octubre se emitió en Madrid una Real Cédula[1409] en la que se disponía que se mantuvieran las dos plataformas existentes en el Castillo de la Punta. Ambas tarimas, las cuales miraban hacia la entrada del puerto y estaban pertrechadas con siete piezas de artillería, debían conservarse por su proximidad al Morro. El documento disponía que la torre que sujetaba las plataformas quedara igual a como estaba; y que la plaza, en donde se había derribado un baluarte, se limpiara y se cerrara por la parte de la muralla. Por esta Real Cédula se mandó, además, que la guardia y vigilancia del Castillo de la Punta fuera realizada por veinte soldados bajo las órdenes un Cabo de Escuadra, y que se pusieran varias postas en la fortaleza.

El propio 3 de octubre se dictó en Madrid otra Real Cédula[1410], la cual ordenaba a Gaspar Ruiz de Pereda que ejecutara sin dilación lo mandado en una disposición del 27 de marzo de 1606. La Real Cédula incumplida mandaba a Jerónimo de Torres y Portugal, Capitán General de la Armada de la Guarda de la Carrera de Indias, que inspeccionara unos caminos construidos por ex gobernador de la Isla Juan Maldonado Barnuevo para comunicar unos edificios que había hecho en La Chorrera (a una legua de La Habana y a media del mar), junto al ingenio de azúcar que había edificado río arriba.

La Real Cédula de 3 de octubre disponía, además, la demolición de los referidos caminos, en caso que estos facilitaran la entrada de enemigos a la Ciudad. Por ello, se ordenaba al recién nombrado gobernador Gaspar Ruiz de Pereda ejecutar esta orden, contando con la intervención y asistencia del Capitán General de los primeros galeones que fueran a la Tierra Firme.

Cansado de esperar por el cobro de los cuarenta mil ducados del préstamo concedido por él en el año 1600 a varios dueños de ingenios de azúcar de La Habana, Felipe III dictó, el 18 de octubre en San Lorenzo, una Real Cédula[1411], mediante la cual indicaba a Ruiz de Pereda que, tras su llegada a La

Habana, examinara las escrituras que firmaron los deudores, las cuales estaban depositadas en la Caja Real de esa Ciudad. La decisión tenía el propósito de cobrar a los interesados o a sus fiadores la suma prestada, en vísperas de la expiración del plazo de ocho años que se les había concedido para pagarla.

Durante el transcurso del mes de octubre de 1607, Gaspar Ruiz de Pereda envió una carta al Rey, en la que le suplicaba le remitiera:

> ... los papeles que ha de llevar para ejecutar lo que se le ha ordenado porque aunque se le da prisa en su partida hasta ahora no se le ha entregado ningún despacho ni sustituto el cual conforme a lo que V. [Vuestra] Magd. [Majestad] declara en la cédula despachada en 8 del preste. [presente] mes de octubre de 607[1412] ha de ser del mismo tenor que los que se han dado a los demás gobernadores de la Isla pues en nada contradice a lo que la dha [dicha] cédula contiene y advierte que es necesario despachar cédula y Orden para que el Marqués de San Germán provea las armas municiones y herramientas que está acordado es menester enviar a La Habana
> Así mismo es neceso [necesario] despachar la Orden que a dho [dicho] Don Gaspar se le ha dho ha de llevar para visitar las minas de cobre de Santiago de Cuba y que juntamte. [juntamente] se ordene lo que se ha de hacer de los negros que allí asisten en caso que haya de cesar aquella obra o si enviándolos a Cartagena [de Indias] podrá excusar disminuir algunos de los que está acordado vayan de La Habana //[...][1413].

Teniendo a la vista esta carta del nuevo Gobernador, muy pronto los funcionarios reales hicieron saber al Rey y a su Consejo que Ruiz de Pereda había rogado que se tomara:

> ... Resolución en el viaje que ha de llevar y si ha de ser por Santiago de Cuba como se le ha apuntado se despachen las

órdenes para que reconozca las minas del cobre y la fundición para la relación que ha de hacer.

Así mismo suplica se dé orden en que se provean las armas municiones y herramientas que le ha pedido para La Habana en conformidad de lo que ha tratado con el Marqués de S. [San] Germán a quien se le obligará de pagarlo con su Hacienda como se le dé permisión para que llegado allá lo libre y envíe del dinero consignado para esto y advierte que el ingeniero[1414] ha escrito que la obra está paralizada por falta de herramientas.

También convendrá ver si se le manda asistir de alojamiento en el Castillo del Morro para dar prisa a la fábrica /o/ si bastará asistilla[1415] desde la Villa y conforme a lo que en esto se resolviere se podrán apresurar o detener la provisión de Castellano.

Cuanto a la consignación que ha de quedar para las fábricas es necesario que se mire que no porque se saca al ingeniero y parte de los esclavos se disminuie[1416] el gasto pues se manda comprar los de los oficiales y maniobreros y conviene tanto abreviar lo que queda que hacer [...] –[1417].

Como consecuencia de las súplicas de Gaspar Ruiz de Pereda, próximo a partir hacia Cuba para ocupar el cargo de Gobernador de la Isla, unas semanas más tarde, el 6 de noviembre, Felipe III emitió en Madrid un grupo de reales cédulas en las que se le ordenaba resolver, una vez llegado a su destino, un grupo de asuntos que no admitía más dilación.

La ocasión fue propicia para que se consultara al Rey sobre la artillería que se había fundido en la fenecida Fábrica y Fundición de Artillería de La Habana, con objeto de convencerlo de la conveniencia de trasladar a España el dinero que se gastaba en Cuba en estos menesteres. Con igual fin se hizo referencia a las piezas de artillería que se habían de fundir para la Armada de Barlovento.

Durante el transcurso del mes de noviembre, el Tribunal del Santo Oficio de México comunicó al Obispo de Cuba que fray Francisco Carranco, su Comisario en La Habana, tendría también jurisdicción sobre la provincia de La Florida. Este intento de afianzar una comisaría en ese territorio, bajo la autoridad de Carranco, constituyó un rotundo fracaso.

Por estos días, Carranco envió una carta al Tribunal de México, en la que se quejaba del propuesto traslado de la sede de la Inquisición de México a Cartagena de Indias. Argumentaba el Comisario que ello sería muy prejudicial, pues Cuba estaba rodeada de corsarios que se aprovecharían con creces de que el Tribunal estuviese tan lejos de la Isla. También lo sería para él pues, al trasladarse la jurisdicción, de seguro se cambiarían los comisarios destacados en Cuba.

Durante el transcurso de 1607, fray Carranco comienza a visitar navíos sin que el Obispo esperara eso y avisa otra vez, en una carta dirigida al Tribunal del Santo Oficio de México, de los peligros que suponía la presencia en ese momento de numerosos piratas en las cercanías de las costas de La Habana. El obispo Cabezas Altamirano, por su parte, escribió una carta a la Inquisición del país azteca para quejase de la actuación del Comisario.

El 4 de diciembre, Antonio Correa escribió desde La Habana al oidor Manso de Contreras para darle cuenta de los inconvenientes acecidos en la Isla, como consecuencia de la despoblación de cuatro pueblos de La Española. Correa informó al funcionario, en primer lugar, que:

> … habiendo venido a la ciudad de Santiago de Cuba cuatro ingleses en una lancha huyendo de la costa de la dicha isla Española dijeron como en Guanaibes puerto de los principales de aquella dicha isla quedaba una nao inglesa y una lancha rresgatando[1418] y considerando los alcaldes ordinarios Hernando Despinosa[1419] y Manuel Ventura de cuanta utilidad sería así al servicio de Dios como al de su Majestad armar contra el dicho enemigo dieron orden de pertrechar tres bajeles y una lancha de los cuales el uno era mío en el

> cual yo fui personalmente yendo por cabo de todos Hernando Despinosa[1420] uno de los dichos alcaldes ordinarios y arbolando bandera de Capitana y Almiranta en nombre de su Majestad no sacando de su Real Caja cosa alguna mas costeándolo con nuestras Haciendas fuimos a la dicha isla Espafiola[1421] costeando toda la ensenada de la Yaguana que es de cabo de Tiburón hasta Cabo de Sant[1422] Niculas[1423] que como la corrimos siempre de luengo como quien iba a buscar al enemigo hace la dicha ensenada noventa leguas por costa en la cual hay muchos puertos capaces de recogerse muchos bajeles y habiendo hallado la dicha nao y lancha le dimos caza y se nos fueron por mejores navíos de vela y pretendiendo buscar más navíos supimos como a barlovento en un puerto que se llama Manzanilla[1424] que es a sotavento de bahía estaba una urca grande rresgatando[1425] y por ser las brisas forzosas no fuimos a buscalla[1426] de donde se puede bien inferir que los rresgates[1427] por causa de la gente alzada no están acabados ni se acabaran en cuanto la hubiere [...][1428].

Luego de darle una pormenorizada explicación de los daños causados en Santo Domingo por la decisión de la Corona de despoblar varios pueblos de la costa para combatir el contrabando, Correa informó a Manso de Contreras que:

> ... hallándose en la Yaguana y más pueblos despoblados alguna gente inpusibilitada[1429] de ir a las nuevas poblaciones y se pasaron a la ciudad de Cuba[1430] por ser muy cerca y que por la mar podrían llevar los trastos que por tierra era inpusible[1431] y estando ya como vecinos donde eran bien menester por causa de la fábrica del cobre que por ser el pueblo de poca vecindad corre riesgo del enemigo el señor Presidente[1432] imbio[1433] una urca de Santo Domingo a buscarlos y habiéndose embarcado los encontraron unas urcas del Conde [ilegible] y los robaron y echaron en tierra desnudos y pobres en la costa de la Yaguana de donde fueron a la nueva población con tanto trabajo que de más de trescientas ánimas entre

blancos y negros han quedado pocos porque de los españoles se han muerto y de los negros se han huido [...]¹⁴³⁴.

El 10 de diciembre se emitió en Madrid una Real Cédula¹⁴³⁵ para ordenar a Gaspar Ruiz de Pereda que, al arribar a la Isla, fuera a Santiago de Cuba y reconociera el Real de Minas de Santiago del Prado. También, se le mandó que informara a la Corona del precio que tenía cada quintal de cobre y de los ahorros que se podrían hacer en las minas, con el fin de reducir la consignación anual de veinte mil ducados que, a finales del siglo XVII, se le había hecho al Capitán Francisco Sánchez de Moya para acometer su explotación.

Para tomar esta importante decisión, se debió tener en cuenta que ya no era necesario emplear el cobre extraído en Santiago del Prado en la Fábrica y Fundición de la Artillería de La Habana, cerrada como consecuencia directa de una Real Orden del 26 de marzo de 1607. Poco después, por una Real Cédula¹⁴³⁶ fechada en Madrid el 17 de diciembre de este mismo año, se ordenó que se enviaran a Sevilla los maestros y oficiales de la industria.

En el transcurso de este 1607, el obispo fray Juan Cabezas Altamirano creó, en el poblado indio de Guanabacoa, la parroquia de Nuestra Señora de la Asunción¹⁴³⁷, independiente de la Parroquial Mayor de La Habana y con su Cura Párroco; a este responsabilizó con la evangelización de los indios no cristianizados del lugar y con la impartición de las primeras letras al vecindario.

Sucesos notables acaecidos este año fueron también la elaboración por el cartógrafo Hondius de un mapa de Cuba y el nacimiento del artista habanero de origen canario Gerónimo Martín [o Martínez] Pinzón, hijo del Maestre Juan Martínez Pinzón (conocido marinero de la época) y de Beatriz Solís (hija del Sacristán Mayor de la Parroquial). Gerónimo Martín o Martínez Pinzón es autor de la pieza escultórica cubana del siglo XVII más conocida en nuestra época: la *Giraldilla*, pequeña escultura de bronce que a modo de veleta mandó a colocar en la torre del Castillo de la Real Fuerza, entre 1630 y 1634, el gobernador y almirante de galeones Bitrián de Viamonte, Caballero de la Orden de Calatrava.

Gerónimo Martín [o Martínez] Pinzón, quien falleció en 1649 víctima de una epidemia, se inspiró en Isabel de Bobadilla[1438] para esculpir esta figura, devenida símbolo de la ciudad de La Habana. La escultura constituye una alegoría de la fidelidad conyugal.

Durante el transcurso de 1607, se decidió fabricar en La Habana los barcos de la llamada Armadilla de Barlovento, una flotilla de guardacostas que debía ayudar a proteger de posibles ataques enemigos las colonias españolas del Caribe. El armador Juan Enríquez de Borja, quien viajó a Cuba procedente de España, logró construir cinco galeones y un patache con estos fines, para lo cual se vio en la necesidad de importar algunos pertrechos (sobre todo jarcias) de Holanda. Los barcos fueron a dar a Sevilla y se utilizaron como mercantes.

También en este año se capturaron, en las cercanías de Bayamo, unos franceses junto a un español que se hallaba aliado a ellos en el negocio del contrabando, al cual se ahorcó. Fue esta, quizás, la última noticia que llegó en 1607 desde La Dorada a oídos del Rey y de sus ministros, quienes pensaban que, con el arribo a Cuba de Gaspar Ruiz de Pereda, muchos de los conflictos que se habían acumulado hasta entonces hallarían una rápida solución.

Epílogo

El año 1608 se inició para los habaneros y para la gente de la tierra adentro con la espera del nuevo gobernador y capitán general de la Isla Gaspar Ruiz de Pereda. Mientras tanto, Pedro de Valdés, después de ostentar este cargo durante seis años, dejó de escribir al Rey y a sus funcionarios y se preparó para salir, más o menos ileso, del Juicio de Residencia que se le seguiría, previo a su partida hacia España.

El 14 de junio de 1608, arribó a La Habana, con cuatro navíos a su cargo, Gaspar Ruiz de Pereda, en compañía de su esposa María de Salinas y de sus hijas Beatriz, Casilda, María y Catalina Pereda; de sus criados Mateo García, Antonio de Cigorondo, Juan Díaz de la Torre y Catalina Medrano y de cincuenta hombres, destinados a reforzar la guarnición de la Ciudad más importante de la Isla.

El Gobernador fue recibido "…con grandes muestras de júbilo, las que han quedado asentadas en actas y cartas de la época y que han llegado hasta nuestros días. Dícese que por su proceder prudente y conciliador, restableció la calma y la Ciudad prosperó bajo su mandato [...]"[1439]. De inmediato, como era costumbre en la época, inició el Juicio de Residencia de Pedro de Valdés, el cual se prolongó durante varios meses.

El gobierno de Ruiz de Pereda tuvo desde los primeros días de su mandato "… más de un punto de equidad. Ya en la ejecución de regios mandatos, ya en busca de beneficios para la Colonia, ya afrontando situaciones difíciles, se agitó [...] en medio de pasiones e intereses encontrados. Era hombre fuerte en presencia del peligro y del ajeno desmán. Triunfó de ellos hasta que, en septiembre de 1616, después de traspasar el término ordinario en el cargo, a instancias del Ayuntamiento de La Habana, entregó la vara al Capitán Sancho de Alquízar [...]"[1440].

Los oficiales reales y los vecinos, estantes y habitantes de la Perla de las Antillas, por su parte, continuarán dándole preocupaciones y dolores de cabeza a Felipe III y a sus ministros, a pesar de que el Alférez y poeta Lorenzo Lazo de la Vega y Cerda se empeñe en afirmar en 1608 –en uno de los sonetos escritos para loar a Silvestre de Balboa y a su archiconocido poema Espejo *de Paciencia*– que el Monarca, fallecido en 1621, tenía en la "... Dorada isla de Cuba o Fernandina [...]"[1441] una dichosa bendición divina, pues de sus "... altas cumbres eminentes/ bajan a los arroyos, ríos y fuentes/ el acendrado oro y plata fina [...]"[1442].

Fuentes consultadas

I. Fuentes bibliográficas

Acosta Brehal, Lic. Luis: *Historia de Santiago de Cuba. Fundación de Santiago de Cuba. Su devenir económico y social. [1515-1836]*, tomado de Internet el 10 de septiembre de 2010.

Almodóvar Muñoz, Carmen: *Antología crítica de la historiografía cubana [período neocolonial]*, Editorial Pueblo y Educación, Ciudad de La Habana, 1989.

Alonso López, Eugenio: *Mohínas de la Inquisición*, página web www.kislakfoundation.org/prize/200201.html, tomado de Internet el 20 de octubre de 2009.

Álvarez Estévez, Rolando y Marta Guzmán Pascual: *Holandeses en Cuba*, Editorial de Ciencias Sociales, La Habana, 2008.

Angulo Pérez, Dr. A: Apuntes sobre la introducción a la *Historia de las instituciones locales de Cuba*, Escuela Privada de Administración Pública, La Habana, 1946.

Arrom, Silvia Marina y Judith A. Weiss: *De donde crecen las palmas*, Centro de Investigación y Desarrollo de la cultura cubana Juan Marinello, Ciudad de La Habana, 2005.

Balboa, Silvestre: *Espejo de Paciencia*, Ediciones Boloña, La Habana, 2008.

Barcia, María del Carmen: *Los ilustres apellidos: Negros en La Habana colonial*, Ediciones Boloña, Ciudad de La Habana, 2009.

Barrera, Orlando: *Sancti Spíritus. Sinopsis histórica*, Editorial Oriente, Santiago de Cuba, 1986.

Blanes, Tamara y Sandra Valdés: "Reseña histórica-Castillo de los Tres Reyes de El Morro", revista *Opus Habana*, Ciudad de La Habana, 1998, vol. II, n.º 2, pág. 24.

Bonifacio, Claudio: *Galeones con tesoros. Dónde están hundidos. Qué llevaban*, Muñoz Moya, Editores Extremeños, Brenes, España, 2007.

Buch López, Ernesto: *Del Santiago colonial*, s/i, Santiago de Cuba, 1944.

Cano Hidalgo, Isván Manuel: *Diego Grillo. El primer pirata cubano*, página web de Radio Cadena Agramonte, Camagüey, 4 de junio de 2003.

Cañizares, Dulcila: *La música sacra en Cuba*, Editorial Letras Cubanas, 1993.

Conde San Juan de Jaruco: "El gobernador Ruiz de Pereda", s/l, 16 de marzo de 1947, página web *The Cuban Genealogy Club of Miami*, tomado de Internet el 11 de noviembre de 2010.

Cornide, María Teresa: *De La Habana, de siglos y familias*, Editorial de Ciencias Sociales, La Habana, 2003.

Corrales Capestany, Maritza: "Cuba: Paraíso recobrado para los judíos", en: *De dónde son los cubanos*, Editora de Ciencias Sociales, La Habana, 2007.

"De Balboa, Silvestre, escritor, [1563 - 1649]", en: *Diccionario de Cuba Literaria, portal de Literatura Cubana*. Tomado de Internet el 21 de agosto de 2008.

Depestre Catoy, Leonardo: *Cien famosos en La Habana*, Editorial de Ciencias Sociales, La Habana, 1999.

_____, "Samuel de Champlain. Viajero que hará historia", página web de la revista *Opus Habana*, 7 de julio de 2010, tomado de Internet el 12 de diciembre de 2010.

Domínguez, Lourdes: *Arqueología colonial cubana dos estudios*, Editorial de Ciencias Sociales, La Habana, 1984.

Eguren, Gustavo: *La Fidelísima Habana*, Editorial Letras Cubanas, La Habana, 1986.

Espino, José Miguel: "Obispos de Cuba. Primera mitad siglo XVII", revista *Amanecer*, Santa Clara, mayo - junio 2009, n.º 87, pág. 28.

Fernández Rodríguez, Pedro, Juana M. Cardoza Rafael, Ricardo Ávalos Avilés, Víctor Manuel Marrero Zaldívar y otros: *Las Tunas a través del tiempo*, Editorial Sanlope, Las Tunas, 2007.

Friedlaender, Heinrich: *Historia Económica de Cuba*, Editorial de Ciencias Sociales, Ciudad de La Habana, 1978, tomos I y II.

García Galló, Dr. Gaspar Jorge: *Bosquejo histórico de la educación en Cuba*, Editorial de Libros para la Educación, Ciudad de La Habana, 1980.

García del Pino, César: *Corsarios, piratas y Santiago de Cuba*, Editorial de Ciencias Sociales, La Habana, 2009.

_____, *El corso en Cuba. Siglo XVII*, Editorial de Ciencias Sociales, La Habana, 2001.

_____, *La Habana bajo el reinado de los Austria*, Ediciones Boloña, Ciudad de La Habana, 2008.

García Santana, Dra. Alicia: *Urbanismo y arquitectura de la Habana Vieja siglos XVI al XVIII*, Conferencia magistral dictada como clausura del curso 2008-2009, página web del Colegio de San Gerónimo de La Habana, tomado de Internet el 9 de mayo de 2010.

Gómez Consuegra, Dra. Arq. Lourdes, Oscar Prieto Herrera y Vivian Mas Sanabria: *Camagüey: ciudad y arquitectura [1514 - 1950]*, Editorial Ácana, Camagüey, 2006.

_____, "Surgimiento y desarrollo de la ciudad de Camagüey desde la perspectiva arquitectónica de su trazado urbano [Primera parte]", revista *Senderos*, Camagüey, s/f, n.º 0, Artículo tomado de Internet, 18 de agosto de 2008.

_____, "Surgimiento y desarrollo de la ciudad de Camagüey desde la perspectiva arquitectónica de su trazado urbano [Primera parte]", revista *Senderos*, Camagüey, s/f, n.º 1, Artículo tomado de Internet el 29 de agosto de 2008.

González, Julio: *Catálogo de mapas y planos de Santo Domingo, Archivo General de Indias*, Dirección General de Archivos y Bibliotecas, Madrid, 1973.

Goslinga, Cornelio: *Los holandeses en el Caribe*, Casa de las Américas, Ciudad de La Habana, 1983.

Guanche, Jesús: *España en la savia de Cuba*, Editorial de Ciencias Sociales, La Habana, 1999.

Guerra Sánchez, Ramiro: *Historia Elemental de Cuba*, Ediciones Cultural S. A., La Habana, 1940.

_____, *Manual de Historia de Cuba*, La Habana, Consejo Nacional de Cultura, 1962.

Herrera, Pedro: "La parroquial Mayor", revista *Palabra Nueva*, Ciudad de La Habana, mayo de 1993, pág. 10.

"Historia del Municipio de GUANTÁNAMO", página web del Joven Club de Computación de Guantánamo, 25 de febrero de 2008, tomado de Internet el 10 de septiembre de 2010.

Herrera López, Pedro: "Castillo de la Real Fuerza", revista Opus Habana, Ciudad Habana, 1998, vol. II, n.º 4.

Ibarra Albuerne, Raúl: *Narraciones y Leyendas de Santiago de Cuba*, Tamayo y Cía., La Habana, 1945, tomo I.

Informe de la comisión presidida por Bernardino Delgadillo acerca de las opiniones de los generales para determinar el sitio de la construcción de la Armadilla de Barlovento. Archivo del Museo Naval de Madrid. Colección Navarrete, tomo XXIII, folio 97, documento 17.

Influencia mexicana en la medicina cubana del siglo XVII y primer tercio del XVIII, Cuaderno de Historia, S/l, 1998, n.º 84, tomado de Internet el 10 de septiembre de 2010.

Iglesias, Álvaro de la, *Tradiciones cubanas*, Ediciones Huracán, Instituto del Libro, La Habana, 1969.

Lafuente, Modesto: *Historia General de España*, Montaner y Simón, Editores, Barcelona, 1888, tomo 11.

"La Parroquial Mayor", revista *Opus Habana*, Ciudad de La Habana, julio-diciembre de 1997, vol. I, n.º 4.

"La Parroquial Mayor", revista *Opus Habana*, Ciudad de La Habana, 27 de octubre de 2004, vol. I, n.º 4.Lapique Becali, Zoila: *Cuba colonial. Música, compositores e intérpretes. 1570 - 1902,* Ediciones Boloña y Editorial Letras Cubanas, La Habana, 2008.

Leal, Rine: *La Selva oscura*, Editorial Arte y Literatura, La Habana, 1975, tomo I.

Leal Splenger, Eusebio: *La Habana, ciudad antigua*, Editorial de Letras Cubanas, La Habana, 1988.

Leiva Lajara, Edelberto: *La orden dominica en La Habana. Convento y sociedad [1578 - 1842],* Ediciones Boloña, Ciudad de La Habana, 2007.

López Núñez, Olga: *Notas sobre un estudio de la pintura y la escultura en Cuba. Siglos XVI, XVII y XVIII*, Documentos, Grupo de Información, Esfera de las Artes Visuales, Museo Nacional de Bellas Artes, Ciudad de La Habana, 1987.

López Sánchez, José: Cuba: Medicina y Civilización. *Siglos XVII y XVIII*, Editorial Científico-Técnica, La Habana, 1995.

Marrero, Leví: "Dos siglos de lucha por la libertad", revista *La libertad de la luz*, revista Sociocultural del Centro Católico de Formación Cívica y Religiosa de la Diócesis de Pinar del Río, Pinar del Río, julio-agosto, 1994, año 1, n.º 2, tomado de Internet, 7 de mayo de 2009.

Marrero Zaldívar, Víctor Manuel: *Las Tunas: apuntes para su historia colonial*, Editorial Sanlope, Las Tunas, 2005.

Mateo Domingo, Alfredo: *Historia de la división político - administrativa [1607 - 1976]*, Editorial Arte y Literatura, La Habana, 1977.

Martín Fuentes, Odalmis de la Caridad: "La práctica de la espiritualidad cristiana en la Cuba de los siglos XVI y XVII", página web *Cuba una identitá in movimiento*, tomada de Internet, 7 de mayo de 2010.

Martín, J. L.: "Orígenes intelectuales de Cuba. San Hipólito de México, faro cultural de La Habana, en los siglos XVII y XVIII", periódico *El Nuevo Mundo*, La Habana, 16 de enero de 1949.

Martínez Acuña, Manuel, Miguel Ángel Torres Alfonso e Ildre Dávila Rodríguez: "El desarrollo de la medicina en Cuba entre los siglos XVI y XVII", Revista *Humanidades Médicas* [serial en línea], Camagüey, octubre-diciembre de 2004, vol. 4, n.º 3.

Martínez Millán, José, María Antonieta Visceglia, Esther Jiménez Pablo y otros: *La monarquía de Felipe III: La Casa del Rey*, Fundación Mapfre, Instituto de Cultura, Madrid, 2008, volúmenes I y II.

Méndez Capote, Renée: *De la maravillosa historia de nuestra tierra*, Editorial Gente Nueva, La Habana, 1976.

Mesa León, Lic. Marisol y Lic. Reinaldo Ramos Hernández: *Pasado y presente de la legislación archivística cubana: un estudio a partir de su correspondencia con los principios del Consejo Internacional de Archivos*, página web www.bibliociencias.cu, tomado de Internet el 16 de febrero de 2009.

Mesa Rodríguez Manuel: *Lecciones de Historia de Cuba*, Imprenta y Librería La Propagandista, La Habana, 1933.

Morell de Santa Cruz, Pedro Agustín: *Historia de la Isla y Catedral de Cuba*, La Habana, Imprenta Cuba Intelectual, 1928.

Moreno Fraginals, Manuel: *Cuba/España, España/Cuba*, Biblioteca de Bolsillo, Barcelona, 2002.

Mota, Francisco: "Contrabando y comercio de rescate", revista *Mar y Pesca*, Ciudad de La Habana, septiembre de 1971, pág. 34.

_____, *Piratas en el Caribe*, Casa de las Américas, Ciudad de La Habana, 1984.

Naranjo Gauthier, Wilfredo: *Estampas del terruño*, Ediciones Orto, Manzanillo, 2006.

Novoa Betancourt, José Fernando: "García Holguín. Datos biográficos", *Revista de Historia de Holguín*, Holguín, s/f, tomado de Internet el 21 de agosto de 2008.

Núñez Jiménez, Antonio: *Piratas en el archipiélago cubano*, Editorial Gente Nueva, La Habana, 1986.

Orozco González, Delio y Julio Sánchez Chang: *Manzanillo la Perla del Guacanayabo*, Ediciones Bayamo, Bayamo, 2002.

Ortiz, Fernando: *Brujas e Inquisidores*, Fundación Fernando Ortiz, La Habana, 2003.

_____, *Historia de una pelea cubana contra los demonios*, Editorial de Ciencias Sociales, La Habana, 1975.

_____, *La Virgen de la Caridad del Cobre. Historia y Etnografía*, Compilación, prólogo y notas José A. Matos Arévalos, Fundación Fernando Ortiz, Imprenta Federico Engels, La Habana, 2008.

_____, *Los negros esclavos*, Editorial de Ciencias Sociales, 1987.Padilla González, Fernando: "El Fénix de la Real Armada" [I, II, III y IV], página web de la revista *Opus Habana*, Ciudad de la Habana, 23 de febrero al 30 de marzo de 2010, tomado de Internet el 4 de abril de 2010.

Padura Fuentes, Leonardo: *El viaje más largo*, Ediciones Unión, La Habana, 1994.

Pérez de la Riva, Juan: *El barracón y otros ensayos*, Editorial de Ciencias Sociales, La Habana, 1975.

_____, *La conquista del espacio cubano*, Fundación Fernando Ortiz, Ciudad de La Habana, 2004.

Pérez Martínez, Isidoro: *Lecciones para el ingreso en la Segunda Enseñanza*, Imprenta Cultural S. A., La Habana, 1952.

Perret Ballester, Alberto: *El azúcar en Matanzas y sus dueños en La Habana*, Editorial de Ciencias Sociales, La Habana, 2007.

Pertierra Serra, Enrique: *Mantua en Cuba*, Ediciones Loynaz, Pinar del Río, 2005.

Pezuela Lobo, J.: *Diccionario geográfico, estadístico, histórico de la Isla de Cuba*, Imprenta del Establecimiento de Mellado, Madrid, 1863 - 1866.

_____, *Historia de la Isla de Cuba*, Carlos Bailly Bailliere, Madrid, 1868.

Pichardo Moya, Dr. Felipe: *Los indios de cuba en sus tiempos históricos*, Academia de Historia de Cuba, trabajo leído por su autor, Académico correspondiente en Camagüey en recepción pública la noche del 28 de septiembre de 1945, La Habana, Imprenta el siglo XX, 1945.

Pichardo Viñals, Dra. Hortensia: *Documentos para la Historia de Cuba*, Editorial Pueblo y Educación, 1984, tomo I.

_____, "Noticias de Cuba", revista *Santiago*, Santiago de Cuba, diciembre de 1975, n.º 20, pág. 7.

_____, *Temas históricos del Oriente cubano*, Editorial de Ciencias Sociales, La Habana, 2006.

Pinedo Fernández de Echevarría, Nadia: *Minería cubana del cobre y demanda internacional*, 8.º Congreso de la Asociación Española de Historia Económica, Sesión 16: *Minería y desarrollo empresarial en España*, La Coruña, Vigo y Santiago de Compostela, 13 al 16 de septiembre de 2005, tomado de Internet el 20 de julio de 2009.

Pino Santos, Oscar: *Cuba Historia y Economía*, Editorial de Ciencias Sociales, La Habana, 1983.

Placer Cervera, Gustavo: "El habanero que llegó a almirante del mar océano", revista *Sol y Son*, Ciudad Habana, 22 de mayo de 2007, tomado de Internet el 22 de agosto de 2008.

_____, "La Habana cumple cuatro siglos como capital oficial de Cuba", revista *Opus Habana*, Ciudad de La Habana, 16 de noviembre de 2007, tomado de Internet el 31 de agosto de 2008.

_____, "Los Antonelli, una familia de hacedores de castillos", revista *Sol y Son*, Ciudad Habana, 9 de octubre de 2004, tomado de Internet el 22 de agosto de 2008.

Portuondo, Fernando: *Historia de Cuba*, Editorial Pueblo y Educación, La Habana, 1965.

Portuondo Zúñiga, Olga: *La Catedral primada de Cuba*, Editorial Pablo de la Torriente Brau y ARTEX, La Habana, s/f.

_____, *La Virgen de la Caridad del Cobre. Símbolo de Cubanía*, Editorial Oriente, Santiago de Cuba, 2008.

_____, *Santiago de Cuba. Desde su fundación hasta la Guerra de los Diez Años*, Editorial Oriente, Santiago de Cuba, 1996.

_____, "Santiago en la intimidad del santiaguero", revista *Santiago*, Universidad de Oriente, Santiago de Cuba, 2000, n.º 91, tomado de Internet el 21 de septiembre de 2008.

_____, "El sembrador de símbolos. Santiago en la intimidad del santiaguero", página web *Monografías.com*, tomado de Internet el 11 de septiembre de 2010.

Pruna Goodgall, Pedro M., Orieta Álvarez Sandoval, Leida Fernández Prieto y otros: *Historia de la Ciencia y la Tecnología en Cuba*, Editorial Científico Técnica, Ciudad de La Habana, 2006.

Quilez Vicente, José: "Herencias olvidadas. ¿Quién era el sacristán de monjas que llevó los millones a Inglaterra?", revista *Bohemia*, La Habana, 1946, n.º 50, pág. 52.

Reyes Cardero, Juan Manuel: "La inserción del aborigen en la sociedad colonial santiaguera: el caso del pueblo indio de San Luis de los Caneyes", página web *Ciencia en su PC*, n.º 1, 2009, tomado de Internet el 18 de noviembre de 2010.

_____, *Santiago colonial: arqueología e historia*, Ediciones Santiago, Santiago de Cuba, 2008.

Rigol, Jorge: *Apuntes sobre la pintura y el grabado en Cuba*, Editorial Letras Cubanas, La Habana, 1982.

Rodríguez Marcano, Yamira: "El Castillo de San Salvador de La Punta [II]", programa *Habáname*, página web de la emisora Habana Radio, Ciudad Habana, 21 de marzo de 2008, tomado de Internet el 23 de agosto de 2008.

Rodríguez Rodríguez, Raúl: "Las relaciones Cuba - Canadá: Breve reseña histórica", *Revista Mexicana de Estudios*

Canadienses, primavera de 2004. vol. 1, nueva época, n.º 7, versión digital en Internet.

Roig de Leuchsenring, Dr. Emilio: "De cuándo y cómo se inició en La Habana la industria azucarera", revista *Opus Habana*, edición digital, Ciudad Habana, marzo de 2008, tomado de Internet el 25 de agosto de 2008.

_____, "Primeras manifestaciones teatrales", revista *Carteles*, Ciudad de La Habana, 5 de febrero de 1950, pág. 85.

_____, "Vida y costumbres cubanas de 1512 a 1555", revista *Opus Habana*, edición digital, Ciudad de La Habana, marzo de 2008, tomado de Internet el 3 de septiembre de 2008.

_____, "Vida y costumbres habaneras en los comienzos del siglo XVII", revista *Opus Habana*, Ciudad de La Habana, 10 de noviembre de 2008, tomado de Internet el 22 de agosto de 2009.

Romero Estébanez, Leandro: *La Habana arqueológica y otros ensayos*, Editorial Letras Cubanas, La Habana, 1995.

Rousset, Ricardo: *Historial de Cuba*, Librería Cervantes, La Habana, 1918, tomo II.

Ruiz Miyares, Oscar: *Cronología de Santiago de Cuba*, Santiago de Cuba, 1995, tomado de Internet el 11 de noviembre de 2010.

Ruiz Rodríguez, Raúl: *Retrato de Ciudad*, Ediciones Unión, La Habana, 2003.

Sánchez Kindelán, Yuset: *Santiago entre la pobreza y el engaño siglo XVII*, Centro de Estudios Antonio Maceo, Santiago de Cuba, 22 de enero de 2009, documento en pdf tomado de Internet el 10 de septiembre de 2010.

Sánchez Martínez, Guillermo: "Comienzos del arte escenográfico en Cuba", en: *Letras. Cultura en Cuba*, Editorial Pueblo y Educación, Ciudad de La Habana, 1987, n.º 4.

Santovenia, Emeterio: *Un día como hoy*, Editorial Trópico, La Habana, 1946.

Siglo XVI. Bojeo, conquista y colonización de Cuba. Las primeras villas. Primeras epidemias. Ataques de corsarios y piratas. Primeras noticias médicas de las Actas del Cabildo de La Habana: Cuadernos de Historia de la Salud Pública, Ciudad de la Habana, julio - diciembre de 2004, n.º 96.

Siglo XVII. Panorama histórico en general. Estado de España y su medicina: Cuadernos de Historia de la Salud Pública, Ciudad de la Habana, julio - diciembre de 2004, n.º 96.

Sorthegui D Mares, Dr. Arturo: "La Habana- Veracruz- el Mediterráneo americano y el circuito imperial hispano [1519-1821]", revista de la Universidad de La Habana, Ciudad de La Habana, s/f, tomado de Internet el 22 de agosto de 2009.

_____, *La Habana en el Mediterráneo americano*, Ediciones Imagen Contemporánea, La Habana, 2007.

Sosa Rodríguez, Enrique y Alejandrina Penabab Félix: *Historia de la educación en Cuba*, Editorial Pueblo y Educación y Ediciones Boloña, Ciudad de La Habana, 2001, tomo I.

Soto González Luis: *Apuntes sobre la historia de la minería cubana*, Editorial Oriente, Santiago de Cuba, 1981.

Suárez Polcari, Monseñor Ramón: "Iglesia y sociedad en La Habana del siglo XVI [quinta parte]", revista *Palabra Nueva*, Ciudad de La Habana, marzo de 2005, n.º 139, pág. 15.

Torre, José María de la: Lo que fuimos y lo que somos o La Habana antigua y moderna. La Habana, 1857.

Torres Cuevas, Eduardo: *En busca de la cubanidad*, Editorial de Ciencias Sociales, La Habana, 2006, tomos I y II.

_____, y Edelberto Leiva Lajara: *Historia de la Iglesia católica en Cuba. La Iglesia en las patrias de los criollos (1516 -*

1789), Ediciones Boloña y Editorial de Ciencias Sociales, La Habana, 2008.

Torres, Haydée Noemí: "La iglesia católica en Cuba", revista *Opus Habana*, sección *Breviario*, edición digital, Ciudad de La Habana, 13 de mayo de 2008, tomado de Internet el 3 de septiembre de 2008. Urrutia y Montoya, Ignacio: "Teatro Histórico, Jurídico, Político Militar de la isla Fernandina de Cuba", en: *Primeros historiadores. Siglo XVIII*, Biblioteca de Clásicos Cubanos, Casa de Altos Estudios Don Fernando Ortiz, Imagen Contemporánea, La Habana, 2005, vol. I.

Vega Rodríguez, Ofelia, Argérico Bavastro Ramírez y Guido Avilés Tasé: *Granma: panorama económico*, Editorial Oriente, Santiago de Cuba, 1982.

Velazco Hernández, *Piratas en Camagüey*, Editorial Ácana, Camagüey, 2005.

Velazco Mir, Pedro: *Apuntes para la historia del municipio Moa*, Moa, Holguín, s/f., Tomado de Internet el 18 de agosto de 2008.

Venegas Fornias, Carlos: *Ciudad del Nuevo Mundo, La Habana*, Instituto Cubano de Investigación Cultural "Juan Marinello", 2008.

_____, *Dos etapas de colonización y expansión urbana*, Editora Política, La Habana, 1979.

Wright, Irene A.: *Historia documentada de San Cristóbal de La Habana en la primera mitad del siglo XVII*, La Habana, Imprenta El siglo XX, 1930.

_____, *Santiago de Cuba and its district [1607-1640]. Written from documents in the Archive of the Indies, at Seville, Spain*, Madrid, Establecimiento Tipográfico de Francisco Puerta Cruz, 1918.

II. Fuentes documentales

Archivo General de Indias de Sevilla [AGI]
Fondo: Audiencia de Santo Domingo.
Fondo: Indiferente General.
Fondo: Lima.
Fondo: México.
Fondo: Patronato.

Archivo Histórico Nacional de Madrid [AHNM]
Fondo: Diversos y colecciones.

Archivo del Museo de la Ciudad de La Habana (AMCH)
Fondo: Actas Capitulares del Cabildo de La Habana.

Archivo Nacional de Cuba (ANC)
Fondo: Academia de la Historia.
Fondo: Protocolos.

Notas

1   Fue también Almirante, nombrado por el general Francisco Coloma, de los navíos que sacó de La Habana Sebastián de Arencibia. Era miembro de la Orden Militar de Santiago. En el Archivo General de Indias se conserva un grupo de documentos (AGI: Patronato, 257, n.º 1, g. 9. r. 1) fechados en 1599, que certifican los méritos y servicios prestados por él a la Corona.

2   AGI: *Carta del gobernador de la Isla Pedro de Valdés a Felipe III*, La Habana, 22 de septiembre de 1603, Santo Domingo, 100, r. 2, n.º 17. En todos los casos, para la mejor comprensión de los fragmentos de los documentos citados en el texto, los hemos transcrito de los originales –que están en castellano antiguo– con palabras y ortografías normales, en su gran mayoría, de la usanza actual. En los casos que consideramos oportuno se hacen aclaraciones a pie de página o entre corchetes, al lado de la palabra o de la abreviatura correspondiente.

3   El rey Carlos V había ordenado levantar esta fortaleza con objeto de que defendiera el puerto habanero del asedio enemigo. Edificado entre 1539 y 1540 en forma de torre gótica, ese fuerte –conocido más tarde como Fuerza Vieja– estaba situado unos 250 metros al oeste del Castillo de la Real Fuerza, en el área que ocupan hoy la capilla de Nuestra Señora de Loreto, como parte de la Catedral de La Habana, y la zona aledaña a las calles San Ignacio y Tejadillo. Excavaciones arqueológicas efectuadas en este lugar dejaron al descubierto gruesos cimientos debajo de los fundamentos del templo, que bien pueden haber pertenecido a la desaparecida fortificación.

4   Los vecinos debían tener hacienda y vivir permanentemente en la Ciudad. Eran los únicos con derecho a elegir y a ser elegidos en los comicios electorales.

5   Especie de población flotante.

6   Se denominaba estantes o moradores a quienes aspiraban a avecindarse en una población determinada.

7   Se refiere a los territorios situados al centro y al oriente de la Isla.

8   AGI: *Carta del gobernador de la Isla Juan Maldonado y Barnuevo a Felipe III*, La Habana, 12 de marzo de 1599, Santo Domingo, 99, r. 20, n.º 217.

9   A finales de 1556, acatando las órdenes de Juana de Austria, los oficiales de la Casa de Contratación de Sevilla prepararon los instrumentos de trabajo indispensables para construir el Castillo de la Real Fuerza. Para enclavar el Castillo se escogió el espacio que ocupaba la primitiva plaza de la Villa, en donde se hallaban las casas del Cabildo, del Gobernador y de los vecinos principales. Entre avatares fueron levantándose los muros de esta fortaleza, una de las más representativas del Nuevo Mundo. Tras no pocos contratiempos –incluida una epidemia de viruelas que ocasionó numerosas muertes entre los esclavos que habían aprendido el oficio de cantero– el Gobernador de la Isla mandó levantar el acta de la terminación de la fortaleza. Era el 27 de abril de 1577 y habían pasado casi dieciocho años desde que se iniciaran las obras.

10   Canal o amplia acequia descubierta que, atravesando huertas y labranzas, llevaba las aguas del río La Chorrera (luego Almendares) a la Plaza de la Ciénaga. Partía de La Chorrera, pasaba por El Cerro y luego atravesaba la Ciudad. El gobernador de la Isla Juan de Tejeda, vino a Cuba en 1589 con la orden de terminar las obras de la Zanja Real, para lo cual encargó al notable ingeniero Juan Bautista Antonelli, constructor de los castillos del Morro y de la Punta, la conducción de las aguas hasta el callejón del Chorro, situado frente a la actual plaza de la Catedral.

11   Hasta la construcción de la Zanja Real La Habana se abastecía de agua –según Hernando de Parra, criado del gobernador de la Isla Juan de Maldonado Barnuevo, en una crónica que se le atribuye– de la "… gruesa y poco aseada con que nos proveía el río (…) Jagüey".

12   Estaba situada en la zona demarcada en la actualidad por las calles Cuarteles, Cuba (llamada antiguamente de la Fundición) y Chacón, en La Habana Vieja, en el mismo sitio en el que Hernando de Soto ordenó construir en el siglo XVI la primera fortaleza que hubo en la capital cubana, la cual nunca llegó a terminarse. La Fábrica y Fundición de Artillería comenzó a edificarse en 1588 y se concluyó en 1594. Estuvo a cargo, en sus primeros tiempos, del Capitán de Artillería Francisco Sánchez de Moya.

13   García del Pino, César: *La Habana bajo el reinado de los Austria*, Ediciones Boloña, Ciudad de La Habana, 2008, pág. 86.

14   El apelativo indica que provenía de esa ciudad europea, la cual ha sido cuna de importantes orfebres y centro comercial de las artes aplicadas durante varios siglos.

15   AGI: Santo Domingo, 99, r. 20, n.º 219.
16   AGI: *Rlon. [Relación] sacada de las cartas informaciones / y pareceres que han enviado a su Md. [Majestad] el Gobernador y oficiales reales de la Isla de Cuba / y el Alcaide y capn. [Capitán] de la fortaleza de la Habana / y de la instrucion que trajo / el Capn. Tomas Bernardo su Teniente de la gente, artillería armas municiones bastimentos y otras cosas de que dicen hay necesidad en la dicha fortaleza y de las fortificaciones que conviene se hagan*, Santo Domingo, 99, r. 20, n.º 219 B.
17   Ibídem.
18   Campanas construidas con una aleación de bronce (78 % de cobre y 22 % de estaño y plata). Su trazado es largo y sus grosores proporcionados. Los esquilones suelen reproducir notas y sonidos agudos.
19   reducto o refugio.
20   La guarnición de La Habana se componía en 1598 de cerca de un centenar de soldados. Tenía señalada, además, un condestable y doce artilleros.
21   Los aborígenes cubanos confeccionaban el cazabe rayando la yuca y extrayéndole el *anaiboa* o jugo nocivo que contiene esta raíz, muy apreciada en las Antillas. Con la harina un tanto húmeda, se preparaban tortas grandes que se tostaban sobre piedras planas calentadas al fuego o colocadas en hornos de leña. Todavía hay zonas de Cuba en donde se hace y se come, con relativa frecuencia, el cazabe.
22   AGI: Santo Domingo, 4, n.º 17, 2 ff.
23   Moreno Fraginals, Manuel: *Cuba/España, España/Cuba*, Biblioteca de Bolsillo, Barcelona, 2002, pág. 66.
24   Ibídem.
25   Nombre que recibe la hoja de la palma real, árbol nacional cubano.
26   Hoy calle Muralla.
27   Cristóbal de Roda Antonelli, Ingeniero Militar de Indias, está considerado, por los estudiosos del tema, la figura más enigmática, hosca e insociable que existió entre los componentes de una familia que procreó a varios arquitectos e ingenieros militares. Al mismo tiempo, fue un súbdito fiel, honesto y trabajador. De los personajes vinculados a la familia Antonelli, es el que más vivió (setenta años) y el que menos viajó durante sus cuarenta años de permanencia americana. Llegó a Cuba en 1591 para reunirse con su tío Bautista Antonelli en La Habana y hasta 1631, año de su muerte, nunca realizó un solo viaje a la península. Se quedó en La Habana por más de quince años hasta que Tiburcio Spannocchi, el 4 de agosto de 1607, lo recomendó para dirigir la construcción de las murallas y de otras fortificaciones de Cartagena de las Indias. Murió pobre y aba-

tido en este último lugar el 25 de abril de 1631, después de haber servido a la Corona durante 53 años.

28 El título de este plano, que fue dibujado en colores, fue consignado por el autor del documento en su reverso. Las explicaciones del dibujo concuerdan con el contenido de la carta que acompañaba su remisión. La escala es de 1000 pies los 164 mm y mide 317 x 444 mm. Este plano, que se conserva en el Archivo General de Indias de Sevilla, comprende todo el sector de la Fuerza Vieja y de la Parroquial Mayor de la recién estrenada Ciudad.

29 AGI: Santo Domingo, 17.

30 Sitio situado, más o menos, en donde hoy se levanta la fachada principal del antiguo Seminario de San Carlos y San Ambrosio.

31 Considerada el ave nacional cubana, por llevar en su plumaje los colores de nuestra Enseña Nacional.

32 Según testimonia Joaquín José García en la revista cubana *Protocolo de Antigüedades* y reproduce José María de la Torre en su libro *Lo que fuimos y lo que somos*. Aunque esta afirmación y sus detalles se tienen hoy por algunos autores e investigadores cubanos como apócrifos, es posible –en opinión de Guillermo Sánchez Martínez en sus *Comienzos del arte escenográfico en Cuba* (publicado en el libro *Letras. Cultura en Cuba*, Editorial Pueblo y Educación, Ciudad de La Habana, 1987)– "… que la escena que describe se acerque bastante a la forma en que a la fecha pudo llevarse a cabo una función dramática […]".

33 Cita tomada de: Sánchez Martínez, Guillermo: *Comienzos del arte escenográfico en Cuba*, en: *Letras. Cultura en Cuba*, Editorial Pueblo y Educación, Ciudad de La Habana, 1987, n.º 4, pág. 396.

34 Cita tomada de: Eguren, Gustavo: *La Fidelísima Habana*, Editorial Letras Cubanas, La Habana, 1986, pág. 113.

35 Cita tomada de: Eguren, Gustavo: *La Fidelísima Habana*, Editorial Letras Cubanas, La Habana, 1986, págs. 113 y 114.

36 Actual calle de Paula esquina a la nombrada Habana.

37 Sitio que probablemente ocupó después el conocido Callejón del Chorro.

38 Se refiere a Juan Maldonado Barnuevo, Gobernador de la Isla.

39 Cita tomada de: Eguren, Gustavo: *La Fidelísima Habana*, Editorial Letras Cubanas, La Habana, 1986, pág. 114.

40 Barcia, María del Carmen: *Los ilustres apellidos: Negros en La Habana colonial*, Ediciones Boloña, Ciudad de La Habana, 2009, pág. 154.

41 A finales del reinado de Felipe II España pierde el control marítimo del eje denominado Costa Cantábrica-Flandes y por tanto, el acceso a la siderometalúrgica valona. De inmediato, la monarquía intenta desa-

rrollar en la Península una industria capaz de producir cañones de hierro colado, que acabará culminando en los establecimientos de Liérganes-La Cavada. Parecido origen tiene la fundición de cañones de bronce de Sevilla. Sin embargo, mientras que el mineral de hierro abundaba en España (sobre todo en el Norte) se hizo necesario importar cobre y estaño. De ahí que las antiguas noticias de la existencia de minas de cobre en Cuba, que databan por lo menos de 1530-1532, fueran analizadas con una nueva perspectiva.

42   Marrero, Leví: "Dos siglos de lucha por la libertad", revista *La libertad de la luz*, revista Sociocultural del Centro Católico de Formación Cívica y Religiosa de la Diócesis de Pinar del Río, Pinar del Río, julio-agosto, 1994, año 1, n.º 2, tomado de Internet el 7 de mayo de 2009.

43   En 1597 el rey Felipe II decidió emprender oficialmente la explotación de los yacimientos cupríferos existentes en Cuba. Para comandarla y dirigirla, designó al capitán Francisco Sánchez de Moya, natural de la provincia de Toledo. Sánchez de Moya, quien había sido soldado en Nápoles y en Navarra, y contador de artillería en Portugal, recibió la encomienda del rey, mediante Real Cédula del 23 de marzo de 1597, para "… levantar una iglesia y edificio humilde, el que bastare para la gente, y aun religiosos (…) haréis dar misión y administrar los sacramentos, en el asiento de laboreo de las minas de Cobre y de sus rancherías". Sánchez de Moya llegó a La Habana ese propio año acompañado de un equipo de maestros y oficiales mineros y fundidores. Se le había ordenado diese prioridad a la instalación de la fundición de cañones en La Habana, "… lo cual resultaría al cabo –según la autorizada opinión del historiador cubano Leví Marrero– un grave error […]".

44   Sitio ubicado en las proximidades de Santa Clara, según el ingeniero Luis D. Soto González en su libro *Apuntes sobre la historia de la minería cubana*.

45   Actual ciudad de Camagüey.

46   AGI: Santo Domingo, 129. Carta citada por la Dra. Arq. Lourdes Gómez Consuegra en su trabajo titulado "Surgimiento y desarrollo de la ciudad de Camagüey desde la perspectiva arquitectónica de su trazado urbano", publicado en la revista *Senderos* de Camagüey.

47   Ibídem.

48   Marrero, Leví: "Dos siglos de lucha por la libertad", revista *La libertad de la luz*, revista Sociocultural del Centro Católico de Formación Cívica y Religiosa de la Diócesis de Pinar del Río, Pinar del Río, julio-agosto, 1994, año 1, n.º 2, tomado de Internet el 7 de mayo de 2009.

49   AGI: Patronato, 293, r. 31, n.º 2, e Indiferente, 527, l. 1, f. 248.

50   Ibídem.

51   AGI: Santo Domingo, 29, n.º 87.
52   AGI: Indiferente, 582, l. 1, f. 70v.
53   AGI: Indiferente, 582, l. 1, ff. 70v - 71.
54   Algunos autores han afirmado que estuvo en Cuba, pero no hemos hallado pruebas documentales al respecto que sustenten o nieguen esta afirmación.
55   Torres Cuevas, Eduardo y Edelberto Leiva Lajara: *Historia de la Iglesia Católica en Cuba. La Iglesia en las patrias de los criollos (1516 - 1789)*, Ediciones Boloña y Editorial de Ciencias Sociales, Ciudad de La Habana, 2008, pág. 152.
56   Fue creada por Real Cédula del 15 de octubre de 1511. Estaba compuesta por tres jueces designados por la Corona, llamados oidores. Con la creación de la Real Audiencia La Española se convirtió en la capital jurídica del Nuevo Mundo.
57   AGI: *Carta del gobernador de la Isla Juan Maldonado y Barnuevo a Felipe III*, La Habana, 13 de enero de 1599, Santo Domingo, 99, r. 20, n.º 216.
58   Ibídem.
59   AGI: *Carta del gobernador de la Isla Juan Maldonado y Barnuevo a Felipe III*, La Habana, 13 de enero de 1599, Santo Domingo, 99, r. 20, n.º 216.
60   Acuerdos o tratos.
61   arraigados.
62   Se refiere a Cuba.
63   AGI: *Carta del gobernador de la Isla Juan Maldonado Barnuevo a Felipe III*, La Habana, 31 de diciembre de 1599, Santo Domingo, 99, r. 20, n.º 219.
64   Ibídem.
65   AGI: *Carta del gobernador de la Isla Juan Maldonado Barnuevo a Felipe III*, La Habana, 31 de diciembre de 1599, Santo Domingo, 99, r. 20, n.º 219.
66   Ibídem.
67   En la terminología de la época, significaba que el molino era movido por la fuerza hidráulica.
68   El primer ingenio para fabricar azúcar se estableció en La Habana en 1595, en el lugar llamado *Los Cangrejos*. Era propiedad de Víctor Santamaría.
69   Ortiz, Fernando: *Los negros esclavos*, Editorial de Ciencias Sociales, La Habana, 1987, pág. 80.
70   En el lenguaje utilizado en esta época significaba que el molino era movido por la fuerza animal.

71   *Informe del gobernador Juan Maldonado Barnuevo a Felipe III,* La Habana, 12 de agosto de 1598. Documento publicado por la Dra. Hortensia Pichardo en el tomo I de su libro *Documentos para la Historia de Cuba*, Editorial Pueblo y Educación, Ciudad de La Habana, 1984, págs. 103 y 104.
72   Debe de ser "ayuda".
73   *Informe del gobernador Juan Maldonado Barnuevo a Felipe III,* La Habana, 12 de agosto de 1598. Documento publicado por la Dra. Hortensia Pichardo en el tomo I de su libro *Documentos para la Historia de Cuba*, Editorial Pueblo y Educación, Ciudad de La Habana, 1984, págs. 103 y 104.
74   Ibídem.
75   *Informe del gobernador Juan Maldonado Barnuevo a Felipe III,* La Habana, 12 de agosto de 1598. Documento publicado por la Dra. Hortensia Pichardo en el tomo I de su libro *Documentos para la Historia de Cuba*, Editorial Pueblo y Educación, Ciudad de La Habana, 1984, pág. 104.
76   proveer.
77   *Informe del gobernador Juan Maldonado Barnuevo a Felipe III,* La Habana, 12 de agosto de 1598. Documento publicado por la Dra. Hortensia Pichardo en el tomo I de su libro *Documentos para la Historia de Cuba*, Editorial Pueblo y Educación, Ciudad de La Habana, 1984, pág. 104.
78   *Solicitud de préstamo a de quince vecinos de La Habana para fabricar ingenios,* La Habana, 1598. Documento publicado por la Dra. Hortensia Pichardo en el tomo I de su libro *Documentos para la Historia de Cuba*, Editorial Pueblo y Educación, Ciudad de La Habana, 1984, pág. 105.
79   Enero de 1599.
80   *Solicitud de préstamo a de quince vecinos de La Habana para fabricar ingenios,* La Habana, 1598. Documento publicado por la Dra. Hortensia Pichardo en el tomo I de su libro *Documentos para la Historia de Cuba*, Editorial Pueblo y Educación, Ciudad de La Habana, 1984, pág. 105.
81   Cita tomada de: Eguren, Gustavo: *La Fidelísima Habana*, Editorial Letras Cubanas, La Habana, 1986, pág. 114.
82   Fue uno de los Cabos principales que acompañaron al Adelantado Pedro Menéndez de Avilés a la conquista de la Florida. Fue nombrado por Menéndez de Avilés Lugarteniente de la isla de Cuba.
83   El centro de este corral coincidió, años más tarde, con la ubicación del barrio sureño de Leguina, ubicado al sur de la actual calle Reina o avenida 91 del poblado habanero de Güines.

84   Nombre aborigen del primitivo caserío de aborígenes recolectores, cazadores y pescadores existente en el Hato de Guaicanamar. Su significado es "... frente al mar [...]", según Eduardo Gómez Luaces, extinto historiador de Regla.

85   Algunos autores hacen coincidir la fecha de fundación de este poblado con la del ingenio de Antón Recio, pero no existe documento alguno que corrobore esta afirmación.

86   Según la investigadora norteamericana Irene Wright el cerro de Cardenillo "... contenía en sus entrañas un filón central de mineral de cobre que se abría en varias vetas o ramas transversales, algunas quizás de más de cien metros. La arborescencia se completaba con nuevas modificaciones cercanas a la superficie. Sulfuros de cobre, óxidos negros y rojos con algún carbonato y algunos crestones o venillas de cobre nativo, gris o sulfurado, afloraban a la superficie por la erosión del rio Senserenico [...]".

87   Rodrigo Núñez de Lobo se beneficiaba de estas minas (al parecer descubiertas entre 1529 y 1530) desde 1588, fecha en que adquirió los derechos y acciones sobre ellas de manos de los herederos de Juan Velázquez, quien a su vez había comprado –con objeto de explotarlas– el asiento de estas el 9 de enero de 1577, en 350 pesos. Pedro Bustillo, representante legal de Núñez de Lobo, protestó por este hecho, pero todo parece indicar que la práctica legal del desahucio estaba contemplado en el mismo título que poseía Núñez de Lobo, quien se arrogaba, sin tenerlo, el derecho de ser propietario de las minas. Al parecer Núñez de Lobo falleció en 1599.

88   Documento citado por el ingeniero Luis D. Soto González en su libro *Apuntes sobre la historia de la minería cubana*.

89   La palabra "rescates" –según la autorizada opinión de la investigadora norteamericana Irene A. Wright en su *Historia documentada de San Cristóbal de La Habana en la primera mitad del siglo XVII*– significaba, en un principio, mercancías a cambio de otros productos. Sin duda, los colonos de las Antillas pretextaban que se veían obligados a traficar con los navíos extranjeros que entraban en sus puertos faltos de defensas; pues de lo contrario, los corsarios les arrebatarían o destruirían sus bienes. Por lo tanto, dicho término vino a ser sinónimo de intercambio de géneros con estos contrabandistas hasta que, finalmente, se aceptó como designación general y oficial del volumen total de los negocios ilegales verificados entre dichos colonos y extranjeros. Los colonos españoles que comerciaban en esta forma eran llamados rescatadores; y los extranjeros con quienes traficaban fueron denominados finalmente corsarios.

90   Portuondo Zúñiga, Olga: *La Virgen de la Caridad del Cobre. Símbolo de Cubanía*, Editorial Oriente, Santiago de Cuba, 2008, págs. 90 y 91.

91   AGI: *Carta del gobernador de la Isla Juan Maldonado Barnuevo a Felipe III*, La Habana, 31 de diciembre de 1599, Santo Domingo, 99, r. 20, n.º 219.
92   Ibídem.
93   AGI: *Carta del gobernador de la Isla Juan Maldonado Barnuevo a Felipe III*, La Habana, 31 de diciembre de 1599, Santo Domingo, 99, r. 20, n.º 219.
94   Cita tomada del trabajo del historiador Leví Marrero titulado "Dos siglos de lucha por la libertad", publicado en la revista *La libertad de la luz,* del Centro Católico de Formación Cívica y Religiosa de la Diócesis de Pinar del Río, Pinar del Río, julio-agosto, 1994, año 1, n.º 2, tomado de Internet el 7 de mayo de 2009.
95   Esta imagen parece haberse conservado en el altar mayor de la parroquia de Santiago del Prado hasta los primeros años del siglo XX, según documentos conservados en los archivos del Arzobispado de Santiago de Cuba.
96   AGI: Santo Domingo, leg. 104, año de 1648, documento citado por Olga Portuondo Zúñiga en su artículo titulado "Santiago en la intimidad del santiaguero", revista *Santiago*, Universidad de Oriente, Santiago de Cuba, 2000, n.º 91, tomado de Internet el 21 de septiembre de 2008.
97   Esta decisión fue considerada por el desaparecido historiador cubano Leví Marrero como "… el hecho seminal, desde el punto de vista social, de la futura villa de El Cobre […]".
98   Marrero, Leví: "Dos siglos de lucha por la libertad", revista *La libertad de la luz,* revista Sociocultural del Centro Católico de Formación Cívica y Religiosa de la Diócesis de Pinar del Río, Pinar del Río, julio-agosto, 1994, año 1, n.º 2, tomado de Internet el 7 de mayo de 2009.
99   Soto González Luis: *Apuntes sobre la historia de la minería cubana*, Editorial Oriente, Santiago de Cuba, 1981, pág. 25.
100   Soto González Luis: Ob. Cit., págs. 26 y 27.
101   AGI: *Expediente solicitando traslado de la catedral de Santiago de Cuba a la Ciudad de La Habana, 1599 - 1604,* Patronato, 183, r. 23, n.º 1.
102   Ibídem.
103   AGI: *Expediente solicitando traslado de la catedral de Santiago de Cuba a la Ciudad de La Habana, 1599 - 1604,* Patronato, 183, r. 23, n.º 1.
104   prelado.
105   AGI: *Expediente solicitando traslado de la catedral de Santiago de Cuba a la Ciudad de La Habana, 1599 - 1604,* Patronato, 183, r. 23, n.º 1.
106   Ibídem.
107   AGI: *Expediente solicitando traslado de la catedral de Santiago de Cuba a la Ciudad de La Habana, 1599 - 1604,* Patronato, 183, r. 23, n.º 1.

108   Ibídem.
109   AGI: *Expediente solicitando traslado de la catedral de Santiago de Cuba a la Ciudad de La Habana, 1599 - 1604,* Patronato, 183, r. 23, n.º 1.
110   Ibídem.
111   AGI: *Expediente solicitando traslado de la catedral de Santiago de Cuba a la Ciudad de La Habana, 1599 - 1604,* Patronato, 183, r. 23, n.º 1.
112   Ibídem.
113   AGI: *Expediente solicitando traslado de la catedral de Santiago de Cuba a la Ciudad de La Habana, 1599 - 1604,* Patronato, 183, r. 23, n.º 1.
114   Ibídem.
115   La primitiva Parroquial Mayor de La Habana, según el Conde San Juan de Jaruco, era un bohío que estaba situado frente a la Plaza de Armas, donde después se construyó el palacio del Segundo Cabo. En 1524 ya existía esta iglesia, la cual fue profanada e incendiada por un corsario francés en 1537. En tiempos que gobernaba la Isla el licenciado Gonzalo Pérez de Angulo, se comenzó a construir, en 1550, una nueva iglesia situada también, como la primitiva, frente a la Plaza de Armas, en parte del terreno donde después se hizo el Palacio de los Capitanes Generales, hoy Museo de la Ciudad de La Habana.
116   Con anterioridad, el Acta del Cabildo de La Habana del 7 de marzo de 1597 había dado cuenta de la construcción del retablo por Camargo.
117   Veigas, José y Leandro S. Romero, *Fichero Ilustrado. Período de 1584 – 1600 (Segunda parte).* Citado por Jorge Rigol en su libro *Apuntes sobre la pintura y el grabado en Cuba.*
118   AGI: Indiferente, 745, n.º 207.
119   AGI: Patronato, 293, r. 16, n.º 21.
120   AGI: Patronato, 293, r. 37, n.º 21.
121   Algunos historiadores remontan la fundación del poblado cubano de Taguasco a la fecha en que fue concedida esta merced.
122   En 1510, cuando Diego Velásquez inicia la conquista de Cuba, le llegan como refuerzo desde Jamaica treinta soldados españoles y cien indígenas. Uno de los soldados era Francisco García Holguín, a quien el encomendero Bartolomé de Bastidas le había vendido las tierras de Cayo Llano (luego el Hato de Holguín). En 1515 García Holguín era ya capitán y Alcalde Ordinario del Cabildo de Bayamo. Entre 1526 y 1532 se destacó en el servicio público en México, y llegó a desempeñar en 1531 el cargo de Alcalde Ordinario de la Ciudad de México (Tenochtitlán), donde adquirió varias propiedades.
123   Urrutia y Montoya, Ignacio: *Teatro Histórico, Jurídico, Político Militar de la isla Fernandina de Cuba,* en: *Primeros historiadores. Siglo*

XVIII, Biblioteca de Clásicos Cubanos, Casa de Altos Estudios Don Fernando Ortiz, Imagen Contemporánea, La Habana, 2005, vol. I, pág. 113.

124   También se trató este asunto en las sesiones del 17 de julio, 2 de octubre y 12 de noviembre de 1600.

125   Urrutia y Montoya, Ignacio: *Teatro Histórico, Jurídico, Político Militar de la isla Fernandina de Cuba,* en: Primeros historiadores. Siglo XVIII, Biblioteca de Clásicos Cubanos, Casa de Altos Estudios Don Fernando Ortiz, Imagen Contemporánea, La Habana, 2005, vol. I, pág. 114.

126   Delación, confidencia.

127   Antigua comarca pesquera indígena Matabano, conocida posteriormente con el nombre de Surgidero de Batabanó, principal puerto de cabotaje y pesquero en la costa sur de La Habana.

128   AGI: Santo Domingo, 99, r. 20, n.º 224.

129   Ibídem.

130   AGI: Santo Domingo, 99, r. 20, n.º 224.

131   entendió.

132   entender.

133   embistió.

134   Se refiere a Gaspar Menéndez, Teniente del Castillo de la Punta.

135   AGI: Santo Domingo, 99, r. 20, n.º 224.

136   le abordó.

137   AGI: *Carta del gobernador de la Isla Juan Maldonado Barnuevo a Felipe III*, La Habana, 12 de marzo de 1599, Santo Domingo, 99. r. 20, n.º 217.

138   El número de embarcaciones que componían las flotas siempre fue variable pero, con la decadencia naval de España, descendió el número de navíos de cada una de ellas. La flota de Francisco del Corral, de 1601, solo completó 32 embarcaciones. Con posterioridad y durante casi todo el transcurso del siglo XVII, la mayoría de las flotas se compuso de veinte buques.

139   La envió a través de un barco de aviso despachado por el virrey de la Nueva España.

140   respecto.

141   AGI: *Carta del gobernador de la Isla Juan Maldonado Barnuevo a Felipe III*, La Habana, 30 de marzo de 1599, Santo Domingo, 99, r. 20, n.º 218.

142   Se refiere a Santo Domingo.

143   A los vecinos y habitantes de la Isla que comerciaban de contrabando se les llamó rescatadores; y a los extranjeros con quienes traficaban, primero corsarios y después, piratas.

144   AGI: *Carta del gobernador de la Isla Juan Maldonado Barnuevo a Felipe III*, La Habana, 30 de marzo de 1599, Santo Domingo, 99, r. 20, n.º 8.

145   holandeses.
146   Actual Gonaïves, en la República de Haití.
147   Iguana.
148   Se refiere a un barco de aviso.
149   AGI: *Carta del gobernador de la Isla Juan Maldonado Barnuevo a Felipe III*, La Habana, 30 de marzo de 1599, Santo Domingo, 99, r. 20, n.º 218.
150   AGI: *Carta del gobernador de la Isla Juan Maldonado Barnuevo a Felipe III*, La Habana, 12 de marzo de 1599, Santo Domingo, 99. r. 20, n.º 217.
151   Ibídem.
152   AGI: Santo Domingo 154. Ramo 3.
153   Estaba situada en la actual Plaza de la Juventud.
154   A partir de 1655, el Cabildo de Puerto Príncipe comienza a solicitar autorización para su reedificación.
155   El capitán Cristóbal Porcallo era uno de los hijos del conquistador y colonizador español Vasco Porcallo de Figueroa quien, por esos años, era vecino de la villa de Santa María del Puerto del Príncipe.
156   Esta Real Orden estipulaba el sueldo de seis pesos de oro fino cada día, de a diez y seis reales cada peso.
157   Se refiere a la llamada tierra adentro, o sea los territorios situados al centro y al oriente de la Isla.
158   AGI. Santo Domingo 1123, l. 8.
159   Ibídem.
160   Nació en la isla de Gran Canaria. Desde antes de 1569, se hallaba radicado en la villa de Santa María del Puerto del Príncipe, en donde era curtidor de pieles. Fue Contador y Alcalde Ordinario de la mencionada Villa. Contrajo matrimonio con la principeña Isabel Consuegra y Muñoz, hija de un conquistador español que había sido uno de los fundadores de la Villa. De este matrimonio nacieron nueve hijos, los cuales se convertirán, en su gran mayoría, en importantes personajes, ya sea por medios propios o por la consumación de ventajosos matrimonios.
161   Templo fundado en 1575 al borde del litoral portuario de la villa de San Cristóbal de La Habana. El después extenso y espléndido Convento de San Francisco de Asís fue un fiel exponente de la trayectoria de la Orden Franciscana en América ya que en la licencia del Cabildo habanero para su instalación, se indica su responsabilidad futura en la evangelización del continente. La primera y modesta fábrica del Convento fue demolida en 1719 y sustituida por la actual, que se terminó en 1738 y que constituye un exponente antológico de la arquitectura colonial cubana por su contenido estilo barroco de influencia herreriana.

162   Se concluyó en 1608. La Capilla de la Orden Tercera de San Francisco de Asís, situada en las actuales calles de los Oficios esquina a Churruca, reabrió sus puertas el 4 de abril de 2006 como sede oficial de la conocida compañía teatral infantil cubana *La Colmenita*.

163   Otros estudiosos señalan como la primitiva sede de la Orden un local que todavía se conserva –dentro del espacio del propio inmueble– con la única puerta de acceso directo desde la calle de los Oficios, justo al lado de la definitiva Capilla de la Orden Tercera de San Francisco de Asís. Sin embargo, lo limitado del espacio sugiere que este solo podía servir para las reuniones de sus miembros.

164   Desde 1603 fue atendido por hermanos de la orden religiosa de San Juan de Dios. En 1610 el Cabildo de La Habana designó al médico Juan de Tejada y Pina para que lo atendiera y comenzó a pagarle un salario. A fines del siglo XVII, era conocido como Hospital de *San Juan de Dios* (nombre que se extendió a la plazoleta en donde se hallaba situado). En 1861, debido a un derrumbe, se trasladó a los altos de la cárcel de La Habana, donde recobró su nombre original.

165   Se supone que fue edificado en la llamada *Pequeña Ciénaga*, sitio en el que hoy se encuentra el parque de San Juan de Dios.

166   Por esta época se calcula la existencia en La Habana de un promedio diario de 40 a 50 enfermos, y de unos 200 en el período de estancia de las flotas.

167   Las naves no partieron hacia España hasta el 6 de enero de 1600, según comentó a Felipe III el gobernador Maldonado en carta (AGI: Santo Domingo, 100, r. 1, n.º 4) fechada en La Habana el 18 de marzo de ese mismo año.

168   Se conserva en el Archivo General de Indias (AGI: Santa Fe, 219), en donde fue restaurada en septiembre de 1983. El título aparece al dorso, está realizada en colores, y su escala es de 100 pies de vara los 92 mm. Mide 565 x 428 mm.

169   AGI: Santo Domingo, 99, r. 20, n.º 219 C.

170   AGI: Santo Domingo, 99, r. 20, n.º 220.

171   enviarlos.

172   seguirían.

173   ] surta.

174   esencia.

175   AGI: *Instrucción de lo que Joan Maldonado Barnuevo gor. de la isla de Cuba suppca. se provea para servicio de su mgd. y conservación de la dha Isla*, Santo Domingo, 99, r. 20, n.º 220.

176   entrometan.

177   AGI: *Instrucción de Lo que Joan Maldonado Barnuevo gor. de la isla de Cuba suppca. se Provea Para servicio de su mgd. y Conservación de la dha Isla*, Santo Domingo, 99, r. 20, n.º 220.
178   Ibídem.
179   AGI: *Instrucción de Lo que Joan Maldonado Barnuevo gor. de la isla de Cuba suppca. se Provea Para servicio de su mgd. y Conservación de la dha Isla*, Santo Domingo, 99, r. 20, n.º 220.
180   AGI: *Carta del gobernador de la Isla Juan Maldonado Barnuevo a Felipe III*, La Habana, 31 de diciembre de 1599, Santo Domingo, 99, r. 20, n.º 219.
181   Ibídem.
182   AGI: *Carta del gobernador de la Isla Juan Maldonado Barnuevo a Felipe III*, La Habana, 31 de diciembre de 1599, Santo Domingo, 99, r. 20, n.º 219.
183   aparecerá.
184   AGI: *Carta del gobernador de la Isla Juan Maldonado Barnuevo a Felipe III*, La Habana, 31 de diciembre de 1599, Santo Domingo, 99, r. 20, n.º 219.
185   Ibídem.
186   AGI: *Carta del gobernador de la Isla Juan Maldonado Barnuevo a Felipe III*, La Habana, 31 de diciembre de 1599, Santo Domingo, 99, r. 20, n.º 219.
187   corrupción.
188   AGI: *Carta del gobernador de la Isla Juan Maldonado Barnuevo a Felipe III*, La Habana, 31 de diciembre de 1599, Santo Domingo, 99, r. 20, n.º 219.
189   Ibídem.
190   sabiendo.
191   AGI: *Carta del gobernador de la Isla Juan Maldonado Barnuevo a Felipe III*, La Habana, 31 de diciembre de 1599, Santo Domingo, 99, r. 20, n.º 219.
192   campiña.
193   siniestra.
194   servir.
195   efectivamente.
196   AGI: *Carta del gobernador de la Isla Juan Maldonado Barnuevo a Felipe III*, La Habana, 31 de diciembre de 1599, Santo Domingo, 99, r. 20, n.º 219.
197   Ibídem.
198   práctico.

199　AGI: *Carta del gobernador de la Isla Juan Maldonado Barnuevo a Felipe III*, La Habana, 31 de diciembre de 1599, Santo Domingo, 99, r. 20, n.º 219.
200　Ibídem.
201　AGI: *Carta del gobernador de la Isla Juan Maldonado Barnuevo a Felipe III*, La Habana, 31 de diciembre de 1599, Santo Domingo, 99, r. 20, n.º 219.
202　El naufragio ocurrió en las cercanías de La Habana. Los navíos eran propiedad de Francisco Castañón, Jerónimo Martín y Gaspar Lorenzo (AGI: Indiferente 1116. Declaración de Gaspar Hernández).
203　No queda claro en los documentos de la época qué era realmente.
204　AGI: Contratación, 5788, l. 1, ff. 339 y 340v.
205　cautiverio.
206　García del Pino, César: *La Habana bajo el reinado de los Austria*, Ediciones Boloña, Ciudad de La Habana, 2008, pág. 88.
207　AGI: Santo Domingo, 100, r. 2, n.º 11.
208　Receptor.
209　convenientes.
210　AGI: *Carta del gobernador de la Isla Juan Maldonado y Barnuevo a Felipe III*, La Habana, 16 de marzo de 1600, Santo Domingo, 100, r. 1, n.º 3.
211　Ibídem.
212　Ibídem.
213　Era natural de Valladolid. Estaba avecindado en La Habana, en donde se había casado con Leonor Millán de Bohorques, nieta del conquistador español Joan Millán, con la que tuvo, cada dos años (entre 1590 y 1598) un hijo hasta completar la suma de tres hembras y dos varones.
214　acepta.
215　AGI: *Carta del gobernador de la Isla Juan Maldonado y Barnuevo a Felipe III*, La Habana, 18 de marzo de 1600, Santo Domingo, 100, r. 1, n.º 4.
216　Jurisdicción.
217　Prelado.
218　AGI: *Carta del gobernador de la Isla Juan Maldonado y Barnuevo a Felipe III*, La Habana, 18 de marzo de 1600, Santo Domingo, 100, r. 1, n.º 4.
219　Ibídem.
220　Prelado.
221　AGI: *Carta del gobernador de la Isla Juan Maldonado y Barnuevo a Felipe III*, La Habana, 18 de marzo de 1600, Santo Domingo, 100, r. 1, n.º 4.

222 corrupción.
223 AGI: *Carta del gobernador de la Isla Juan Maldonado y Barnuevo a Felipe III*, La Habana, 18 de marzo de 1600, Santo Domingo, 100, r. 1, n.º 4.
224 Ibídem.
225 Se refiere al Castillo del Morro.
226 AGI: *Carta del gobernador de la Isla Juan Maldonado y Barnuevo a Felipe III*, La Habana, 18 de marzo de 1600, Santo Domingo, 100, r. 1, n.º 4.
227 Ibídem.
228 Pérez de la Riva, Juan: *La conquista del espacio cubano*, Fundación Fernando Ortiz, Ciudad de La Habana, 2004, pág. 87.
229 Según Rafael Pérez y Luna, en la página 94 de su *Historia de Sancti Espíritus*, publicada en esa Villa en 1888, la referida población tenía 200 habitantes, Santiago de Cuba 250, el Cobre 116, Baracoa 30, Bayamo 1500, Puerto Príncipe 30, Santa Cruz del Cayo 50, Trinidad 150 y Guanabacoa 160. César García del Pino cree que el autor de esta información se refería indistintamente a vecinos y habitantes por desconocer la diferencia entre unos y otros; ya que resulta inadmisible, por ejemplo, en opinión de este prestigioso investigador cubano, "… que Puerto Príncipe tenga solo 30 habitantes, en este caso, como el de Baracoa, nos inclinamos a pensar que son vecinos".
230 Ortiz, Fernando: *Historia de una pelea cubana contra los demonios*, La Habana, Editorial de Ciencias Sociales, 1975, pág. 425.
231 AGI: *Carta del gobernador de la Isla Juan Maldonado y Barnuevo a Felipe III*, La Habana, 18 de marzo de 1600, Santo Domingo, 100, r. 1, n.º 4.
232 Ibídem.
233 Mediante esta Real Cédula, se ordenaba al Gobernador y a los oficiales reales de la Isla que informaran a Su Majestad acerca de los seis Regidores que se había pedido se acrecentaran en el Cabildo de La Habana, además de los seis que ya había, aplicando su procedido en las obras de la cárcel y el matadero que faltaban por hacer en la Ciudad.
234 AGI: *Carta del gobernador de la Isla Juan Maldonado y Barnuevo y de Marcos de Valera Arceo a Felipe III*, La Habana, 20 de marzo de 1600, Santo Domingo, 100, r. 1, n.º 5.
235 Ibídem.
236 Se refiere al matadero y a la cárcel.
237 Se refiere a Felipe II.
238 AGI: *Carta del gobernador de la Isla Juan Maldonado y Barnuevo y de Marcos de Valera Arceo a Felipe III*, La Habana, 20 de marzo de 1600, Santo Domingo, 100, r. 1, n.º 5.

239   Este tomo, que se conserva en el Archivo Histórico Nacional de Madrid, fue recopilado por su autor en 1679.
240   Se debían llevar de México a La Habana.
241   AGI: *Carta del gobernador de la Isla Juan Maldonado y Barnuevo a Felipe III*, La Habana, 11 de junio de 1600, Santo Domingo, 100, r. 1, n.º 6.
242   Se refiere al Castillo del Morro.
243   Se refiere a la fortaleza de la Punta.
244   Se refiere a Gaspar de Zúñiga y Acevedo, Conde de Monterrey y Virrey de Nueva España.
245   1598.
246   AGI: *Carta del gobernador de la Isla Juan Maldonado y Barnuevo a Felipe III*, La Habana, 11 de junio de 1600, Santo Domingo, 100, r. 1, n.º 6.
247   Ibídem.
248   AGI: *Carta del gobernador de la Isla Juan Maldonado y Barnuevo a Felipe III*, La Habana, 11 de junio de 1600, Santo Domingo, 100, r. 1, n.º 6.
249   Se refiere a La Habana.
250   El cabo San Antonio, en la actual provincia de Pinar del Río.
251   AGI: *Carta del gobernador de la Isla Juan Maldonado y Barnuevo a Felipe III*, La Habana, 11 de junio de 1600, Santo Domingo, 100, r. 1, n.º 6.
252   AHNM: Códice 752, *Consultas y pareceres dados a S. M. en asuntos del gobierno de Indias. Siglos XVI, XVII y XVIII. Recopilado por D. Francisco Martínez Grimaldo. Tomo I*, s/f.
253   Francisco de Rojas ya lo había hecho en 1598.
254   La festividad del Santísimo Sacramento o Corpus Christi, forma de culto a la Eucaristía (comunión), fue instituida en el siglo XIII en Europa por el papa Urbano IV. En el siglo XIV, le fue incluida una procesión que, con el decursar del tiempo, se convirtió en su máximo exponente. Es una fiesta de fecha móvil, que se celebra el jueves siguiente al domingo de la Santísima Trinidad, primero después de la Pascua de Pentecostés. Cae casi siempre en la primera quincena del mes de junio. Tanto en España como en Cuba, esta festividad llegó a incluir comedias, autos, loas, alegorías y otros géneros dramáticos, lo que influyó decisivamente en el desarrollo del teatro.
255   *Actas Capitulares trasuntadas del Ayuntamiento de La Habana*, del 30 de abril de 1599 al 17 de diciembre de 1604, págs. 526 y 528 v. Citado por Zoila Lapique Becali en su libro *Cuba colonial. Música, compositores e intérpretes. 1570 - 1902*.

256   Lapique Becali, Zoila: *Cuba colonial. Música, compositores e intérpretes. 1570 - 1902*, Ediciones Boloña y Editorial Letras Cubanas, La Habana, 2008, pág. 24.

257   AGI: *Carta del gobernador de la Isla Juan Maldonado y Barnuevo a Felipe III*, La Habana, 11 de junio de 1600, Santo Domingo, 100, r. 1, n.º 6.

258   El Día de la Ascensión es una fiesta cristiana que se celebra cuarenta días después del domingo de resurrección (durante el Tiempo pascual) y que conmemora la ascensión de Jesucristo al cielo en presencia de sus discípulos, tras anunciarles que les enviaría el Espíritu Santo.

259   Se refiere a Francisco Sánchez de Moya.

260   AGI: *Carta del gobernador de la Isla Juan Maldonado y Barnuevo a Felipe III*, La Habana, 11 de junio de 1600, Santo Domingo, 100, r. 1, n.º 6.

261   Estas y otras piezas de artillería similares fundidas, en este período, en la Fábrica y Fundición de Artillería de La Habana, llevaron inscrito, por orden expresa del Capitán Francisco Sánchez de Moya, el nombre del rey Felipe III.

262   hinchó.

263   durmieron.

264   el ánimo.

265   AGI: *Carta de Marcos Valera Arceo a Felipe III*, La Habana, 11 de junio de 1600, Santo Domingo, 100, r. 1, n.º 6 A.

266   Se refiere a Francisco Sánchez de Moya.

267   creaban.

268   AGI: *Carta de Marcos Valera Arceo a Felipe III*, La Habana, 11 de junio de 1600, Santo Domingo, 100, r. 1, n.º 6 A.

269   AGI: *Carta del gobernador de la Isla Juan Maldonado y Barnuevo a Felipe III*, La Habana, 11 de junio de 1600, Santo Domingo, 100, r. 1, n.º 6.

270   Ibídem.

271   Se calcula que, por entonces, se obtenían de once a doce quintales de cobre en cada fundición.

272   Pruna Goodgall, Pedro M., Orieta Álvarez Sandoval, Leida Fernández Prieto y otros: *Historia de la Ciencia y la Tecnología en Cuba*, Editorial Científico Técnica, Ciudad de La Habana, 2006, pág. 30.

273   Sin embargo, poco tiempo después, un nuevo asiento de esclavos proveyó la importación de seiscientos negros anuales en las Antillas, dado que no podían ser traídos negros casados de España sin sus mujeres. En esta época, la corona española percibía una tasa de treinta ducados por cada esclavo introducido en las Indias, la cual, sumada al precio de

la concesión del *asiento*, encarecía grandemente el valor de los negros en América.

274   Contrato de derecho público, por el cual un particular o compañía se obligaba con el gobierno español a sustituirlo en la administración del comercio de los esclavos negros en las Indias o en una región de estas.

275   Marrero, Leví: "Dos siglos de lucha por la libertad", revista *La libertad de la luz*, revista Sociocultural del Centro Católico de Formación Cívica y Religiosa de la Diócesis de Pinar del Río, Pinar del Río, julio-agosto, 1994, año 1, n.º 2, tomado de Internet el 7 de mayo de 2009.

276   AGI: Santo Domingo, 30, n.º 6.

277   AGI: Patronato, 293, r. 1, n.º 22, e Indiferente, 527, l. 1, f. 248.

278   Una tormenta tropical o huracán.

279   AGI: *Carta del gobernador de la Isla Juan Maldonado y Barnuevo a Felipe III*, La Habana, 18 de junio de 1600, Santo Domingo, 100, r. 1, n.º 7.

280   Ibídem.

281   AGI: *Informaciones de Oficio y parte promovidas por Manuel Ventura, Alguacil Mayor de Santiago de Cuba. 1602 – 1604*, Santo Domingo, 16, n.º 14.

282   Ibídem.

283   AHNM: Códice 752, *Consultas y pareceres dados a S. M. en asuntos del gobierno de Indias. Siglos XVI, XVII y XVIII. Recopilado por D. Francisco Martínez Grimaldo. Tomo I*, s/f.

284   Documento citado por Dulcila Cañizares en su libro *La música sacra en Cuba.*

285   Documento citado por Zoila Lapique Becali en su libro *Cuba colonial. Música, compositores e intérpretes. 1570 - 1902.*

286   AGI: *Carta del gobernador de la Isla Juan Maldonado y Barnuevo a Felipe III*, La Habana, 14 de julio de 1601, Santo Domingo, 100, r. 1, n.º 8.

287   Ibídem.

288   AGI: *Carta del gobernador de la Isla Juan Maldonado y Barnuevo a Felipe III*, La Habana, 14 de julio de 1601, Santo Domingo, 100, r. 1, n.º 8.

289   trinchera.

290   Ibídem.

291   AGI: *Carta del gobernador de la Isla Juan Maldonado y Barnuevo a Felipe III*, La Habana, 14 de julio de 1601, Santo Domingo, 100, r. 1, n.º 8.

292   trinchera.

293   Bautista.

294   Antonelli.
295   AGI: *Carta del gobernador de la Isla Juan Maldonado y Barnuevo a Felipe III*, La Habana, 14 de julio de 1601, Santo Domingo, 100, r. 1, n.º 8.
296   Según consta en el Códice 752, del fondo Diversos y colecciones, nombrado *Consultas y pareceres dados a S. M. en asuntos del gobierno de Indias. Siglos XVI, XVII y XVIII. Recopilado por D. Francisco Martínez Grimaldo. Tomo I* (este tomo fue recopilado por su autor en 1679), que se conserva en el Archivo Histórico Nacional, en Madrid.
297   AGI: *Carta del gobernador de la Isla Juan Maldonado y Barnuevo a Felipe III*, La Habana, 14 de julio de 1601, Santo Domingo, 100, r. 1, n.º 8.
298   Ibídem.
299   Prelado.
300   Prelado.
301   AGI: *Carta del gobernador de la Isla Juan Maldonado y Barnuevo a Felipe III*, La Habana, 14 de julio de 1601, Santo Domingo, 100, r. 1, n.º 8.
302   Ibídem.
303   En su segundo viaje a Cuba, trajo consigo una Real Cédula de Felipe II fechada el 6 de diciembre de 1583, dirigida al Gobernador y Alcaide de la fortaleza de La Habana Gabriel de Luján, con objeto de que lo ocupase en cargos y oficios del Real Servicio. Obtuvo, por Real Despacho del 13 de diciembre de 1583, el oficio de Escribano del Cabildo de La Habana. Fue también Alcalde Ordinario de esa Ciudad en 1608. Desde su llegada a la Isla, comenzó a amasar una gran fortuna.
304   Testimonio de Champlain citado por Leandro S. Romero Estébanez en su libro *La Habana arqueológica y otros ensayos*.
305   Ibídem.
306   Testimonio de Champlain citado por Leandro S. Romero Estébanez en su libro *La Habana arqueológica y otros ensayos*.
307   ANC: Protocolos, Escribanía de Regueira, año 1601, s/f.
308   Ibídem.
309   AMCH: Actas capitulares de La Habana de 1601, cabildo del 8 de octubre, f. 595 (trasuntadas).
310   A mediados del siglo XVII, la modesta Ermita, que sobrevivió (al igual que el Convento mercedario) al incendio que prácticamente destruyó Puerto Príncipe en 1616, se sustituyó por una Iglesia de paredes sólidas, construidas de cal y ladrillos, a partir de las donaciones y limosnas del vecindario. Este templo fue demolido en el período de gobierno de Luis de Unzaga para comenzar a edificar uno nuevo entre 1748 y 1756.

311   prelados.
312   AGI: *Expediente solicitando traslado de la catedral de Santiago de Cuba a la ciudad de La Habana, 1599 - 1605*, Patronato, 183, r. 23, n.º 1.
313   1586.
314   Prelado.
315   AGI: *Expediente solicitando traslado de la catedral de Santiago de Cuba a la ciudad de La Habana, 1599 - 1605*, Patronato, 183, r. 23, n.º 1.
316   Prelado.
317   Se refiere a Santiago de Cuba.
318   AGI: *Expediente solicitando traslado de la catedral de Santiago de Cuba a la ciudad de La Habana, 1599 - 1605*, Patronato, 183, r. 23, n.º 1.
319   1586.
320   Se refiere a Santiago de Cuba.
321   AGI: *Expediente solicitando traslado de la catedral de Santiago de Cuba a la ciudad de La Habana, 1599 - 1605*, Patronato, 183, r. 23, n.º 1.
322   seguro.
323   respeto.
324   AGI: *Expediente solicitando traslado de la catedral de Santiago de Cuba a la ciudad de La Habana, 1599 - 1605*, Patronato, 183, r. 23, n.º 1.
325   Santiago.
326   AGI: *Carta del gobernador de la Isla Juan Maldonado y Barnuevo*, La Habana, 10 de enero de 1602, Santo Domingo, 100, r. 2, n.º 10.
327   Torres Cuevas, Eduardo y Edelberto Leiva Lajara: *Historia de la Iglesia católica en Cuba. La Iglesia en las patrias de los criollos (1516 - 1789)*, Ediciones Boloña y Editorial de Ciencias Sociales, La Habana, 2008, pág. 154.
328   AGI: *Carta del gobernador Pedro de Valdés a Felipe III*, S/l, S/f, Santo Domingo, 100, r. 2, n.º 12.
329   Ibídem.
330   AGI: Contratación, 5272, r. 41, n.º 1.
331   AGI: Patronato, 293, r. 80, n.º 24.
332   AGI: Patronato, 293, r. 87, n.º 24.
333   Resulta conveniente decir que, aunque el tesorero Cristóbal Ruiz de Castro y el contador Dr. Juan de Eguiluz lidiaron entre sí inicialmente al tratar este último de hacer cumplir las órdenes del gobernador Valdés, ambos como veremos más adelante se reconciliaron y aliaron con objeto de combatir las ordenanzas y decisiones tomadas por la máxima autoridad de la Isla.
334   nacido.
335   AGI: *Carta del gobernador Pedro de Valdés a Felipe III*, La Habana, 22 de diciembre de 1602, Santo Domingo, 100, r. 2, n.º 15.

336   1590.
337   AGI: *Carta del gobernador Pedro de Valdés a Felipe III*, La Habana, 22 de diciembre de 1602, Santo Domingo, 100, r. 2, n.º 15.
338   Ibídem.
339   Barcia, María del Carmen: *Los ilustres apellidos: Negros en La Habana colonial*, Ediciones Boloña, Ciudad de La Habana, 2009, pág. 201.
340   En 1602 fue procesado por el Tribunal del Santo Oficio Manuel Tavares, vecino de La Habana y reconciliado, que se quitó el sambenito. Fue denunciado por fray Miguel de Estela.
341   AGI: *Carta del gobernador de la Isla Pedro de Valdés a Felipe III*, La Habana, 23 de junio de 1602, Santo Domingo, 100, r. 2, n.º 13.
342   Según consta en el Códice 752, del fondo Diversos y colecciones, nombrado *Consultas y pareceres dados a S. M. en asuntos del gobierno de Indias. Siglos XVI, XVII y XVIII. Recopilado por D. Francisco Martínez Grimaldo. Tomo I* (este tomo fue recopilado por su autor en 1679), que se conserva en el Archivo Histórico Nacional, en Madrid, se hicieron a Felipe III diferentes consultas sobre el despacho de la Flota de Nueva España (anticipación, salida, resguardo y convoy). Se le ordenó a la Flota que, a la vuelta, dejase la plata en La Habana y se viniera a sola a España, pues el preciado metal lo traerían a la península los galeones de la Flota de la Plata.
343   AGI: *Carta del gobernador de la Isla Pedro de Valdés a Felipe III*, La Habana, 23 de junio de 1602, Santo Domingo, 100, r. 2, n.º 13.
344   Es muy probable que haya sido el barco de aviso *San Laureano*, que aparece consignado en 1602 en los registros de ida a La Habana de la Casa de Contratación de Sevilla, que se conservan en el Archivo General de Indias (AGI: Contratación, 1458/1590 - 1606/). Según los referidos registros, era su maestre Martín de Beriztain.
345   AGI: *Carta de Pedro de Valdés a Felipe III*, La Habana, 25 de septiembre de 1602, Santo Domingo, 100, r. 2, n.º 14.
346   Embarcación de vela latina y alrededor de cien toneladas de porte.
347   AGI: *Carta del gobernador de la Isla Pedro de Valdés a Felipe III*, La Habana, 23 de junio de 1602, Santo Domingo, 100, r. 2, n.º 13.
348   aparecido.
349   Debe de ser San Antonio.
350   cañoneando.
351   AGI: *Carta del gobernador de la Isla Pedro de Valdés a Felipe III*, La Habana, 23 de junio de 1602, Santo Domingo, 100, r. 2, n.º 1.
352   Debe de ser San Antonio.

353 AGI: *Carta del gobernador de la Isla Pedro de Valdés a Felipe III*, La Habana, 23 de junio de 1602, Santo Domingo, 100, r. 2, n.º 13.
354 AGI: *Carta del gobernador Pedro de Valdés a Felipe III*, La Habana, 3 de enero de 1604, Santo Domingo, 100, r. 2, n.º 18.
355 Ibídem.
356 Roig de Leuchsenring, Emilio: *Vida y costumbres habaneras en los comienzos del siglo XVII*, revista *Opus Habana*, Ciudad de La Habana, 10 de noviembre de 2008, tomado de Internet el 22 de agosto de 2009.
357 perfección.
358 maleza.
359 AGI: *Carta del gobernador de la Isla Pedro de Valdés a Felipe III*, La Habana, 23 de junio de 1602, Santo Domingo, 100, r. 2, n.º 13.
360 Más adelante y en este mismo capítulo, volveremos sobre este suceso.
361 AGI: Carta del gobernador de la Isla Pedro de Valdés a Felipe III, 25 de septiembre de 1602, Santo Domingo, 100, r. 2, n.º 14.
362 Francisco de Ballesteros. En un documento fechado en 1602 y conservado en el Archivo General de Indias de Sevilla (AGI: Santo Domingo, leg. 129, r. 2), citado por César García del Pino en su libro *La Habana bajo el reinado de los Austria*, se le imputaba haber hecho este año "…muchas campanas calderas almireces fondos y otras cosas dentro de su casa do tiene fornos [hornos] en que ha ganado y gana muchos ducados […]".
363 AGI: *Carta del gobernador de la Isla Pedro de Valdés a Felipe III*, La Habana, 23 de junio de 1602, Santo Domingo, 100, r. 2, n.º 13.
364 Ibídem.
365 Se refiere al Castillo del Morro.
366 Había sido nombrado para el cargo el 7 de agosto de 1601, fecha en que se le expidió el Título correspondiente. Villaverde sustituyó a Alonso Sánchez de Torquemada (cargo que ocupó temporalmente el capitán Antonio de Guzmán).
367 AGI: *Carta del gobernador de la Isla Pedro de Valdés a Felipe III*, La Habana, 23 de junio de 1602, Santo Domingo, 100, r. 2, n.º 13.
368 La contienda suscitada desde este momento entre el gobernador Pedro de Valdés y el capitán Juan de Villaverde, Alcaide del Morro, durante el transcurso del período de gobierno del primero, fue muy enconada. Nunca estuvieron conformes con nada, ni el uno con el otro. Villaverde se disgustó mucho con Valdés y alegó siempre que había sido porque tuvieron un altercado en el camino cuando ambos venían hacia Cuba en el galeón *San Mateo*.
369 AGI: Carta del gobernador de la Isla Pedro de Valdés a Felipe III, 25 de septiembre de 1602, Santo Domingo, 100, r. 2, n.º 14.

370   Ibídem.
371   AGI: *Carta del gobernador Pedro de Valdés a Felipe III*, La Habana, 22 de diciembre de 1602, Santo Domingo, 100, r. 2, n.º 15.
372   práctica.
373   AGI: *Carta del gobernador de la Isla Pedro de Valdés a Felipe III*, 25 de septiembre de 1602, Santo Domingo, 100, r. 2, n.º 14.
374   adunar, o sea, concertar, unir, juntar, etc.
375   AGI: *Carta del gobernador de la Isla Pedro de Valdés a Felipe III*, 25 de septiembre de 1602, Santo Domingo, 100, r. 2, n.º 14.
376   AGI: *Carta del gobernador de la Isla Pedro de Valdés a Felipe III*, La Habana, 23 de junio de 1602, Santo Domingo, 100, r. 2, n.º 13.
377   para.
378   Juan.
379   AGI: *Carta del gobernador de la Isla Pedro de Valdés a Felipe III*, La Habana, 23 de junio de 1602, Santo Domingo, 100, r. 2, n.º 13.
380   Ibídem.
381   En La Habana de esta época, se formaban por doquier muladares o basureros. Por tal motivo, el 13 de diciembre de 1602, el Cabildo acordó que se limpiara "[...] la basura que está frente a las casas del Ayuntamiento [en la Plaza de San Francisco] [...] de esta ciudad [...]".
382   Se refiere al Cabildo de La Habana.
383   Roig de Leuchsenring, Emilio: *Vida y costumbres habaneras en los comienzos del siglo XVII*, revista *Opus Habana*, Ciudad de La Habana, 10 de noviembre de 2008, tomado de Internet el 22 de agosto de 2009.
384   Debido a las pragmáticas y reales órdenes de Fernando El Católico (12 de enero de 1489) y de Felipe II (29 de mayo de 1584), que lo prohibían, al igual que el poder disfrutar del botín que corsarios y piratas hubiesen obtenido al despojar a súbditos españoles.
385   Como bien han afirmado prestigiosos investigadores, por estar atado al mar, Manzanillo no fue solo propicio al comercio, sino también al tráfico ilegal. España, imposibilitada de ofrecer medios de vida a los asentados en la región (fundamentalmente en Bayamo y en los hatos comarcanos) e incapaz, a su vez, de impedir la ruptura del control monopólico, propició –sin quererlo, claro está– la modalidad económica del comercio de rescate y de contrabando, del cual Manzanillo, como punto de trueque y de operaciones, fue un paradigma en la Isla.
386   García del Pino, César: *El corso en Cuba. Siglo XVII*, Editorial de Ciencias Sociales, La Habana, 2001, pág. 13.
387   Se refiere a la mina de cobre de Santiago del Prado.
388   AGI: *Carta del gobernador de la Isla Pedro de Valdés a Felipe III*, La Habana, 18 de julio de 1603, Santo Domingo, 100, r. 2, n.º 16.

389   Estas edificaciones fueron reconstruidas en 1728, modificadas en 1847 y luego transformadas en diversas oportunidades, en el transcurso del siglo XX.

390   Al iniciarse el Gobierno de Pedro de Valdés, existían en La Habana varios ingenios movidos por agua, los cuales se hallaban situados a lo largo de la Zanja Real.

391   Estaba situada en la desembocadura del río La Chorrera, luego Almendares. Esta sierra de agua fue considerada una amenaza a la seguridad de la Ciudad, por lo que el Cabildo de La Habana acordó reiteradamente su demolición, riesgo al cual sobrevivió durante años.

392   Nieto de Pedro Velázquez (Primer Señor de Matanzas) y heredero de las propiedades de sus padres, Alonso Suárez de Toledo e Inés de Gamboa; ellos llegaron a dominar económicamente buena parte del extremo noroeste matancero. El legado familiar le permitió a Pedro Suárez de Gamboa la construcción de un trapiche de cierta consideración para la época en que fue fundado.

393   Las primeras reglamentaciones para el funcionamiento de las instituciones de archivo de las que tenemos noticias en Cuba datan del siglo XVI. En una fecha tan temprana como 1569, se advierte la preocupación del gobierno español por la preservación de los documentos de valor generados por su administración en la Isla y otras posesiones americanas. En las ordenanzas del Rey Felipe II de ese mismo año y en las de Felipe III de 1602, se disponía "… tratar bien los libros y demás papeles, y que se hiciera de los de la Contaduría un inventario jurado y firmado de sus nombres, con relación clara de todos los libros y de los que fueren aumentando, los cuales había que numerar y ponerles su contenido […]". También, "… no permitir su examen a hombres de negocios ni a persona alguna, so pena de proceder contra los culpables de faltar a lo dispuesto […]". En ambas regulaciones se ordenaba que los libros viejos fueran renovados y se pusieran en buena forma.

394   Se refiere a la llamada Carrera de Indias.

395   AGI: *Carta del gobernador de la Isla Pedro de Valdés a Felipe III*, La Habana, 25 de septiembre de 1602, Santo Domingo, 100, r. 2, n.º 14.

396   Ibídem.

397   Cabañas.

398   prácticos.

399   La Junta de Guerra de las Indias, en un documento titulado *Consulta de la Junta de Guerra de octubre 4 de 1606*, citado por el prestigioso investigador cubano César García del Pino en la pág. 14 de su libro *El corso en Cuba. Siglo XVII*, afirma que, al producirse el despoblamiento de la costa noroeste de La Española, hubo levantamientos e inquietu-

des que, al ser reprimidos, motivaron que algunos vecinos de esa Isla se unieran a los enemigos de España, particularmente uno de ellos nombrado Antonio de Córdova. García del Pino considera que este Antonio de Córdova y el corsario nombrado Rodrigo de Córdova –quien operaba en agosto de 1602 en la costa sur de la Isla, con cuatro buques, y que se encontraba en buenas relaciones con los rescatadores del país– eran la misma persona.

400   AGI: Carta del gobernador de la Isla Pedro de Valdés a Felipe III, 25 de septiembre de 1602, Santo Domingo, 100, r. 2, n.º 14.

401   El pirata o su colega legal, el corsario, necesitaba de un buque ligero, apto para la caza o para la fuga en caso necesario; y por requerimientos de su oficio, estaba dispuesto a correr riesgos calculados de antemano.

402   El contrabandista era, ante todo, un mercader y por lo tanto, menos inclinado a los hechos de armas. Sus embarcaciones eran pesadas naves comerciales, principalmente urcas de gran porte pues, a más carga, mayor ganancia. Por tanto, no era proclive a aventuras que pudieran poner en peligro su capital.

403   García del Pino, César: *El corso en Cuba. Siglo XVII*, Editorial de Ciencias Sociales, La Habana, 2001, pág. 14.

404   Embarcación ligera de guerra, de dos palos, que se usaba en las escuadras como aviso y explorador.

405   García del Pino, César: *El corso en Cuba. Siglo XVII*, Editorial de Ciencias Sociales, La Habana, 2001, pág. 20.

406   AGI: *Carta del gobernador de la Isla Pedro de Valdés a Felipe III*, La Habana, 25 de septiembre de 1602, Santo Domingo, 100, r. 2, n.º 14.

407   abastecerse.

408   AGI: *Carta del gobernador de la Isla Pedro de Valdés a Felipe III*, La Habana, 25 de septiembre de 1602, Santo Domingo, 100, r. 2, n.º 14.

409   Debe de ser Portobelo.

410   AGI: *Carta del gobernador de la Isla Pedro de Valdés a Felipe III*, La Habana, 25 de septiembre de 1602, Santo Domingo, 100, r. 2, n.º 14.

411   Ibídem.

412   AGI: *Carta del gobernador de la Isla Pedro de Valdés a Felipe III*, La Habana, 25 de septiembre de 1602, Santo Domingo, 100, r. 2, n.º 14.

413   Ibídem.

414   AGI: *Carta del gobernador de la Isla Pedro de Valdés a Felipe III*, La Habana, 25 de septiembre de 1602, Santo Domingo, 100, r. 2, n.º 14.

415   Ibídem.

416   Se refiere a la Fuerza Vieja.

417   crearé.

418   AGI: *Carta del gobernador de la Isla Pedro de Valdés a Felipe III*, La Habana, 25 de septiembre de 1602, Santo Domingo, 100, r. 2, n.º 14.
419   para.
420   AGI: *Carta del gobernador de la Isla Pedro de Valdés a Felipe III*, La Habana, 25 de septiembre de 1602, Santo Domingo, 100, r. 2, n.º 14.
421   Se refiere al Juicio de Residencia que se le siguió al ex gobernador Juan Maldonado Barnuevo.
422   AGI: *Carta de Pedro de Valdés a Felipe III*, La Habana, 25 de septiembre de 1602, Santo Domingo, 100, r. 2, n.º 14.
423   Ibídem.
424   AGI: Patronato, 293, r. 44, n.º 24.
425   Ibídem.
426   AGI: *Carta del gobernador Pedro de Valdés a Felipe III*, La Habana, 22 de diciembre de 1602, Santo Domingo, 100, r. 2, n.º 15.
427   adulce.
428   AGI: *Carta del gobernador Pedro de Valdés a Felipe III*, La Habana, 22 de diciembre de 1602, Santo Domingo, 100, r. 2, n.º 15.
429   Ibídem.
430   AGI: *Carta del gobernador Pedro de Valdés a Felipe III*, La Habana, 22 de diciembre de 1602, Santo Domingo, 100, r. 2, n.º 15.
431   Ibídem.
432   Se refiere a la Fuerza Vieja.
433   AGI: *Carta del gobernador Pedro de Valdés a Felipe III*, La Habana, 22 de diciembre de 1602, Santo Domingo, 100, r. 2, n.º 15.
434   En su entorno se ubican hoy dos restaurantes, especializados en cocina criolla e internacional.
435   Se refiere a la Fuerza Vieja.
436   AGI: *Carta del gobernador Pedro de Valdés a Felipe III*, La Habana, 22 de diciembre de 1602, Santo Domingo, 100, r. 2, n.º 15.
437   Debe de ser "haberse hecho".
438   Debe de referirse a raíces de gran tamaño o a conjunto de ellas.
439   rotas.
440   Debe de ser venidas o crecidas.
441   AGI: *Carta del gobernador Pedro de Valdés a Felipe III*, La Habana, 22 de diciembre de 1602, Santo Domingo, 100, r. 2, n.º 15.
442   Ibídem.
443   AGI: *Carta del gobernador Pedro de Valdés a Felipe III*, La Habana, 22 de diciembre de 1602, Santo Domingo, 100, r. 2, n.º 15.
444   AMCH. Actas capitulares de La Habana de 1601, cabildo del 8 de octubre, f. 595 (trasuntadas).

445   AGI: *Carta del gobernador Pedro de Valdés a Felipe III*, La Habana, 22 de diciembre de 1602, Santo Domingo, 100, r. 2, n.º 15.
446   Ibídem.
447   franciscanos.
448   Prelado.
449   AGI: *Carta del gobernador Pedro de Valdés a Felipe III*, La Habana, 22 de diciembre de 1602, Santo Domingo, 100, r. 2, n.º 15.
450   Ibídem.
451   AGI: *Carta del gobernador Pedro de Valdés a Felipe III*, La Habana, 22 de diciembre de 1602, Santo Domingo, 100, r. 2, n.º 15.
452   Ibídem.
453   Los piratas no atacaban poblaciones pobres, pues eso constituía un lujo que no podían permitirse. Todo ello explica por qué existían decenas de lugares en las costas caribeñas donde nunca incursionaron. Santiago de Cuba se erige como la única ciudad del país que, durante estos supuestos años de tanta pobreza, fue atacada en cinco ocasiones, de ellas dos exitosas (1602 y 1662) y tres rechazadas (1635, 1636 y 1677). Fue seguida en el país por la villa de Remedios, donde incursionaron en cuatro ocasiones y lograron en todas ellas su objetivo, lo cual es una muestra de que verdaderamente la ciudad de Santiago de Cuba no estaba en la miseria durante este siglo.
454   AGI: *Expediente solicitando traslado de la catedral de Santiago de Cuba a la ciudad de La Habana, 1599 - 1605,* Patronato, 183, r. 23, n.º 1.
455   Se refiere al Juicio de Residencia.
456   AGI: *Carta del gobernador Pedro de Valdés a Felipe III*, La Habana, 22 de diciembre de 1602, Santo Domingo, 100, r. 2, n.º 15.
457   AGI: *Carta del gobernador de la Isla Pedro de Valdés a Felipe III, La Habana, 27 de enero de 1603*, Santo Domingo, 129, r. 3.
458   Prelado.
459   AGI: *Carta del gobernador Pedro de Valdés a Felipe III*, La Habana, 22 de diciembre de 1602, Santo Domingo, 100, r. 2, n.º 15.
460   Ibídem.
461   AGI: Santo Domingo, 30, n.º 16 y AGI: Santo Domingo, 30, n.º 17.
462   AGI: Contratación, 5275, n.º 26.
463   Treinta años después, en 1633, llegó la Real Licencia para edificarlo. Se compraron entonces los terrenos por un monto total de más de 12 800 ducados, gracias a las donaciones de los devotos. El Convento de Santa Clara ocupó un área de 1,2 hectáreas en el barrio habanero de Campeche.
464   AGI: Santo Domingo, 30, n.º 19.

465   Natural de Hesles, en el valle de Chayón, montañas de Burgos, España. En 1605 desempeñó el cargo de Procurador General del Ayuntamiento de La Habana. A finales del siglo XVI se casó en la Iglesia Parroquial de esa ciudad con la ilustre habanera Juana de Orellana y Sotolongo, miembro de una de las más destacadas y nobles familias del país.
466   AGI: Indiferente, 428, l. 32, f. 60.
467   AGI: Contratación, 5275, n.º 16.
468   AGI: Patronato, 293, r. 80, n.º 24.
469   AGI: Indiferente, 428, l. 32, ff. 63 - 63v.
470   Ibídem.
471   AGI: *Carta del Gobernador de la Isla Pedro de Valdés a Felipe III*, La Habana, 18 de julio de 1603, Santo Domingo, 100, r. 2, n.º 16.
472   Se refiere a las obras que se realizaban en las fortificaciones de La Habana.
473   febrero.
474   AGI: *Carta del Gobernador de la Isla Pedro de Valdés a Felipe III*, La Habana, 18 de julio de 1603, Santo Domingo, 100, r. 2, n.º 16.
475   satisfacción.
476   Ibídem.
477   AGI: *Carta del Gobernador de la Isla Pedro de Valdés a Felipe III*, La Habana, 18 de julio de 1603, Santo Domingo, 100, r. 2, n.º 16.
478   O sea entre 1599 y 1603.
479   AGI: *Carta del Gobernador de la Isla Pedro de Valdés a Felipe III*, La Habana, 18 de julio de 1603, Santo Domingo, 100, r. 2, n.º 16.
480   sectas.
481   AGI: *Carta del Gobernador de la Isla Pedro de Valdés a Felipe III*, La Habana, 18 de julio de 1603, Santo Domingo, 100, r. 2, n.º 16.
482   Ibídem.
483   AGI: *Carta del Gobernador de la Isla Pedro de Valdés a Felipe III*, La Habana, 18 de julio de 1603, Santo Domingo, 100, r. 2, n.º 16.
484   AGI: Santo Domingo, 119.
485   Se refiere a manipularlas.
486   AGI: *Carta de Marcos de Valera Arceo y Francisco de Redondo Villegas a Felipe III*, La Habana, 20 de julio de 1603, Santo Domingo, 119.
487   Ibídem.
488   de repuesto.
489   Almacenes.
490   humedades.
491   humedad.
492   AGI: *Carta del Gobernador de la Isla Pedro de Valdés a Felipe III*, La Habana, 22 de septiembre de 1603, Santo Domingo, 100, r. 2, n.º 17.

493   Está considerado el **primer pirata cubano.** En 1595, cuando muere el pirata Francis Drake, su jefe y protector, junto al pirata Hawkins, regresó a Inglaterra con los restos de la escuadra que comandaba Baskerville. Luego de un tiempo residiendo en Inglaterra, alejado de las aventuras en el océano, Diego aparece en las Antillas acompañado de Cornelio Jols, conocido como *Pata de Palo*. Juntos dan rienda suelta a sus sanguinarios instintos y atacan despiadadamente a los navíos españoles, matando a cada uno de los prisioneros que capturaban.

494   AGI: *Carta del Gobernador Pedro de Valdés a Felipe III*, La Habana, 3 de enero de 1604, Santo Domingo, 100, r. 2, n.º 18.

495   Recordemos que en 1602, cuando hizo el relato de su viaje hacia Cuba, Pedro de Valdés ya le había contado al Monarca acerca de la traición realizada por este fraile a la Corona, al avisar a unos barcos que se hallaban rescatando en las cercanías de Baracoa de la presencia en la zona del Gobernador y sus acompañantes. Valdés pudo obtener el documento mediante el cual Guzmán dio aviso a los rescatadores y lo sumó a una de sus cartas como prueba de los delitos cometidos por el religioso.

496   AGI: *Carta del Gobernador Pedro de Valdés a Felipe III*, La Habana, 3 de enero de 1604, Santo Domingo, 100, r. 2, n.º 18.

497   Ibídem.

498   AGI: *Carta del Gobernador Pedro de Valdés a Felipe III*, La Habana, 3 de enero de 1604, Santo Domingo, 100, r. 2, n.º 18.

499   Este personaje, quien llegó al Caribe en 1603, se atrevió a secuestrar al año siguiente al Obispo fray Juan de las Cabezas Altamirano. Se trataba, en opinión del investigador Francisco Mota, "… de uno de esos aristócratas transformados en aventureros al soplo de los vientos […]". Había sido contrabandista en Francia, y se le atribuía más de un asalto a pacíficos comerciantes. Llegó al Caribe siendo ya un consumado pirata. Hacia 1604 tripulaba un navío de alto bordo y se auxiliaba de un ligero patache para sus depredaciones de menor cuantía. Ambos barcos se hallaban magníficamente artillados y su tripulación, en su conjunto, se acercaba a los doscientos hombres.

500   Guerra y Sánchez, Ramiro: *Historia Elemental de Cuba*, Edición Cultural S.A., La Habana, 1940, pág. 23.

501   El corsario Richard fue ahorcado por los bayameses en 1586.

502   AGI: *Carta del Gobernador Pedro de Valdés a Felipe III*, La Habana, 3 de enero de 1604, Santo Domingo, 100, r. 2, n.º 18.

503   Ibídem.

504   AGI: *Carta del Gobernador Pedro de Valdés a Felipe III*, La Habana, 3 de enero de 1604, Santo Domingo, 100, r. 2, n.º 18.

505   Ibídem.

506	AGI: *Carta del Gobernador Pedro de Valdés a Felipe III*, La Habana, 3 de enero de 1604, Santo Domingo, 100, r. 2, n.º 18.
507	Ibídem.
508	Este fue el primer hato que se otorgó en el antiguo cacicazgo de Cueibá, zona fértil y rica en abundantes pastos y, por tanto, ideal para la cría de ganado vacuno. A este Hato se le llamó Las Tunas, porque en su radio crecía con abundancia la especie de plantas xerófitas conocidas popularmente por ese nombre.
509	AGI: *Carta del Obispo Cabezas Altamirano a Felipe III*, La Habana, 23 de septiembre de 1603, Santo Domingo, 150.
510	Ibídem.
511	Prelado.
512	Se refiere al ataque perpetuado a Santiago de Cuba por enemigos de la Corona española de origen inglés en el mes de diciembre de 1602.
513	Prelado.
514	AGI: *Carta del Obispo de Cuba Juan de las Cabezas Altamirano a Felipe III*, La Habana, 23 de septiembre de 1603, Santo Domingo, 150.
515	En 1603 aparece el **primer cachimbo en la zona de Cojímar**, la cual llegó a contar en el siglo XIX con unos veinte ingenios.
516	Prelado.
517	AGI: *Carta del Obispo de Cuba Juan de las Cabezas Altamirano a Felipe III*, La Habana, 23 de septiembre de 1603, Santo Domingo, 150.
518	Fragmento del Acta del Cabildo de La Habana del 19 de septiembre de 1603, que aparece en el anexo 18 del tomo I de la monumental obra *Historia de la educación en Cuba,* de Enrique Sosa Rodríguez y Alejandrina Penabab Félix.
519	Ibídem.
520	Institución de franco sentido feudal, surgida por el empeño de perpetuar la fortuna familiar mediante la herencia. Entre los requisitos indispensables para fundar un Mayorazgo, estaban: la prueba de existencia de la fortuna acumulada, el modo de sucesión, los derechos comunes de los propietarios, el destino que debía dársele a las mejoras y al incremento de la fortuna, y la limpieza de sangre, condición forzosa mediante la cual debía ser demostrado que, en todo el árbol genealógico de la familia que pretendía fundar el Mayorazgo, no existían ascendientes moros, judíos o impuros.
521	García del Pino, César: *El corso en Cuba. Siglo XVII*, Editorial de Ciencias Sociales, La Habana, 2001, pág. 25.
522	AGI: *Carta del Gobernador de la Isla Pedro de Valdés a Felipe III*, La Habana, 22 de septiembre de 1603, Santo Domingo, 100, r. 2, n.º 17.

523   Ibídem.
524   Cristóbal.
525   Se refiere a las obras de fortificación de La Habana.
526   Se refiere a Juan González de la Torre y Sanz.
527   AGI: *Carta del Gobernador de la Isla Pedro de Valdés a Felipe III*, La Habana, 22 de septiembre de 1603, Santo Domingo, 100, r. 2, n.º 17.
528   Ibídem.
529   crear.
530   AGI: *Carta del Gobernador de la Isla Pedro de Valdés a Felipe III*, La Habana, 22 de septiembre de 1603, Santo Domingo, 100, r. 2, n.º 17.
531   padecen.
532   Retribución, estipendio, paga.
533   Debe de ser Portobelo.
534   AGI: *Carta del Gobernador de la Isla Pedro de Valdés a Felipe III*, La Habana, 22 de septiembre de 1603, Santo Domingo, 100, r. 2, n.º 17.
535   Se designaba de este modo a los barcos cuya procedencia era la costa dálmata, en especial, a los que venían de Ragusa.
536   Se refiere a una comunicación que contenía la relación de mercaderías que traía la nave, la cual fue enviada a Bayamo para que los interesados en ellas acudieran a comerciar con la embarcación que las había conducido a la Isla.
537   AGI: *Carta del Gobernador de la Isla Pedro de Valdés a Felipe III*, La Habana, 22 de septiembre de 1603, Santo Domingo, 100, r. 2, n.º 17.
538   Ibídem.
539   Se refiere al resultado del Juicio de Residencia seguido contra Antonio Maldonado, quien había sido Teniente del Gobernador Juan Maldonado Barnuevo.
540   AGI: *Carta del Gobernador de la Isla Pedro de Valdés a Felipe III*, La Habana, 22 de septiembre de 1603, Santo Domingo, 100, r. 2, n.º 17.
541   AGI: *Carta del Gobernador Pedro de Valdés a Felipe III*, La Habana, 3 de enero de 1604, Santo Domingo, 100, r. 2, n.º 18. Esta carta fue llevada a España por el Capitán Simón de Valdés, quien había ido a la Península "... a cosas del servicio de Su Majestad y negocios de la ciudad de La Habana, en la Armada a cargo del General Luis de Córdova [...]".
542   AGI: Santo Domingo, 100, r. 2, n.º 17 B y Santo Domingo, 20, Sección Mapas y Planos, año 1603.
543   plano.
544   Ibídem.
545   amurallar.
546   AGI: *Carta del Ingeniero Cristóbal de Roda a Felipe III*, La Habana, 21 de septiembre de 1603, Santo Domingo, 100.

547   Ibídem.
548   Prelado.
549   AGI: *Expediente solicitando traslado de la catedral de Santiago de Cuba a la ciudad de La Habana, 1599 - 1605,* Patronato, 183, r. 23, n.º 1.
550   Se refiere a Santiago de Cuba.
551   AGI: *Expediente solicitando traslado de la catedral de Santiago de Cuba a la ciudad de La Habana, 1599 - 1605,* Patronato, 183, r. 23, n.º 1.
552   Ibídem.
553   Fragmento de Acta del Cabildo de La Habana de 29 de septiembre de 1603, que aparece en el anexo 18 del tomo I de la monumental obra *Historia de la educación en Cuba* de Enrique Sosa Rodríguez y Alejandrina Penabab Félix.
554   No era más que un cirujano descalificado a quien, por necesidad, se le concedió autorización para ejercer por los médicos de la Armada, quienes también ayudaron a los galenos locales a combatir la epidemia.
555   Debe de ser "calibre".
556   nace.
557   Se refiere a las minas de cobre de Santiago del Prado.
558   Debe de ser "acarreos".
559   AGI: *Carta del Gobernador Pedro de Valdés a Felipe III*, La Habana, 3 de enero de 1604, Santo Domingo, 100, r. 2, n.º 18.
560   Ibídem.
561   Prelado.
562   AGI: *Carta del Obispo de Cuba Juan de las Cabezas Altamirano a Felipe III*, La Habana, 3 de diciembre de 1603, Santo Domingo, 150.
563   ANC: Academia de la Historia, leg. 85, n.º 320.
564   AGI: *Carta del Obispo de Cuba Juan de las Cabezas Altamirano a Felipe III*, La Habana, 3 de diciembre de 1603, Santo Domingo, 150.
565   Ibídem.
566   Se refiere a La Habana.
567   AGI: *Carta del Obispo de Cuba Juan de las Cabezas Altamirano a Felipe III*, La Habana, 3 de diciembre de 1603, Santo Domingo, 150.
568   Llegó incluso a fabricar con sus ahorros en la calle habanera de los Oficios una casa a la que llamó Palacio del Obispo.
569   AGI: *Informe de Simón Valdés a Felipe III*, Santo Domingo, 129, r. 6.
570   AGI: *Carta del Gobernador Pedro de Valdés a Felipe III*, La Habana, 3 de enero de 1604, Santo Domingo, 100, r. 2, n.º 18.
571   Ibídem.
572   AGI: *Carta del Gobernador Pedro de Valdés a Felipe III*, La Habana, 3 de enero de 1604, Santo Domingo, 100, r. 2, n.º 18.

573   Ibídem.
574   AGI: *Carta del Gobernador Pedro de Valdés a Felipe III*, La Habana, 3 de enero de 1604, Santo Domingo, 100, r. 2, n.º 18.
575   Ibídem.
576   AGI: *Carta del Gobernador Pedro de Valdés a Felipe III*, La Habana, 3 de enero de 1604, Santo Domingo, 100, r. 2, n.º 18.
577   Ibídem.
578   AGI: *Carta del Gobernador Pedro de Valdés a Felipe III*, La Habana, 3 de enero de 1604, Santo Domingo, 100, r. 2, n.º 18.
579   Se refiere a la Carrera de Indias.
580   AGI: *Carta del Gobernador Pedro de Valdés a Felipe III*, La Habana, 3 de enero de 1604, Santo Domingo, 100, r. 2, n.º 18.
581   Ibídem.
582   Cristóbal.
583   Ibídem.
584   Se refiere a Felipe II.
585   AGI: *Carta del Gobernador Pedro de Valdés a Felipe III*, La Habana, 3 de enero de 1604, Santo Domingo, 100, r. 2, n.º 18.
586   Ibídem.
587   AGI: *Carta del Gobernador Pedro de Valdés a Felipe III*, La Habana, 3 de enero de 1604, Santo Domingo, 100, r. 2, n.º 18.
588   Ibídem.
589   AGI: *Carta del Gobernador Pedro de Valdés a Felipe III*, La Habana, 3 de enero de 1604, Santo Domingo, 100, r. 2, n.º 18.
590   Ibídem.
591   AGI: *Carta del Gobernador Pedro de Valdés a Felipe III*, La Habana, 3 de enero de 1604, Santo Domingo, 100, r. 2, n.º 18.
592   Ibídem.
593   cantidad.
594   AGI: *Carta del Gobernador Pedro de Valdés a Felipe III*, La Habana, 3 de enero de 1604, Santo Domingo, 100, r. 2, n.º 18.
595   Santa.
596   AGI: *Carta del Gobernador Pedro de Valdés a Felipe III*, La Habana, 3 de enero de 1604, Santo Domingo, 100, r. 2, n.º 18.
597   Ibídem.
598   Debe de ser Manzanillo.
599   cantidad.
600   Puerto Príncipe.
601   AGI: *Carta del Gobernador Pedro de Valdés a Felipe III*, La Habana, 3 de enero de 1604, Santo Domingo, 100, r. 2, n.º 18.
602   Ibídem.

603   saber.
604   AGI: *Carta del Gobernador Pedro de Valdés a Felipe III*, La Habana, 3 de enero de 1604, Santo Domingo, 100, r. 2, n.º 18.
605   obviar.
606   Maisí.
607   Antonio.
608   Debe de ser Manzanillo.
609   Por lo que se desprende de esta información, en Manzanillo tenía lugar una verdadera feria, similar a la que se efectuaba por esos mismos días, a la llegada de los buques contrabandistas, en Guanaibes (el actual Gonaïves), en la República de Haití; aunque la de Manzanillo debe de haber sido más importante, por absorber los productos de un territorio mucho mayor y por operar los mercaderes extranjeros permanentemente con una base en tierra. Los comerciantes foráneos habían montado allí una artillería, para lo cual construyeron, posiblemente, un reducto o una batería. Durante la celebración de estas ferias, los pobladores de la zona traían cueros, sebo, azúcar y otros productos muy codiciados por los contrabandistas; y estos, a cambio, les daban negros esclavos, paños finos y de todo tipo, muchas lencerías y mercaderías, jabón, cera, azogue y todo cuanto pudieran necesitar los moradores de la región para su vida cotidiana. Los organizadores de la feria habían puesto en ese lugar tiendas de comercio y juego de bolos, e incluso muchos hombres y mujeres del pueblo iban a este lugar a curarse con el doctor que consultaba en este sitio.
610   AGI: *Carta del Gobernador Pedro de Valdés a Felipe III*, La Habana, 3 de enero de 1604, Santo Domingo, 100, r. 2, n.º 18.
611   Ibídem.
612   sectas.
613   AGI: *Carta del Gobernador Pedro de Valdés a Felipe III*, La Habana, 3 de enero de 1604, Santo Domingo, 100, r. 2, n.º 18.
614   Se refiere al Juicio de Residencia.
615   AGI: *Carta del Gobernador Pedro de Valdés a Felipe III*, La Habana, 3 de enero de 1604, Santo Domingo, 100, r. 2, n.º 18.
616   Ibídem.
617   Luego del fracaso de las acciones emprendidas por Suárez de Poago en Bayamo para combatir el contrabando y de "... fatigosas controversias –afirman Eduardo Torres Cuevas y Edelberto Leiva Lajara– en las que se hacía evidente que el gobernador no contaba con fuerzas suficientes para hacer entrar en razones a los bayameses, se decidió que el obispo ensayara métodos persuasivos con los rebeldes súbditos de su Majestad [...]".
618   1603.

619   AGI: *Carta del Gobernador Pedro de Valdés a Felipe III*, La Habana, 3 de enero de 1604, Santo Domingo, 100, r. 2, n.º 18.
620   Torres Cuevas, Eduardo y Edelberto Leiva Lajara: *Historia de la Iglesia católica en Cuba. La Iglesia en las patrias de los criollos (1516 - 1789)*, Ediciones Boloña y Editorial de Ciencias Sociales, La Habana, 2008, pág. 158.
621   Se refiere a la villa de San Juan de los Remedios.
622   AGI: *Carta del Gobernador Pedro de Valdés a Felipe III*, La Habana, 3 de enero de 1604, Santo Domingo, 100, r. 2, n.º 18.
623   San Antonio.
624   Ibídem.
625   AGI: *Carta del Gobernador Pedro de Valdés a Felipe III*, La Habana, 3 de enero de 1604, Santo Domingo, 100, r. 2, n.º 18.
626   traiga.
627   AGI: *Carta del Gobernador Pedro de Valdés a Felipe III*, La Habana, 3 de enero de 1604, Santo Domingo, 100, r. 2, n.º 18.
628   Se refiere a la Fuerza Vieja.
629   AGI: *Carta del Gobernador Pedro de Valdés a Felipe III*, La Habana, 3 de enero de 1604, Santo Domingo, 100, r. 2, n.º 18.
630   Se refiere a la Fuerza Vieja.
631   AGI: *Carta del Gobernador Pedro de Valdés a Felipe III*, La Habana, 3 de enero de 1604, Santo Domingo, 100, r. 2, n.º 18.
632   parecer.
633   Era también aparejador del Castillo del Morro.
634   Su nombre correcto era Juan González de la Torre de Febles y Sanz. Era natural de la provincia española de Burgos. En 1604 presentó ante el Cabildo de La Habana su ejecutoría de hidalguía, ganada en juicio contradictorio. Los regidores de esa ciudad acordaron simplemente archivarla al considerar que en ella no existían diferencias entre hidalgos y pecheros, ya que en la Isla no se pagaban pechos (tributo medieval de pago obligatorio para los no hidalgos). "… Este acuerdo, desconocido para la historia tradicional – como bien ha afirmado el notable historiador cubano Manuel Moreno Fraginals– es quizás el síntoma más revelador del resquebrajamiento institucional español en Cuba […]".
635   recibo.
636   suceda.
637   AGI: *Carta del Gobernador Pedro de Valdés a Felipe III*, La Habana, 3 de enero de 1604, Santo Domingo, 100, r. 2, n.º 18.
638   En el mes de Julio de 1555, el corsario Jacques de Sores desembarcó con doscientos secuaces por las inmediaciones de la Caleta

de San Lázaro y atacó por tierra La Habana, dejando tras de sí una estela de horror, destrucción y muerte. Como los ataques de este y otros piratas se sucedieron con igual estrategia, una década después el Cabildo habanero dictó un bando que prohibía en el lugar todo tipo de asentamiento, pastoreo y construcción de caminos o veredas. Fue así como esta franja costera y una elevación aledaña se convirtieron en un sitio vedado. De ahí proviene el nombre del barrio habanero conocido como El Vedado.

639   reductillo.

640   queriéndose.

641   AGI: *Carta del Gobernador Pedro de Valdés a Felipe III*, La Habana, 3 de enero de 1604, Santo Domingo, 100, r. 2, n.º 18.

642   Se refiere a los 147 esclavos que habían llegado a Cuba en el mes de noviembre de 1603, enviados por la persona que disfrutaba del favor real del arriendo de los negros esclavos en Cartagena de indias, con el propósito de reforzar las obras defensivas que se realizaban en La Habana.

643   parecer.

644   AGI: *Carta del Gobernador Pedro de Valdés a Felipe III*, La Habana, 3 de enero de 1604, Santo Domingo, 100, r. 2, n.º 18.

645   Ibídem.

646   efectivos.

647   AGI: *Carta del Gobernador Pedro de Valdés a Felipe III*, La Habana, 3 de enero de 1604, Santo Domingo, 100, r. 2, n.º 18.

648   parece.

649   necesario.

650   AGI: *Carta del Gobernador Pedro de Valdés a Felipe III*, La Habana, 3 de enero de 1604, Santo Domingo, 100, r. 2, n.º 18.

651   necesarias.

652   crear.

653   AGI: *Carta del Gobernador Pedro de Valdés a Felipe III*, La Habana, 3 de enero de 1604, Santo Domingo, 100, r. 2, n.º 18.

654   Ibídem.

655   AGI: *Carta del Gobernador Pedro de Valdés a Felipe III*, La Habana, 3 de enero de 1604, Santo Domingo, 100, r. 2, n.º 18.

656   misma.

657   Guatemala.

658   duda.

659   AGI: *Carta del Gobernador Pedro de Valdés a Felipe III*, La Habana, 3 de enero de 1604, Santo Domingo, 100, r. 2, n.º 18.

660   necesario.

661 distribuye.
662 disposición.
663 AGI: *Carta del Gobernador Pedro de Valdés a Felipe III*, La Habana, 3 de enero de 1604, Santo Domingo, 100, r. 2, n.º 18.
664 ofrecen.
665 parece.
666 satisfacción.
667 AGI: *Carta del Gobernador Pedro de Valdés a Felipe III*, La Habana, 3 de enero de 1604, Santo Domingo, 100, r. 2, n.º 18.
668 Ibídem.
669 Se refiere a la orden de que los navíos que entraban o salían del puerto de La Habana dispararan sus cañones a la vista del castillo del Morro.
670 respeto.
671 AGI: *Carta del Gobernador Pedro de Valdés a Felipe III*, La Habana, 3 de enero de 1604, Santo Domingo, 100, r. 2, n.º 18.
672 Antonio.
673 corsarios.
674 respecto.
675 acerca.
676 disposición.
677 misma.
678 empresa.
679 obviar.
680 AGI: *Carta del Gobernador Pedro de Valdés a Felipe III*, La Habana, 3 de enero de 1604, Santo Domingo, 100, r. 2, n.º 18.
681 perecido.
682 AGI: *Carta de Pedro de Valdés a Felipe III fechada en La Habana el 6 de enero de 1604*, Santo Domingo, 100, r. 2, n.º 19.
683 Se refiere a la Fuerza Vieja.
684 satisfacción.
685 recibiré.
686 AGI: *Carta de Pedro de Valdés a Felipe III fechada en La Habana el 6 de enero de 1604*, Santo Domingo, 100, r. 2, n.º 19.
687 La guarnición de la plaza de La Habana estaba conformada, en 1604, por 460 miembros de la infantería y por 30 artilleros.
688 Wright, Irene A.: *Historia documentada de San Cristóbal de La Habana en la primera mitad del siglo XVII*, La Habana, Imprenta El siglo XX, 1930, pág. 26.
689 Fue reconstruida y convertida en auxiliar de la Parroquial Mayor, en 1693, por el obispo Diego Evelino de Compostela, quien la elevó a parroquia en 1703.

690   Su nombre y su función pasaron años más tarde a la Ermita predecesora de la iglesia de San Francisco de Paula.
691   Estas se habían incrementado de manera notable. Prueba de ello es el auge económico que alcanza este año un hato nombrado Baytiquiri, cuyo dueño se llamaba Manuel Francisco.
692   Pérez de la Riva, Juan: *El barracón y otros ensayos*, Editorial de Ciencias Sociales, La Habana, 1975, pág. 307.
693   El nombramiento traía aparejada la orden de que bajo ningún concepto Mariana podía salir de la Ciudad.
694   La denominación de San Luis de los Caneyes, con la que también se conoció, emergió a partir de 1618, cuando se dictan las normas de organización de los pueblos de indios; estos tendrían, a partir de entonces, un alcalde elegido entre los vecinos y de uno a cuatro regidores, según el número de habitantes. La custodia del territorio oriental marcó el rumbo de parte de los originarios caneyenses, cuya labor condujo a la creación de la Compañía de Indios Naturales de la ciudad de Santiago de Cuba.
695   Reyes Cardero, Juan Manuel: *Santiago colonial: arqueología e historia*, Ediciones Santiago, Santiago de Cuba, 2008, pág. 17.
696   Ejercicio de destreza que databa de la Edad Media, en el que un hombre a caballo, a galope, ensartaba con una vara o punta de lanza una sortija o varias sortijas que pendían de una cinta a cierta altura.
697   Citado por Almodóvar Muñoz, Carmen: *Antología crítica de la historiografía cubana (período neocolonial)*.
698   AGI: *Carta del Gobernador de la Isla Pedro de Valdés a Felipe III*, La Habana, 22 de septiembre de 1603, Santo Domingo, 100, r. 2, n.º 17.
699   Ibídem.
700   Sorprende que en solo cinco meses –el 23 de septiembre de 1603 aún estaba en La Habana– el Obispo recorriera la distancia existente entre la capital y Bayamo, y que, a su vez, realizara una visita pastoral.
701   Torres Cuevas, Eduardo y Edelberto Leiva Lajara: *Historia de la Iglesia católica en Cuba. La Iglesia en las patrias de los criollos (1516 - 1789)*, Ediciones Boloña y Editorial de Ciencias Sociales, La Habana, 2008, pág. 158.
702   Carta del obispo Cabezas Altamirano fechada el 2 de julio de 1604. Documento citado por Eduardo Torres Cuevas y Edelberto Leiva Lajara en su libro Historia *de la Iglesia católica en Cuba. La Iglesia en las patrias de los criollos (1516 - 1789)*.
703   García del Pino, César: *El corso en Cuba. Siglo XVII*, Editorial de Ciencias Sociales, La Habana, 2001, pág. 25.

704   absolvieran.
705   rescatantes.
706   Carta del obispo Cabezas Altamirano fechada el 2 de julio de 1604. Documento citado por Eduardo Torres Cuevas y Edelberto Leiva Lajara en su libro Historia *de la Iglesia católica en Cuba. La Iglesia en las patrias de los criollos (1516 - 1789)*.
707   Fundamentalmente franceses.
708   García del Pino, César: *El corso en Cuba. Siglo XVII*, Editorial de Ciencias Sociales, La Habana, 2001, págs. 25 y 26.
709   Carta del obispo Cabezas Altamirano fechada el 2 de julio de 1604. Documento citado por Eduardo Torres Cuevas y Edelberto Leiva Lajara en su libro Historia *de la Iglesia católica en Cuba. La Iglesia en las patrias de los criollos (1516 - 1789)*.
710   García del Pino, César: *El corso en Cuba. Siglo XVII*, Editorial de Ciencias Sociales, La Habana, 2001, pág. 26.
711   Torres Cuevas, Eduardo y Edelberto Leiva Lajara: *Historia de la Iglesia católica en Cuba. La Iglesia en las patrias de los criollos (1516 - 1789)*, Ediciones Boloña y Editorial de Ciencias Sociales, La Habana, 2008, pág. 159.
712   García del Pino, César: *El corso en Cuba. Siglo XVII*, Editorial de Ciencias Sociales, La Habana, 2001, pág. 26.
713   Citado por Don Fernando Ortiz en su libro *Historia de una pelea cubana contra los demonios*.
714   Torres Cuevas, Eduardo y Edelberto Leiva Lajara: *Historia de la Iglesia católica en Cuba. La Iglesia en las patrias de los criollos (1516 - 1789)*, Ediciones Boloña y Editorial de Ciencias Sociales, La Habana, 2008, pág. 160.
715   García del Pino, César: *El corso en Cuba. Siglo XVII*, Editorial de Ciencias Sociales, La Habana, 2001, pág. 26.
716   maniató.
717   Citado por Don Fernando Ortiz en su libro *Historia de una pelea cubana contra los demonios*.
718   rescatasen.
719   Carta de Gregorio Ramos, Alcalde de Bayamo, a Felipe III del 5 de julio de 1604. Documento citado por Eduardo Torres Cuevas y Edelberto Leiva Lajara en su libro Historia *de la Iglesia católica en Cuba. La Iglesia en las patrias de los criollos (1516 - 1789)*.
720   Morell de Santa Cruz, Pedro Agustín: *Historia de la Isla y Catedral de Cuba*, La Habana, Imprenta Cuba Intelectual, 1928, pág. 140.
721   Pezuela, Jacobo de la: Diccionario *geográfico, estadístico, histórico de la isla de Cuba*, Madrid, Imprenta del Establecimiento de Mellado, 1863 - 1866, tomo I, pág. 236.

722   Torres Cuevas, Eduardo y Edelberto Leiva Lajara: Historia *de la Iglesia católica en Cuba. La Iglesia en las patrias de los criollos (1516 - 1789)*, Ediciones Boloña y Editorial de Ciencias Sociales, La Habana, 2008, pág. 160.
723   Torres Cuevas, Eduardo y Edelberto Leiva Lajara: Ob. Cit., pág. 161.
724   Este hecho ocurrió en 1586.
725   Este suceso tuvo lugar en 1603.
726   Torres Cuevas, Eduardo y Edelberto Leiva Lajara: *Historia de la Iglesia católica en Cuba. La Iglesia en las patrias de los criollos (1516 - 1789)*, Ediciones Boloña y Editorial de Ciencias Sociales, La Habana, 2008, pág. 161.
727   Carta del obispo Cabezas Altamirano a fechada el 2 de julio de 1604. Documento citado por Eduardo Torres Cuevas y Edelberto Leiva Lajara en su libro Historia *de la Iglesia católica en Cuba. La Iglesia en las patrias de los criollos (1516 - 1789)*.
728   Ibídem.
729   Torres Cuevas, Eduardo y Edelberto Leiva Lajara: *Historia de la Iglesia católica en Cuba. La Iglesia en las patrias de los criollos (1516 - 1789)*, Ediciones Boloña y Editorial de Ciencias Sociales, La Habana, 2008, pág. 159.
730   rescates.
731   Carta del Obispo Cabezas Altamirano a Felipe III del 2 de julio de 1604. Documento citado por Eduardo Torres Cuevas y Edelberto Leiva Lajara en su libro Historia *de la Iglesia católica en Cuba. La Iglesia en las patrias de los criollos (1516 - 1789)*.
732   Documento citado por Francisco Mota en su libro *Piratas y Corsarios en las costas de Cuba*.
733   Ibídem.
734   Existe una versión documental de los hechos suscrita por fray Juan de las Cabezas Altamirano. Este afirma que Gilberto Girón le contestó que la causa de su secuestro era que: "... un mozo natural de esta Villa había ido a resgatar en mi nombre cincuenta y dos cueros y que estando jugando a los bolos en la playa había hecho q. [que] iba tras la bole y se le había huido con la ropa por el monte, y que un religioso cuyo nombre no pongo aquí porque ya su Prelado ha tomado el cargo del castigo se burlaba del habiéndole llevado mucha ropa de resgate y que le debían otras personas hasta seiscientos cueros y que esperando esta paga por no tener de comer como irritados y necesitados habían hecho lo q. hicieron [...]". ¿Habrá urdido el Obispo esta trama para limpiar ante las autoridades de la Isla, el rey y sus superiores ecle-

siásticos la fama de rescatador que se había ganado en poco tiempo? Eso quizás nunca lo sabremos; pero a veces, al leer los documentos de la época, nos parece que el Obispo propició el secuestro, aunque –de seguro– nunca pasaron por su mente las humillaciones y vejaciones a las que fue sometido. No obstante, logró por esta vía convertirse en un mártir de la iglesia en Cuba así como librarse de las acusaciones referidas al contrabando que pesaban sobre él y sobre algunos de sus más cercanos colaboradores.

735 Documento citado por Francisco Mota en su libro *Piratas y Corsarios en las costas de Cuba.*

736 Debido a la escasez de moneda, el cuero y la torta de cazabe se convirtieron en medios circulantes y fueron medida general de valor en las transacciones comerciales.

737 Según el obispo Cabezas Altamirano, este Capitán era católico, aunque había contraído matrimonio en Inglaterra.

738 Documento citado por Francisco Mota en su libro *Piratas y Corsarios en las costas de Cuba.*

739 Ibídem.

740 Documento citado por Francisco Mota en su libro *Piratas y Corsarios en las costas de Cuba.*

741 Ibídem.

742 Silvestre de Balboa, en su poema *Espejo de Paciencia*, escrito cuatro años más tarde en 1608, pone también en boca de los que fueron a rescatar al Obispo el grito de guerra "¡Santiago, cierra España!", heredado de las luchas contra los moros, y cuyo significado, al plasmarse en este poema épico, vale para poner en evidencia la identificación de intereses, en aquellos primeros siglos, entre la Corona y su Imperio Ultramarino.

743 AGI: Santo Domingo, 152.

744 Torres Cuevas, Eduardo y Edelberto Leiva Lajara: Historia *de la Iglesia católica en Cuba. La Iglesia en las patrias de los criollos (1516 - 1789)*, Ediciones Boloña y Editorial de Ciencias Sociales, La Habana, 2008, pág. 164.

745 rescate.

746 refriega.

747 Carta del Obispo Cabezas Altamirano a Felipe III del 2 de julio de 1604. Documento citado por Eduardo Torres Cuevas y Edelberto Leiva Lajara en su libro Historia *de la Iglesia católica en Cuba. La Iglesia en las patrias de los criollos (1516 - 1789).*

748 Esta obra "… ha resistido –afirman Eduardo Torres Cuevas y Edelberto Leiva Lajara en su *Historia de la Iglesia Católica en Cuba*– la

prueba del tiempo y de la crítica. Su autenticidad está ya fuera de toda duda, y en este sentido se proyectaron Felipe Pichardo Moya, José María Chacón y Calvo, y Max Henríquez Ureña. El poema estuvo durante más de un siglo y medio en los archivos de la iglesia catedral de Santiago de Cuba, de donde lo rescató Morell de Santa Cruz y lo incluyó, íntegro, en su *Historia de la Isla y Catedral de Cuba*, obra que permaneció inédita y descansó durante más de ochenta años hasta que una copia fue encontrada en la biblioteca de la Sociedad Económica de Amigos del País. Un erudito de la época, José Antonio Echeverría, efectuó una labor de rescate del libro de Morell y, en especial, del poema de Silvestre de Balboa. Es esta versión la que ha llegado a nosotros. (…) Lo que importa precisar aquí es que el móvil de Silvestre de Balboa al escribir esta obra, es el mismo que el del obispo y el del alcalde al redactar sus informes: presentar los hechos bajo el prisma de defensores del rey y la fe y ocultar la verdadera causa, el contrabando. De esta forma, el Espejo de Paciencia sirvió como complemento estético de la jornada *heroica* […]".

749   Aunque durante algún tiempo se polemizó, en la Isla y fuera de ella, acerca de si Silvestre de Balboa y Troya fue o no un personaje real, las investigaciones realizadas en el pasado siglo por el gran hispanista cubano José María Chacón y Calvo en el Archivo General de Indias demostraron que existió realmente, que había nacido en Islas Canarias y que había llegado a la Isla con anterioridad a 1595. Otros documentos revelaron que, antes de residir en Puerto Príncipe, se radicó en Bayamo y que era un buen conocedor de la zona, como se observa también en el poema, en el que describe detalles geográficos que solo pueden ser resultado de un conocimiento personal del escenario en donde se desarrollaron los hechos.

750   Torres Cuevas, Eduardo y Edelberto Leiva Lajara: Historia *de la Iglesia católica en Cuba. La Iglesia en las patrias de los criollos (1516 - 1789)*, Ediciones Boloña y Editorial de Ciencias Sociales, La Habana, 2008, pág. 164.

751   AGI: Patronato, 293, r. 3, n.º 26.

752   AHNM: Lib. 352, r. 1, ff. 297r - 298v.

753   Usualmente el casamiento era requisito para aquellos que servían en funciones de apoyo a los comisarios de la Santa Inquisición.

754   Citado por Don Fernando Ortiz en su libro *Historia de una pelea cubana contra los demonios*.

755   Especie de monstruo, medio sierpe medio mujer, que precede a la procesión del Corpus Cristi.

756   soltó.

757   Carta citada por César García del Pino en su libro *El corso en Cuba. Siglo XVII.*
758   Torres Cuevas, Eduardo y Edelberto Leiva Lajara: *Historia de la Iglesia católica en Cuba. La Iglesia en las patrias de los criollos (1516 - 1789)*, Ediciones Boloña y Editorial de Ciencias Sociales, La Habana, 2008, págs. 159 y 160.
759   AGI: Audiencia de Santo Domingo, leg. 116, r. 4, n.º 139.
760   acerca.
761   Documento citado por Carmen Almodóvar Muñoz en su *Antología crítica de la historiografía cubana (período neocolonial).*
762   AGI: *Carta de Pedro de Valdés a Felipe III fechada en La Habana el12 de julio de 1604*, Santo Domingo, 100, r. 2, n.º 20.
763   duelas.
764   AGI: *Carta de Pedro de Valdés a Felipe III fechada en La Habana el12 de julio de 1604*, Santo Domingo, 100, r. 2, n.º 20.
765   Ibídem.
766   AGI: *Carta de Pedro de Valdés a Felipe III fechada en La Habana el 12 de julio de 1604*, Santo Domingo, 100, r. 2, n.º 20.
767   envió.
768   enviaba.
769   enviase.
770   seguían.
771   inconvenientes.
772   significamos.
773   AGI: *Carta de Marcos de Valera Arceo y Francisco Redondo de Villegas a Felipe III,* La Habana, 20 de septiembre de 1604, Santo Domingo, 119.
774   AGI: Patronato, 293, n.º 26, r. 72.
775   Este hecho ocurrió el 5 de enero de 1604.
776   corsario. Resulta curioso anotar que en los documentos de la época se le llama "corsario", a pesar de que España y Francia estaban por entonces en paz.
777   Según el prestigioso investigador cubano César García del Pino, podría ser el llamado corsario, natural del Havre, nombrado Corriel o Corleal. Traía consigo como Capitán de guerra a un portugués nombrado Mota, quien se había casado en Puerto del Príncipe y era muy práctico en las costas de Cuba.
778   Se refiere al puerto de La Habana.
779   AGI: *Carta del Gobernador Pedro de Valdés a Felipe III*, La Habana, 25 de septiembre de 1604, Santo Domingo, 100, r. 2, n.º 23.
780   AGI: Santo Domingo, 100, r. 3, n.º 84B.

781 Estaba fechada en Valladolid el 15 de julio de 1603.
782 AGI: Santo Domingo, 100, r. 3, n.º 84B.
783 Ibídem.
784 AGI: *Carta del Gobernador Pedro de Valdés a Felipe III*, La Habana, 25 de septiembre de 1604, Santo Domingo, 100, r. 2, n.º 23.
785 intención.
786 AGI: *Carta del Gobernador Pedro de Valdés a Felipe III*, La Habana, 25 de septiembre de 1604, Santo Domingo, 100, r. 2, n.º 23.
787 Ibídem.
788 De manera fiada.
789 trataban.
790 AGI: *Carta del Gobernador Pedro de Valdés a Felipe III*, La Habana, 25 de septiembre de 1604, Santo Domingo, 100, r. 2, n.º 23.
791 perfección.
792 enviaría.
793 enviase.
794 inconvenientes.
795 encabalgamientos.
796 enviarse.
797 AGI: *Carta de Marcos de Valera Arceo y Francisco Redondo de Villegas a Felipe III*, La Habana, 20 de septiembre de 1604, Santo Domingo, 119.
798 encabalgamientos.
799 AGI: *Carta de Marcos de Valera Arceo y Francisco Redondo de Villegas a Felipe III*, La Habana, 20 de septiembre de 1604, Santo Domingo, 119.
800 parecido.
801 expiración.
802 exceda.
803 merecido.
804 Coincidía con esta apreciación el Obispo Cabezas Altamirano, quien calificaba a la Isla –según Silvestre de Balboa Troya y Quesada en su obra *Espejo de Paciencia*– como "… la garganta de las Indias […]".
805 aflicción.
806 demostraciones.
807 merece.
808 fruto.
809 AGI: *Carta del Gobernador Pedro de Valdés a Felipe III*, La Habana, 25 de septiembre de 1604, Santo Domingo, 100, r. 2, n.º 23.
810 AGI: Santo Domingo, 21.

811 necesidad.
812 AGI: *Carta del Gobernador Pedro de Valdés a Felipe III*, La Habana, 25 de septiembre de 1604, Santo Domingo, 100, r. 2, n.º 23.
813 crece.
814 debía.
815 recibirse.
816 AGI: *Carta del Gobernador Pedro de Valdés a Felipe III*, La Habana, 25 de septiembre de 1604, Santo Domingo, 100, r. 2, n.º 23.
817 parecido.
818 escrito.
819 AGI: *Carta del Gobernador Pedro de Valdés a Felipe III*, La Habana, 25 de septiembre de 1604, Santo Domingo, 100, r. 2, n.º 23.
820 excepto.
821 parecido.
822 inconveniente.
823 Se refiere a 1594.
824 AGI: *Carta del Gobernador Pedro de Valdés a Felipe III*, La Habana, 25 de septiembre de 1604, Santo Domingo, 100, r. 2, n.º 23.
825 Se refiere al plano realizado por Cristóbal de Roda que acompaña esta misiva.
826 ofrecerse.
827 parecer.
828 AGI: *Carta del Gobernador Pedro de Valdés a Felipe III*, La Habana, 25 de septiembre de 1604, Santo Domingo, 100, r. 2, n.º 23.
829 Ibídem.
830 AGI: *Carta del Gobernador Pedro de Valdés a Felipe III*, La Habana, 25 de septiembre de 1604, Santo Domingo, 100, r. 2, n.º 23.
831 Se refiere a las obras de fortificación que se ejecutaban en La Habana.
832 Ibídem.
833 Pérez de la Riva, Juan: *El barracón y otros ensayos*, Editorial de Ciencias Sociales, La Habana, 1975, pág. 304.
834 parecido.
835 AGI: *Carta del Gobernador Pedro de Valdés a Felipe III*, La Habana, 25 de septiembre de 1604, Santo Domingo, 100, r. 2, n.º 23.
836 Se refiere a las Islas Canarias.
837 aparecieron.
838 acudió.
839 AGI: *Carta del Gobernador Pedro de Valdés a Felipe III*, La Habana, 24 de noviembre de 1604, Santo Domingo, 100, r. 2, n.º 22.

840   Ibídem.
841   cueros, pellejos.
842   escribiese.
843   AGI: *Carta del Gobernador Pedro de Valdés a Felipe III*, La Habana, 24 de noviembre de 1604, Santo Domingo, 100, r. 2, n.º 22.
844   devolverlos.
845   mismo.
846   AGI: *Carta del Gobernador Pedro de Valdés a Felipe III*, La Habana, 24 de noviembre de 1604, Santo Domingo, 100, r. 2, n.º 22.
847   AGI: Santo Domingo, 868, l. 3, f. 184r.
848   AGI: *Carta del Gobernador Pedro de Valdés a Felipe III*, La Habana, 24 de noviembre de 1604, Santo Domingo, 100, r. 2, n.º 22.
849   pareciere.
850   AGI: *Carta del Gobernador Pedro de Valdés a Felipe III*, La Habana, 24 de noviembre de 1604, Santo Domingo, 100, r. 2, n.º 22.
851   privilegios.
852   AGI: *Carta del Gobernador Pedro de Valdés a Felipe III*, La Habana, 24 de noviembre de 1604, Santo Domingo, 100, r. 2, n.º 22.
853   padece.
854   AGI: *Carta del Gobernador Pedro de Valdés a Felipe III*, La Habana, 24 de noviembre de 1604, Santo Domingo, 100, r. 2, n.º 22.
855   Ibídem.
856   AGI: *Carta del Gobernador Pedro de Valdés a Felipe III*, La Habana, 24 de noviembre de 1604, Santo Domingo, 100, r. 2, n.º 22.
857   Obras constructivas.
858   Ibídem.
859   nacido.
860   AGI: *Carta del Gobernador Pedro de Valdés a Felipe III*, La Habana, 24 de noviembre de 1604, Santo Domingo, 100, r. 2, n.º 22.
861   mereciere.
862   satisfacción.
863   AGI: *Carta del Gobernador Pedro de Valdés a Felipe III*, La Habana, 24 de noviembre de 1604, Santo Domingo, 100, r. 2, n.º 22.
864   Se refiere a Santo Domingo.
865   AGI: *Carta de Pedro de Valdés, Gobernador de la Isla al monarca Felipe III*, La Habana, 13 de diciembre de 1605, Santo Domingo, 100, r. 2, n.º 34 A.
866   ANC: Protocolos, Escribanía de Regueira, tomo de 1604, f. 301v.
867   enviar.
868   hubiera.

869   enviado.
870   envía.
871   enviarlo.
872   inconvenientes.
873   perfección.
874   AGI: Carta de Gaspar de Luquina, a nombre de los oficiales reales de La Habana, a Felipe III, s/l, 1604, Santo Domingo, 119.
875   efecto.
876   enviasen.
877   hubiese.
878   AGI: Carta de Gaspar de Luquina, a nombre de los oficiales reales de La Habana, a Felipe III, s/l, 1604, Santo Domingo, 119.
879   Ibídem.
880   haberlo.
881   AGI: Carta de Gaspar de Luquina, a nombre de los oficiales reales de La Habana, a Felipe III, s/l, 1604, Santo Domingo, 119.
882   Parroquial.
883   AGI: Carta de Gaspar de Luquina, a nombre de los oficiales reales de La Habana, a Felipe III, s/l, 1604, Santo Domingo, 119.
884   posible.
885   seguro.
886   AGI: *Expediente solicitando traslado de la catedral de Santiago de Cuba a la ciudad de La Habana, 1599 - 1605,* Patronato, 183, n.º 1, r. 23.
887   AGI: Santo Domingo, 100, r. 2, n.º 11C.
888   AGI: Santo Domingo, 869, l. 5.
889   Los argumentos del Obispo para desalojar a los hermanos de San Juan de Dios del Hospital no parece que fueran tomados en consideración por la Corona, pues en 1610 se ordenó que se le devolviera el edificio a la Orden y se desalojó a los flamantes seminaristas por los soldados de Gaspar Ruiz de Pereda, quien gobernaba por entonces la Isla. Al perder el plantel su local desaparece, por varias décadas, la existencia de un Seminario para la formación del clero secular. Este es el motivo por el cual las figuras más ilustres de la Isla en el siglo XVII se formaron en el Virreinato de Nueva España o en la península ibérica.
890   Sosa Rodríguez, Enrique y Alejandrina Penabab Félix: *Historia de la educación en Cuba*, Editorial Pueblo y Educación y Ediciones Boloña, Ciudad de La Habana, 2001, tomo I, págs. 75 y 76.
891   Torres Cuevas, Eduardo y Edelberto Leiva Lajara: *Historia de la Iglesia católica en Cuba. La Iglesia en las patrias de los criollos (1516 - 1789)*,

Ediciones Boloña y Editorial de Ciencias Sociales, La Habana, 2008, pág. 165.
892   AGI: Santo Domingo, 869, l. 5, f. 17r.
893   Otorgado por Real Cédula de 2 de junio de 1596.
894   AGI: Santo Domingo, 129, r. 5.
895   AGI: Contratación, 5290, n.º 92.
896   AGI: Santo Domingo, 869, l. 5, ff. 14r - 14v.
897   Se le había otorgado comisión para venta de cargos en Cuba por Real Cédula de 15 de febrero de 1595.
898   Se refiere al cargo de Regidor y no a un regimiento militar.
899   AGI: *Carta a Felipe III del Gobernador de la Isla Pedro de Valdés*, La Habana, 8 de diciembre de 1605, Santo Domingo, 100, r. 2, n.º 26.
900   AGI: Santo Domingo, 869, l. 5, f. 15r.
901   AGI: Santo Domingo, 869, l. 5, ff. 15r - 15v.
902   : *Carta de Pedro de Valdés, Gobernador de la Isla al monarca Felipe III*, La Habana, 8 de diciembre de 1605, Santo Domingo, 100, r. 2, n.º 25.
903   AGI: Santo Domingo, 869, l. 5, ff. 12v - 13r.
904   AGI: Santo Domingo, 869, l. 5.
905   Ibídem.
906   AGI: Santo Domingo, 869, l. 5, ff. 2v - 3r.
907   AGI, Santo Domingo, 869, l. 5, ff. 15r - 16v.
908   AGI: Santo Domingo, 869, l. 5, ff. 17v - 18v.
909   obedeció.
910   ofrecieran.
911   AGI: *Carta de Pedro de Valdés, Gobernador de la Isla al monarca Felipe III*, La Habana, 8 de diciembre de 1605, Santo Domingo, 100, r. 2, n.º 25.
912   edicto.
913   respecto.
914   AGI: *Carta del obispo de Cuba fray Juan de las Cabezas Altamirano a Felipe III*, s/l, 4 de junio de 1605, Santo Domingo, 150.
915   inconveniente.
916   aumenta.
917   AGI: *Carta del obispo de Cuba fray Juan de las Cabezas Altamirano a Felipe III*, s/l, 4 de junio de 1605, Santo Domingo, 150.
918   Ibídem.
919   AGI: *Carta del obispo de Cuba fray Juan de las Cabezas Altamirano a Felipe III*, s/l, 4 de junio de 1605, Santo Domingo, 150.
920   AGI: Santo Domingo, 869, l. 5, ff. 23v - 24r.

921   AGI: Santo Domingo, 869, l. 5, ff. 25r - 25v.
922   AGI: *Carta de Pedro de Valdés, Gobernador de la Isla a Felipe III*, La Habana, 13 de diciembre de 1605, Santo Domingo, 100, r. 2, n.º 34 A.
923   traído.
924   AGI: *Carta del Gobernador de la Isla Pedro de Valdés a Felipe III*, La Habana, 16 de agosto de 1605, Santo Domingo, 100, r. 2, n.º 23.
925   parece.
926   Batabanó.
927   vidriería.
928   recibo.
929   Ulúa.
930   AGI: *Carta del Gobernador de la Isla Pedro de Valdés a Felipe III*, La Habana, 16 de agosto de 1605, Santo Domingo, 100, r. 2, n.º 23.
931   reconocido.
932   ofrecieron.
933   AGI: *Carta del Gobernador de la Isla Pedro de Valdés a Felipe III*, La Habana, 16 de agosto de 1605, Santo Domingo, 100, r. 2, n.º 23.
934   parece.
935   necesaria.
936   AGI: *Carta del Gobernador de la Isla Pedro de Valdés a Felipe III*, La Habana, 16 de agosto de 1605, Santo Domingo, 100, r. 2, n.º 23.
937   Ibídem.
938   AGI: Contratación, 5290, n.º 89.
939   AGI: *Carta del obispo de Cuba Juan de las Cabezas Altamirano a Felipe III*, s/l, 26 de agosto de 1605, Santo Domingo, 150.
940   Se refiere a la Fábrica y Fundición de Artillería de La Habana.
941   capitanes.
942   conveniente.
943   AGI: *Carta del obispo de Cuba Juan de las Cabezas Altamirano a Felipe III*, s/l, 26 de agosto de 1605, Santo Domingo, 150.
944   de esto.
945   el empréstito.
946   Ibídem.
947   el empréstito.
948   AGI: *Carta del obispo de Cuba Juan de las Cabezas Altamirano a Felipe III*, s/l, 26 de agosto de 1605, Santo Domingo, 150.
949   antes.
950   negocio, hospedería, posada…
951   el empréstito.

952   seguiría.
953   AGI: *Carta del obispo de Cuba Juan de las Cabezas Altamirano a Felipe III*, s/l, 26 de agosto de 1605, Santo Domingo, 150.
954   recibimos.
955   suceso.
956   velas.
957   cristiandad.
958   AGI: *Carta del Gobernador de la Isla Pedro de Valdés a Felipe III*, La Habana, 8 de diciembre de 1605, Santo Domingo, 100, r. 2, n.º 24.
959   mascarada.
960   triunfal.
961   conocí.
962   ofreciere.
963   AGI: *Carta del Gobernador de la Isla Pedro de Valdés a Felipe III*, La Habana, 8 de diciembre de 1605, Santo Domingo, 100, r. 2, n.º 24.
964   perfección.
965   proveer.
966   extranjero.
967   AGI: *Carta de funcionarios de la Casa de Contratación de Sevilla al Real Consejo de Indias*, Sevilla, 20 de septiembre de 1605, Santo Domingo, 119.
968   hechos.
969   AGI: Santo Domingo, leg. 129, r. 3, n.º 30. Documento citado por César García del Pino en su libro *La Habana bajo el reinado de la Austria*.
970   amanecieron.
971   arribaron.
972   conocieron.
973   Caballero de la orden de Santiago, Gobernador y Capitán General y Presidente de la Audiencia de Tierra Firme.
974   agajes.
975   AGI: *Carta del Gobernador de la Isla Pedro de Valdés a Felipe III*, La Habana, 15 de diciembre de 1605, Santo Domingo, 100, r. 2, n.º 30.
976   Ochenta años después de la tragedia, según consta en documentos conservados en el Archivo General de Indias de Sevilla, el paradero de los cuatro galeones era aún un absoluto misterio.
977   de Espinosa.
978   Ibídem.
979   Documento citado por César García del Pino en su libro *El corso en Cuba. Siglo XVII*.

980 García del Pino, César: El *corso en Cuba. Siglo XVII*, Editorial de Ciencias Sociales, La Habana, 2001, pág. 32.
981 Guatemala.
982 exceso.
983 exceda.
984 AGI: *Carta del Gobernador de la Isla Pedro de Valdés a Felipe III*, La Habana, 13 de diciembre de 1605, Santo Domingo, 100, r. 2, n.º 34 A.
985 Era denominada así porque recogía el cargamento de oro, plata y piedras preciosas provenientes de las colonias del sur del continente, incluida la Nueva Granada.
986 AGI: *Carta del Gobernador de la Isla Pedro de Valdés a Felipe III*, La Habana, 13 de diciembre de 1605, Santo Domingo, 100, r. 2, n.º 28.
987 Ibídem.
988 Batabanó.
989 mereciese.
990 AGI: *Carta del Gobernador de la Isla Pedro de Valdés a Felipe III*, La Habana, 8 de diciembre de 1605, Santo Domingo, 100, r. 2, n.º 24.
  AGI: *Carta del Gobernador de la Isla Pedro de Valdés a Felipe III*, La Habana, 13 de diciembre de 1605, Santo Domingo, 100, r. 2, n.º 34 A.
991 pareciéndole.
992 espera.
993 AGI: Santo Domingo, 100, r. 2, n.º 27.
994 conveniente.
995 AGI: *Carta del Gobernador de la Isla Pedro de Valdés a Felipe III*, La Habana, 13 de diciembre de 1605, Santo Domingo, 100, r. 2, n.º 28.
996 16 de diciembre.
997 su derrota.
998 arribado.
999 AGI: *Carta del Gobernador de la Isla Pedro de Valdés a Felipe III*, La Habana, 15 de diciembre de 1605, Santo Domingo, 100, r. 2, n.º 30.
1000 inconvenientes.
1001 AGI: Santo Domingo, 100, r. 2, n.º 29.
1002 pareciendo.
1003 AGI: Santo Domingo, 100, r. 2, n.º 29.
1004 Ibídem.
1005 Fue exhibido en el 2008 en el Museo Nacional de Bellas Artes de La Habana como parte de la exposición titulada *Cartografía de Ultramar*.
1006 AGI: Santo Domingo, 119.

1007   Pedro de Valdés se la remitió después a Felipe III.
1008   Cristóbal.
1009   Portobelo.
1010   AGI: *Carta del Gobernador de la Isla Pedro de Valdés a Felipe III*, La Habana, diciembre de 1605, Santo Domingo, 100, r. 2, n.º 31.
1011   Veterano militar español de reconocida capacidad. En septiembre de 1605, partió de Lisboa, al mando de una flota de catorce galeones y dos mil quinientos hombres para combatir a los holandeses en el Caribe, cumplir deberes de policía y ejecutar el proyecto de despoblar a Cumanagote, una región en la que el comercio de rescate prosperaba con eficacia.
1012   La organización de esta Armada en Santo Domingo había sido consecuencia directa de las previsiones que había tomado la Corona española al conocer que en 1604 los holandeses habían propuesto a Inglaterra apoderarse de Cuba, lo cual consideraban una empresa muy fácil.
1013   Algunos investigadores difieren en la cantidad de barcos de los contrabandistas; pero lo que sí se ha podido comprobar en los documentos de la época es que, al menos, la mayor parte de ellos eran holandeses y franceses.
1014   Años después se pudo conocer –según se desprende de una carta que envió el Gobernador de la Isla Gaspar Ruiz de Pereda, con fecha 23 de noviembre de 1609, a Felipe III– que Gerónimo Torres fue quien efectivamente avisó a los contrabandistas del próximo arribo al lugar de Juan Álvarez de Avilés y los hombres bajo su mando.
1015   Cartas citadas por César García del Pino en su libro *El corso en Cuba. Siglo XVII.*
1016   AGI: Santo Domingo, 30, n.º 29.
1017   Ocurrió el 6 de noviembre de 1605.
1018   AGI: *Carta del Gobernador de la Isla Pedro de Valdés a Felipe III*, La Habana, 16 de febrero de 1606, Santo Domingo, 100, r. 2, n.º 32 C.
1019   espero.
1020   esperando.
1021   Portobelo.
1022   esperanza.
1023   suceso.
1024   AGI: *Carta del Gobernador de la Isla Pedro de Valdés a Felipe III*, La Habana, 16 de febrero de 1606, Santo Domingo, 100, r. 2, n.º 32 C.
1025   habremos.
1026   Ibídem.
1027   Se ha especulado que esta visita pastoral es una causa directa de los problemas que tuvo el Obispo de Cuba con fray Francisco

Carranco, Comisario en La Habana de la Santa Inquisición. Para algunos investigadores cubanos, la decisión del Prelado de ir a La Florida (a pesar de tener actividades de importancia que realizar en la Isla) debía servir de enfriamiento entre los dos oficiales de la Iglesia; pues el Comisario de la Santa Inquisición en La Habana había testificado con anterioridad en contra de fray Juan de las Cabezas Altamirano porque este había tratado de usurpar funciones del Santo Oficio que no le pertenecían.

1028   respecto.

1029   AGI: *Carta del Obispo de Cuba Juan de las Cabezas Altamirano a Felipe III*, San Agustín de la Florida, 24 de junio de 1606, Santo Domingo, 150.

1030   Ibídem.

1031   AGI: *Carta del Obispo de Cuba Juan de las Cabezas Altamirano a Felipe III*, San Agustín de la Florida, 24 de junio de 1606, Santo Domingo, 150.

1032   AGI: *Copia del capítulo de una carta del Gobernador de la Florida a Felipe III*, La Florida, 26 de junio de 1606, México, 26, n.º 105.

1033   Se refiere a la villa de Remedios.

1034   Quilez Vicente, José: "Herencias olvidadas. ¿Quién era el sacristán de monjas que llevó los millones a Inglaterra?", revista *Bohemia*, La Habana, 1946, n.º 50, pág. 52.

1035   Ibídem.

1036   conocida.

1037   esconderse.

1038   efecto.

1039   AGI: *Carta del Gobernador de la Isla Pedro de Valdés a Felipe III*, La Habana, 3 de agosto de 1606, Santo Domingo, 100, r. 2, n.º 38.

1040   García del Pino, César: *El corso en Cuba. Siglo XVII*, Editorial de Ciencias Sociales, La Habana, 2001, págs. 34 y 35.

1041   AGI: Santo Domingo, 869, l. 5, ff. 39r - 41v.

1042   AGI: *Carta del Gobernador de la Isla Pedro Valdés a Felipe III*, La Habana, 2 de abril de 1606, Santo Domingo, 100, r. 2, n.º 32.

1043   seguridad.

1044   AGI: *Carta del Gobernador de la Isla Pedro Valdés a Felipe III*, La Habana, 2 de abril de 1606, Santo Domingo, 100, r. 2, n.º 32.

1045   Debe de ser San Antonio.

1046   AGI: *Carta del Gobernador de la Isla Pedro Valdés a Felipe III*, La Habana, 2 de abril de 1606, Santo Domingo, 100, r. 2, n.º 32.

1047   parecido.

1048   suceso.

1049   necesitados.
1050   AGI: *Carta del Gobernador de la Isla Pedro Valdés a Felipe III*, La Habana, 2 de abril de 1606, Santo Domingo, 100, r. 2, n.º 32.
1051   suceso.
1052   prácticos.
1053   sucedió.
1054   desviase.
1055   buzos.
1056   AGI: *Carta del Gobernador de la Isla Pedro Valdés a Felipe III*, La Habana, 2 de abril de 1606, Santo Domingo, 100, r. 2, n.º 32.
1057   AGI: Santo Domingo, 100, r. 2, n.º 32 A.
1058   AGI: Lima, 217, n.º 8.
1059   experiencias.
1060   envié.
1061   AGI: *Informaciones de oficio y parte por García Rodríguez de Valdés, juez de las minas de oro del Bayamo, en Cuba, juez de las minas de cobre de Santiago de Cuba, teniente de Gobernador de la isla de Cuba y capitán de infantería en el Callao. Información y traslado de títulos y certificaciones*, Lima, 217, n.º 8.
1062   reencuentros.
1063   AGI: *Informaciones de oficio y parte por García Rodríguez de Valdés, juez de las minas de oro del Bayamo, en Cuba, juez de las minas de cobre de Santiago de Cuba, teniente de Gobernador de la isla de Cuba y capitán de infantería en el Callao. Información y traslado de títulos y certificaciones*, Lima, 217, n.º 8.
1064   Ibídem.
1065   Documento citado por César García del Pino en su libro *El corso en Cuba. Siglo XVII*.
1066   AGI: Santo Domingo, 869, l. 5, f. 49r.
1067   Se refiere a los galeones que naufragaron en el mes de noviembre de 1605.
1068   AGI: *Carta del Gobernador de la Isla Pedro de Valdés a Felipe III*, La Habana, 3 de agosto de 1606, Santo Domingo, 100, r. 2, n.º 36.
1069   Ibídem.
1070   AGI: *Carta del Gobernador de la Isla Pedro de Valdés a Felipe III*, La Habana, 3 de agosto de 1606, Santo Domingo, 100, r. 2, n.º 36.
1071   Ibídem.
1072   efecto.
1073   AGI: *Carta del Gobernador de la Isla Pedro de Valdés a Felipe III*, La Habana, 3 de agosto de 1606, Santo Domingo, 100, r. 2, n.º 36.
1074   efecto.

1075   AGI: *Carta del Gobernador de la Isla Pedro de Valdés a Felipe III*, La Habana, 3 de agosto de 1606, Santo Domingo, 100, r. 2, n.º 36.
1076   Ibídem.
1077   AGI: *Carta del Gobernador de la Isla Pedro de Valdés a Felipe III*, La Habana, 3 de agosto de 1606, Santo Domingo, 100, r. 2, n.º 36.
1078   Ibídem.
1079   AGI: *Carta del Gobernador de la Isla Pedro de Valdés a Felipe III*, La Habana, 3 de agosto de 1606, Santo Domingo, 100, r. 2, n.º 36.
1080   filibote.
1081   San Antonio.
1082   excedió.
1083   AGI: Carta *del Gobernador de la Isla Pedro de Valdés a Felipe III*, La Habana, 3 de agosto de 1606, Santo Domingo, 100, r. 2, n.º 36.
1084   AGI: Santo Domingo, 869, l. 5, ff. 50r - 50v.
1085   Carta citada por Eugenio A. Alonso López en su trabajo *Mohínas de la Inquisición*, página web www.kislakfoundation.org, tomado de Internet el 20 de octubre de 2009.
1086   santo.
1087   Carta citada por Eugenio A. Alonso López en su trabajo *Mohínas de la Inquisición*, página web www.kislakfoundation.org, tomado de Internet el 20 de octubre de 2009.
1088   AGI: *Carta del Gobernador de la Isla Pedro de Valdés a Felipe III*, La Habana, 3 de agosto de 1606, Santo Domingo, 100, r. 2, n.º 39.
1089   AGI: Santo Domingo, 869, l. 5, ff. 53r - 54v.
1090   AGI: Santo Domingo, 869, l. 5, f. 54r.
1091   AGI: Santo Domingo, 869, l. 5, ff. 54r - 55v.
1092   AGI: Santo Domingo, 869, l. 5, f. 56.
1093   AGI: Santo Domingo, 869, l. 5, f. 55r.
1094   AGI: Santo Domingo, 869, l. 5, ff. 49v - 50r.
1095   Poco después, el 2 de agosto, su hija María de Tapia (la cual era viuda) se lamentó, en carta a Felipe III fechada este día en La Habana, que no había heredado nada de su padre, ni aun para pagar sus funerales. Finalmente, mediante una Real Cédula, la Corona le concedió una pensión.
1096   AGI: *Carta del Gobernador de la Isla Pedro de Valdés a Felipe III*, La Habana, 3 de agosto de 1606, Santo Domingo, 100, r. 2, n.º 34.
1097   calumniado.
1098   AGI: *Carta del Gobernador de la Isla Pedro de Valdés a Felipe III*, La Habana, 3 de agosto de 1606, Santo Domingo, 100, r. 2, n.º 34.
1099   acepté.
1100   excepción.

1101   imposible.
1102   intencionado.
1103   ofrece.
1104   efecto.
1105   AGI: Carta del Gobernador de la Isla Pedro de Valdés a Felipe III, La Habana, 3 de agosto de 1606, Santo Domingo, 100, r. 2, n.º 34.
1106   enviado.
1107   rescates.
1108   AGI: *Carta del Obispo de Cuba Juan de las Cabezas Altamirano a Felipe III*, San Agustín de la Florida, 24 de junio de 1606, Santo Domingo, 150.
1109   Ibídem.
1110   AGI: *Carta del Obispo de Cuba Juan de las Cabezas Altamirano a Felipe III*, San Agustín de la Florida, 24 de junio de 1606, Santo Domingo, 150.
1111   Santiago.
1112   defecto.
1113   acerca.
1114   Se refiere a Santiago de Cuba.
1115   AGI: *Carta del Obispo de Cuba Juan de las Cabezas Altamirano a Felipe III*, San Agustín de la Florida, 24 de junio de 1606, Santo Domingo, 150.
1116   Ibídem.
1117   1605.
1118   Para combatir el contrabando, Felipe III firmó la Real Cédula de 1603, en la que se ordena la despoblación de la región norte de La Española. El Gobernador Osorio devastó y destruyó, entre 1605 y 1606, los poblados de Yaguana, Montecristi, Puerto Plata y Bayajá. Los pobladores fueron trasladados y concentrados en el norte de la Isla, desde donde muchos huyeron a Cuba.
1119   Se refiere a Santiago de Cuba.
1120   codicia.
1121   desyerbe.
1122   AGI: *Carta del Obispo de Cuba Juan de las Cabezas Altamirano a Felipe III*, San Agustín de la Florida, 24 de junio de 1606, Santo Domingo, 150.
1123   santos.
1124   AGI: *Carta del Obispo de Cuba Juan de las Cabezas Altamirano a Felipe III*, San Agustín de la Florida, 24 de junio de 1606, Santo Domingo, 150.

1125   Se refiere a plazas de soldados para guarnecer la ciudad y el puerto de Santiago de Cuba.
1126   proveer.
1127   obvie.
1128   vigilancia.
1129   AGI: *Carta del Obispo de Cuba Juan de las Cabezas Altamirano a Felipe III*, San Agustín de la Florida, 24 de junio de 1606, Santo Domingo, 150.
1130   Se refiere a Santiago de Cuba.
1131   marital.
1132   Barco.
1133   AGI: *Carta del Obispo de Cuba Juan de las Cabezas Altamirano a Felipe III*, San Agustín de la Florida, 24 de junio de 1606, Santo Domingo, 150.
1134   enviase.
1135   Se refiere a Santiago de Cuba.
1136   Ibídem.
1137   Se refiere a Santiago de Cuba.
1138   Se refiere a la Fábrica y Fundición de Artillería de La Habana.
1139   AGI: *Carta del Obispo de Cuba Juan de las Cabezas Altamirano a Felipe III*, San Agustín de la Florida, 24 de junio de 1606, Santo Domingo, 150.
1140   proveen.
1141   jurisdicción.
1142   Santo.
1143   inconveniente.
1144   AGI: *Carta del Obispo de Cuba Juan de las Cabezas Altamirano a Felipe III*, San Agustín de la Florida, 24 de junio de 1606, Santo Domingo, 150.
1145   enviar.
1146   enviar.
1147   AGI: *Carta del Obispo de Cuba Juan de las Cabezas Altamirano a Felipe III*, San Agustín de la Florida, 24 de junio de 1606, Santo Domingo, 150.
1148   huelan.
1149   Santa.
1150   persuádeme.
1151   AGI: *Carta del Obispo de Cuba Juan de las Cabezas Altamirano a Felipe III*, San Agustín de la Florida, 24 de junio de 1606, Santo Domingo, 150.
1152   erección.

1153   mismo.
1154   Se refiere a Melchor Suárez de Poago, Teniente General de Pedro de Valdés, Gobernador de la isla de Cuba.
1155   Se refiere a Santiago de Cuba.
1156   Debe decir "erección".
1157   Ibídem.
1158   AGI: *Carta del Obispo de Cuba Juan de las Cabezas Altamirano a Felipe III*, San Agustín de la Florida, 24 de junio de 1606, Santo Domingo, 150.
1159   Santiago.
1160   AGI: *Carta del Obispo de Cuba Juan de las Cabezas Altamirano a Felipe III*, San Agustín de la Florida, 24 de junio de 1606, Santo Domingo, 150.
1161   posible.
1162   coadjutor.
1163   erección.
1164   AGI: *Carta del Obispo de Cuba Juan de las Cabezas Altamirano a Felipe III*, San Agustín de la Florida, 24 de junio de 1606, Santo Domingo, 150.
1165   Se refiere a Santiago de Cuba.
1166   Debe de ser "inconvenientes".
1167   mismo.
1168   Ibídem.
1169   AGI: *Carta del Obispo de Cuba Juan de las Cabezas Altamirano a Felipe III*, San Agustín de la Florida, 24 de junio de 1606, Santo Domingo, 150.
1170   Ibídem.
1171   Se refiere a los indios.
1172   La iglesia existente en el poblado de Santiago del Prado, luego nombrado El Cobre.
1173   "Cabe preguntarse –ha afirmado el destacado investigador cubano César García del Pino en su libro *El corso en Cuba. Siglo XVII*– de dónde sacaron nuestros españolados indios, aquella sutilista legalista, que hacía remontar sus derechos a 1492".
1174   AGI: *Carta del Obispo de Cuba Juan de las Cabezas Altamirano a Felipe III*, San Agustín de la Florida, 24 de junio de 1606, Santo Domingo, 150.
1175   Natural de Castro Urdiales, hijo de Pedro de Pando y de Mencía de Cereceza.
1176   AGI: Contratación, 5351, n.º 31.
1177   Antonio.

1178 14 de julio de 1606.
1179 AGI: *Carta del Gobernador de la Isla Pedro de Valdés, los generales Francisco del Corral y Toledo y Alonso de Gaves Galindo y otras personalidades a Felipe III*, La Habana, 25 de julio de 1606, Santo Domingo, 100, r. 2, n.º 33.
1180 seguridad.
1181 habremos.
1182 Ibídem.
1183 habremos.
1184 envíe.
1185 habremos.
1186 AGI: *Carta del Gobernador de la Isla Pedro de Valdés, los generales Francisco del Corral y Toledo y Alonso de Graves Galindo y otras personalidades a Felipe III*, La Habana, 25 de julio de 1606, Santo Domingo, 100, r. 2, n.º 33.
1187 AGI: *Carta del Gobernador de la Isla Pedro de Valdés a Felipe III*, La Habana, 3 de agosto de 1606, Santo Domingo, 100, r. 2, n.º 43.
1188 Ibídem.
1189 AGI: *Carta del Gobernador de la Isla Pedro de Valdés a Felipe III*, La Habana, 3 de agosto de 1606, Santo Domingo, 100, r. 2, n.º 42.
1190 funeraria.
1191 pedirán.
1192 funerarias.
1193 Se refiere a la Parroquial Mayor de La Habana.
1194 AGI: *Carta del Gobernador de la Isla Pedro de Valdés a Felipe III*, La Habana, 3 de agosto de 1606, Santo Domingo, 100, r. 2, n.º 42.
1195 Santos.
1196 espirituales.
1197 AGI: *Carta del Gobernador de la Isla Pedro de Valdés a Felipe III*, La Habana, 3 de agosto de 1606, Santo Domingo, 100, r. 2, n.º 42.
1198 excedidos.
1199 AGI: *Carta del Gobernador de la Isla Pedro de Valdés a Felipe III*, La Habana, 3 de agosto de 1606, Santo Domingo, 100, r. 2, n.º 39.
1200 efectivo.
1201 recibir.
1202 AGI: *Carta del Gobernador de la Isla Pedro de Valdés a Felipe III*, La Habana, 3 de agosto de 1606, Santo Domingo, 100, r. 2, n.º 41.
1203 repuesto.
1204 AGI: *Carta del Gobernador de la Isla Pedro de Valdés a Felipe III*, La Habana, 3 de agosto de 1606, Santo Domingo, 100, r. 2, n.º 41.
1205 Ibídem.

1206   recibió.
1207   AGI: *Carta del Gobernador de la Isla Pedro de Valdés a Felipe III*, La Habana, 3 de agosto de 1606, Santo Domingo, 100, r. 2, n.º 41.
1208   AGI: *Carta del Gobernador de la Isla Pedro de Valdés a Felipe III*, La Habana, 3 de agosto de 1606, Santo Domingo, 100, r. 2, n.º 41.
1209   Ibídem.
1210   AGI: *Carta del Gobernador de la Isla Pedro de Valdés a Felipe III*, La Habana, 3 de agosto de 1606, Santo Domingo, 100, r. 2, n.º 40.
1211   exceso.
1212   además.
1213   AGI: *Carta del Gobernador de la Isla Pedro de Valdés a Felipe III*, La Habana, 3 de agosto de 1606, Santo Domingo, 100, r. 2, n.º 40.
1214   Ibídem.
1215   AGI: *Carta del Gobernador de la Isla Pedro de Valdés a Felipe III, La Habana, 3 de agosto de 1606*, Santo Domingo, 100, r. 2, n.º 35.
1216   AGI: *Carta del Gobernador de la Isla Pedro de Valdés a Felipe III*, La Habana, 3 de agosto de 1606, Santo Domingo, 100, r. 2, n.º 38.
1217   efecto.
1218   inconvenientes.
1219   AGI: *Carta del Gobernador de la Isla Pedro de Valdés a Felipe III*, La Habana, 3 de agosto de 1606, Santo Domingo, 100, r. 2, n.º 37.
1220   El tabaco había sido sembrado por primera vez en Cuba con intenciones de comerciarlo en 1541 por el canario Demetrio Perla.
1221   AGI: Santo Domingo, 869, l. 5, f. 63r.
1222   Citado por María del Carmen Barcia en su artículo "Clases sociales y tabaco. Comentarios en torno a su producción y estanco (desde sus inicios y hasta principios del siglo XIX)", revista *Isla en el tiempo*, Santiago de Cuba, junio de 1987, n.º 65, pág. 113.
1223   Estas disposiciones no fueron derogadas hasta la puesta en vigor de otra Real Cédula, del 20 de octubre de 1614, que autorizó los sembrados de tabaco, siempre que la mayoría de la producción se enviara a la metrópoli. Antes de finalizar el primer cuarto del siglo XVII, la agricultura tabacalera en Cuba adquiría importancia no solo en las inmediaciones de la entonces ciudad de La Habana, sino también en lugares distantes como los alrededores de la villa de Trinidad, en la que abundaban los sembrados de tabaco denominados *tabacales*.
1224   AGI: *Carta de Manso de Contreras a Felipe III*, La Habana, 27 de julio de 1606. Citada por Citado por Carmen Almodóvar Muñoz en su *Antología crítica de la historiografía cubana (período neocolonial)*.
1225   Ibídem.

1226   AGI: *Carta del Gobernador de la Isla Pedro de Valdés a Felipe III*, La Habana, 3 de agosto de 1606. Citada por Carmen Almodóvar Muñoz en su *Antología crítica de la historiografía cubana (período neocolonial)*.
1227   Carta citada por César García del Pino en su libro *El corso en Cuba. Siglo XVII*.
1228   Ibídem.
1229   El importante historiador cubano ya fallecido Fernando Portuondo afirmó (aunque no hemos podido probarlo documentalmente) que un año antes, anticipándose a la temida visita del Oidor Manso de Contreras, el cabildo de Santiago había pedido este perdón y enviado a la Corte con ese objeto al Provisor Eclesiástico y a dos de los vecinos más prominentes de esa población cubana.
1230   García del Pino, César: *El corso en Cuba. Siglo XVII*, Editorial de Ciencias Sociales, La Habana, 2001, pág. 36.
1231   Wright, Irene A.: *Historia Documentada de San Cristóbal de La Habana. Primera mitad del siglo XVII*, Imprenta El siglo XX, La Habana, 1930, Fragmento tomado de la *Antología crítica de la historiografía cubana (período neocolonial)* de Carmen Almodóvar Muñoz, Editorial Pueblo y Educación, Ciudad de La Habana, 1989, pág. 249.
1232   Portuondo, Fernando: *Historia de Cuba*, Editorial Pueblo y Educación, La Habana, 1965, pág. 160.
1233   AGI: Santo Domingo, 869, l. 5, f. 70v.
1234   Ibídem.
1235   García del Pino, César: *El corso en Cuba. Siglo XVII*, Editorial de Ciencias Sociales, La Habana, 2001, pág. 35.
1236   García del Pino, César: Ob. Cit., pág. 37.
1237   Del portugués *tangomao*. Se nombraba así al que se dedicaba al tráfico de esclavos africanos.
1238   "Autos promovidos en Bayamo en 27 de diciembre de 1606". Documento citado por César García del Pino en su libro *El corso en Cuba. Siglo XVII*.
1239   Ibídem.
1240   ahorcó.
1241   "Autos promovidos en Bayamo en 27 de diciembre de 1606". Documento citado por César García del Pino en su libro *El corso en Cuba. Siglo XVII*.
1242   García del Pino, César: *El corso en Cuba. Siglo XVII*, Editorial de Ciencias Sociales, La Habana, 2001, pág. 38.
1243   AGI: Santo Domingo 869, l. 5, f. 76r. Ver Anexo n.º V.
1244   AGI: Santo Domingo 869, l. 5, ff. 81r - 82v.
1245   AGI: Indiferente, 1122.

1246   AGI: Escribanía, 38 A.
1247   Nació en Avilés, Asturias, en una fecha que no hemos podido precisar. Acompañando al Adelantado Pedro Menéndez de Avilés, viajó primero a la Florida y luego a La Habana, a donde llegó a mediados del siglo XVI y fundó en esa Ciudad la familia de su apellido.
1248   henchía.
1249   AGI: *Carta del Gobernador Pedro de Valdés rey Felipe III*, La Habana, 30 de diciembre de 1606, Santo Domingo, 100, r. 2, n.º 45.
1250   Ibídem.
1251   AGI: *Carta del Gobernador Pedro de Valdés rey Felipe III*, La Habana, 30 de diciembre de 1606, Santo Domingo, 100, r. 2, n.º 45.
1252   capitanas.
1253   reconocimiento.
1254   AGI: *Carta del Gobernador Pedro de Valdés rey Felipe III*, La Habana, 30 de diciembre de 1606, Santo Domingo, 100, r. 2, n.º 46.
1255   designios.
1256   Jurisdicción.
1257   AGI: *Carta del Gobernador Pedro de Valdés rey Felipe III*, La Habana, 30 de diciembre de 1606, Santo Domingo, 100, r. 2, n.º 47.
1258   Ibídem.
1259   AGI: *Carta del Gobernador de la Isla Pedro de Valdés a Felipe III*, La Habana, primero de enero de 1607, Santo Domingo, 100, r. 2, n.º 48.
1260   recibir.
1261   AGI: *Carta del Obispo de Cuba Juan de las Cabezas Altamirano a Felipe III*, La Habana, primero de enero de1607, Santo Domingo, 150.
1262   ¿Será Terranova?
1263   AGI: *Carta del Gobernador de la Isla Pedro de Valdés a Felipe III*, La Habana, 4 de enero de 1607, Santo Domingo, 100, r. 2, n.º 49.
1264   enhorabuenas.
1265   AGI: *Carta del Gobernador de la Isla Pedro de Valdés a Felipe III*, La Habana, 4 de enero de 1607, Santo Domingo, 100, r. 2, n.º 49.
1266   AGI: Santo Domingo, 869, l. 5, ff. 82r - 83v.
1267   AGI: Santo Domingo, 100, r. 2, n.º 44 E.
1268   Ibídem.
1269   pero.
1270   envíe.
1271   AGI: Santo Domingo, 100, r. 2, n.º 44 E.
1272   AGI: Santo Domingo 869, l. 5, f. 83v.
1273   Informe de la comisión presidida por Bernardino Delgadillo acerca de las opiniones de los generales para determinar el sitio de la construcción de la Armadilla de Barlovento. Archivo del Museo Naval

de Madrid. Colección Navarrete, tomo XXIII, folio 97, documento 17. Tomado de Internet.

1274 AGI: Santo Domingo, 869, l. 5.
1275 AGI: Santo Domingo 869, l. 5, ff. 89r - 90v.
1276 AGI: Santo Domingo, 869, l. 5, ff. 92r - 93r.
1277 AGI: Santo Domingo 869, l. 5, f. 90v.
1278 Ibídem.
1279 AGI: Santo Domingo 869, l. 5, ff. 91r - 92v.
1280 AGI: Santo Domingo 869, l. 5, ff. 90r - 91v.
1281 AGI: Santo Domingo 869, l. 5, ff. 91r - 91v.
1282 AGI: Santo Domingo, 869, l. 5, ff. 92r - 92v.
1283 Citado por César García del Pino en su libro *El corso en Cuba. Siglo XVII*.
1284 asistió.
1285 fortificación.
1286 estando.
1287 *Consulta de la Junta de Guerra de las Indias*. Citada por César García del Pino en su libro *El corso en Cuba. Siglo XVII*.
1288 García del Pino, César: *El corso en Cuba. Siglo XVII*, Editorial de Ciencias Sociales, La Habana, 2001, pág. 39.
1289 Villaverde fue designado para el cargo en la misma fecha en que se dictó la Real Orden que dividía en dos gobiernos la Isla, pero no pudo tomar posesión de este hasta el 2 de diciembre de 1608, pues Valdés dilató su cumplimiento hasta la llegada de Gaspar Ruiz de Pereda, su sucesor.
1290 AGI: Contratación, 5788, l. 1, ff. 420 - 422.
1291 AGI: Santo Domingo, 869, l. 5, ff. 93r - 93v.
1292 AGI: Santo Domingo, 869, l. 5, ff. 93v - 95r.
1293 AGI: *Carta del Gobernador de la Isla Pedro de Valdés a Felipe III*, La Habana, 13 de julio de 1607, Santo Domingo, 100, r. 2, n.º 54.
1294 Ibídem.
1295 AGI: *Carta del Gobernador de la Isla Pedro de Valdés a Felipe III*, La Habana, 13 de julio de 1607, Santo Domingo, 100, r. 2, n.º 52.
1296 AGI: *Carta del Gobernador de la Isla Pedro de Valdés a Felipe III*, La Habana, 13 de julio de 1607, Santo Domingo, 100, r. 2, n.º 52.
1297 Ibídem.
1298 AGI: *Carta del Gobernador de la Isla Pedro de Valdés a Felipe III*, La Habana, 13 de julio de 1607, Santo Domingo, 100, r. 2, n.º 51.
1299 Ibídem.
1300 "¿Se trata de Tiguabos?" se pregunta el acucioso investigador cubano César García del Pino en su libro *El corso en Cuba. Siglo XVII*.

1301   santa.
1302   oídle.
1303   rescatado.
1304   secuestró.
1305   Teniente.
1306   de rescates.
1307   AGI: *Carta del Obispo de Cuba Juan de las Cabezas Altamirano a Felipe III*, La Habana, 28 de junio de 1607, Santo Domingo, 150.
1308   Ibídem.
1309   secuestrándole.
1310   Se refiere a que se presentó ante el Obispo en La Habana.
1311   Garantía, fianza.
1312   AGI: *Carta del Obispo de Cuba Juan de las Cabezas Altamirano a Felipe III*, La Habana, 28 de junio de 1607, Santo Domingo, 150.
1313   San.
1314   rescates.
1315   AGI: *Carta del Obispo de Cuba Juan de las Cabezas Altamirano a Felipe III*, La Habana, 28 de junio de 1607, Santo Domingo, 150.
1316   Se refiere a su secuestro por el pirata Gilberto Girón, hecho acaecido en 1604.
1317   AGI: *Carta del Obispo de Cuba Juan de las Cabezas Altamirano a Felipe III*, La Habana, 28 de junio de 1607, Santo Domingo, 150.
1318   AGI: Santo Domingo, 869, l. 5.
1319   Se refiere a la Casa de Contratación de Sevilla.
1320   AGI: *Carta del Gobernador de la Isla Pedro de Valdés a Felipe III*, La Habana, 13 de julio de 1607, Santo Domingo, 100, r. 2, n.º 51.
1321   hubiere.
1322   AGI: *Carta del Gobernador de la Isla Pedro de Valdés a Felipe III*, La Habana, 13 de julio de 1607, Santo Domingo, 100, r. 2, n.º 51.
1323   beso.
1324   AGI: Carta *del Gobernador de la Isla Pedro de Valdés a Felipe III*, La Habana, 13 de julio de 1607, Santo Domingo, 100, r. 2, n.º 51.
1325   recibí.
1326   AGI: *Carta del gobernador de la Isla Pedro de Valdés a Felipe III*, La Habana, 13 de julio de 1607, Santo Domingo, 100, r.2, n.º 51.
1327   Ibídem.
1328   AGI: *Carta del gobernador de la Isla Pedro de Valdés a Felipe III*, La Habana, 13 de julio de 1607, Santo Domingo, 100, r. 2, n.º 53.
1329   reciban.
1330   AGI: *Carta del gobernador de la Isla Pedro de Valdés a Felipe III*, La Habana, 13 de julio de 1607, Santo Domingo, 100, r. 2, n.º 53.

1331   Se refiere al Castillo del Morro.
1332   corrupción.
1333   AGI: *Carta del gobernador de la Isla Pedro de Valdés a Felipe III*, La Habana, 12 de agosto de 1607, Santo Domingo, 100, r. 2, n.º 60.
1334   Ibídem.
1335   AGI: *Carta del gobernador de la Isla Pedro de Valdés a Felipe III*, La Habana, 12 de agosto de 1607, Santo Domingo, 100, r.º 2, n.º 60.
1336   Salió el 16 de julio.
1337   Se refiere al capitán Francisco Sánchez de Moya.
1338   AGI: *Carta de Francisco Redondo de Villegas a Felipe III*, La Habana, 14 de julio de 1607, Santo Domingo, 100. r. 2, n.º 64 E.
1339   Ibídem.
1340   AGI: Comunicación del gobernador de la Isla Pedro de Valdés a Felipe III, s/l, 1607, Santo Domingo, 100, r. 2, n.º 50.
1341   acciones.
1342   sucedieren.
1343   1605.
1344   1604.
1345   acciones.
1346   recibirán.
1347   crecida.
1348   AGI: *Comunicación del gobernador de la Isla Pedro de Valdés a Felipe III*, s/l, 1607, Santo Domingo, 100, r. 2, n.º 50.
1349   AGI: Santo Domingo 869, l. 5, ff. 108r - 108v.
1350   AGI: Santo Domingo, 869, l. 5.
1351   Se refiere al obispo fray Juan de las Cabezas Altamirano.
1352   AGI: Santo Domingo, 150.
1353   AGI: *Carta del Obispo de Cuba Juan de las Cabezas Altamirano a Felipe III*, Sancti Espíritus, 9 de agosto de1607, Santo Domingo, 150.
1354   Se refiere a Santiago de Cuba.
1355   parece.
1356   enviando.
1357   AGI: *Carta del Obispo de Cuba Juan de las Cabezas Altamirano a Felipe III*, Sancti Espíritus, 9 de agosto de1607, Santo Domingo, 150.
1358   Estas piezas no pudieron ser embarcadas por falta de espacio en la Flota de Nueva España que salió de La Habana el 16 de julio de 1607.
1359   proseguirá.
1360   AGI: *Carta del gobernador de la Isla Pedro de Valdés a Felipe III*, La Habana, 13 de julio de 1607, Santo Domingo, 100, r. 2, n.º 55.
1361   AGI: *Carta del gobernador de la Isla Pedro de Valdés a Felipe III*, La Habana, 12 de agosto de 1607, Santo Domingo, 100, r. 2, n.º 58.

1362   García del Pino, César: *El corso en Cuba. Siglo XVII*, Editorial de Ciencias Sociales, La Habana, 2001, pág. 43.
1363   AGI: *Carta del gobernador de la Isla Pedro de Valdés a Felipe III*, La Habana, 12 de agosto de 1607, Santo Domingo, 100, r. 2, n.º 58.
1364   Corrales Capestany, Maritza: "Cuba: Paraíso recobrado para los judíos", en: *De dónde son los cubanos*, Editora de Ciencias Sociales, La Habana, 2007, págs. 173 y 174.
1365   Cornide, María Teresa: *De La Habana, de siglos y familias*, Editorial de Ciencias Sociales, La Habana, 2003, pág. 32.
1366   AGI: *Carta del gobernador de la Isla Pedro de Valdés a Felipe III*, La Habana, 12 de agosto de 1607, Santo Domingo, 100, r. 2, n.º 56.
1367   Ibídem.
1368   AGI: *Carta del gobernador de la Isla Pedro de Valdés a Felipe III*, La Habana, 12 de agosto de 1607, Santo Domingo, 100, r. 2, n.º 56.
1369   Ibídem.
1370   Ibídem.
1371   AGI: *Carta del gobernador de la Isla Pedro de Valdés a Felipe III*, La Habana, 12 de agosto de 1607, Santo Domingo, 100, r. 2, n.º 59.
1372   Visto en la Corte el contenido de esta carta, se acordó que los soldados y grumetes de la Flota de Tierra Firme que se habían quedado en La Habana en agosto de 1607 comparecieran en la Junta de Guerra que se celebraría el 25 de junio de 1608.
1373   AGI: *Carta del gobernador de la Isla Pedro de Valdés a Felipe III*, La Habana, 17 de octubre de 1607, Santo Domingo, 100, r. 2, n.º 61.
1374   García del Pino, César: *La Habana bajo el reinado de los Austria*, Ediciones Boloña, Ciudad de La Habana, 2008, págs. 94 y 95.
1375   Se refiere a la Parroquial Mayor.
1376   Se refiere al Seminario Tridentino fundado por él en La Habana.
1377   AGI: *Carta del Obispo de Cuba Juan de las Cabezas Altamirano a Felipe III*, La Habana, 28 de septiembre de 1607, Santo Domingo, 150.
1378   rescates.
1379   Ibídem.
1380   AGI: *Carta del Obispo de Cuba Juan de las Cabezas Altamirano a Felipe III*, La Habana, 28 de septiembre de 1607, Santo Domingo, 150.
1381   cazabe.
1382   AGI: *Carta del Obispo de Cuba Juan de las Cabezas Altamirano a Felipe III*, La Habana, 28 de septiembre de 1607, Santo Domingo, 150.
1383   cañamazo.
1384   cazabe.
1385   Se refiere a la yuca.
1386   la codicia.

1387   suma.
1388   rescates.
1389   Ibídem.
1390   AGI: *Carta del Obispo de Cuba Juan de las Cabezas Altamirano a Felipe III*, La Habana, 28 de septiembre de 1607, Santo Domingo, 150.
1391   Ibídem.
1392   Debe de referirse a abastecimientos.
1393   Ibídem.
1394   AGI: *Carta del Obispo de Cuba Juan de las Cabezas Altamirano a Felipe III*, La Habana, 28 de septiembre de 1607, Santo Domingo, 150.
1395   AGI: Santo Domingo, 150.
1396   Se refiere a la Parroquial Mayor de La Habana.
1397   costo.
1398   AGI: *Carta del Obispo de Cuba Juan de las Cabezas Altamirano a Felipe III*, La Habana, 28 de septiembre de 1607, Santo Domingo, 150.
1399   El litigio se mantenía vivo hacia 1627, cuando todavía varios indios y sus descendientes defendían la propiedad de la Ermita, luego Iglesia, de Santa Ana, que les había otorgado el Obispo Cabezas Altamirano.
1400   Se consultó con Felipe III acerca de la división. Durante estas consultas se le dio forma a esta decisión y a las funciones, salario y otros elementos de interés para ambos gobiernos.
1401   En este sentido apuntó el historiador cubano Emeterio S. Santovenia, en su libro titulado *Un día como hoy*, publicado en La Habana por la Editorial Trópico en 1946: "Dos bandos tomaron enseguida la defensa de las tendencias contrapuestas. El uno aducía razones en abono de la división absoluta del gobierno de la Isla. El otro argumentaba con calor su oposición al proyecto. [...] Los gobernadores Juan Maldonado Barnuevo y Pedro de Valdés, llamados a informar sobre el proyecto, se manifestaron contrarios al mismo. Ilustraron su oposición, en memoriales enderezados al Consejo Real y Supremo de las Indias, con ejemplos de lo ocurrido en otros dominios de la Corona. Crear dos poderes en un mismo territorio era crear perpetuas competencias [...]".
1402   AGI: Santo Domingo 869, l. 5, ff. 123v - 125r.
1403   Con este acto el Monarca oficializó el nombre de este sitio de la geografía cubana, y nombró además un Rey de Armas para el caserío existente en este paraje, a fin de evitar el contrabando.
1404   La Audiencia de Santo Domingo dictó el 26 de julio de 1553 un mandamiento que autorizó al Gobernador a mudar su residencia a La Habana, porque esta –expresaba el documento– "... es la confluencia de los negocios de dicha isla por los muchos navíos que allí concurren así de

la Nueva España como del Nombre de Dios y Cartagena y Santa Marta y provincia de Honduras [...]". Fue así que, a partir de ese año, La Habana vino a ser, de hecho, la capital de Cuba.

1405   Pichardo, Hortensia: "Noticias de Cuba", revista *Santiago*, Santiago de Cuba, diciembre de 1975, n.º 20, pág. 7.

1406   García del Pino, César: *La Habana bajo el reinado de los Austria*, Ediciones Boloña, Ciudad de La Habana, 2008, pág. 93.

1407   AGI: Santo Domingo 869, l. 5, f. 118.
1408   AGI: Santo Domingo 869, l. 5, ff. 118v y 119r.
1409   AGI: Santo Domingo, 869, l. 5.
1410   AGI: Santo Domingo 869, l. 5, ff. 121v - 123r.
1411   AGI: Santo Domingo, 869, l. 5, ff. 129r - 130v.
1412   1607.
1413   AGI: *Carta del gobernador de la Isla Gaspar Ruiz de Pereda a Felipe III*, S/l, 1607, Santo Domingo, 100, r. 3, n.º 67 B.
1414   Se refiere a Cristóbal de Roda.
1415   asistirla.
1416   disminuye.
1417   AGI: *Carta a Felipe III y a su Consejo*, S/l, 1608, Santo Domingo, 100, r. 3, n.º 67 A.
1418   rescatando.
1419   de Espinosa.
1420   Ibídem.
1421   española.
1422   San.
1423   Nicolás.
1424   Manzanillo.
1425   rescatando.
1426   buscarla.
1427   rescates.
1428   Carta conservada en el AGI y citada por Irene A. Wright en su libro *Santiago de Cuba and its district [1607-1640]. Written from documents in the Archive of the Indies, at Seville*.
1429   imposibilitada.
1430   Se refiere a Santiago de Cuba.
1431   imposible.
1432   Se refiere al Presidente de la Audiencia de Santo Domingo.
1433   envió.
1434   Carta conservada en el AGI y citada por Irene A. Wright en su libro *Santiago de Cuba and its district [1607-1640]. Written from documents in the Archive of the Indies, at Seville*.

1435   AGI: Santo Domingo, 869, l. 5, ff. 145r - 147r.
1436   AGI: Santo Domingo, 869, l. 5, ff. 147v- 148r.
1437   Este templo había abierto sus puertas en 1578.
1438   En el siglo XVI vio partir desde La Habana a su esposo, Hernando de Soto, hacia el incierto destino que le esperaba en La Florida, desde donde partieron las naves de la expedición en que halló la muerte.
1439   Cornide, María Teresa: *De La Habana, de siglos y familias*, Editorial de Ciencias Sociales, La Habana, 2003, pág. 53.
1440   Santovenia, Emeterio: *Un día como hoy*, Editorial Trópico, La Habana 1946, pág. 341.
1441   Balboa, Silvestre: *Espejo de Paciencia*, Ediciones Boloña, La Habana, 2008, pág. 35.
1442   Ibídem.

Índice

Agradecimientos	9
Prólogo	11
Proemio	13
I	17
II	73
III	105
IV	161
V	205
VI	277
VII	313
VIII	373
Epílogo	415
Fuentes consultadas	417
Notas	431

Editorial LibrosEnRed

LibrosEnRed es la Editorial Digital más completa en idioma español. Desde junio de 2000 trabajamos en la edición y venta de libros digitales e impresos bajo demanda.

Nuestra misión es facilitar a todos los autores la edición de sus obras y ofrecer a los lectores acceso rápido y económico a libros de todo tipo.

Editamos novelas, cuentos, poesías, tesis, investigaciones, manuales, monografías y toda variedad de contenidos. Brindamos la posibilidad de comercializar las obras desde Internet para millones de potenciales lectores. De este modo, intentamos fortalecer la difusión de los autores que escriben en español.

Ingrese a www.librosenred.com y conozca nuestro catálogo, compuesto por cientos de títulos clásicos y de autores contemporáneos.

www.ingramcontent.com/pod-product-compliance
Lightning Source LLC
Chambersburg PA
CBHW030103010526
44116CB00005B/74